全回转推进器装配性能
分析与优化

饶运清　邱浩波　曾文会　卢文龙　李新宇　著

科学出版社

北　京

内 容 简 介

本书针对全回转推进器的装配工艺，系统阐述了可调距全回转推进器的装配性能分析方法，并通过对有关装配参数的优化来提高整机的装配性能，为全回转推进器装配性能的分析与设计优化提供了较为系统的理论和方法。主要内容包括：全回转推进器装配序列规划、装配误差分析与统计公差优化、轴系动态特性分析、桨毂结合面微动磨损分析、桨毂结合面和艉轴动密封分析与装配参数优化等，并结合具体实例介绍了上述有关理论方法的实际应用。

本书可供船舶及船用机械研究所或全回转推进器生产企业的有关科技人员使用，也可作为高等院校船舶与海洋工程、机械工程等相关专业研究生的参考书。

图书在版编目（CIP）数据

全回转推进器装配性能分析与优化/饶运清等著. —北京：科学出版社，2018.11

ISBN 978-7-03-059839-4

Ⅰ.①全… Ⅱ.①饶… Ⅲ.①全回转推进-推进器-装配(机械) Ⅳ.①U671.91

中国版本图书馆 CIP 数据核字（2018）第 268552 号

责任编辑：裴 育 陈 婕 纪四稳 / 责任校对：王萌萌
责任印制：张 伟 / 封面设计：陈 敬

科学出版社 出版
北京东黄城根北街 16 号
邮政编码：100717
http://www.sciencep.com

北京中石油彩色印刷有限责任公司 印刷
科学出版社发行 各地新华书店经销

*

2018 年 11 月第 一 版 开本：720×1000 1/16
2018 年 11 月第一次印刷 印张：20 1/4
字数：400 000

定价：120.00 元
（如有印装质量问题，我社负责调换）

前　言

开发深远海资源、维护领海安全、建设海洋强国是我国的重大战略。大型海洋作业平台、深海潜水器及其支持船、科学考察船、航母补给舰、管道和电缆敷设船等高服役性能海洋装备是开发深海资源、保护"海洋国土"的关键装备，也是实现我国由海洋大国向海洋强国跨越的迫切需求。高服役性能动力定位系统是大型海洋装备在恶劣海况下确保定位精度和平稳性的核心功能部件，对开发深远海资源、维护领海安全至关重要。全回转推进器是动力定位系统中的关键执行装备，但目前我国对大功率级别的全回转推进器的需求几乎依赖进口，这成为制约我国高服役性能海洋装备自主研制的瓶颈。

本书针对全回转推进器的装配工艺与装配性能，主要开展了有关全回转推进器关键部件的装配序列规划、装配误差分析与统计公差优化、轴系动态特性分析、结合面微动磨损分析与工艺优化、结合面动密封性能分析与优化等方面的基础研究，目的是通过对有关制造工艺与装配参数的优化来提高整机的装配性能与服役性能。

全书共 9 章。

第 1 章简要介绍全回转推进器的结构、工作原理及其海洋工况，并概述有关全回转推进器方面的一些研究现状。

第 2 章针对全回转推进器的装配序列规划问题，提出一种基于改进和声搜索算法的装配序列规划方法，并通过对全回转推进器进行子装配体分解、关键部件的装配序列规划等步骤求解关键部件的装配序列，验证了本章方法在实际应用中的可行性。

第 3 章针对全回转推进器回转机构中弧齿锥齿轮装配组件中存在的局部并联尺寸链问题，提出一种可快速方便求解不同类型的局部并行联接副的旋量模型，并对全回转推进器弧齿锥齿轮装配误差进行分析。

第 4 章建立面向实际工况的桨毂回转副装配误差分析模型，分析海洋实际工况对桨毂回转副装配间隙的影响。

第 5 章提出一种多样本检验策略及相应的启发式算法用于解决全回转推进器推进轴系组件的统计公差优化问题，应用该算法不仅可提高装配成功率，而且能降低该装配体的公差制造加工成本。

第 6 章针对全回转推进器的传动轴系，分析圆锥滚子轴承润滑特性，建立圆锥滚子轴承综合刚度计算模型，并对全回转推进器传动轴系进行动力学建模及功率流优化。

第 7 章对全回转推进器工作过程中桨毂结合面的微动状态进行分析与磨损机理研究，并结合实际工况探索表面形貌以及润滑介质对桨毂结合面微动磨损的影响，提出采用 Ti_3SiC_2 涂层和新的材料制备工艺，以增强桨毂结合面材料的耐磨性。

第 8 章针对桨毂回转副密封性能，提出基于装配间隙的桨毂回转副密封性能预测模型和基于统计公差分析的优化模型，并以某石油钻井平台全回转推进器桨毂回转副的装配参数设计为例进行应用验证。

第 9 章针对全回转推进器的艉轴密封问题，建立唇型油封热力耦合模型，分析唇型油封的动密封性能；基于机械密封槽型结构建模及温度场分析，进行全回转推进器艉轴机械密封性能分析。

本书由饶运清、邱浩波、曾文会、卢文龙、李新宇等合著。其中，饶运清负责规划本书结构和统筹全书的编著工作；曾文会和饶运清撰写第 1、3~5、8 章；李新宇撰写第 2 章；邱浩波撰写第 6 章；卢文龙撰写第 7 章；邱浩波和李新宇撰写第 9 章。课题组博士生张坡、博士后翟文正以及硕士生龙晨曦、王达鹏、杨鹏、夏邓成、秦凯、罗显、谢晋等参与了有关研究并提供了相关材料。课题组科研助理陈立硕士生对全书初稿进行了整理与文字校对。

特别感谢科技部对本书研究工作的大力支持。本书所展示的研究成果是在国家重点基础研究发展计划(973 计划)项目"高服役性能海洋动力定位装备制造的基础研究"课题五"全回转推进装备动密封特性与敏感装配参数优化"(2014CB046705)的资助下取得的。

作为探索性研究成果，本书难免存在不完善之处，还望各位专家和广大读者不吝批评和指正。

饶运清

2018 年 3 月

目　　录

第1章 绪 论

1.1 海洋工况介绍

开发深远海资源、维护领海安全、建设海洋强国是我国的重大战略。大型海洋作业平台、深海潜水器及其支持船、科学考察船、航母补给舰、管道和电缆敷设船等高服役性能海洋装备是开发深海资源、保护"海洋国土"的关键装备，也是实现我国由海洋大国向海洋强国跨越的迫切需求。国务院发布的《"十二五"国家自主创新能力建设规划》已明确将高技术海洋装备列为制造业创新能力建设的重点。

高服役性能动力定位系统是大型海洋装备在恶劣海况下确保定位精度和平稳性的核心装备。全回转推进器是动力定位系统的核心，其推力方向可以相对于随船坐标系发生变化，故可以产生任意方向的推力以保证海洋平台/舰船的正常作业，例如，我国最大的钻井平台——海洋石油981，按照南海极端海况设计，自重3.1万 t，配备了 8 台 4600kW 全回转推进器，可在全球定位系统(GPS)定位约 20m 精度的基础上，进一步将平台定位到米级的精度；同时，全回转推进器的设计海况高于平台本身的作业海况，在遭遇南海 200 年一遇的 17 级台风时，仍可确保平台的定位精度与平稳性。全回转推进器结构、运动复杂，在海洋工况下承受大风、大浪、洋流等交变载荷(如桨轴在平台旋转时的弯曲度可达直线航行时的 6 倍，而在紧急制动时更是高达 11 倍；在 2.3m 浪高情况下，桨轴会出现剧烈的侧向力矩波动，其幅度是静水情况下的 4~6 倍，使得桨轴上的侧向力矩在操纵过程中极易超载)。苛刻的服役环境和恶劣的工况对其定位的准确性、运行的可靠性、响应的灵敏性以及服役寿命等性能提出了极高要求。

目前，我国只能研制 2000kW 以下功率级别的全回转推进器，3500kW 功率级别的全回转推进器还处于试验摸索阶段(其整机高度达 7m，螺旋桨直径 3.3m，重达 55t，最大公称推力可达 58tf, 1tf≈9800N)，更高功率级别的全回转推进器完全空白，其关键动力部件制造技术长期被国外少数几家公司垄断。"海洋石油 981"配备的全回转推进器全部依赖进口。挪威的 Kongsberg、荷兰的 Wärtsilä、英国的 Rolls-Royce 等已具备 7000kW 以上功率级别全回转推进器的制造能力，且对中国严密封锁(即便是进口到国内的装备，其装配、调试与维修一律由外方人员实施)。要实现我国大功率(5000kW 以上)全回转推进器从无到有的跨越，迫切需要突破其制造的核心技术。

海水腐蚀与风、浪、流交变作用等极端环境要求大功率全回转推进器具备极高的服役性能，这对其制造技术提出了严峻挑战：①大型承力回转轴在锻造中产生应力分布不均，导致其在高达 200t·m 强交变载荷与腐蚀环境的交互作用下极易出现腐蚀疲劳，因此对成形工艺提出了极高要求；②高服役性能对导流管、可调距螺旋桨的表面形性状态、连接界面特性提出了苛刻要求，如焊接直径 5m 的变壁厚导流管，需同时控制变形量(小于总体尺寸的 1.5‰)与残余应力，而现有制造手段根本无法达到；③恶劣工况要求灵敏的响应特性与长服役寿命，迫切需要提升装配品质(如叶管装配间隙不得超过直径的 0.5%，以高效响应外部扰动)与定量评价服役性能。

上层建筑直接受风的影响产生风压倾斜力矩。空气流动形成风，空气与水面摩擦力的存在使得水面承受切应力，气压变化、切应力、重力等综合作用下水面不断起伏形成浪。风作用于海面不仅产生不同尺度的风浪，同时使海面的外貌发生变化，产生浪花、飞沫等。在风的直接或间接作用下的海面所呈现的外貌称为海况。

船在波浪中受到六种力的作用：重力、惯性力、浮力、辐射流体动力、波浪扰动力、流体黏性力。船舶在波浪中运动时，会产生 12 种单向或者往复的运动，其中横摇、纵摇和垂荡对航行的影响最大。海浪包括风浪、涌浪和近岸浪。船的表观重力垂直于有效波面，在规则波和不规则波的作用下，船体受到浪的扰动力和扰动力矩，从而产生对应的响应函数。

洋流会对船体产生流体阻力。推进器向后拨水产生推力，而水流获得与推力方向相反的诱导速度。流速和转速与推力和转矩之间存在的关系称为水动力性能。

船体在海洋中受到风、浪、流等的综合作用，产生一定的运动，为了保持动态定位，螺旋桨需要通过产生不同方位角的推力和转矩来与之平衡。因此，全回转推进器受到的海洋工况归根结底是螺旋桨的水动力性能。

1.2　全回转推进器工作原理

高服役性能动力定位系统是大型海洋作业平台、深海潜水器、航母补给舰等在恶劣海况下确保定位精度和平稳性的核心装备，对开发深远海资源、维护领海安全至关重要。全回转推进器是动力定位系统中的关键执行装备，我国只具备制造 2000kW 以下功率级别的能力，3500kW 以上大功率级别的完全依赖进口，西方发达国家长期对其制造技术严密封锁。大功率全回转推进器已成为制约我国高服役性能海洋装备自主研制的瓶颈。

全回转推进器是可绕垂直轴 360°回转的螺旋桨或导管推进器。它又称为 Z 型推进器、全向推进器、舵推进器、转向螺旋桨、旋回螺旋桨,是通过伞齿轮系统传动机构使螺旋桨或导管推进器能在水平面内绕竖轴 360°转动,用以推进并操纵船舶的推进器。它的轴系布置呈 Z 形,可同时起推进和操纵船舶的作用;能任意改变推力的方向,使船原地调头,进退自如。对于船舶航行时左右前后的操纵性,全回转推进器比导管推进器和平旋推进器好,这是因为导管推进器虽然顺车时推力较大,但在倒车时推力较差,操纵性能也不够理想;平旋推进器可以获得良好的操纵性能,但机构复杂,造价高,易损坏;而全回转推进器尽管没有舵,但可以使螺旋桨的推力完全转换为相当于舵力的作用,有利于操纵船舶,而且其单位功率推力大,后退推力和前进推力基本相同。这种推进装置可在车间中整个组装完成,不需要水下作业,安装及维修十分方便,但因传动机构和大毂径带来较大的损失,其效率一般较低,而且机构复杂,造价高,常用于对操纵性要求很高的船,如渡船等。

可调距螺旋桨(controllable pitch propeller, CPP)简称可调桨,由桨叶、桨毂机构、配油器、液压系统及电子遥控系统等五大部件或系统组成。可调距螺旋桨的桨叶不固定在桨毂上,而是围绕垂直于桨轴的轴线转动。利用桨毂内的操纵机构转动桨叶,改变螺距角,从而改变推力的大小和方向,以适应舰艇前进、后退、停止和变速等要求。可调距螺旋桨可在不同航行工况下充分利用主机的功率和转速,利用无级变速,但构造复杂,造价高,维修难度大。定距螺旋桨结构简单、经济安全,但不能在多种工况下充分发挥其性能。

在驾驶室操纵控制杆,电液伺服控制系统通过配油机构将方向和油量都受控制的高压油输入位于螺旋桨桨毂中的伺服油缸,并通过转叶机构驱动桨叶,在全正车和全倒车范围内无级调节螺距角。对于任一规定的螺距角,由主机驱动的以某一转速运转的螺旋桨将吸收的扭矩转化为推船前进的力或拉船倒退的力。

和单工作制的定距螺旋桨不同,可调距螺旋桨是多工作制机构,可有效地协调船的多工况与单一主机的矛盾。它在非设计点的其他工况,均能发挥主机螺旋桨的能力与效率,提高船的性能。和定距螺旋桨动力装置相比,可调距螺旋桨能提高 3%~5%的综合效率,具有节能的效果。

把螺距角从全正车调节到全倒车,即可实现船舶的紧急制动,不需要主机反转,这对于不可倒车的燃气轮机动力装置的船舶来说具有特别重要的意义,可调距螺旋桨船的紧急制动较定距螺旋桨船缩短制动距离 30%~50%;可调距螺旋桨船可在零至最大航速间无级调速,具有优良的低速性能,从而显著提高了船舶操纵机动性能，给作业工况、离靠码头、通过狭窄航面带来莫大的方便与安全。

可调距螺旋桨具有优良的遥控性能，既有以节约主机燃料费用为目的的主机、可调距螺旋桨联合控制，还有以保护主机不超负荷为目的的负荷控制系统等。采用可调距螺旋桨装置能显著降低船员的劳动强度，易于实现船舶操纵自动化。

广泛采用可调距螺旋桨的船型有拖船、渔船、工程船(布缆船、挖泥船等)、调查船、科学考察船、油船、渡船、滚装船及破冰船等。

1.3　全回转推进器主要结构

海洋动力定位装置全回转推进器结构、运动复杂，整机动态特性与服役性能直接关系到海洋动力定位系统的精确定位与平稳控制，而装配作为制造的终端环节，是保障全回转推进器整机动态特性与服役性能的关键。推进器结构复杂，局部功能部件的串并联尺寸链繁多，且服役环境复杂，长期承受风、浪、流等交变外载荷作用，如在海洋环境和运行中载荷的交变扰动极易引起整机和结构变形，导致关键运动部件结合面失效。传统的装配性能分析技术难以考虑装配体中复杂的串并联尺寸链以及实际工况对装配误差的影响。

本书主要针对国内某船舶企业的核心产品可调距 Z 型传动全回转推进器(以下简称全回转推进器)进行相关研究，图 1.1 为全回转推进器三维结构图，图 1.2 为全回转推进器推进部位装配图。推进器由回转部位和推进部位组成，回转部位在三维结构图最上部，由电机带动回转轴做平面内 360°转动，时刻改变推进器推力的方向。而推进部位即全回转推进器的主体也是本书的主要研究对象，包括弧齿锥齿轮箱、推进轴系组件和桨毂组件三部分，该部位主要通过改变转速来提供不同大小的推力。

图 1.1　全回转推进器三维结构图

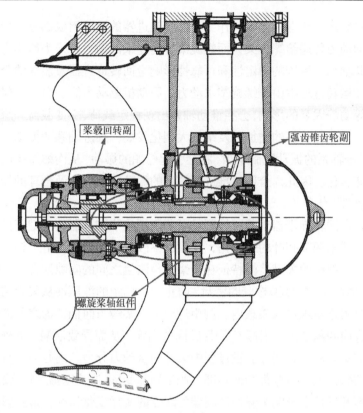

桨毂回转副

弧齿锥齿轮副

螺旋桨轴组件

图 1.2 全回转推进器推进部位装配图

首先，本章所述的某型号全回转推进器有 300 种以上零件，零件数在 1000 个以上，而目前企业的装配规划方法较原始，主要依靠装配工程师根据经验和知识进行规划，存在效率低下和质量无法保障等问题，因此，装配规划方法亟待更新。同时，其推进系统中的弧齿锥齿轮箱齿轮副装配误差尺寸链传递关系复杂，串并联尺寸链同时存在，传统的公差建模分析技术难以精确预测其最终的装配误差，一旦忽视这些局部并联尺寸链，最终的装配误差计算结果精度较低，难以反映实际误差传递规律，最终难以进行准确合理的公差优化设计。

其次，艉轴组件的装配质量影响桨轴旋转过程中的偏心情况，导致异常振动等。该部位零部件装配关系简单，可通过相关装配误差计算方法计算出其装配误差，只需进行公差优化与分配即可。由于传统的基于极值法的公差优化与分配难以考虑加工制造过程中的随机误差与系统误差，优化后的零部件公差过紧，与实际不符，因此，需要一种新的统计公差优化方法来进行统计公差优化与分配，使优化结果更经济、合理。同时，作为全回转推进器的重要组成部分，轴系子系统将原动机的动力传递给螺旋桨，而螺旋桨将传递来的动力转换为静推力推动船舶前进，因此轴系子系统的稳定性和可靠性影响全回转推进器及船舶的服役性能。推动轴系在运转过程中由于螺旋桨水动力、原动机驱动力矩、自重、船体变形、润滑液膜等动静因素的影响，会在推动轴系出现稳定载荷、交变载荷和瞬间载荷。随着全回转推进器功率的增加以及结构大型化发展，推进轴系的振动也越来越严重，若对推进轴系的振动控制不当，将会引起船舶的振动，从而缩短船舶的寿命，使服役性能恶化。因此，全回转推进器轴系的振动特性研究及合理的控制有着重要的实际意义[1, 2]。

最后，全回转推进器桨毂回转副是可调距螺旋桨推进器的关键部件，它可以通过调节桨毂来调节桨叶的螺距角，从而在不改变转速的情况下，调节推力的大小。然而，该部位的关键装配特征在于桨毂与法兰之间的间隙配合，且间隙之间是 O 型密封结构，由 O 型橡胶圈密封，防止内部调距的液压油从桨毂结合面流入海水，同时阻止海水进入桨毂内。调距过程中，桨毂与曲柄销盘之间的磨损等会使桨毂结合面间隙增大，引起 O 型橡胶圈的回弹，从而导致泄漏。此外，桨毂回转副部位的受力复杂，实际服役过程中桨叶的水动力分力、离心力、重力、温度和法兰上的螺栓预紧力等都会使零部件产生局部变形。这些摩擦磨损、设计公差、零部件局部变形都会影响桨毂回转副装配间隙的实际变化情况，最终影响其密封性能。因此，本章重点研究该部分实际工况的变形情况，以及面向实际工况的装配误差分析、统计公差优化与分配等，最终提高桨毂回转副的密封服役性能。

1.4　全回转推进器研究现状

全回转推进器有 300 种以上零件，零件数在 1000 个以上，属于复杂产品。从功能上看，其主要由推进单元、调距单元和回转单元组成。为了后期的装配改进和装配线自动化升级，需要进行其关键部件的装配系列规划研究，研究装配序列规划问题与实际加工、制造、装配等问题的结合，重点在于融合求解产品生命周期中的共性问题，以减少二次规划带来的额外成本。

目前，全回转推进器性能方面的研究主要集中在桨叶水动力性能、桨叶轴承的微动磨损等方面，例如，Godjevac 等[3]详细研究了海洋工况对全回转推进器桨叶轴承微动磨损的影响，这些研究很少从整机结构、局部零部件加工、制造误差、装配误差等方面分析其对全回转推进器服役寿命的影响。同时，由于零部件种类繁多，局部串并联尺寸链广泛存在，并且实际工况中的热、力耦合变形等会导致零部件配合面的局部变形，致使整机或局部结构失效。

此外，全回转推进器轴系子系统由立轴、艉轴、锥齿轮、螺旋桨以及各轴承副等机构组成，轴系子系统组成一个质量弹簧阻尼系统，存在潜在振动的可能性危害。

因此，本书主要从上述三方面针对全回转推进器局部运动副实际工况中存在的问题建立相应的数学模型，用理论模型指导实际应用，切实提升全回转推进器的性能。

1.4.1 全回转推进器装配序列规划研究现状

20世纪80年代初，计算机辅助技术被用于装配序列研究，随后大量技术和方法被引入该领域。随着相关理论和技术的发展，对装配序列规划问题的研究逐渐深入，大致可以分为两类：①研究装配序列规划问题本身，重点在于提高装配建模精度和提高序列求解效率；②研究装配序列规划问题与相关实际问题的结合，重点在于融合求解产品生命周期中的共性问题，以减少二次规划带来的额外成本。

1) 装配序列规划问题的求解方法

(1) 基于装配优先关系的装配序列规划方法。该方法可保证生成的序列严格遵守零件间的装配优先关系，其关键在于装配优先关系的获取。李明宇[4]提出一种问答法的人机交互方式来获取装配优先关系，该方法可以根据用户的回答自动提取出优先关系规则，再利用算法推导出符合优先关系规则的所有装配序列，但是当零件数量增加时，用户需回答的问题数量也呈指数上升。为解决该问题，Godjevac等[3]改进了提问方法来减少提问的次数，但同时提高了回答问题的难度。该方法可以有效处理小规模的装配序列规划问题，对大规模装配序列规划问题的处理效果较差。

(2) 基于割集法的装配序列规划方法。李明宇[4]在前人研究的基础上提出了基于割集法的装配序列规划方法，该方法可根据零部件之间的联接关系建立零部件与或图，通过割集操作得到包含所有可行序列的装配与或图，再通过评价指标对所有可行序列进行评价后选出最优装配序列。同样，该方法在处理大规模问题时易出现节点组合爆炸问题而导致求解难度较大。

(3) 基于知识的装配序列规划方法。该方法将现有的各类知识转变为适当的逻辑后存储于知识库，通过将当前产品的特征与知识库进行匹配后，推理出合理的装配序列。该方法的关键在于知识库的建立和知识库的检索匹配过程。李荣等[5]提出了一种基于连接结构知识的装配序列规划方法，以连接件为基础，应用面向对象的方式定义了一种连接结构实例库的建立方法，同时，运用连接件关系构建了装配 Petri 网模型，以此进行装配序列规划。柳振兴等[6]提出了一种基于知识的装配顺序规划方法，通过矩阵和集合的形式来表达产品、资源及两者之间关系的知识模型，利用笛卡儿乘积算法求解最佳装配序列。该方法可自动生成符合知识库规则的序列，但也面临建立精准知识库的难度大和解空间易出现组合爆炸的问题。

(4) 基于智能算法的装配序列规划方法。智能算法是一种模仿自然规律求解问题的算法，该方法可以在可接受的计算时间内求得问题的近优解，在求解大规模问题时效果显著，但具有一定的不确定性和随机性。智能算法的种类众多，多数基于对自然界或者人类生活中事件的观察得出，包括进化算法、人工免疫系统、群智能算法、随机算法和人工神经网络等算法。近年来，在装配序列规划领域中，遗传算法、蚁群算法和粒子群优化算法的应用较广泛[7]。

(5) 基于虚拟现实技术的装配序列规划方法。虚拟现实技术提供了一种新的人机交互途径，通过创建模拟现实装配环境的虚拟环境，让人模拟真实的装配过程以提前发现实际装配中可能出现的各种问题。与传统的人机问答方法相比，该方法可以获取除优先关系以外的如几何约束、工具夹具的使用以及各类资源的调配等信息[8]。

(6) 基于拆卸的装配序列规划方法。de Mello 和 Sanderson[9]最先提出了一种以拆卸指导装配、逆向求解装配序列问题的方法。该方法假设装配和拆卸过程可逆，将装配问题转化为拆卸问题，通过拆卸序列来倒推装配序列。由于拆卸过程比装配过程中的几何约束更强，其可行拆卸序列解空间更小，同时根据假设可知可拆卸的序列的逆序列一定可以无干涉地装配，故采用拆卸方法反向求解装配序列的方式较正面求解更为简单。

除此之外，各种方法之间的结合也是一种新趋势。季忠齐等[10]提出一种基于图论和启发式搜索的装配序列规划算法，将割集法和启发式搜索方法相结合，通过启发函数的指导直接生成了装配序列，避免了对与或图的再次遍历，提高了算法效率。夏平均等[11]提出一种基于虚拟现实技术和智能算法的装配序列优化方法，该方法将虚拟现实技术和蚁群算法相结合，在蚁群算法求解装配序列后，通过虚拟现实技术以序列为基础进行装配以评价序列，通过反复试验求得最优序列。

2) 装配序列规划问题与相关实际问题结合

实际生产中，产品的设计、生产和回收过程归属于不同的部门，导致产品生命周期中各阶段的信息相互隔离。而产品的开发是一个动态过程，各阶段之间存在相互影响，如产品设计阶段各功能零件结构的设计会导致装配序列规划时零件间的几何干涉问题。为解决各阶段信息隔离而导致二次规划的问题，研究者将装配序列规划问题分别与产品设计、装配线平衡以及产品拆卸等问题相结合，从而减少了二次规划的次数，提高了规划的可靠性和效率。

(1) 与产品设计相结合。Demoly 等[12]提出了一种装配导向设计(assembly-oriented design, AOD)的框架作为一种新的功能产品生命周期管理(product lifecycle management, PLM)策略。该策略同时考虑产品设计和装配序列规划问题，将装配信息纳入产品设计阶段考虑，以实现产品生命周期管理的目标。该方法可以减少因设计出不符合装配序列规划要求的产品而导致额外的装配成本或重新设计的情况出现。

(2) 与装配线平衡问题相结合。装配线平衡问题是指通过优化使装配线上的人员或机器设备负载在满足企业生产周期要求的情况下达到最大程度的平衡。为缩小设计和生产过程的差距，Hong 和 Chang[13]通过连接件的概念将连接关系、方向、工具和节拍等信息融入模型，通过连接件先行关系图来求解装配序列和装配线平衡问题。当基于产品装配序列的工作站安排符合生产节拍和工作站的要求时，两个问题便同时得到了求解。

(3) 与拆卸序列规划问题相结合。Chen 等[14]提出了一种绿色环保的装配模型，将装配序列规划与拆卸序列规划结合成闭环，在装配序列规划的同时考虑拆卸序列规划的相关问题，避免生成不契合的装配序列和拆卸序列而导致重新规划的情况出现，在降低规划成本的同时提高了规划效率。

1.4.2　全回转推进器装配误差分析研究现状

虽然目前的三维公差分析技术非常适合复杂装配体(全回转推进器)的误差分析[13, 14]，如 T-Map (tolerance-Map)模型[15, 16]、Matrix 模型[17]、雅可比-旋量联合(unified Jacobian-torsor)模型、SDT(small displace torsor)[18]和 DLM (direct linearization method)[14, 19, 20]，但是这类三维公差建模方法只适用于单一串联尺寸链的传递情况，无法考虑全回转推进器中带局部并联等复杂传递路径的情况。例如，雅可比矩阵虽然能很好地模拟误差在装配体中沿尺寸链传递的累积过程，但是无法模拟表达误差沿并联尺寸链的传递过程。主要原因如下：①雅可比矩阵用来表示并联尺寸链的传递相当复杂[21]；②目前没有相关研究注重于并行连接副的旋量模型的表达[22]；③并行连接副种类很多，每一类并行连接副的求解方法可能都不一样。例如，能通过交、并运算获得某一类并行连接副的旋量参数[21]，但是这种方法不适合受零部件几何结构影响的并行连接副，而该类并行连接副广泛存在于传动装置中，如齿轮箱等[23, 24]。Bruyere 等[25]研究了锥齿轮的齿接触分析，并通过蒙特卡罗仿真技术模拟其传动误差，然而，其误差传递没有考虑其中的并行连接副的公差信息。CLIC[26](localization tolerancing with contact influence)和分析线方法[27]都可以用来求解局部几何结构杠杆效应的并行连接副[28]，但是这种方法只能计算装配误差的平移变量(u, v, w)，无法计算旋转变量(α, β, δ)[29]。以上三维公差分析方法都不太适合求解具有几何结构杠杆效应的局部并联尺寸链，而这种连接副又大量存在于传动设备中，一旦忽略这种局部并行连接副，会导致最终所求传动设备装配误差精度降低，误差偏大。因此，针对全回转推进器中广泛存在的串并联尺寸链，本章提出一种求解这种具有几何结构杠杆效应的并行连接副的方法以提高三维公差分析技术在复杂传动设备中的计算精度。

全回转推进器在实际服役过程中受外界环境如温度、重力、离心力等的影响，会导致零部件局部变形。传统的三维公差分析方法主要针对刚性零部件表面，在公差域范围内的变动范围建立旋量表达式如旋量模型[30-32]，很少考虑实际工况中的零部件表面的局部变形。这些方法中，如齐次变换矩阵[33]和雅可比矩阵[34]，虽然能很好地模拟装配误差的传播与累积，但是都难以考虑零部件的局部变形对装配误差的影响。目前有很多相关研究，例如，Pierre 等[35]提出同时考虑几何误差和热膨胀约束条件的多物理场耦合方法；Grandjean 等[36]分析了由局部变形和机械负载导致的形状缺陷对装配误差的影响；更多相关研究利用有限元分析零部件实际工况下的局部变形，然后选取最大变形或提取变形表面节点坐标，计算其旋量模型[37-40]。因此，考虑零部件实际工况下的局部变形，其装配误差的计算结果会更加精确可靠[34, 41]。然而，上述方法只适合实际工况下的公差分析与建模，难以进行公差优化分配，因为上述方法的建模过程十分复杂，耗费时间长，同时有些方法仅仅考虑零部件实际工况下的最大变形，很少考虑其整个零件表面每一个点的变形情况，与实际情况不太符合。但如果进行表面拟合叠加，又要耗费大量的计算时间，难以进行公差优化，特别是考虑其公差的概率分布规律时，基本难以与之耦合叠加优化。因此，需要进行相关研究，考虑其实际工况下零部件表面变形，并使装配误差与零部件变形表面进行叠加耦合。

由于公差带的大小决定零部件的加工精度，从而影响其机械产品的加工成本以及装配质量，所以大部分公差优化方面的研究都是基于公差-成本或公差-质量方面的研究。例如，为了准确描述制造成本与公差值之间的数量关系，Speckhart 等[42]最早提出了指数模型，随后 Spotts[43]、Sutherland 等[44]和 Singh 等[45]依次提出了负平方模型、幂指数模型和多项式模型等多种基于基本函数构造的数学模型。为了反映质量损失成本与公差之间的数值关系，Jeang 等[46]通过改进质量损失模型，以最小加工成本为目标进行公差优化。Maghsoodloo 等[47]对质量损失函数为线性或平方不对称时的公差设计优化方法分别进行了分析；在此基础上，Rose 等[48]提出了约束网络和最小加工成本公差优化模型，Sanz 等[49]基于拉格朗日乘子法提出了改进的线性公差优化分配模型。上述公差优化研究仍局限于优化目标为制造成本或质量损失成本，没有涉及其他领域的因素。随后，Geetha 等[50]建立了多目标优化模型，开始涉及除制造成本、质量损失成本之外的其他优化目标，如加工时间、加工间接/空闲时间损失比等，扩大了公差优化的应用领域，综合考虑了其他约束条件。Zhao 等[51]提出了一种新的以产品服役寿命质量为目标的公差设计方法，考虑了产品服役过程中的摩擦磨损，使优化结果更符合实际情况，尽管模型中的磨损数据不够准确，没有相关试验验证，不能保证优化模型的精确度，但是，这种综合考虑产品其他因素来进行公差优化的想法十分重要，因为很多机构的装配间隙会随着服役时间的增加而变化，特别是全回转推进器桨毂回转副随着服役时间的增加，配合表面会磨损，导致间隙增大，最终引起泄漏。然而，目前大部分研究仅仅考虑静态装配误差的变化，很少考虑随时间变化的动态装配误差的优化。因为这种时变的装配误差不仅与公差设计有关，还与实际工况、运行环境、零部件的表面材料属性、摩擦性能等有关。因此，建立一种同时考虑多种不同领域因素的装配误差建模与优化方法，进行公差优化设计时，不仅要考虑加工制造成本等，还要考虑其零部件表面材料属性、摩擦性能、实际服役环境等，使最终优化结果更符合实际运行环境，从而延长全回转推进器的服役寿命。

1.4.3 全回转推进器轴系振动研究现状

轴系回旋振动是指螺旋桨处在船尾不均匀的伴流场中，作用在桨叶片上的流体力就会对轴系产生弯曲力矩和横向力矩，使得轴在旋转过程中产生周期性的弯曲变形的现象，又称为横向振动[52]。针对全回转推进器轴系的振动问题，国内外开展了大量的研究，计算模型由理想化的简单模型向更能反映实际情况的复杂模型发展，边界条件也越来越精确。传递矩阵法和有限元法作为两种有效的动力学研究方法被广泛应用于轴系振动特性求解上。

对于第二次世界大战后商船推进器的轴经常发生龟裂折损的现象，Panagopulos 指出这主要是因为按叶频周期变化的流体力作用于推进器上，使得在不均匀伴流场中运转的推进器产生回旋振动，从而使人们对回旋振动有了理论认识。之后，Jasper 提出了用于计算回旋振动固有频率的公式，使得回旋振动在一定程度上得以抑制。随着船舶大型化、重型化的发展，轴系的支撑刚度下降，而支撑座跨度的增加，使得轴系回旋振动固有频率有所下降。由于推进器转速的增加，作用于桨叶上的激振力可能接近回旋振动频率。同时，由于作用于螺旋桨上的激振力的增加，即使没有出现共振现象，振动响应也可能大到一定程度，这又引起众多学者的关注。

陈之炎等[52,53]在船舶推进轴系的振动方面做了大量研究，他们将 Myklestad-Prohl (M-P)传递矩阵法和 Riccati 传递矩阵法相结合，利用 M-P 传递矩阵法消除剩余量曲线的奇点，用 Riccati 传递矩阵法改善数值稳定性。Wu 等[54]使用扩展传递矩阵法求解了有阻尼多自由度轴系的横向-扭转耦合振动，Behzad 等[55]系统地研究了转速对横向固有振动特性的影响，从研究中发现由于高速长主轴的回转产生轴向应力影响横向固有振动频率，而回转轴的直径对横向固有振动频率不产生影响。以上方法将轴承支撑进行刚性处理，因此轴系振动结果受到一定的影响。Lee[56]及 Kaya 等[57]采用哈密顿(Hamilton)原理研究了轴向力作用下的旋转轴系动力学响应以及弯扭耦合振动。王艳国[58]使用集总参数法对全回转推进器轴系进行了扭转振动和回旋振动计算与分析，基于有限元分析软件 Nastran 建立了全回转推进器轴系仿真分析模型，对轴系进行了扭转振动和回旋振动仿真分析，但他将轴承视为刚体，分析结果准确性受到影响。陈刚等[59]和王磊等[60]也对全回转推进器轴系进行了研究，建立了扭振计算的集中质量模型，并得到轴系的固有频率及振型，采用模态叠加法进行了轴系的强迫振动响应计算。上述文献主要通过改变轴段尺寸、改善轴承布局、改变螺旋桨材料等方法以避免轴系振动固有频率落在轴系转速范围内来消减横向振动。

功率流理论由于考虑速度和力两种响应的综合作用，被广泛应用于结构振动与噪声研究中。Hussein 等[61]基于功率流方法评估了地下铁道的振动情况。Hambric[62]将有限元法用于研究结构的机械强度与功率流，采用通用有限元软件对板与梁进行了功率流分析。Buchmann 等[63]分别采用有限元法和导纳法对 T 型梁进行了功率流分析，通过对比得出两种分析方法的结果较为接近的结论。Wang 等[64]利用功率流法对耦合板圆柱壳系统进行了研究，提出了一种用于分析 L 型板的功率流的子结构方法。

近年来，学者开始将功率流理论引入轴系振动研究中。曹贻鹏[65]从能量传递角度分析了轴系振动问题，使用有限元的功率流法求解作用于螺旋桨上的激励经轴承支撑传递到壳体的路径，同时分析了推力轴承支撑结构的改善、轴段上安装纵振减振器、尾部轴承支撑上安装动力吸振器等措施对传递功率流的影响。但他将轴承做刚性处理，因此轴系传递功率流结果受到一定的影响。李栋梁[66]建立了考虑滑动轴承刚度及阻尼的轴系功率流有限元模型，并分析了轴系转动速度对传递功率流的影响。冯国平等[67, 68]首先建立了包含主推进系统在内的有限元模型，分析流固耦合下结构的振动，并利用边界元技术进行了结构水下声辐射预报。

综上所述，国内外学者在轴系振动方面做了大量理论和试验研究，但目前的研究仍集中在各种轴系模型及运转情况对轴系振动特性的影响，以及如何避免轴系振动频率落在工作转速内，对螺旋桨激励沿轴系传递到全回转推进器结构以及艇体结构的路径的研究较少。

1.5　全回转推进器研究意义

随着现代制造业的高速发展，大型复杂机械装备的应用领域与服役环境越来越多样化，同时其服役工况也越来越恶劣，如大型海洋作业平台、深海潜水器及其支持船、科学考察船、航母补给舰等高服役性能海洋装备等，服役环境恶劣，经常承受大风大浪等交变载荷，对其动力定位系统的准确性、运行的可靠性等提出了极高要求。全回转推进器是动力定位系统的核心，其推力方向可以相对于随船坐标系发生变化，故可以产生任意方向的推力以保证海洋平台/舰船的正常作业。目前，我国只能研制 2000kW 以下功率级别的全回转推进器，3500kW 功率级别的全回转推进器还处于试验摸索阶段，更高功率级别的全回转推进器完全空白，且其关键动力部件制造技术长期被国外少数几家公司垄断。全回转推进器研制能力的不足严重制约着我国海洋动力定位系统的发展，间接影响我国海洋资源的开发。因此，急需针对这类复杂工况的海洋装备，从实际工程问题出发，综合考虑多领域多因素对整机或局部运动副的影响，建立涵盖运筹学、几何误差学、多体动力学、热/力学等领域的数学模型，并应用于全回转推进器局部传动副上，切实改善全回转推进器力学性能与服役性能，为祖国海洋装备事业的发展贡献一份微薄的力量。

参 考 文 献

[1] Wu J J. Torsional vibration analyses of a damped shafting system using tapered shaft element. Journal of Sound and Vibration, 2007, 306: 946-954.

[2] Du D, Zhang Z, He Q. A system of calculation and analysis of torsional vibration for turbine-generator shafts. ASME Power Conference of American Society of Mechanical Engineers, 2007, 30: 218-236.

[3] Godjevac M, van Beek T, Grimmelius H, et al. Prediction of fretting motion in a controllable pitch propeller during service. Proceedings of the Institution of Mechanical Engineers, Part M: Journal of Engineering for the Maritime Environment, 2009, 223: 541-560.

[4] 李明宇. 复杂产品装配序列规划方法研究. 武汉: 华中科技大学博士学位论文, 2013.

[5] 李荣, 付宜利, 封海波. 基于连接结构知识的装配序列规划. 计算机集成制造系统, 2008, 14: 1130-1135.

[6] 柳振兴, 李原, 张开富, 等. 基于知识的装配顺序规划优化方法. 中国机械工程, 2009, 20: 2571-2574.

[7] Rashid M F F, Hutabarat W, Tiwari A. A review on assembly sequence planning and assembly line balancing optimisation using soft computing approaches. International Journal of Advanced Manufacturing Technology, 2012, 59: 335-349.

[8] 宋丽萍, 范秀敏, 马登哲. 虚拟现实环境下交互式船舶装配序列规划研究. 计算机集成制造

系统, 2006, 12: 862-867.

[9] de Mello L H, Sanderson A C. A correct and complete algorithm for the generation of mechanical assembly sequences. IEEE Transactions on Robotics and Automation, 1991, 7: 228-240.

[10] 季忠齐, 童若锋, 林兰芬, 等. 基于图论和启发式搜索的装配序列规划算法. 计算机工程, 2003, 29: 115-117.

[11] 夏平均, 姚英学, 刘江省, 等. 基于虚拟现实和仿生算法的装配序列优化. 机械工程学报, 2007, 43: 44-52.

[12] Demoly F, Yan X T, Eynard B, et al. An assembly oriented design framework for product structure engineering and assembly sequence planning. Robotics and Computer-Integrated Manufacturing, 2011, 27: 33-46.

[13] Hong Y S, Chang T C. A comprehensive review of tolerancing research. International Journal of Production Research, 2002, 40: 2425-2459.

[14] Chen H, Jin S, Li Z, et al. A comprehensive study of three dimensional tolerance analysis methods. Computer-Aided Design, 2014, 53: 1-13.

[15] Davidson J, Mujezinovic A, Shah J. A new mathematical model for geometric tolerances as applied to round faces. Journal of Mechanical Design, 2002, 124: 609-622.

[16] Jaishankar L N, Davidson J K, Shah J J, et al. Tolerance analysis of parallel assemblies using tolerance-maps (R) and a functional map derived from induced deformations. New York: American Society of Mechanical Engineers, 2013, 313: 8-17.

[17] Barbero B R, Azcona J P, Perez J G. A tolerance analysis and optimization methodology. The combined use of 3D CAT, a dimensional hierarchization matrix and an optimization algorithm. The International Journal of Advanced Manufacturing Technology, 2015, 81: 371-385.

[18] Jin S, Chen H, Li Z M, et al. A small displacement torsor model for 3D tolerance analysis of conical structures. ARCHIVE Proceedings of the Institution of Mechanical Engineers Part C: Journal of Mechanical Engineering Science, 2015, 229: 2514-2523.

[19] Chase K W, Gao J, Magleby S P. General 2-D tolerance analysis of mechanical assemblies with small kinematic adjustments. Journal of Design and Manufacturing, 1995, 5: 263-274.

[20] Gao J, Chase K W, Magleby S P. Generalized 3-D tolerance analysis of mechanical assemblies with small kinematic adjustments. IIE Transactions, 1998, 30: 367-377.

[21] Chen H, Jin S, Li Z, et al. A solution of partial parallel connections for the unified Jacobian-Torsor model. Mechanism and Machine Theory, 2015, 91: 39-49.

[22] Marziale M, Polini W. A review of two models for tolerance analysis of an assembly: Jacobian and Torsor. International Journal of Computer Integrated Manufacturing, 2011, 24: 74-86.

[23] Kyung M H, Sacks E. Nonlinear kinematic tolerance analysis of planar mechanical systems. Computer-Aided Design, 2003, 35: 901-911.

[24] Sacks E, Joskowicz L. Parametric kinematic tolerance analysis of general planar systems. Computer-Aided Design, 1998, 30: 707-714.

[25] Bruyere J, Dantan J Y, Bigot R, et al. Statistical tolerance analysis of bevel gear by tooth contact analysis and Monte Carlo simulation. Mechanism and Machine Theory, 2007, 42: 1326-1351.

[26] Anselmetti B. Part optimization and tolerances synthesis. The International Journal of Advanced

Manufacturing Technology, 2010, 48: 1221-1237.

[27] Anselmetti B. Cotation Fonctionnelle Tridimensionnelle et Statistique. Hermes Sciences, 2008.

[28] Benichou S, Anselmetti B. Thermal dilatation in functional tolerancing. Mechanism and Machine Theory, 2011, 46: 1575-1587.

[29] Chavanne R, Anselmetti B. Functional tolerancing: Virtual material condition on complex junctions. Computers in Industry, 2012, 63: 210-221.

[30] Teissandier D, Couetard Y, Gérar A. A computer aided tolerancing model: Proportioned assembly clearance volume. Computer-Aided Design, 1999, 31: 805-817.

[31] Bourdet P, Mathieu L, Lartigue C, et al. The concept of the small displacement Torsor in metrology. Series on Advances in Mathematics for Applied Sciences, 1996, 40: 110-122.

[32] Clément A, Desrochers A, Riviere A. Theory and Practice of 3-D Tolerancing for Assembly. École de Technologie Supérieure, 1991.

[33] Loose J P, Zhou Q, Zhou S, et al. Integrating GD&T into dimensional variation models for multistage machining processes. International Journal of Production Research, 2010, 48: 3129-3149.

[34] Mazur M, Leary M, Subic A. Application of polynomial chaos expansion to tolerance analysis and synthesis in compliant assemblies subject to loading. Journal of Mechanical Design, 2015, 137: 031701.

[35] Pierre L, Teissandier D, Nadeau J P. Variational tolerancing analysis taking thermomechanical strains into account: Application to a high pressure turbine. Mechanism and Machine Theory, 2014, 74: 82-101.

[36] Grandjean J, Ledoux Y, Samper S. On the role of form defects in assemblies subject to local deformations and mechanical loads. The International Journal of Advanced Manufacturing Technology, 2013, 65: 1769-1778.

[37] Yu K, Yang Z. Assembly variation modeling method research of compliant automobile body sheet metal parts using the finite element method. International Journal of Automotive Technology, 2015, 16: 51-56.

[38] Jayaprakash G, Sivakumar K, Thilak M. A numerical study on effect of temperature and inertia on tolerance design of mechanical assembly. Engineering Computations, 2012, 29: 722-742.

[39] Jayaprakash G, Thilak M, Sivakumar K. Optimal tolerance design for mechanical assembly considering thermal impact. The International Journal of Advanced Manufacturing Technology, 2014, 73: 859-873.

[40] Walter M S J, Spruegel T C, Wartzack S. Least cost tolerance allocation for systems with time-variant deviations. Procedia CIRP, 2015, 27: 1-9.

[41] Mazur M, Leary M, Subic A. Computer Aided Tolerancing (CAT) platform for the design of assemblies under external and internal forces. Computer-Aided Design, 2011, 43: 707-719.

[42] Speckhart F H. Calculation of tolerance based on a minimum cost approach. Journal of Engineering for Industry, 1972, 94: 447-453.

[43] Spotts M F. Allocation of tolerances to minimize cost of assembly. Journal of Engineering for Industry, 1973, 95: 762-764.

[44] Sutherland G, Roth B. Mechanism design: Accounting for manufacturing tolerances and costs in function generating problems. Journal of Engineering for Industry, 1975, 97: 283-286.

[45] Singh P, Jain P, Jain S. Simultaneous optimal selection of design and manufacturing tolerances with different stack-up conditions using genetic algorithms. International Journal of Production Research, 2003, 41: 2411-2429.

[46] Jeang A, Leu E. Robust tolerance design by computer experiment. International Journal of Production Research, 1999, 37: 1949-1961.

[47] Maghsoodloo S, Li M H C. Optimal asymmetric tolerance design. IIE Transactions, 2000, 32: 1127-1137.

[48] Rose C, Yates R. Minimizing the average cost of paging under delay constraints. Wireless Networks, 1995, 1: 211-219.

[49] Sanz A, Guimeráns M, González I, et al. Comparative analysis of tolerance allocation in mechanical assemblies based on cost-tolerance curves. AIP Conference Proceedings, 2012: 197-206.

[50] Geetha K, Ravindran D, Kumar M S, et al. Multi-objective optimization for optimum tolerance synthesis with process and machine selection using a genetic algorithm. The International Journal of Advanced Manufacturing Technology, 2013, 67: 2439-2457.

[51] Zhao Y M, Liu D S, Wen Z J. Optimal tolerance design of product based on service quality loss. International Journal of Advanced Manufacturing Technology, 2016, 82: 1715-1724.

[52] 陈之炎. 船舶推进轴系振动. 上海: 上海交通大学出版社, 1987.

[53] 陈之炎, 骆振黄, 熊四昌. 船舶推进轴系回旋振动计算的 Riccati-Myklestad-Prohl (RMP) 法. 船舶工程, 1987, 4: 40-45, 54.

[54] Wu J S, Yang I H. Computer method for torsion-and-flexure-coupled forced vibration of shafting system with damping. Journal of Sound and Vibration, 1995, 180: 417-435.

[55] Behzad M, Bastami A. Effect of centrifugal force on natural frequency of lateral vibration of rotating shafts. Journal of Sound and Vibration, 2004, 274: 985-995.

[56] Lee H. Dynamic response of a rotating Timoshenko shaft subject to axial forces and moving loads. Journal of Sound and Vibration, 1995, 181: 169-177.

[57] Kaya M, Ozgumus O O. Flexural-torsional-coupled vibration analysis of axially loaded closed-section composite Timoshenko beam by using DTM. Journal of Sound and Vibration, 2007, 306: 495-506.

[58] 王艳国. 全回转舵桨推进轴系振动计算方法研究. 武汉: 武汉理工大学硕士学位论文, 2011.

[59] 陈刚, 王玉勃, 谌栋梁, 等. Z 型可伸缩全回转推进器轴系扭振计算. 船舶工程, 2012, 34: 36-38.

[60] 王磊, 周瑞平, 徐翔, 等. 全回转推进轴系扭振计算方法研究. 造船技术, 2011, (6): 20-24.

[61] Hussein M, Hunt H. A power flow method for evaluating vibration from underground railways. Journal of Sound and Vibration, 2006, 293: 667-679.

[62] Hambric S A. Power flows and mechanical intensities in structural finite element analysis. Journal of Vibration and Acoustics, 1990, 112(4):542-549.

[63] Buchmann P, Cuschieri J M, Yong Y. Structural power flow analysis using finite element. Proceedings of the National Conference on Noise Control Engineering, 1994: 557-562.

[64] Wang Z, Xing J, Price W. A study of power flow in a coupled plate-cylindrical shell system. Journal of Sound and Vibration, 2004, 271: 863-882.

[65] 曹贻鹏. 推进轴系引起的艇体结构振动与辐射噪声控制研究. 哈尔滨: 哈尔滨工程大学博士学位论文, 2008.

[66] 李栋梁. 轴系-艇体耦合系统振动声辐射分析与实验研究. 上海: 上海交通大学硕士学位论文, 2012.

[67] 冯国平, 谌勇, 黄修长, 等. 舰艇艉部纵向激励传递特性分析. 噪声与振动控制, 2009, 29: 132-135.

[68] 冯国平, 黄修长, 刘兴天, 等. 基于振动功率流的船艉传递路径分析. 噪声与振动控制, 2010, 30: 5-8.

第2章　全回转推进器装配序列规划

2.1　引　　言

海洋环境异常复杂，高服役性能的动力定位系统是海洋设备等确保其航向准确、平稳的核心动力装备，对探索和开发海洋资源极为重要。其中，全回转推进器是动力定位系统中的关键执行装备，而我国大功率级别的全回转推进器完全依赖进口。同时，发达国家对其生产技术的长期封锁使得大功率全回转推进器的生产成为制约我国高服役性能海洋装备自主研制的瓶颈。全回转推进器是海洋动力定位系统的关键装备，其装配质量直接影响推进器的整体服役性能。目前，企业的装配规划方法较原始，主要依靠装配工程师根据经验和知识进行规划，存在效率低下和质量无法保障等问题，装配规划方法亟待更新。

装配序列规划是装配工艺规划的基础和前提，包括装配建模、可行序列的生成和优化三个过程。装配建模泛指装配信息数字化的过程，是装配序列规划的第一步，直接影响装配序列规划的整体质量和效果。装配模型中包含的信息越全面，其模型的准度和精度越高，与此同时也提高了信息提取难度和求解难度。如何平衡装配信息的广度和信息提取、问题求解的难度一直是研究的重点和难点。本章首先简单介绍装配序列规划问题，包括问题模型、问题特点、求解阶段划分和基本假设；其次立足于国内外研究现状，在符合现阶段装配序列规划要求和装配实际工况的前提下，从约束条件和评价指标两个方面出发介绍装配序列规划问题模型。

基于全回转推进器的装配序列，本章采用和声搜索算法进行相关求解。和声搜索算法因实现容易、参数设置简单和全局搜索能力较强而被广泛研究，在组合优化领域也取得了较好应用，可用于装配序列规划问题的求解。本章主要针对装配序列规划问题离散、强约束的本质，将求解连续优化问题的和声搜索算法离散化后进行相关改进。该算法针对和声搜索算法中和声库新和声的生成过程，提出改进的新和声生成策略。随后，通过参数设置试验获得最优的参数配置，通过改进效果分析试验证实主要改进的效果，通过算例对比分析试验验证本章算法较粒子群优化算法(particle swarm optimization, PSO)[1]、遗传算法(genetic algorithm, GA)[2]、文化基因算法(memetic algorithm, MA)[3]以及动态参数的和声搜索算法(dynamic parameter controlled harmony search algorithm, DPCHS)[4]的优越性。

本章基于国内某船舶企业的核心产品全回转推进器的装配序列，应用改进和声搜索算法对装配序列规划进行求解。首先，介绍装配序列问题及其模型。其次，对该企业的某型号全回转推进器进行装配建模。最后，利用改进和声搜索算法求解全回转推进器的装配序列，为后期装配工艺的改进优化以及装配线自动化提供技术支持和基础数据。

2.2　装配序列规划问题及其模型

2.2.1　装配序列规划问题简介

装配序列规划是一个带约束的组合优化问题[5]，与一般组合优化问题如旅行商问题类似，存在组合爆炸的问题；同时由于约束条件复杂，较一般组合优化问题的求解难度更大。装配序列规划问题可以概括如下：

$$\max(\min): f(X)$$

$$\text{s.t.}\begin{cases} X=\{x_1,x_2,\cdots,x_n\}, & x_i=1,2,\cdots,n, \ \ x_i\neq x_j \\ Vf(X)=0 \end{cases} \tag{2.1}$$

式中，X 为装配序列；$f(X)$ 为目标函数；$x_i\neq x_j$ 代表序列中每个零件能且只能出现一次；$Vf(X)=0$ 代表序列 X 几何可行，反之代表几何不可行。

装配序列规划问题的特点可以概括为强约束、多目标和计算量大[5]。强约束是指装配的约束不可违背，如违背会导致装配失败，包括单一性约束和几何约束。其中单一性约束是指每个零件仅可出现一次，可以通过设置待选零件集合的方式处理，故通常不予强调。多目标是指装配序列规划的评价目标较多，求解过程是在多个目标之间进行平衡的动态过程，包括装配成本和装配工艺性等多个目标。计算量大是指计算过程中需考虑约束和多个目标的信息，同时随着零件增加，会出现组合爆炸问题而导致求解难度增加。

装配序列规划问题的求解过程通常可分为三个阶段：

(1) 装配序列规划建模阶段，是指装配信息数字化的过程，包括约束信息、装配工具、装配工艺性等信息的获取。

(2) 装配序列生成阶段，是指生成满足问题约束条件序列的过程，由于几何约束的复杂性，可行序列的生成一直是研究的难点。

(3) 装配序列的评价与优化阶段。评价和优化是装配序列规划能否产生最优装配序列的关键，如何在精确评估装配序列质量的同时引导解向量向最优解逼近一直是研究的难点。通常而言，序列的评价指标与装配序列规划模型一一对应，一般通过线性加权法或 Pareto 方法进行评价。在优化方法中以智能算法最为常用，包括遗传算法、粒子群优化算法和文化基因算法等[6]。

工程中装配过程复杂、涉及的信息多，在研究过程中需进行合理假设以降低规划难度。通常假设如下：

(1) 装配操作方向。假设装配操作仅沿笛卡儿坐标系的 6 个方向进行，且同一安装操作过程中仅可沿单一路径单向进行。

(2) 装配操作类型。假设装配操作均为平移操作，实际装配中如旋转安装、铆接等复杂操作需简化为平移操作。

2.2.2 装配序列规划模型

装配序列规划模型包含约束条件和评价目标两个部分，在约束条件方面，主要考虑几何约束，而评价目标方面应考虑定量及定性两方面的信息。本节系统地介绍几何约束条件和评价目标的相关概念及计算方法。

1. 装配几何约束条件

装配序列规划问题除了存在一般组合优化问题都存在的组合爆炸问题外，还存在较强的几何约束，即装配过程中已安装零件不能阻挡后续零件的安装，故需考虑零件间的相互约束。规划中，将该类信息定义为零件间的几何干涉信息。本节根据前文假设，假定装配过程中所有操作仅可沿笛卡儿坐标系中$+x$、$+y$、$+z$、$-x$、$-y$、$-z$方向进行。

为记录零件之间的几何干涉信息，定义 n 个零件沿$+x$、$+y$、$+z$ 方向的十进制正方向干涉矩阵 IM_{10+}，如式(2.2)所示[5]：

$$IM_{10+} = \left[im_{i,j} \right]_{n \times n} \tag{2.2}$$

式中，$im_{i,j}$ 表示零件 j 沿$+x$、$+y$、$+z$ 方向安装时与已安装零件 i 之间的几何干涉情况。元素的取值范围为 0～7，对应的取值规则如下：

0 —— 沿$+x$、$+y$、$+z$ 三个方向均无几何干涉；

1 —— 沿$+z$ 方向存在几何干涉；

2 —— 沿$+y$ 方向存在几何干涉；

3 —— 沿$+y$、$+z$ 方向存在几何干涉；

4 —— 沿$+x$ 方向存在几何干涉；

5 —— 沿$+x$、$+z$ 方向存在几何干涉；

6 —— 沿$+x$、$+y$ 方向存在几何干涉；

7 —— 沿$+x$、$+y$、$+z$ 方向均存在几何干涉。

由于零件间的干涉是相互的，所以仅需对 IM_{10+} 进行转置操作即可得到沿$-x$、$-y$、$-z$ 的十进制干涉矩阵 IM_{10-}[5]，如式(2.3)所示：

$$IM_{10-} = IM_{10+}^{T} \tag{2.3}$$

在实际求解过程中,需解构十进制干涉矩阵 IM_{10+} 中的各元素。将元素 $\mathrm{im}_{i,j}$ 转换为三个方向的干涉情况 $x_{i,j}$、$y_{i,j}$、$z_{i,j}$,分别代表零件 i 安装后,零件 j 沿+x、+y、+z 方向安装时与零件 i 之间的干涉情况,如式(2.4)所示:

$$\mathrm{IM}_{10+} = \begin{bmatrix} x_{1,1},y_{1,1},z_{1,1} & \cdots & x_{1,j},y_{1,j},z_{1,j} & \cdots & x_{1,n},y_{1,n},z_{1,n} \\ \vdots & & \vdots & & \vdots \\ x_{i,1},y_{i,1},z_{i,1} & \cdots & x_{i,j},y_{i,j},z_{i,j} & \cdots & x_{i,n},y_{i,n},z_{i,n} \\ \vdots & & \vdots & & \vdots \\ x_{n,1},y_{n,1},z_{n,1} & \cdots & x_{n,j},y_{n,j},z_{n,j} & \cdots & x_{n,n},y_{n,n},z_{n,n} \end{bmatrix} \tag{2.4}$$

转换过程后, IM_{10+} 可拆分成三个矩阵分别为 I_{x+}、I_{y+}、I_{z+}。对于矩阵 I_{x+},当 $x_{i,j}=0$ 时表示零件 i 安装后对零件 j 沿+x 方向的安装无干涉,当 $x_{i,j}=1$ 时表示存在干涉。

$$I_{x+} = [x_{i,j}], \quad I_{y+} = [y_{i,j}], \quad I_{z+} = [z_{i,j}] \tag{2.5}$$

为量化评估序列的干涉情况,定义 $Vf(X)$ 来评估序列是否存在干涉,如式(2.6)所示,当 $Vf(X)=0$ 时,序列 X 为可行序列[7]。

$$Vf(X) = \bigcup_{i=1}^{n} Vf(x_i) \tag{2.6}$$

式中, n 为序列中的零件个数; $Vf(x_i)$ 用来评价已安装零件对零件 x_i 是否存在干涉,若 $Vf(x_i)=0$,则已安装零件与当前安装零件 x_i 之间不存在干涉情况, $Vf(x_i)$ 的计算规则如式(2.7)所示:

$$Vf(x_i) = \bigcup_{j=1}^{6} Vf_j(x_i), \quad i = 0,1,\cdots,n \tag{2.7}$$

式中, $Vf_j(x_i)(j=1,2,\cdots,6)$ 分别代表+x、+y、+z、−x、−y、−z 方向的干涉情况,当 j 方向上无干涉时, $Vf_j(x_i)=0$ 。 $Vf_j(x_i)$ 的计算规则如式(2.8)所示:

$$Vf_j(x_i) = \sum_{k=1}^{i} I_j(x_{k,i}), \quad j = 1,2,\cdots,6 \tag{2.8}$$

式中, $x_{k,i}$ 为矩阵 I_j 的元素; $j=1,2,\cdots,6$ 分别代表+x、+y、+z、−x、−y、−z 方向。

综上可知,当 $Vf(X)=0$ 时,序列 X 为可行序列,否则为不可行序列。

2. 装配评价指标

通过对装配序列进行几何干涉检测可评估序列是否可行,但由于装配的过程中涉及人工、夹具和工具等资源的调度,仅满足几何干涉约束的序列不一定是最优序列。为有效评估装配过程中各类成本和装配工艺的合理程度,选取与装配成本、装配工艺等相关指标,本节系统地介绍相关指标的概念、数据结构以及评估方式。

1) 装配方向变换次数

在装配过程中，装配方向的变换可能会导致额外的装配工具、夹具和翻转时间等，造成额外的装配成本，也导致装配效率低下，因此应尽量减少装配方向的变换次数。本节定义了可行装配方向集合，同时介绍了装配方向变换的计算方式[8]。

定义 n 个零件的可行装配方向集合 DC 来记录零件的可行装配方向，如式(2.9)所示：

$$DC = [dc_{i,j}]_{6 \times n} \qquad (2.9)$$

集合 DC 中的 6 行对应于 $+x$、$+y$、$+z$、$-x$、$-y$、$-z$ 方向。式中，$dc_{i,j}$ 表示零件 j 在 i 方向是否可以安装，$dc_{i,j} = 1$ 表示该方向可以安装，$dc_{i,j} = 0$ 表示该方向不可以安装。集合 DC 的值可由装配序列、矩阵 IM_{10+} 和 IM_{10-} 推导而得。

定义 V_{dc} 来量化装配过程中的装配方向变换次数，其计算流程如图 2.1 所示，其中 i 记录当前安装方向的起始零件，count 记录可以按照当前安装方向安装的零件数，SetD(i) 为零件 i 可以安装的方向。可知，装配方向变换次数 V_{dc} 越小，装配序列的质量就越高。

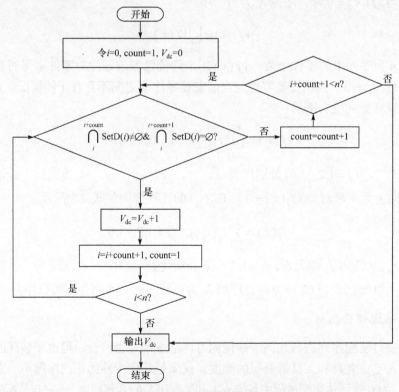

图 2.1　计算装配方向变换次数的流程图

2) 装配工具变换次数

装配工具变换次数是指装配过程中安装工具的变换次数。在装配过程中，装配工具的变换会导致额外的辅助动作等，从而降低装配效率，因此需尽量减少装配工具变换次数。本节定义装配工具集合，同时提供装配工具变换次数的计算方式。

定义 n 个零件的装配工具集合 TC 来记录装配零件时需用到的装配工具，如式(2.10)所示[8]：

$$TC = [tc_{i,j}]_{m \times n} \tag{2.10}$$

式中，集合 TC 中的行表示所有装配过程可使用的工具；行表示有 m 个待选工具；列表示有 n 个零件；$tc_{i,j}$ 表示零件 i 在安装时使用的工具。零件 j 的安装过程中，如果选用了工具 i，则 $tc_{i,j} = 1$，否则 $tc_{i,j} = 0$。

定义 V_{tc} 来量化装配过程中的装配工具变换次数，其计算流程与 V_{dc} 的计算类似[5]，如图 2.2 所示。其中 i 记录使用当前安装工具的起始零件，count 记录可以使用当前安装工具安装的零件数，SetT(i) 表示零件 i 需用到的安装工具。同理可知，装配工具变换次数 V_{tc} 越小，装配序列的质量就越高。需注意，装配工具与装配方向不同，零件 i 对应的工具集 SetT(i) 为零件安装时需要的全部工具，如果前后两次装配过程中有相同的工具，则认为工具未改变。

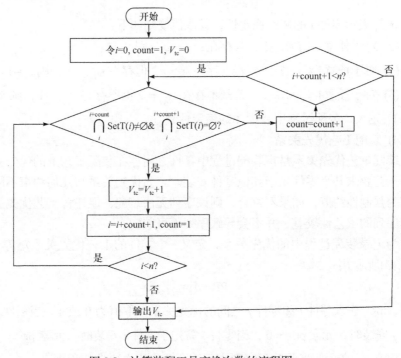

图 2.2　计算装配工具变换次数的流程图

3) 装配稳定性

装配过程的稳定性是指零件装配过程中已安装零件构成的子装配体和待安装零件间的稳定程度。稳定性基于零件间的连接关系，若两零件没有连接，则两零件间不可能存在稳定性关系。为量化装配过程的稳定性，定义连接关系矩阵和装配稳定性的评价方法。

定义 n 个零件的连接关系矩阵 SR 来记录零件间的连接关系，如式(2.11)所示[8]：

$$SR = [sr_{i,j}]_{n \times n} \tag{2.11}$$

式中，$sr_{i,j}$ 代表零件 i 和 j 之间连接的稳定程度，取值规则如下：

(1) 当两零件间不存在连接关系或者存在稳定连接关系，且零件 j 用夹具保持稳定很好，但零件 i 用夹具保持稳定不可行时，$sr_{i,j} = 0$。

(2) 当两零件间存在稳定连接关系且零件 j 用夹具保持稳定性更好时，$sr_{i,j} = 1$。

(3) 当两零件间存在稳定连接关系且零件 i 用夹具保持稳定性更好，或者两者之间存在条件稳定连接关系时，$sr_{i,j} = 2$。

为量化序列 X 的稳定连接关系，定义变量 V_{sr} 来评估装配体稳定程度[5]：

$$V_{sr} = \sum_{i=2}^{n} S_i, \quad 0 \leqslant V_{sr} \leqslant 2n - 2 \tag{2.12}$$

式中，S_i 表示零件 i 的装配稳定性，其取值规则如下：

(1) 对于任意 $1 \leqslant j \leqslant i-1$，若存在 $sr_{i,j} = 2$，则 $S_i = 2$。

(2) 对于任意 $1 \leqslant j \leqslant i-1$，若不存在 $sr_{i,j} = 2$ 但存在 $sr_{i,j} = 1$，则 $S_i = 1$。

(3) 对于任意 $1 \leqslant j \leqslant i-1$，若既不存在 $sr_{i,j} = 2$ 也不存在 $sr_{i,j} = 1$，则 $S_i = 0$。

可知 V_{sr} 越大，装配过程中装配体的稳定性越好。

4) 装配工艺优先关系

装配工艺优先关系是指装配过程中零件之间存在装配工艺上的优先关系，即装配工艺要求某个零件先于其他零件安装。工艺优先关系与几何约束不同，几何约束为强制性约束，如果不符合，则该序列无法装配，但违背工艺优先关系则只会让序列的工艺性较差，并不会导致序列不可装配。

为记录装配过程中的优先关系，定义 n 个零件的工艺优先关系矩阵 PR，如式(2.13)所示[7]：

$$PR = [pr_{i,j}]_{n \times n} \tag{2.13}$$

式中，$pr_{i,j}$ 表示零件 i 和零件 j 之间的优先关系，取值为 0 或 1。当零件 i 需先于零件 j 安装时，元素 $pr_{i,j} = 0$，当零件 j 需先于零件 i 安装时，元素 $pr_{i,j} = 1$。

定义 V_{pr} 来评估当前装配序列中不符合工艺优先要求的程度[7]：

$$V_{\mathrm{pr}} = \sum_{i=2}^{n}\left(\sum_{j=1}^{i} \mathrm{pr}_{j,i}\right), \quad 0 \le V_{\mathrm{pr}} \le \frac{n(n-1)}{2} \tag{2.14}$$

式中，n 为零件个数；$\mathrm{pr}_{j,i}$ 为按照装配序列安装顺序(零件 j 先于零件 i 安装)时从工艺优先关系矩阵 PR 中提取的元素。

由式(2.14)可知，V_{pr} 越小，当前序列违反工艺优先关系的情况就越少，其序列的质量越高。

3. 装配序列规划的目标函数

综合考虑上述几何约束和评价指标，建立如式(2.15)所示的装配序列规划目标函数[9]，在本节中，适应度函数与目标函数相同。当序列几何可行时，按照对应的适应度函数评价其适应度值；当序列几何不可行时，赋予序列一个极大值作为惩罚。

$$f(X) = \begin{cases} w_{\mathrm{dc}}V_{\mathrm{dc}} + w_{\mathrm{tc}}V_{\mathrm{tc}} + w_{\mathrm{sr}}(2n - V_{\mathrm{sr}} - 2) + w_{\mathrm{pr}}V_{\mathrm{pr}}, & Vf(X) = 0 \\ (n^2 + 7n - 8)/2, & Vf(X) \neq 0 \end{cases} \tag{2.15}$$

式中，X 为装配序列，默认其中每个零件仅出现一次；V_{dc}、V_{tc}、V_{sr}、V_{pr} 依次为装配方向变换次数、装配工具变换次数、装配体稳定程度和装配过程中不符合优先关系程度的量化指标[5]；w_{dc}、w_{tc}、w_{sr}、w_{pr} 依次为 V_{dc}、V_{tc}、V_{sr}、V_{pr} 的权重系数，取值范围为 $(0,1)$。$Vf(X) = 0$ 代表序列 X 几何可行，反之代表几何不可行。

2.3　基于改进和声搜索算法的装配序列规划方法

2.3.1　和声搜索算法简介

和声搜索算法[10]是通过模仿乐团中各个音乐演奏家演奏过程中凭借记忆反复调整乐器的音调并最终生成动听和声的行为而实现的算法。在和声搜索算法中，乐团中的每个音乐演奏家(对应于一个决策变量)演奏(对应于产生)一个音调(对应于数值)来寻找最优和声(对应于全局最优解)，主要包含以下四个步骤：

(1) 初始化和声库；

(2) 即兴产生新和声；

(3) 如果新和声的效果更好，则替换掉和声库中的最差和声；

(4) 重复步骤(3)和(4)直至迭代结束。

算法通过不断地用较优新和声替换和声库中最差和声以逼近最优解。同时，为提高算法的搜索能力，算法模仿音乐演奏家演奏乐器的场景设计了新和声的生成策略。在演奏中，演奏家演奏乐器时可能出现三种情况：

(1) 从记忆中获取音调；

(2) 演奏一个与记忆中相似的音调；

(3) 即兴演奏一个音调。

和声搜索算法通过学习这类行为设计了相应的新音调生成策略：

(1) 从和声库中选择一个音调，该过程定义为和声库选择过程；

(2) 对选择的音调进行微调，调整范围为带宽范围(bandwidth, BW)，该过程定义为音调微调过程；

(3) 从可行域中随机抽取一个音调，该过程定义为随机选择过程。

同时，模仿演奏场景为以上三种行为设定了操作逻辑和相应的操作概率。设计了和声库选择概率(HMCR)来控制新音调的生成，算法以 HMCR 的概率执行和声库选择过程，以 1–HMCR 的概率执行随机选择过程。设计高音调整概率(PAR)控制是否对从和声库中选取的音调进行微调，以 PAR 的概率围绕音调附近 BW 的范围进行调整。

和声搜索算法求解的具体步骤如下(流程如图 2.3 所示)：

(1) 确定优化问题的模型及参数范围，根据问题规模和求解经验设定参数 HMS(和声库大小)、HMCR、PAR 和 BW 的大小。

(2) 初始化和声库，生成 HMS 个和声(向量) $X = (x_1, x_2, \cdots, x_n)$ 存储在 HM 中，和声 X 的每一维取值 $x_i \in [x_{\min}, x_{\max}]$。

$$\text{HM} = \begin{pmatrix} x_{1,1} & \cdots & x_{1,j} & \cdots & x_{1,n} & f(X_1) \\ \vdots & & \vdots & & \vdots & \vdots \\ x_{i,1} & \cdots & x_{i,j} & \cdots & x_{i,n} & f(X_i) \\ \vdots & & \vdots & & \vdots & \vdots \\ x_{\text{HMS},1} & \cdots & x_{\text{HMS},j} & \cdots & x_{\text{HMS},n} & f(X_{\text{HMS}}) \end{pmatrix} \qquad (2.16)$$

(3) 生成新和声 $X' = (x_1', x_2', \cdots, x_n')$。

(3.1) 生成一个新音调 x_j'，音调的选择有两种情况：

① 以 HMCR 的概率，从和声库中 j 列随机选择：

$$x_j' \in [x_{i,j}, x_{\text{HMS},j}], \quad \text{randrate} < \text{HMCR} \qquad (2.17)$$

② 以 1–HMCR 的概率，从可行音域中随机选择一个音调：

$$x_j' \in [x_{\min}, x_{\max}], \quad \text{randrate} \geqslant \text{HMCR} \qquad (2.18)$$

(3.2) 若音调 x_j' 从和声库中取出，则以 PAR 的概率对该音调进行微调，微调的步长为 BW

$$x_j' = x_j' + \text{random}(0,1) \times \text{BW}, \quad \text{randrate} < \text{PAR} \qquad (2.19)$$

(4) 若新和声的适应度值 $f(X')$ 优于和声库中最差和声 $f(X_{worst})$，则用新和声 X' 替换掉最差和声 X_{worst}。

(5) 重复步骤(3)和(4)直至迭代结束。

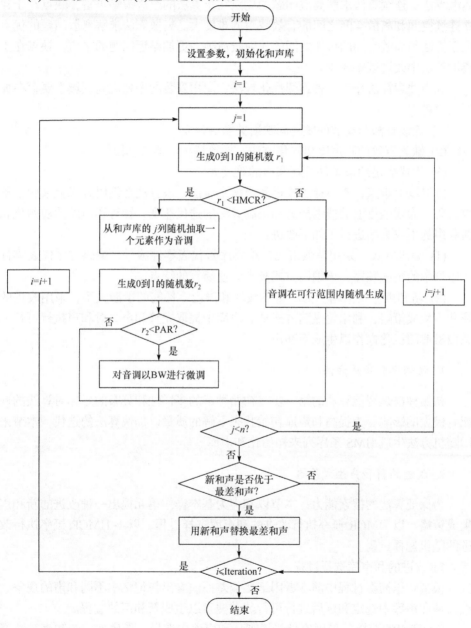

图 2.3　和声搜索算法流程

2.3.2 改进和声搜索算法求解装配序列规划问题

装配序列规划是一个典型的离散优化问题，其求解方法可以分为连续算法和离散算法。连续算法求解离散问题的优点在于算法的改进策略丰富，缺点在于建立连续空间和离散空间之间的有效映射的难度大。离散算法求解离散问题的优点在于算法与离散空间的操作之间的映射较清晰，更加贴近问题的本质，缺点在于离散算法中改进策略较少。

和声搜索算法作为一种连续优化算法，应用到装配序列规划领域主要存在如下三个难点：

(1) 连续算法与离散问题之间映射关系的建立；

(2) 缺乏有效的和声库初始化方法，导致算法求解效率较低；

(3) 生成满足约束条件的新和声的难度大。

针对以上难点，本节提出改进和声搜索算法，该算法在编码方式上采用了整数编码，为增强算法的搜索能力和提高算法的迭代速度，针对和声库的初始化和新和声的生成策略进行了如下改进：

(1) 编码方式。采用整数编码，编码序号代表零件编号，编码位序代表零件在序列中的装配顺序，该编码方式具有简便易行的特点。

(2) 新和声生成策略。为尽量不破坏和声内零件间的干涉关系，采用改进的新和声生成策略，利用轮盘赌方式从和声库中提取完整和声，对和声执行可行邻域搜索或随机化操作以生成新和声。

1. 初始化和声库方法

初始种群是智能算法的第一步，初始种群的多样性和分布的好坏对算法的性能有极大的影响。为提高和声库初始状态下解的质量以加快算法的迭代，本节采用随机方法生成 HMS 条序列来初始化和声库。

2. 改进的新和声生成策略

为保证算法的搜索能力，本节以和声为基本操作单元提出一种改进的新和声生成策略。以 HMCR 概率执行改进的和声库选择过程，以 1–HMCR 概率执行改进的随机选择过程。

1) 改进的和声库选择过程

模拟音乐演奏过程中演奏者因记忆偏差而演奏出与记忆中不同和声的现象，设计从和声库中选定和声后进行可行邻域搜索以生成新和声的过程。

(1) 和声的选择。采用轮盘赌规则从和声库中选择一条序列，各和声被选择的概率根据自身适应度值与计算基准的差额来计算，如式(2.20)所示：

$$P_i = \frac{b - f(X_i)}{\sum\limits_{i=1}^{\mathrm{HMS}} (b - f(X_i))} \tag{2.20}$$

式中，P_i 为选择和声 i 的概率；$f(X_i)$ 为和声 X_i 的适应度值；b 为计算基准，其公式为

$$b = 1.05 \times f(X_{\mathrm{worst}}) + 0.05 \times (f(X_{\mathrm{worst}}) - f(X_{\mathrm{best}})) \tag{2.21}$$

式中，$f(X_{\mathrm{worst}})$ 为最差和声的适应度值；$f(X_{\mathrm{best}})$ 为最好和声的适应度值。

(2) 邻域搜索方式。邻域结构的定义依赖于问题的特征及解的表示方式，在离散空间下一般使用交换、移动等方式。本节采用移动方式，以最低限度地破坏原和声中零件间的几何干涉关系。具体过程如图 2.4 所示，在和声中随机选择一个零件，再随机选择一个可行插入点(即插入后的新和声满足几何约束条件)，将该零件插入选定位置形成新和声，以保证生成的新和声为可行序列。

图 2.4　邻域搜索过程示例

2) 改进的随机选择过程

为增加算法随机性和提高生成可行新和声的概率，设计改进的随机选择过程。该过程将和声库中的一条和声与随机生成的一条和声进行优先关系保留交叉(precedence preservative crossover,PPX)操作[11]以生成新和声，和声的选择过程仍采用式(2.20)所示的轮盘赌规则。PPX 操作是遗传算法中的交叉策略，该策略可以在保持序列中优先关系的前提下生成新序列，具体流程如下：

(1) 选择和声库中的一条和声与随机生成的一条和声作为父代。

(2) 随机选择父代序列首位置的某一零件，插入子代新序列的尾部。

(3) 将被选择的零件从父代和声中去除，形成新的两条父代和声。

(4) 重复步骤(1)和(2)直至父代和声的零件数为零。

图 2.5 展示了对两条序列进行 PPX 操作的示例，其中父代的两条序列分别为 (2 4 1 3)和(1 2 3 4)。下面带三角的表示当前选中的零件，依次选中了零件 2、1、3、4 得到子序列(2 1 3 4)。

3. 改进和声搜索算法流程

改进和声搜索算法流程如图 2.6 所示，具体如下：

(1) 确定装配序列规划模型，根据问题规模和求解经验设定参数 HMS 和 HMCR。

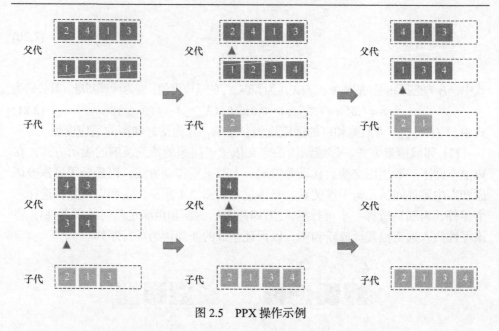

图 2.5　PPX 操作示例

(2) 随机生成 HMS 个和声(向量) $X = (x_1, x_2, \cdots, x_n)$ 存储在 HM 中，和声 X 的每一维取值 $x_i \in [x_{\min}, x_{\max}]$。

$$HM = \begin{pmatrix} x_{1,1} & \cdots & x_{1,j} & \cdots & x_{1,n} & f(X_1) \\ \vdots & & \vdots & & \vdots & \vdots \\ x_{i,1} & \cdots & x_{i,j} & \cdots & x_{i,n} & f(X_i) \\ \vdots & & \vdots & & \vdots & \vdots \\ x_{HMS,1} & \cdots & x_{HMS,j} & \cdots & x_{HMS,n} & f(X_{HMS}) \end{pmatrix} \tag{2.22}$$

(3) 生成新和声 $X' = (x_1', x_2', \cdots, x_n')$，新和声的生成有两种情况。

① 以 HMCR 概率，从和声库中根据轮盘赌规则随机选择一条序列 X_{chosen}，并对该序列进行可行邻域搜索后生成新序列 X'。

$$X' = \otimes X_{\text{chosen}}, \quad \text{randrate} < \text{HMCR} \tag{2.23}$$

式中，$\otimes$ 代表邻域搜索操作。

② 以 1–HMCR 概率，从和声库中根据轮盘赌规则随机选择一条序列 X_{chosen}，同时生成一条随机序列 X_{random}，对两序列进行 PPX 操作生成新 X'。

$$X' = X_{\text{chosen}} \oplus X_{\text{random}}, \quad \text{randrate} \geqslant \text{HMCR} \tag{2.24}$$

式中，$\oplus$ 代表 PPX 操作。

(4) 若新和声的适应度值 $f(X')$ 优于和声库中最差和声的适应度值 $f(X_{\text{worst}})$，

则用新和声 X' 替换掉最差和声 X_{worst} 。

(5) 重复步骤(3)和(4)直至迭代结束。

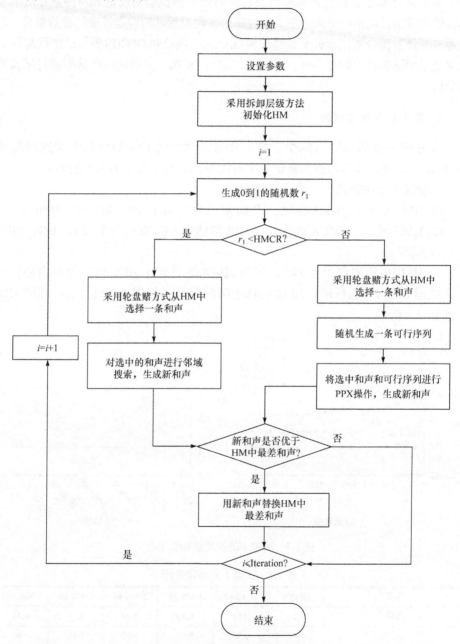

图 2.6　改进和声搜索算法流程

2.3.3　算例验证与分析

本节设计算法参数设置试验以及算例对比分析试验对改进和声搜索算法的基本特性和求解性能进行全面考察。通过算法参数设置试验确定算法的参数组合，以及通过算例对比分析试验证明该算法较GA、MA、PSO和DPCHS等算法的优越性。为保证本节试验结论的可靠性，各试验均运行 30 次，并利用统计数据进行试验效果分析。

1. 算法参数设置试验

改进和声搜索算法有两个参数，即和声库大小(HMS)与和声库选择概率(HMCR)。本节设计两组单因素试验来对比不同参数下算法的求解能力。

试验采用球阀算例，具体设置如下：

(1) HMCR 固定，HMS 变化，HMS 取值为 5、10、20、40、80、100；

(2) HMS 固定，HMCR 变化，HMCR 取值为 0.0、0.1、0.3、0.6、0.9、1.0。

1) 试验 1

当 HMCR 值固定为 0.9 时，不同 HMS 值下运行 1000 代后的平均最优种群迭代图如图 2.7(a)所示，30 次运算中解的箱型图如图 2.7(b)所示，其结果统计如表 2.1 所示。

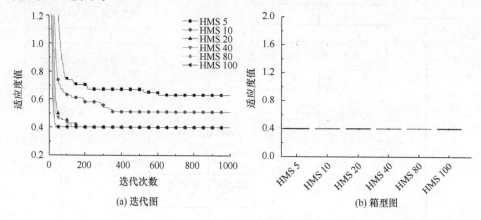

图 2.7　试验 1 的迭代图和箱型图

表 2.1　试验 1 的结果统计

参数	HMS 5	HMS 10	HMS 20	HMS 40	HMS 80	HMS 100
均值	0.63	0.51	**0.40**	**0.40**	**0.40**	**0.40**
标准差	0.43	0.34	**0.00**	**0.00**	**0.00**	**0.00**
最小值	0.40	0.40	**0.40**	**0.40**	**0.40**	**0.40**
最大值	1.60	1.60	**0.40**	**0.40**	**0.40**	**0.40**

续表

参数	HMS 5	HMS 10	HMS 20	HMS 40	HMS 80	HMS 100
求得最优适应度值的概率	76.67%	90.00%	**100%**	**100.00%**	**100.00%**	**100.00%**
有效迭代次数	604	350	154	125	40	**35**
单次平均运行时间/ms	**45.83**	81.77	153.10	299.50	638.53	751.03

通过对比可以发现：

(1) 从解的分布情况来看，算法求解能力随着 HMS 值的增加而增强。当 HMS 取值为 5 或 10 时，30 次运算中解的分布较为分散(标准差分别为 0.43 和 0.34)，算法无法全部求得最优解(均值分别为 0.63 和 0.51，与最优值 0.40 有一定差距，最优值显示为黑体)；当 HMS 取值为 20、40、80 和 100 时，30 次运算均能求得最优解。

(2) 从收敛能力来看，算法的收敛代数随着 HMS 值的增加而减少。当 HMS 为 5 时，需 604 代才能收敛到局部最优值均值 0.63，而当 HMS 为 100 时，仅需 35 代便可以收敛到全局最优值均值 0.40，HMS 为 5 时的迭代次数约为 HMS 为 100 时的 17.3 倍。

(3) 从计算时间成本来看，算法求解时间随着 HMS 值的增加而增加，且呈现出较弱的线性关系。当 HMS 为 5 时，单次平均运行时间为 45.83ms；而 HMS 为 100 时，单次平均运行时间为 751.03ms，约为 HMS 为 5 时的 16.4 倍。

由此可得，在 HMCR 为 0.9 的情况下，HMS 值越大，算法求解能力和收敛能力越强，但同时需要更多的运行时间。为均衡算法能力和运行时间，在保证算法能力的前提下，本章 MHS 算法中 HMS 的值选用 20。

2) 试验 2

当 HMS 值固定为 20 时，不同 HMCR 值下的平均最优种群迭代图如图 2.8(a)所示，30 次运算解的箱型图如图 2.8(b)所示，其结果统计如表 2.2 所示。

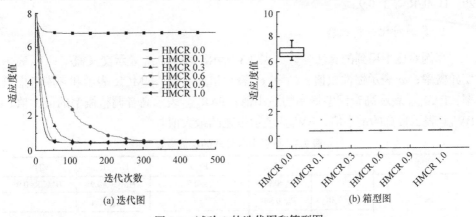

图 2.8　试验 2 的迭代图和箱型图

表 2.2　试验 2 的结果统计

参数	HMCR 0.0	HMCR 0.1	HMCR 0.3	HMCR 0.6	HMCR 0.9	HMCR 1.0
均值	6.77	0.43	0.43	**0.40**	**0.40**	0.43
标准差	0.43	0.16	0.16	**0.00**	**0.00**	0.16
最小值	6.10	0.40	0.40	**0.40**	**0.40**	0.40
最大值	7.70	1.30	1.30	**0.40**	**0.40**	1.30
求得最优适应度值的概率	0%	97%	97%	**100%**	**100%**	97%
有效迭代次数	965	363	221	327	**154**	553
单次平均运行时间/ms	**120.30**	124.50	128.13	142.73	153.10	157.30

通过对比可以发现：

(1) 从解的分布情况来看，算法在 HMCR 为 0.6 或 0.9 时解的质量最好，30 次运算均可求得最优解 0.40；HMCR 为 0.0 时，30 次运算均无法求得最优解 0.40，其效果最差；当 HMCR 为 0.1、0.3 或 1.0 时，30 次运算中有 97%的概率求得最优解 0.40，其均值为 0.43，标准差为 0.16，较 HMCR 为 0.6 或 0.9 时的情况差。

(2) 从收敛能力来看，当 HMCR 为 0.6 时，需 327 代才能收敛到全局最优均值 0.40；而当 HMCR 为 0.9 时，仅需 154 代便可收敛到全局最优均值 0.4，所用代数约为 HMCR 为 0.6 时的 50%。

(3) 从计算成本来看，当 HMCR 为 0.6 时，单次运行需 142.73ms；而 HMCR 为 0.9 时，单次运行需 153.10ms，约为前者的 1.07 倍。

综上可知，在 HMS 为 20、HMCR 为 0.6 或 0.9 时，随着 HMCR 值的增加，算法的收敛能力增强，但计算成本略有增加。考虑到收敛能力对复杂问题的求解影响更大，故本章 MHS 算法中 HMCR 取 0.9。

通过试验 1 和 2 的分析可知，本章提出的 MHS 算法参数应设置为 HMS 等于 20，HMCR 等于 0.9。

2. 算例对比分析试验

算例对比中用到的算法参数如表 2.3 所示。表中，P_c 表示交叉概率；P_m 表示变异概率；ω 表示惯性权值；C_1 和 C_2 表示累加系数；HMCR 表示和声库考虑概率；PAR_{min} 表示高音调整概率的最小值；PAR_{max} 表示高音调整概率的最大值；BW_{min} 表示带宽的最小值；BW_{max} 表示带宽的最大值。

表 2.3　算例中各算法的参数设置

方法	GA	MA	PSO	DPCHS	MHS
	P_c=0.9	P_c=0.9	ω=0.9	HMCR=0.9	HMCR=0.9
参数	P_m=0.88	P_m=0.88	—	PAR_{min}=0.1	—
	—	—	C_1=0.9	PAR_{max}=0.9	—

续表

方法	GA	MA	PSO	DPCHS	MHS
参数	—	—	$C_2=0.1$	$BW_{min}=0.1$	—
	—	—	—	$BW_{max}=0.5$	—
种群大小	100	100	100	100	20
测试次数	30	30	30	30	30

算例 1：球阀

　　球阀的爆炸图、迭代图和箱型图如图 2.9 所示，其统计结果如表 2.4 所示。其中有 17 个零件，螺栓(3, 4, 14, 15)一头通过螺纹与阀体相连，一头通过螺栓将阀体与阀盖装配到位，通过阀杆 17 带动球体 2 转动来控制流量。安装过程中要求螺栓对角安装来保持阀体与阀盖之间安装的密封性，安装螺栓组时，从螺杆 3、垫片 6 和螺母 8 开始。

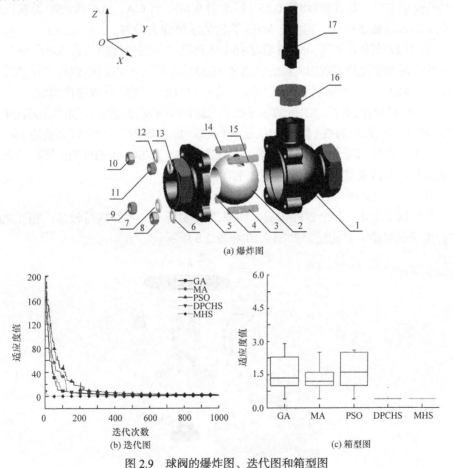

(a) 爆炸图

(b) 迭代图

(c) 箱型图

图 2.9　球阀的爆炸图、迭代图和箱型图

表 2.4　球阀的结果统计

参数	GA	MA	PSO	DPCHS	MHS
均值	1.60	1.20	2.30	0.45	**0.40**
标准差	0.74	0.52	2.15	0.14	**0.00**
最小值	0.40	0.40	0.40	**0.40**	**0.40**
最大值	2.90	2.50	7.80	0.90	**0.40**
求得最优适应度值的概率	3%	13%	7%	87%	**100%**
有效迭代次数	1000	944	995	1000	**154**
单次平均运行时间/ms	527.07	571.87	741.67	548.43	**153.10**

通过分析可以发现:

(1) 从解的分布来看, MHS 算法 30 次运行均求得了最优解 0.40, DPCHS 以 87%的概率求得了最优解(均值 0.45, 标准差 0.14), 而 GA、MA 和 PSO 算法以较大概率陷入局部最优解。可见, MHS 算法的求解能力最好。

(2) 从收敛能力来看, MHS 算法在 154 代就收敛到最优值均值 0.40, 而其余算法中, 表现较优的 DPCHS 算法仍需要 1000 代运算才可以收敛到均值局部最优 0.45, 为 MHS 算法有效代数的 6.5 倍。可见, MHS 算法的收敛速度最快。

(3) 从运行时间来看, MHS 算法单次平均运行时间为 153.10ms, 而其余算法中单次平均运行时间最短的 GA 需 527.07ms, 单次平均运行时间约为 MHS 算法的 3.4 倍。

综上, 在球阀算例中, MHS 算法较 GA、MA、PSO 和 DPCHS 算法具有求解能力强、收敛速度快和计算时间短的优点。

算例 2: 止流阀

止流阀算例由 53 个零件构成, 如图 2.10(a)所示, 零件数目较多, 相互之间的约束情况复杂, 对比结果如图 2.10 和表 2.5 所示。

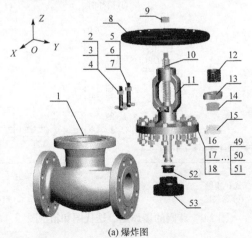

(a) 爆炸图

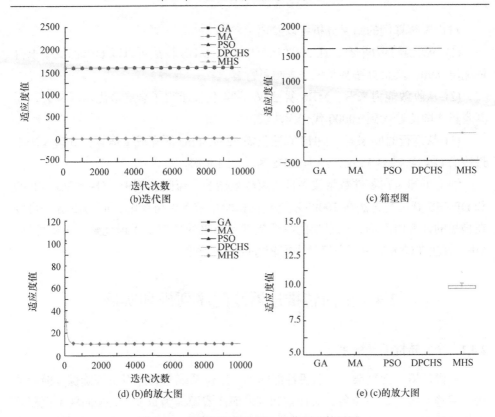

图 2.10　止流阀的爆炸图、迭代图和箱型图

其余算法未生成可行解，无法显示

表 2.5　止流阀的结果统计

参数	GA	MA	PSO	DPCHS	MHS
均值	1586.00	1586.00	1586.00	1586.00	**10.09**
标准差	**0.00**	**0.00**	**0.00**	**0.00**	0.33
最小值	1586.00	1586.00	1586.00	1586.00	**9.90**
最大值	1586.00	1586.00	1586.00	1586.00	**11.10**
求得最优适应度值的概率	0%	0%	0%	0%	**60%**
有效迭代次数	10000	10000	10000	10000	**6434**
单次平均运行时间/ms	7163.53	7330.20	17302.10	16293.23	**5257.30**

对止流阀算例的结果分析可以发现：

(1) 从求解能力来看，在 30 次运算中，仅 MHS 算法可以以 60%的概率求得最优值 9.90，其余算法甚至无法求得可行解。

(2) 从收敛能力来看，MHS 算法仅 6434 代便求得了全局最优均值 9.90，而其余算法即使迭代到 10000 代仍无法求得可行解。

(3) 从运行时间来看，MHS 算法仅需 5257.30ms 便完成了运算，其余算法中最快的 GA 需 7163.53ms，约为 MHS 算法的 1.4 倍。

综上可知，在零件数量较多且约束较复杂的止流阀算例中，GA、MA、PSO 和 DPCHS 算法均无法在 10000 次迭代的试验中求解到可行解，而 MHS 算法可以在最短的计算时间内，以最快的收敛速度和 60%的概率求得最优解。由此可见，MHS 算法在较大规模复杂算例中有较好的求解效果。

2.4　全回转推进器装配序列规划实例

2.4.1　全回转推进器概述

海洋环境异常复杂，高服役性能的动力定位系统是海洋设备等确保其航向准确、平稳的核心动力装备，对探索和开发海洋资源极为重要[6]。全回转推进器是动力定位系统中的关键执行装备，而我国大功率级别的全回转推进器完全依赖进口，同时，发达国家对其生产技术的长期封锁使得大功率全回转推进器的生产成为制约我国高服役性能海洋装备自主研制的瓶颈。

全回转推进器是海洋装配定位和推进的关键设备。与普通推进器不同，全回转推进器可以在水平 360°范围内维持最大推力。同时，由于航行中海洋设备需经常变化航行状态，会频繁改变主机方向，导致主机寿命较短，为解决该问题，本节设计可调距全回转推进器。

工程中，全回转推进器的结构可分为 Z 型传动全回转推进器和吊舱电力全回转推进器。根据现有资料可知，Z 型传动全回转推进器(图 2.11(a))的特点在于其主机安装在船舱内部，通过 Z 型传动系统传递动力。吊舱电力全回转推进器(图 2.11(b))整体如吊舱一般悬挂在船体下方，该类推进器由主机直接驱动螺旋桨转动来提供动力，同时依靠电机的旋转实现吊舱的回转运动。由于省去了传动轴系，相对而言节省了设备空间，也提高了推进器的性能，但其造价也较高。在实际使用中，由于吊舱电力全回转推进器的成本较高，同时维修难度更大，所以一般采用 Z 型传动全回转推进器。

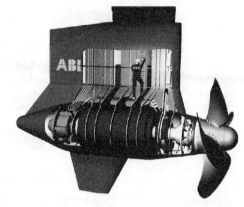

(a) Z型传动全回转推进器　　　　　　　(b) 吊舱电力全回转推进器(来自ABB官网)

图 2.11　Z 型传动全回转推进器和吊舱电力全回转推进器

本章针对国内某船舶企业的核心产品可调距 Z 型传动全回转推进器(图 2.12)，利用本章提出的方法进行其关键部件的装配序列规划，为后期的装配改进和装配线自动化升级奠定基础。该企业的某型号全回转推进器有 300 种以上的零件，零件数在 1000 个以上，属于复杂产品。从功能上看，它主要由推进单元、调距单元和回转单元组成。

推进单元(图 2.13)主要由圆形齿轮箱、螺旋桨和导流管组成。由 Z 型齿轮系负责将动力由主机传递至螺旋桨，再由螺旋桨和导流管共同产生推力推动整机前行。

(a)　　　　　　　　　　　　　(b)

图 2.12　全回转推进器

图 2.13　全回转推进器推进单元

　　调距单元(图 2.14)由曲柄销轴机构和活塞机构组成，在液压作用下活塞块移动以带动曲柄滑块机构转动，再带动桨叶垂直于推进方向转动来调整推进力的大小和方向，控制整机的航行状态。

　　　　(a) 曲柄销结构　　　　　　　　　　　　(b) 活塞机构

图 2.14　全回转推进器的曲柄销轴机构和活塞机构

　　回转单元(图 2.15)与推进单元通过螺栓连接，由 8 个回转电机带动大齿轮做圆周运动，从而带动齿轮轴杆及其相连的推进单元绕竖直轴 360°旋转。

图 2.15　全回转推进器回转单元

2.4.2　子装配体分解方法概述

全回转推进器零件多，装配关系复杂，一次性求解全回转推进器的装配序列难度较大，可通过子装配体分解的方法降低求解的难度。本节采用钱卫荣和王礼健等[8, 9]提出的基于稳定性连接关系的子装配体生成方法将全回转推进器分解成零件数较少的子装配体。

1. 基于稳定性权重连接图的子装配体分解方法简介

假设某产品 P 由 n 个零件组成，若其中存在由 $m(2 \leq m \leq n)$ 个零件组成的部件 SP，满足 $SP \subset P$ 且集合 SP 构成的部件内部稳定，则称集合 SP 为产品 P 的子装配体。在实际生产中，如果装配体的零件类型、结构和材料基本相同，则该类子装配体称为相似子装配体。相似子装配体通常包含的零件数量不多，其安装过程也相似，故可以交由统一装配单元装配以提高效率。在子装配体分解时除了要考虑其稳定性，还应当考虑子装配体间的均衡性，应当使各个子装配体中的零件数量尽量相当，以平衡各子装配体的安装成本和时间。

产品由零件连接而成，零件间连接关系分为稳定性连接、条件稳定连接和不稳定连接三大类。

(1) 稳定性连接(stable connection,SC)是指需在外力作用下才会破坏的连接关系。拥有稳定性连接的两零件状态最为稳定，不会自发分离，常见的有螺纹连接、螺栓连接、焊接、胶黏、铆接和销连接等。

(2) 条件稳定连接(conditional stable connection,CSC)是指相互连接的零部件间的连接关系在一定条件下稳定，但当外部条件改变时可能会变得不稳定，如接触、倚靠等情况在一定情况下会自发分离。通过这种连接关系组成的子装配体的稳定性与外界条件有关。

(3) 不稳定连接(unstable connection,USC)是指相互连接的零部件间需要额外的支撑才不会发生自发分离，这种连接关系常出现在产品的装配过程中。通过这种连接关系组成的子装配体稳定性最差，当去除额外支撑时，子装配体的稳定性会被破坏掉。

在连接关系的基础上，设计了连接关系图来表示产品中各零件间的连接关系，由 $G = \langle V, C \rangle$ 表示，其中 V 代表节点，为产品的功能零件；C 代表边，为产品的连接零件或连接关系。其中 SC 表示稳定连接关系，CSC 表示条件稳定连接关系，USC 表示不稳定连接关系。

图 2.16 展示了一个简单的稳定性连接关系图。

本章使用的子装配体的分解流程如下。

(1) 构建产品的稳定性连接关系图。

(2) 去除连接关系图中的条件稳定连接和不稳定连接，将具有稳定性连接的各个部件划分在一起。

(3) 构造相似子装配体，方便调整其余子装配体的均衡性。

(4) 将孤立的节点归入与其相连接的子装配体中，若其与多个子装配体相连接，则可通过均衡性原则进行调整。

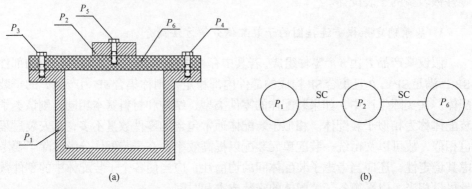

(a)　　　　　　　　　　　　　　　　　　　　(b)

图 2.16　稳定性连接关系图的示例

2. 全回转推进器的子装配体结构树

根据现场调研和子装配体分解可将全回转推进器分解为如图 2.17 所示的子装配体树。图中，全回转推进器由推进单元和回转单元两部分组成，推进单元主要负责提供推进力和调整螺距角，回转单元与船身相连，主要负责传输动力和调整回转角度以控制行进方向。

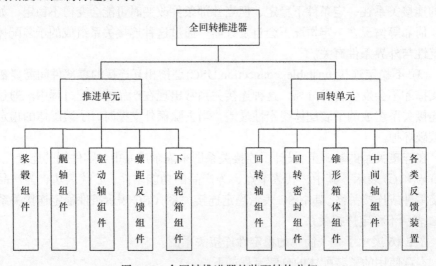

图 2.17　全回转推进器的装配结构分解

推进单元内又可细分为五个组件。根据经验，首先装配好桨毂组件(桨叶先不安装)、舵轴组件和驱动轴组件，其次将下齿轮箱为基准依次将装配好的组件装入，再将螺距反馈组件装入，最后将下齿轮箱组件的其余零件和桨叶装入。

回转单元大致划分为五个组件，其中各类反馈装置中包括了螺距反馈装置、舵角反馈装置和回转单元反馈机构。根据经验，首先安装好回转密封组件、锥形箱体组件(箱体盖先不安装)、中间轴组件，其次以回转轴为基准依次装入以上组件和回转轴组件的其他部件，最后安装各类反馈装置。

2.4.3 关键部件的装配序列求解

桨毂组件和舵轴是全回转推进器传递动力和产生推力的关键部件，其装配质量直接影响全回转推进器的服役性能。本节以全回转推进器的关键部件为例求解对应的最优装配序列。为降低求解难度，对关键部件进行一定的简化，主要包括：①去除关键部件中的连接零件，只对功能零件进行装配序列规划；②对复杂装配过程进行简化，如将复杂路径简化为单一路径等。简化后求得的最优序列如下。

关键部件一：螺旋桨桨毂

螺旋桨桨毂是螺旋桨产生推力的关键部件，通过桨叶与导流管共同作用产生推力。由于可调距全回转推进器的桨叶可沿桨叶法兰的轴线做一定范围内的旋转运动，所以其结构及装配过程较普通全回转推进器复杂。螺旋桨桨毂为中心对称结构，桨毂与四个桨叶通过桨叶法兰相连，调距功能通过曲柄滑块机构实现，在液压带动下，活塞沿桨毂轴线方向移动，带动曲柄销盘转动，从而调整桨叶的螺旋角。

根据经验，安装时以零件 4(桨毂)为基准零件，先安装曲柄销杆机构和活塞机构，再安装桨叶，安装过程中在零件 5(活塞)的带动下，曲柄滑块机构会转动以配合零件 5 的装入。为满足装配模型要求，对桨毂进行如下假设以方便建立对应的干涉矩阵：

(1) 假设曲柄销盘(7, 10, 13, 16)的销轴和滑块(6, 9, 12, 15)处于安装的初始位置；

(2) 假设曲柄销盘(7, 10, 13, 16)可沿零件 4 的 $-y$ 方向直接装入安装位(图 2.18)；

(3) 假设滑块(6, 9, 12, 13)可沿对应曲柄销盘(7, 10, 13, 16)的 $-y$ 方向直接装入安装位。

在以上假设的前提下，将装配过程中如图 2.19 所示的复杂路径简化为单一路径。本章将零件的定位和安装元件信息也纳入各矩阵中。

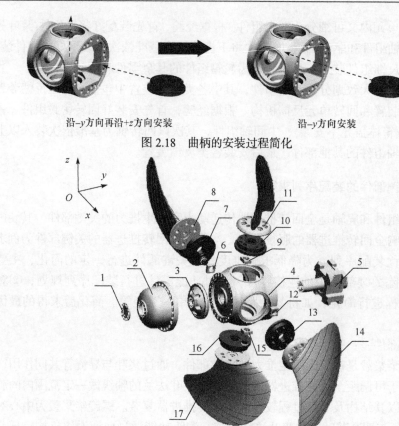

沿−y方向再沿+z方向安装　　　　　　　　沿−y方向安装

图 2.18　曲柄的安装过程简化

图 2.19　全回转推进器桨毂组件的零件爆炸图

图 2.20 为求解桨毂装配序列的迭代图与箱形图，表 2.6 为 MHS 算法与其他算法求解结果的对比统计表。

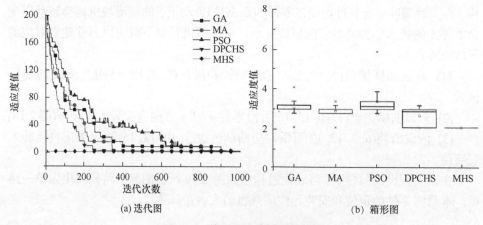

(a) 迭代图　　　　　　　　(b) 箱形图

图 2.20　桨毂的迭代图和箱型图

表 2.6　桨毂的结果统计

参数	GA	MA	PSO	DPCHS	MHS
均值	3.07	2.92	3.40	2.69	**2.10**
标准差	0.32	0.27	0.73	0.40	**0.00**
最小值	2.10	2.10	2.80	2.10	**2.10**
最大值	4.10	3.40	5.90	3.20	**2.10**
求得最优适应度值的概率	3%	7%	0%	30%	**100%**
有效迭代次数	1000	997	992	999	**5**
单次平均运行时间/ms	520.30	514.07	723.97	498.43	**155.23**

通过对图 2.20 和表 2.6 分析可以发现：

(1) 从解的分布来看，MHS 算法 30 次运行均可求得最优解 2.10，其均值为 2.10，标准差为 0.00；其余算法中表现最好的 DPCHS 算法，仅以 30%的概率求得最优解 2.10，其均值为 2.69，标准差为 0.40。

(2) 从收敛能力来看，MHS 算法仅需 5 代便收敛到均值 2.10，而 DPCHS 需要 999 代才可以收敛到均值 2.69，约为前者的 200 倍。

综上，MHS 算法 30 次运行均可求得最优解 2.10，且具有收敛速度快、计算时间短的优点。

MHS 算法 30 次运行后求得的最优装配序列如表 2.7 所示，每次运行都可以求得最优解 2.10。由桨毂组件的零件爆炸图(图 2.19)可知，零件组(6, 9, 12, 15)、零件组(7, 10, 13, 16)和零件组(8, 11, 14, 17)在各组内分别为对称零件，故其在装配序列中的次序是等价的。通过对表 2.7 分析可以发现，安装的次序关系为 4 → (7, 10, 13, 16) → (6, 9, 12, 15) → 5 → 3 → 2 → 1 → (8, 11, 14, 17)。表 2.8 展示了一组最优序列及其对应的装配方向和工具，根据最优装配序列制作了装配动画，动态地显示了曲柄滑块机构的动态装配过程，可以作为培训和改进的基础。

表 2.7　桨毂组件的最优装配序列

编号	最优装配序列	编号	最优装配序列
1	4 13 7 16 10 12 9 6 15 5 3 2 1 17 11 14 8	8	4 7 13 10 16 15 6 9 12 5 3 2 1 11 14 8 17
2	4 13 7 16 10 15 9 6 12 5 3 2 1 14 8 11 17	9	4 7 10 13 16 12 15 6 9 5 3 2 1 14 8 11 17
3	4 7 10 13 16 6 12 9 15 5 3 2 1 8 14 17 11	10	4 16 13 10 7 6 12 15 9 5 3 2 1 17 14 11 8
4	4 7 16 13 10 9 12 15 6 5 3 2 1 8 14 17 11	11	4 7 10 16 13 15 6 12 9 5 3 2 1 17 14 8 11
5	4 10 13 16 7 15 12 9 6 5 3 2 1 14 17 8 11	12	4 13 7 16 10 15 12 6 9 5 3 2 1 11 14 8 17
6	4 13 16 10 7 6 9 15 12 5 3 2 1 14 17 11 8	13	4 7 13 16 10 6 9 15 12 5 3 2 1 8 11 14 17
7	4 10 13 7 16 9 15 6 12 5 3 2 1 11 8 17 14	14	4 10 16 13 7 15 6 9 12 5 3 2 1 11 17 14 8

续表

编号	最优装配序列	编号	最优装配序列
15	4 10 13 7 16 12 9 6 15 5 3 2 1 17 14 8 11	23	4 16 10 7 13 6 9 15 12 5 3 2 1 11 8 14 17
16	4 16 13 7 10 12 6 15 9 5 3 2 1 17 8 11 14	24	4 7 16 13 10 9 12 15 6 5 3 2 1 17 8 11 14
17	4 7 16 13 10 15 9 6 12 5 3 2 1 11 14 17 8	25	4 16 10 13 7 15 6 9 12 5 3 2 1 11 8 17 14
18	4 13 7 10 16 6 9 12 15 5 3 2 1 8 14 17 11	26	4 16 10 7 13 12 9 15 6 5 3 2 1 11 14 17 8
19	4 7 16 13 10 6 9 12 15 5 3 2 1 11 8 14 17	27	4 16 10 7 13 12 9 6 15 5 3 2 1 14 17 8 11
20	4 16 7 13 10 15 9 12 6 5 3 2 1 11 14 8 17	28	4 13 16 7 10 15 9 12 6 5 3 2 1 17 11 14 8
21	4 13 10 16 7 6 9 15 12 5 3 2 1 11 17 14 8	29	4 16 10 13 7 6 15 12 9 5 3 2 1 14 8 11 17
22	4 7 16 10 13 6 15 12 9 5 3 2 1 17 11 8 14	30	4 10 13 16 7 6 12 15 9 5 3 2 1 14 11 17 8

表 2.8　桨毂组件的一条最优序列及其装配方向和装配工具

最优装配序列	4	13	7	16	10	12	9	6	15	5	3	2	1	17	11	14	8
装配方向	$-y$	$-y$	$-y$	$-y$	$-y$	$-y$	$-y$	$-y$	$-y$	$-y$	$+y$	$+y$	$+y$	$+z$	$-z$	$-x$	$+x$
装配工具	T2	T1	T1	T1	T1	T1	T1	T1	T1	T3	T1	T1	T1	T1	T1	T1	T1

关键部件二：艉轴

艉轴是传递动力的关键部件，为传递垂直方向动力采用了涡轮机构，其零件爆炸图如图 2.21 所示，涡轮 6 通过齿轮毂 5 安装在艉轴 13 上，其安装精度极大地影响动力的传递效率。本章对各矩阵进行了更新，将零件间用于定位和安装元件的信息也纳入各矩阵中。在实际安装过程中，轴承 4 和齿轮箱端盖 3 作为一个组件进行安装，为了使其符合实际安装顺序，假设轴承 4 和齿轮箱端盖 3 在 y 方向上可以任意安装；同时，假设键 12 可以沿轴 13 的 $-y$ 方向安装。

图 2.21　艉轴的零件爆炸图

图 2.22 为求解艉轴装配序列的迭代图与箱形图，表 2.9 为 MHS 算法与其他算法求解结果的对比统计表。

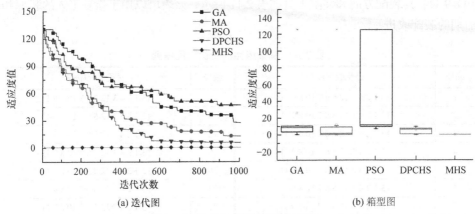

(a) 迭代图　　　　　　　　　　　　(b) 箱型图

图 2.22　艉轴的迭代图和箱型图

表 2.9　艉轴的结果统计

参数	GA	MA	PSO	DPCHS	MHS
均值	26.72	12.68	45.49	6.00	**0.80**
标准差	45.30	31.07	53.62	3.39	**0.00**
最小值	1.00	0.80	7.70	0.80	**0.80**
最大值	126.00	126.00	126.00	10.50	**0.80**
求得最优适应度值的概率	0%	10%	0%	10%	**100%**
有效迭代次数	993	1000	981	973	**42**
单次平均运行时间/ms	384.40	389.57	480.23	378.13	**130.73**

通过对图 2.22 和表 2.9 分析可以发现：

(1) 从解的分布来看，MHS 算法 30 次运行的解均求得最优解 0.80，其均值为 0.80，标准差为 0.00；而 DPCHS 算法仅以 10%的概率求得最优解 0.80，均值为 6.00，标准差为 3.39，解的分布较分散。

(2) 从收敛能力来看，MHS 算法仅需 42 代便收敛到解的均值 0.80，而 DPCHS 算法需要 973 代才可以收敛到均值 6.00，约为前者的 23.2 倍。

(3) 从计算时间来看，MHS 算法单次平均运行时间仅需 130.73ms，而 DPCHS 算法需要 378.13ms，约为前者的 2.9 倍。

综上，MHS 算法 30 次运行均可求得最优解 0.80，且具有收敛速度快、计算时间短的优点。

螺旋桨组件用 MHS 算法求解 30 次后的最优装配序列如表 2.10 所示,对图 2.21 分析可以发现,该实例的装配次序限定较多,仅有一条最优序列 13 1 2 4 3 12 5 6 7 10 8 9 11,其装配方向和装配工具如表 2.11 所示,该表可以用于指导工人的装配和后期的装配改进。

表 2.10　艉轴组件的最优装配序列

编号	最优装配序列	编号	最优装配序列
1	13 1 2 4 3 12 5 6 7 10 8 9 11	16	13 1 2 4 3 12 5 6 7 10 8 9 11
2	13 1 2 4 3 12 5 6 7 10 8 9 11	17	13 1 2 4 3 12 5 6 7 10 8 9 11
3	13 1 2 4 3 12 5 6 7 10 8 9 11	18	13 1 2 4 3 12 5 6 7 10 8 9 11
4	13 1 2 4 3 12 5 6 7 10 8 9 11	19	13 1 2 4 3 12 5 6 7 10 8 9 11
5	13 1 2 4 3 12 5 6 7 10 8 9 11	20	13 1 2 4 3 12 5 6 7 10 8 9 11
6	13 1 2 4 3 12 5 6 7 10 8 9 11	21	13 1 2 4 3 12 5 6 7 10 8 9 11
7	13 1 2 4 3 12 5 6 7 10 8 9 11	22	13 1 2 4 3 12 5 6 7 10 8 9 11
8	13 1 2 4 3 12 5 6 7 10 8 9 11	23	13 1 2 4 3 12 5 6 7 10 8 9 11
9	13 1 2 4 3 12 5 6 7 10 8 9 11	24	13 1 2 4 3 12 5 6 7 10 8 9 11
10	13 1 2 4 3 12 5 6 7 10 8 9 11	25	13 1 2 4 3 12 5 6 7 10 8 9 11
11	13 1 2 4 3 12 5 6 7 10 8 9 11	26	13 1 2 4 3 12 5 6 7 10 8 9 11
12	13 1 2 4 3 12 5 6 7 10 8 9 11	27	13 1 2 4 3 12 5 6 7 10 8 9 11
13	13 1 2 4 3 12 5 6 7 10 8 9 11	28	13 1 2 4 3 12 5 6 7 10 8 9 11
14	13 1 2 4 3 12 5 6 7 10 8 9 11	29	13 1 2 4 3 12 5 6 7 10 8 9 11
15	13 1 2 4 3 12 5 6 7 10 8 9 11	30	13 1 2 4 3 12 5 6 7 10 8 9 11

表 2.11　艉轴组件最优装配序列及其对应的装配方向和装配工具

最优装配序列	13	1	2	4	3	12	5	6	7	10	8	9	11
装配方向	$-y$	$-y$	$-y$	$-y$	$-y$	$-y$	$-y$	$-y$	$-y$	$-y$	$-y$	$-y$	$-y$
装配工具	T1	T1	T1	T1	T1	T1	T1	T1	T1	T1	T1	T1	T1

通过以上关键部件的应用,证明了基于改进和声搜索算法的装配序列规划方法在实际产品上有良好的规划效果。

2.5　本 章 小 结

装配序列规划问题是装配工艺规划及工艺自动化的基础,具有强约束、多目标和计算量大的特点。当零件数量增加时,问题的解空间变得非常复杂,求解难度呈指数级增加,甚至难以找到问题的可行解。本章提出了一种改进和声搜索算法求解装配序列规划问题，之后，通过工程实例验证了本章方法的实用性。

本章的主要研究工作和结论如下：

(1) 基于改进和声搜索算法的装配序列规划方法。该算法主要改进了和声搜索算法中初始化和声库过程和新和声生成策略。通过改进新和声生成策略保存和声库保留的装配优先信息以加速收敛的过程。通过试验与 GA、MA、PSO 和 DPCHS 算法的对比可知 MHS 算法具有求解快、解的质量好和解的分布集中的优点。

(2) 全回转推进器装配序列规划实例。将本章方法应用于全回转推进器的装配序列规划，通过对全回转推进器进行子装配体分解、关键部件的装配序列规划等步骤求解了关键部件的装配序列，验证了本章方法在实际应用中的可行性。

参 考 文 献

[1] Lv H G, Lu C. An assembly sequence planning approach with a discrete particle swarm optimization algorithm. The International Journal of Advanced Manufacturing Technology, 2010, 50(5-8): 761-770.

[2] Marian R M, Luong L H S, Abhary K. Assembly sequence planning and optimisation using genetic algorithms: Part I. Automatic generation of feasible assembly sequences. Applied Soft Computing, 2003, 2(3): 223-253.

[3] Gao L, Qian W, Li X, et al. Application of memetic algorithm in assembly sequence planning. The International Journal of Advanced Manufacturing Technology, 2010, 49(9-12): 1175-1184.

[4] Li X, Qin K, Zeng B, et al. A dynamic parameter controlled harmony search algorithm for assembly sequence planning. The International Journal of Advanced Manufacturing Technology, 2017, 92(9-12): 3399-3411.

[5] 曾冰. 基于离散萤火虫算法的装配序列规划方法研究. 湘潭: 湘潭大学硕士学位论文, 2013.

[6] 曾冰, 李明富, 张翼, 等. 基于萤火虫算法的装配序列规划方法研究. 机械工程学报, 2013, (11): 177-184.

[7] 王礼健, 钱卫荣, 王炜华. 基于连接关系稳定性的子装配体识别. 航空制造技术, 2012, 399(3): 87-91.

[8] 钱卫荣. 复杂产品装配序列规划建模与求解方法研究. 武汉: 华中科技大学硕士学位论文, 2010.

[9] Li M, Zhang Y, Zeng B, et al. The modified firefly algorithm considering fireflies' visual range and its application in assembly sequences planning. The International Journal of Advanced Manufacturing Technology, 2016, 82(5-8): 1381-1403.

[10] Geem Z W, Kim J H, Loganathan G V. A new heuristic optimization algorithm: Harmony search. Simulation, 2001, 76(2): 60-68.

[11] Kongar E, Gupta S M. Disassembly sequencing using genetic algorithm. The International Journal of Advanced Manufacturing Technology, 2006, 30(5-6): 497-506.

第3章　全回转推进器弧齿锥齿轮
装配误差分析

3.1　引　　言

全回转推进器弧齿锥齿轮箱结构复杂，串并联尺寸链繁多，轴孔间隙配合较多，装配间隙的装配质量对弧齿锥齿轮副的传动精度、传动平稳性、振动等影响较大。然而，目前很少有相关文献针对局部并联尺寸链求解，大多数方法如雅可比旋量矩阵只能针对单一的串联尺寸链建立误差传递模型进行装配误差建模与分析，这种简化并联尺寸链、只考虑单一串联尺寸链的方法会导致最终的装配误差计算结果不精确。目前仅有的针对局部并联尺寸链的方法也只是对局部并行连接副公差重合区域进行交、并集运算。但是，如果某些装配误差的传递与零部件的尺寸大小有关，即受零件几何结构影响的局部并联尺寸链就不是简单的交、并集运算可以解决的。

针对该问题，本章提出一种具有几何结构杠杆效应的局部并联尺寸链求解方法。该方法基于雅可比旋量模型，首先建立装配体尺寸链传递关系图，确定局部并联尺寸链，以及局部并联尺寸链连接副的接触点、分析点，通过计算并行连接副子连接副的旋量参数来确定分析点的偏移大小和方向；其次据此确定整个并行连接副分析线的旋量参数，即并行连接副整体的旋量参数；最后化局部并联尺寸链为单一纯串联尺寸链，代入雅可比旋量模型中，计算最终的装配误差。该方法综合考虑了具有几何杠杆效应的局部并联尺寸链公差信息，能提高全回转推进器弧齿锥齿轮箱的误差计算与预测精度。

3.2　传统装配误差建模方法

传统的公差分析方法主要针对一、二维尺寸链，是最常用的方法，主要包括极值(worst case,W-C)法、统计(statistical)法以及矩方法。

3.2.1　极值法

极值法针对线性装配函数，并假设所有公差对质量影响处于最坏的情况。极

值法的计算方法为

$$T_Y = \sum_{i=1}^{n} |a_i| T_i \tag{3.1}$$

式中，T_Y、T_i 分别为 Y(封闭环)、第 i 个组成环的公差；a_i 为组成环的误差传递系数。该方法计算最简单，不考虑各变量的分布，并且保证装配成功率为 100%。极值法具有分析快速简便的特点，Dantan 和 Qureshi[1]以及 Mansuy 等[2, 3]在提出的公差分析理论中均采用了该分析方法。

3.2.2 统计法

统计法主要是从概率分布的角度假设装配体零部件公差域内都服从一定的概率分布，通过随机抽样或概率分布函数等求解装配误差的范围并服从一定的分布。根据中心极限定理，假设 Y 为正态分布，则有

$$T_Y = Z \left[\sum_{i=1}^{n} (a_i T_i / z_i)^2 \right]^{0.5} \tag{3.2}$$

式中，a_i 为组成环 T_i 的误差传递系数；Z、z_i 分别为 Y 和第 i 个变量的偏差系数，例如，当尺寸为对称正态分布时其偏差系数为 6，当尺寸为均匀分布时其偏差系数为 3.4641，当尺寸为截尾正态分布(如为 95.45%)时其偏差系数为 4.451，当尺寸为韦布尔分布时其偏差系数为 6.4858。

基于统计法的显示公差方法主要是统计平方公差(RSS)方法，并假设所有公差符合正态分布。通过 RSS 方法求解得到的封闭环或功能要求偏差只能在置信概率内满足零件互换要求[4]。RSS 方法适用于公差组成环较多的情况，求解快速，结果相对均衡，Sahani 等[5]在提出的分析算法理论中采用该方法分析，而计算机辅助公差设计(CAT)系统、公差分析软件 CETOL 也采用极值法和 RSS 方法预测产品质量[6]。

3.2.3 三维公差分析方法

1967 年，Wade[7]等提出了一维公差图方法，主要是通过一维的公差图表来进行一维公差累积计算，因为该方法不产生代数式，只适用于一维极值情况的公差累积分析，但是每一种极值情况都需建立各自相应的图表。真正意义上的三维公差分析模型从小位移旋量(small displacement torsor,SDT)模型[8-16]开始。小位移旋量模型由三个平动矢量和三个旋转矢量组成，考虑由配合表面的相对位置指定的零件相对位置，将零件间的几何偏差和配合间隙通过偏差旋量和间隙旋量描述出来，并通过复合以及聚集两种代数运算来求解功能要求。随后的 T-MAP[17-25]模型

以点集表示所有公差域边界及变动要素，T-Map 模型的围堵由其公差特征和规范的内部自由度决定，可通过拓扑运算来处理公差带在装配图中的累积关系。雅可比旋量模型[26-30]结合了小位移旋量理论和机器人学中的雅可比矩阵，通过小位移

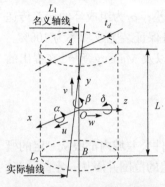

图 3.1　圆柱特征的旋量模型

旋量对于几何要素变动的数学表示，再利用雅可比矩阵传递功能要素上的偏差，从而转换为功能要求上的变动。

雅可比旋量模型集成了旋量模型和雅可比矩阵的优点，能很好地表征误差的传递与累积，是一种三维公差分析方法。该方法用旋量参数即三个平移变量和三个旋转变量来表征特征值的公差域范围[31, 32]。以圆柱特征为例，如图 3.1 所示，L_1 是圆柱特征的名义轴线，L_2 是公差 t 范围内的实际轴线。L_2 相对于 L_1 的位置和方向参数用旋量模型表示为

$$T_{2/1} = \begin{bmatrix} u & v & w & \alpha & \beta & \delta \end{bmatrix}^{\mathrm{T}} \tag{3.3}$$

式中，u、v、w 分别为沿 x、y、z 轴的平移矢量参数；α、β、δ 分别为绕 x、y、z 轴的旋转矢量参数。

雅可比矩阵[33]用来表征误差在装配体中的传播路径。雅可比旋量模型中，功能元素和功能要求之间的最小位移关系可以用雅可比矩阵来表示[28]：

$$\begin{bmatrix} J_1 & \cdots & J_6 \end{bmatrix} = \begin{bmatrix} [R_0^i]_{3\times3} & \cdots & [W_i^n]_{3\times3}[R_0^i]_{3\times3} \\ \vdots & & \vdots \\ [0]_{3\times3} & \cdots & [R_0^i]_{3\times3} \end{bmatrix} \tag{3.4}$$

式中，$R_0^i = \begin{bmatrix} C_{1i} & C_{2i} & C_{3i} \end{bmatrix}$，表示局部坐标系 i 相对于全局坐标系 O 的方位；向量 C_{1i}、C_{2i} 和 C_{3i} 分别表示参考坐标系 i 在参考坐标系 O 中沿 x_i、y_i、z_i 轴的单位矢量；$[W_i^n]_{3\times3}$ 是一个斜对称矩阵并由矢量 $[d_n \ -d_i]$ 表示，这里 $dx_i^n = dx_n - dx_i$，$dy_i^n = dy_n - dy_i$ 和 $dz_i^n = dz_n - dz_i$；$d_i = \begin{bmatrix} dx_i & dy_i & dz_i \end{bmatrix}$ 是位置矢量，用来定义参考坐标系 i 相对于参考坐标系 O 的位置变动。雅可比矩阵中 4、5、6 列的前三个元素可以由 $[W_i^n]_{3\times3}[R_0^i]_{3\times3}$ 计算得到，$[R_0^i]_{3\times3}$ 表示参考坐标系 i 相对于全局坐标系 O 的方向矩阵。因此，雅可比旋量模型可以表示为

$$[FR]=\begin{bmatrix}[\underline{u},\overline{u}]\\[\underline{v},\overline{v}]\\[\underline{w},\overline{w}]\\[\underline{\alpha},\overline{\alpha}]\\[\underline{\beta},\overline{\beta}]\\[\underline{\delta},\overline{\delta}]\end{bmatrix}_{FR}=[[J_1\ \cdots\ J_6]_{FEi}\ \cdots\ [J_1\ \cdots\ J_6]_{FEn}]\begin{bmatrix}\begin{bmatrix}[\underline{u},\overline{u}]\\[\underline{v},\overline{v}]\\[\underline{w},\overline{w}]\\[\underline{\alpha},\overline{\alpha}]\\[\underline{\beta},\overline{\beta}]\\[\underline{\delta},\overline{\delta}]\end{bmatrix}_{FEi}\\ \vdots\\ \begin{bmatrix}[\underline{u},\overline{u}]\\[\underline{v},\overline{v}]\\[\underline{w},\overline{w}]\\[\underline{\alpha},\overline{\alpha}]\\[\underline{\beta},\overline{\beta}]\\[\underline{\delta},\overline{\delta}]\end{bmatrix}_{FEn}\end{bmatrix} \tag{3.5}$$

式中，[FR]是功能要求(如装配间隙等)，由 6×1 的小位移旋量表示；$[J_1\ \cdots\ J_6]_{FEi}$ 是 $6\times n$ 的雅可比矩阵；FEi 是功能元素，即尺寸链中每个零件的 6×1 的小位移旋量，i 从 1 到 n，n 代表尺寸链中总的功能元素的个数。

3.3　局部并联尺寸链装配误差建模方法

3.3.1　局部并联尺寸链介绍

图 3.2 是文献[34]中的一个具有局部并联尺寸链的电机传动机械结构图，用来

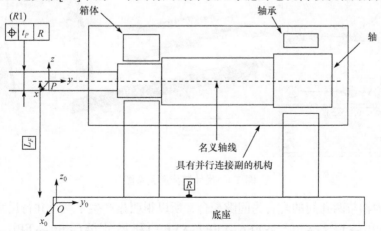

图 3.2　功能要求示意图

解释说明具有几何结构杠杆效应的局部并联尺寸链。这个机构包括四个零件：轴(S)、箱体(H)、轴承(B)以及底座。轴与轴承和箱体都是间隙配合，箱体和轴承都通过螺栓连接到底座上的凹槽中。点 P 是实际轴线与左端截面的交点。该装配体的功能要求(FR)为点 P 与基准面 R 之间的名义尺寸为 $L_F = 50\text{mm}$，并保证 P 点的公差范围为 $t_P = 0.3\text{mm}$。各个零部件的公差示意图如图 3.3 所示。

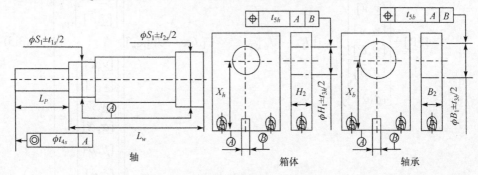

图 3.3　各零部件的公差示意图

图 3.4 为围绕功能要求 FR 所建立的尺寸链传递关系图，包括各个零部件之间的接触配合关系。这里有 6 个内部副(FE0，FE1)、(FE0，FE2)、(FE5，FE6)、(FE3，FE4)、(FE7，FE9)和(FE8，FE9)，4 个运动副(FE1，FE3)、(FE2，FE5)、(FE6，FE7)和(FE4，FE8)。运动副(FE6，FE7)和(FE4，FE8)为轴与两孔间的间隙配合。

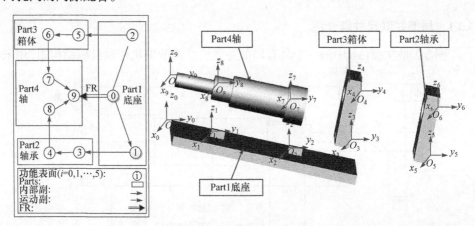

图 3.4　尺寸链传递关系图

因为轴与两孔间的配合为间隙配合，所以很明显产生了两个并行尺寸链：尺寸链(FE0 → FE2 → FE5 → FE6 → FE7 → FE9)和尺寸链(FE0 → FE1 → FE3 →

FE4→FE8→FE9)。根据传统的雅可比旋量模型,需要对装配体尺寸链传递关系进行简化,以避免并联尺寸链,但是简化的运动链仅仅是并联中的一个,没有同时考虑这两个并行链。这种忽略局部并行尺寸链的简化方法容易产生一个不精确的计算结果。因此,十分有必要研究一种局部并联尺寸链的公差求解方法,用于提高雅可比旋量模型的计算精度,同时提高复杂装配体的装配误差计算精度。

任意两个零件表面之间的连接都可以形成一个接触副,文献[10]对它们进行了分类和举例。这些接触副同时可能在装配体中形成不同的局部并行连接,局部并联尺寸链即由这些局部并行连接构成的。表 3.1 给出了由平面和圆柱面形成的 5 种典型的并行连接,这些连接会在装配体中产生局部并联尺寸链。

表 3.1　不同类型的局部并行连接

序号	图例	连接表面类型	局部并行连接类型
1		平面连接与圆柱面连接	
2		平面连接与平面连接	第一类局部并行连接 不受几何尺寸影响
3		圆柱面连接与圆柱连接	
4		平面连接与平面连接	第二类局部并行连接受几何结构尺寸影响

续表

序号	图例	联接表面类型	局部并行联接类型
5		圆柱面连接与圆柱面连接	第二类局部并行连接受几何结构尺寸影响

不同类型的局部并行连接副需要不同的求解策略。例如，表 3.1 中，可通过交、并集运算[32]得到前三种并行连接副的旋量参数，但是无法用同样的方法求解后两种受零件几何尺寸影响的并行连接副。因为第四种连接副的旋量参数受两个平面连接副之间距离的影响，第五种连接副的旋量参数受两个圆柱面连接副之间距离的影响，这就是几何结构杠杆效应，距离越大，旋量参数受到的影响越大，如果不考虑这种几何结构尺寸杠杆效应，会使最终的装配误差变大，甚至失真。这里前三种典型连接属于第一类局部并行连接副，不受几何结构尺寸的影响；后两种典型连接属于第二类局部并行连接副，受几何结构尺寸的影响。

3.3.2　第一类局部并联尺寸链求解方法

针对第一类局部并行连接副，可对相关旋量模型进行并或交操作，得到代表该结构的旋量表达式，从而将这个局部并联的连接结构转换成纯串联连接结构中的一个组成环，使得雅可比旋量模型能够处理带这类特殊的连接结构[32]。

以表 3.1 中图例 1 所示的由轴孔间隙配合和平面贴合组成的装配体为例，由旋量的公差表达模型可知，对于一个轴孔间隙配合，轴在孔内有两个小位移移动和两个小位移转动。沿轴线方向的转动和位移不做考虑，因为它们对公差分析没有影响，即不变度。但是，当轴的端面和孔的端面有配合时，轴在孔内的转动和移动就会受到限制。相应地，如图 3.5 所示，该结构内部的变动引起的目标点 M 的变动也会受到影响。

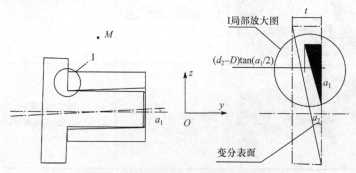

图 3.5　两个特征配合矢量的相互关系

表 3.1 中的图例 1 以及图 3.5 中包含了两组特征配合,即轴与孔间隙配合和两端面的面面配合,其各自的旋量表达及旋量中各矢量的变动范围如式(3.6)所示。设轴与孔的间隙配合旋量参数如下所示:

$$T_1 = \begin{bmatrix} u_1 \\ 0 \\ w_1 \\ \alpha_1 \\ 0 \\ \gamma_1 \end{bmatrix}, \quad 变动范围 \begin{cases} -\dfrac{D}{2} \leqslant u_1 \leqslant \dfrac{D}{2} \\ -\dfrac{D}{2} \leqslant w_1 \leqslant \dfrac{D}{2} \\ -\dfrac{D}{2L} \leqslant \alpha_1 \leqslant \dfrac{D}{2L} \\ -\dfrac{D}{2L} \leqslant \gamma_1 \leqslant \dfrac{D}{2L} \end{cases} \tag{3.6}$$

式中,D 为轴孔配合的间隙,L 为孔深度。而轴端面与孔端面的面面配合的旋量参数以及变动范围如下:

$$T_2 = \begin{bmatrix} 0 \\ v_2 \\ 0 \\ \alpha_2 \\ 0 \\ \gamma_2 \end{bmatrix}, \quad 变动范围 \begin{cases} -\dfrac{t}{2} \leqslant v_2 \leqslant \dfrac{t}{2} \\ -\dfrac{t}{2l} \leqslant \alpha_2 \leqslant \dfrac{t}{2l} \\ -\dfrac{t}{2l} \leqslant \gamma_2 \leqslant \dfrac{t}{2l} \end{cases} \tag{3.7}$$

式中,t 为平面跳动或者平行度等公差,l 为配合端面直径。

若要寻找一个合适的旋量来表达该结构,就需要对图 3.5 中的上述两个旋量模型 T_1 与 T_2 进行相关的操作。首先考察圆柱间隙配合的旋量,其中包含了两个移动矢量和两个转动矢量。假设孔固定,轴是浮动的,则轴在间隙范围内绕 x 轴和 z 轴的旋转运动和沿 x 轴和 z 轴的平移运动,可对空间任一目标点 M 产生影响,而绕 y 轴的旋转运动和沿 y 轴的平移运动无约束,对目标点的位移无影响。但是,在轴孔间隙配合外,还有一组平面贴合,该配合的旋量包含绕 x 轴和 z 轴的旋转运动和沿 y 轴的平移运动。因为平面与轴是一体的,所以平面贴合的旋量中沿 y 轴的平移运动限制了轴在孔内的移动。因此,该局部并联尺寸链的旋量,可以看成两个独立配合旋量的累加,属于群论中的并操作。所以,新的旋量可写为

$$T_{\text{parallel}} = T_1 \bigcup T_2 = \begin{bmatrix} u \\ v \\ w \\ \alpha \\ 0 \\ \gamma \end{bmatrix} \tag{3.8}$$

旋量之间的并操作仍属于旋量,在新的旋量表达式 T_{parallel} 中,仅剩一个不变度,即绕 y 轴的旋转运动。与圆柱间隙配合旋量相比,新的旋量多了一个非不变度,即矢量 v。该矢量可对点 M 的位移产生影响,体现了两端面的面面配合公差的作用。

仍以图 3.5 为例,从装配体结构本身可以看出,轴孔间隙配合旋量中的两个矢量 (u_1, w_1) 与平面贴合旋量中的一个移动矢量 (v_2) 各自独立,各矢量在旋量中无叠加,即相互之间没有影响。对新的合成旋量 T_{parallel} 而言,其三个移动量的变动范围应该为两个组成旋量中各自移动矢量的极大值。这种操作在旋量表现中为并操作,与旋量本身的操作相同;而对 T_{parallel} 中的两个转动矢量而言,因为在 T_1 与 T_2 中均不等于零,即二者之间有重叠,所以不符合并的操作。如图 3.5 所示,轴孔间隙导致的绕 x 轴的转动角 α_1 应该小于平面配合中的转动角 α_2,否则二者就会发生干涉,破坏装配关系。绕 z 轴的转动角 γ_1 与 γ_2 也遵循类似的关系。因此,新旋量中两个转动矢量的变动范围,应该取两个组成旋量中相应矢量的极小值,在旋量中表现为交操作。综上所述,对于表 3.1 中图例 1 的局部并联尺寸链结构,其旋量中各矢量的变动应为

$$T_{\text{parallel}} = T_1 \Pi T_2 = \begin{bmatrix} V_u = V_{u1} \bigcup V_{u2} \\ V_v = V_{v1} \bigcup V_{v2} \\ V_w = V_{w1} \bigcup V_{w2} \\ V_\alpha = V_{\alpha1} \bigcap V_{\alpha2} \\ 0 \\ V_\gamma = V_{\gamma1} \bigcap V_{\gamma2} \end{bmatrix} \tag{3.9}$$

式中,符号"Π"代表并或者交的操作,这取决于参与计算的两旋量中对应矢量之间是否有重叠。参与计算的 T_1 中的 u_1 和 w_1 与 T_2 中的 v_2 分别在对方的旋量模型中无对应非零矢量,即相互之间无重叠,它们遵循并操作;而两个转动矢量在对方的模型中均对应有非零矢量,故遵循交操作。其他第一类并联结构的旋量变动推导与此类似,不再重复。

3.3.3 第二类局部并联尺寸链求解方法

在第二类局部并行连接副中,圆柱面与圆柱面连接在装配体中经常出现。这里,一个轴与两个孔的配合可以看成两个并行的圆柱面连接,这种结构广泛存在于传动设备中。如表 3.1 中的图例 5 所示,轴与孔 1 的连接为连接副 1,轴与孔 2 的连接为连接副 2。连接副 1 的旋量参数设为

$$T_1 = \begin{bmatrix} u_1 & v_1 & w_1 & \alpha_1 & \beta_1 & \delta_1 \end{bmatrix}^T \tag{3.10}$$

连接副 2 的旋量参数设为

$$T_2 = \begin{bmatrix} u_2 & v_2 & w_2 & \alpha_2 & \beta_2 & \delta_2 \end{bmatrix}^{\mathrm{T}} \qquad (3.11)$$

在公差传播与累积过程中，考虑轴实际轴线的位置偏差和方向偏差时，这两个轴孔配合形成了局部并行连接副。为了同时考虑这两个连接副，这里把轴孔配合装配体当成一个单一的虚拟零件，不再是三个零件组成的装配体。为了得到轴孔配合后轴实际轴线的位置与方向偏差，这里把这一虚拟零件看成圆柱特征，图 3.1 已经清楚展示了圆柱特征的公差域范围，则这一虚拟零件相应的旋量参数可以设为一个新的旋量：

$$T = \begin{bmatrix} u & v & w & \alpha & \beta & \delta \end{bmatrix}^{\mathrm{T}} \qquad (3.12)$$

这一新的旋量受两个并行的轴孔配合旋量参数的影响。一个圆柱特征的零件有两个不变自由度，即沿着轴线的旋转和平移，因此 v 和 β 为 0。

本章主要通过确定接触点和分析点来求解局部并行连接，来源于 CLIC 方法和分析线法[34, 35]。针对这一虚拟零件，有两种轴孔配合位置姿态影响接触点和分析点的实际位置。如图 3.6(a)所示，在第一种轴孔配合位置姿态中，分析点 A_0 和 B_0 分别为轴的两端面与名义轴线的交点，并且两个点的偏移方向相反。点 A_1 和点 B_1 分别是名义点 A_0 和 B_0 在实际轴线上的对应点。轴的接触点 P_{1s} 和 P_{2s} 分别与孔 1 上的点 P_1 和孔 2 上的点 P_2 重合。Δx_1 是分析点 A_0 的位移，在偏移方向 $f_1 = x$ 上等于 $A_0 A_1$；Δx_2 是分析点 B_0 的位移，在偏移方向 $f_1 = -x$ 上等于 $B_0 B_1$。第二种接触位置情况如图 3.6(b)所示，分析点 A_0 和 B_0 的偏移方向相同，同时其偏移方向 $f_1 = f_2 = -x$。

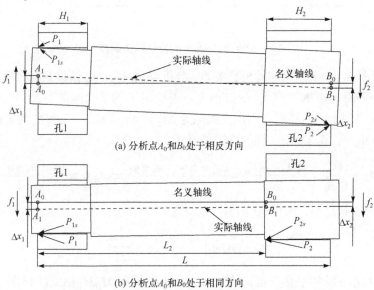

(a) 分析点A_0和B_0处于相反方向

(b) 分析点A_0和B_0处于相同方向

图 3.6　接触点 P_{1s} 与 P_{2s} 的位置以及分析点 A_0 和 B_0 的位移

图 3.7 为分析点 A_0 和 B_0 的位移以及偏移方向示意图，对应于图 3.6 中的两种位置关系图。图中阴影部分为分析点 A_0 和 B_0 的公差域范围在 xOy 面的投影。本质上，对雅可比旋量模型而言，功能元素的小位移旋量是局部坐标原点在公差域的变动范围。此外，装配体中公差的传播与累积主要依赖局部坐标原点的相对位置以及变动范围。这里，设 M_0 为轴名义轴线上的任意一点，对应于实际轴线上的点 M_1。这个虚拟零件的局部坐标原点在轴的名义轴线上，如果 M_0 与局部坐标原点重合，那么 M_0 的旋量参数即局部坐标原点的旋量模型，同时它也是这一虚拟零件的旋量。因此，需要计算出点 M_0 的旋量参数。

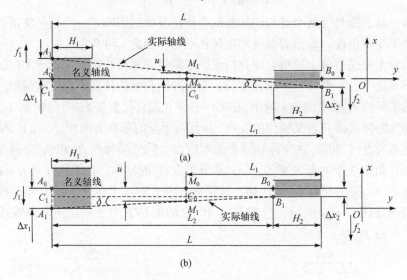

图 3.7　分析点 A_0 和 B_0 的位移以及偏移方向

对于图 3.7(a)中的第一种位置关系，分析点 A_0 和 B_0 的偏移方向相反。当装配体投影于平面 xOy 时，在 $f_1 = x$ 方向上，连接副 1 的最大间隙为 Δx_1 且 $\Delta x_1 = u_1$；在 $f_1 = -x$ 方向上，连接副 2 的最大间隙为 Δx_2 且 $\Delta x_2 = u_2$。C_0 和 C_1 为辅助点。在局部坐标系中，点 M_0 绕 z 轴的旋转矢量为

$$\tan \delta_m = \frac{A_1 C_1}{C_1 B_1} = \frac{A_1 A_0 + B_1 B_0}{L} = \frac{\Delta x_1 + \Delta x_2}{L} = \frac{u_1 + u_2}{L} \Rightarrow \delta_m = \arctan\left(\frac{u_1 + u_2}{L}\right) \quad (3.13)$$

由于 δ_m 的值非常小，所以式(3.13)可以写为

$$\delta_m = \arctan\left(\frac{u_1 + u_2}{L}\right) \cong \frac{u_1 + u_2}{L} \quad (3.14)$$

点 M_0 沿 x 轴的平移矢量 u_m 等价于 $M_0 M_1$，同时 $M_0 M_1$ 由式(3.15)得到

$$\frac{C_0 M_1}{A_1 C_1} = \frac{C_0 B_1}{C_1 B_1}$$

$$\Rightarrow \frac{C_0 M_0 + M_0 M_1}{A_1 A_0 + A_0 C_1} = \frac{L_1}{L}$$

$$\Rightarrow \frac{M_0 M_1 + \Delta x_2}{\Delta x_1 + \Delta x_2} = \frac{L_1}{L}$$

$$\Rightarrow M_0 M_1 = \frac{L_1(\Delta x_1 + \Delta x_2)}{L} - \Delta x_2 \tag{3.15}$$

根据式(3.15)，点 M_0 的平移矢量 u_m 为

$$u_m = \frac{L_1}{L}(u_1 + u_2) - u_2 \tag{3.16}$$

当装配体投影于平面 zOy 时，沿 z 轴的平移矢量与 u_m 大小相等，沿 x 轴的旋转矢量 α_m 与 δ_m 同样大小相等。因此，点 M_0 变动范围的最终表达式为

$$T_m = \left[\frac{L_1(u_1 + u_2)}{L} - u_2, 0, \frac{L_1(u_1 + u_2)}{L} - u_2, \frac{u_1 + u_2}{L}, 0, \frac{u_1 + u_2}{L} \right]^{\mathrm{T}} \tag{3.17}$$

然而，针对第二种位置情况，分析点 A_0 和 B_0 偏移方向相同，如图 3.7(b)所示，计算过程与前述类似。在局部坐标系中，点 M_0 绕 z 轴的旋转矢量 δ_m 为

$$\tan\delta_m = \frac{A_1 C_1}{C_1 B_1} = \frac{A_1 A_0 - B_1 B_0}{L_2} = \frac{\Delta x_1 - \Delta x_2}{L_2} = \frac{u_1 - u_2}{L_2} \Rightarrow \delta_m = \arctan\left(\frac{u_1 - u_2}{L_2} \right) \tag{3.18}$$

类似地，δ_m 可以写为

$$\delta_m = \arctan\left(\frac{u_1 - u_2}{L_2} \right) \approx \frac{u_1 - u_2}{L_2} \tag{3.19}$$

$M_0 M_1$ 由如下公式所得

$$\frac{M_0 M_1 - C_0 M_0}{A_1 A_0 - A_0 C_1} = \frac{L_1 - H_2}{L_2}$$

$$\Rightarrow \frac{M_0 M_1 - \Delta x_2}{\Delta x_1 - \Delta x_2} = \frac{L_1 - H_2}{L_2}$$

$$\Rightarrow M_0 M_1 = \frac{L_1 - H_2}{L_2}(\Delta x_1 - \Delta x_2) + \Delta x_2 \tag{3.20}$$

根据式(3.20)，点 M_0 的平移矢量 u_m 为

$$u_m = \frac{L_1 - H_2}{L_2}(u_1 - u_2) + u_2$$

$$\tag{3.21}$$

类似地，当装配体投影于平面 zOy 时，沿 z 轴的平移矢量 w_m 与 u_m 相等，同时绕 x 轴的旋转矢量 α_m 与 δ_m 相等。因此，点 M_0 最终的变动范围为

$$T_m = \left[\frac{(L_1 - H_2)(u_1 - u_2)}{L_2} + u_2, 0, \frac{(L_1 - H_2)(u_1 - u_2)}{L_2} + u_2, \frac{u_1 - u_2}{L_2}, 0, \frac{u_1 - u_2}{L_2} \right]^{\mathrm{T}} \quad (3.22)$$

计算得到的点 M_0 的变动范围就是这个虚拟零件的新的旋量。因此，这一虚拟零件的最终的旋量表达式为

$$T = \begin{cases} \left[\dfrac{L_1}{L}(u_1 + u_2) - u_2, 0, \dfrac{L_1}{L}(u_1 + u_2) - u_2, \dfrac{u_1 + u_2}{L}, 0, \dfrac{u_1 + u_2}{L} \right]^{\mathrm{T}} \\ \qquad\qquad\qquad\qquad\qquad （分析点 A_0 和 B_0 处相反方向） \\ \left[\dfrac{(L_1 - H_2)(u_1 - u_2)}{L_2} + u_2, 0, \dfrac{(L_1 - H_2)(u_1 - u_2)}{L_2} + u_2, \dfrac{u_1 - u_2}{L_2}, 0, \dfrac{u_1 - u_2}{L_2} \right]^{\mathrm{T}} \\ \qquad\qquad\qquad\qquad\qquad （分析点 A_0 和 B_0 处相同方向） \end{cases} \quad (3.23)$$

式中，L_1 是点 M_0 到孔 2 右端面间的距离；L 是两并行连接副之间的距离；L_2 是孔 1 与孔 2 左端面间的距离；H_2 是孔 2 的深度。

这里需要注意，如果装配功能要求的局部坐标系的位置处于两并行连接副之间，则应该选择第二种情况即图 3.6(b)，来计算功能要求的最大位置偏差，否则就选择第一种情况来计算功能要求的最大位置偏差。同时，只能选择第一种情况计算功能要求的最大角度偏差。

从最终的计算结果可以看出，位置旋量参数和角度旋量参数都与 L、L_1 的长度有关，这就是几何结构杠杆效应，但是文献[32]中的并联尺寸链的求解方法完全没有考虑这种情况。本章针对这种并联尺寸链，提出了其详细的旋量模型的构造与求解方法，该方法的创新点在于同时考虑了并行连接中各个连接副的旋量参数，用虚拟零件替代局部并联机构，通过建立接触点和分析点来计算虚拟零件的误差变动范围，从而得到局部并联机构的旋量参数，并把并联尺寸链转化为单一串联尺寸链，从而基于雅可比旋量模型求解最终的装配功能要求。

3.4　实例分析

为了验证本章所提供的带有几何结构杠杆效应的局部并联尺寸链的求解方法，本节以某型号 3500kW 功率级全回转推进器的弧齿锥齿轮箱为例来详细说明该方法的求解过程，并与现有的其他几种方法进行对比分析，验证本方法的有效性和实用性。图 3.8 为该齿轮箱的装配图以及零部件的公差图，这一装配体主要由齿轮箱箱体、输入轴系组件和输出轴系组件组成。

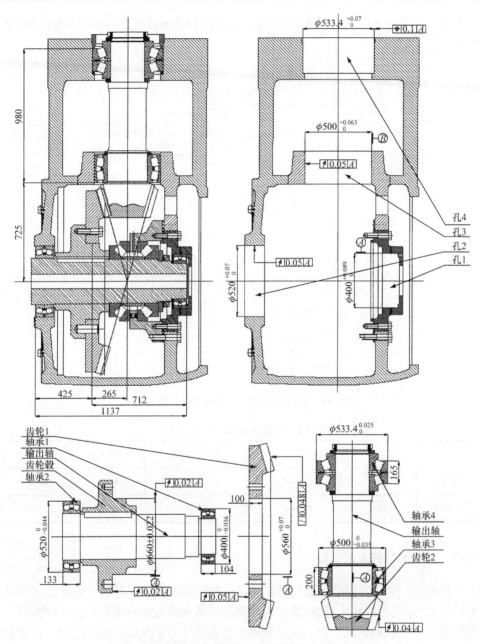

图 3.8　弧齿锥齿轮箱装配图及零部件公差(单位：mm)

3.4.1　弧齿锥齿轮箱装配功能要求

弧齿锥齿轮箱的装配功能要求主要是弧齿锥齿轮副的装配偏差，即轴交角偏差 f_Σ 和轴交点偏差 f_a。如图 3.9 所示，f_Σ 是两齿轮实际轴交角与理论轴交角之间的差值；f_a 是两齿轮实际轴线之间的相对距离。弧齿锥齿轮副的相关参数如表 3.2 所示。

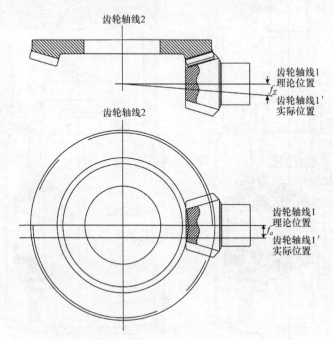

图 3.9　螺旋锥齿轮副的齿轮轴线位置偏差

表 3.2　弧齿锥齿轮副的相关参数

齿轮	齿数 Z	法向模数 m_n	切向模数 m_t	节锥角 δ	齿宽 b
齿轮 1	56	17.0499	24.11	74.055°	220mm
齿轮 2	16	17.0499	24.11	15.945°	220mm

3.4.2　并联尺寸链求解过程

影响 f_Σ 和 f_a 的偏差主要包括：轴与孔的间隙配合，齿轮毂与齿轮之间的间隙以及大、小齿轮的精度等级。弧齿锥齿轮箱的装配质量影响齿轮啮合区域面积、接触路径以及振动情况，进一步影响整个装备体的力学性能和服役性能。本节主要介绍如何用本章所提出的方法计算弧齿锥齿轮传动系统的偏差 f_Σ 和 f_a。具体计算过程如下。

步骤 1：建立装配体尺寸链传递关系图。如图 3.10 所示，装配体的功能元素 IFE、CFE、PFE 和功能要求 FR 已经确定，同时建立了尺寸链传递关系图。FR1

是齿轮 1 的中心轴线在参考坐标系 1 中的偏差，同时该参考坐标系也是输出轴系组件的全局坐标系。FR2 是齿轮 2 的中心轴线在参考坐标系 2 中的偏差，同时该参考坐标系也是输入轴系组件的全局坐标系。所求得的 FR1 和 FR2 通过坐标变换计算最终的装配偏差 f_Σ 和 f_a。对输出轴系组件而言，输出轴与箱体两孔配合形成并行连接副，构成局部并联尺寸链 (FE1 → FE3 → FE9 → FE11) 和 (FE1 → FE5 → FE7 → FE11)，同时用 PFE5 来表示这一并行连接副的旋量参数。对输入轴系组件而言，输入轴与箱体两孔间的配合同样形成并行连接副，构成局部并联尺寸链 (FE2 → FE4 → FE8 → FE12) 和 (FE2 → FE6 → FE10 → FE12)，同时用 PFE6 来表示这一并行连接副的旋量参数。

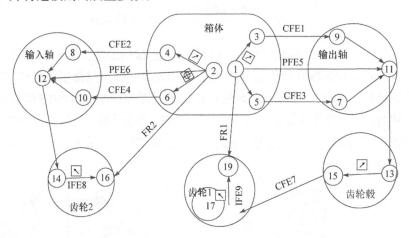

图 3.10　装配体的尺寸链传递关系图

步骤 2：并行连接副公差域的旋量表示。对输出轴系组件而言，输出轴与孔 1 的配合设为连接副 1，其局部尺寸链为 (FE1 → FE5 → FE7 → FE11)。输出轴与孔 2 的配合设为连接副 2，其局部尺寸链为 (FE1 → FE3 → FE9 → FE11)。连接副 1 和连接副 2 的旋量参数为

$$\begin{cases} u_{J1} = w_{J1} = \dfrac{0.089 + 0.036}{2} = 0.0625(\text{mm}) \\[2mm] \alpha_{J1} = \delta_{J1} = \dfrac{0.089 + 0.036}{104} = 0.001202(\text{rad}) \end{cases} \tag{3.24}$$

$$\begin{cases} u_{J2} = w_{J2} = \dfrac{0.05 + 0.07 + 0.044}{2} = 0.082(\text{mm}) \\[2mm] \alpha_{J2} = \delta_{J2} = \dfrac{0.05 + 0.07 + 0.044}{133} = 0.001233(\text{rad}) \end{cases} \tag{3.25}$$

对输入轴系组件而言，输入轴与孔 3 的配合设为连接副 3，其局部尺寸链为 $(FE2 \rightarrow FE4 \rightarrow FE8 \rightarrow FE12)$。输入轴与孔 4 的配合设为连接副 4，其局部尺寸链为 $(FE2 \rightarrow FE6 \rightarrow FE10 \rightarrow FE12)$。连接副 3 和连接副 4 的旋量参数为

$$\begin{cases} u_{J3} = w_{J3} = \dfrac{0.063 + 0.05 + 0.035}{2} = 0.074(\text{mm}) \\[3mm] \alpha_{J3} = \delta_{J3} = \dfrac{0.063 + 0.05 + 0.035}{200} = 0.00074(\text{rad}) \end{cases} \tag{3.26}$$

$$\begin{cases} u_{J4} = w_{J4} = \dfrac{0.1 + 0.07 + 0}{2} = 0.085(\text{mm}) \\[3mm] \alpha_{J4} = \delta_{J4} = \dfrac{0.1 + 0.07 + 0}{165} = 0.00103(\text{rad}) \end{cases} \tag{3.27}$$

步骤3：通过确定接触点和分析点来计算并行连接的误差变动范围。如图 3.11(a) 所示，为了计算输出轴系组件的偏差 f_a，功能要求 FR1 的局部坐标系 O_{19} 位于轴孔配合两连接副中间。因此，选择等式(3.22)来计算并行连接副 PFE5 的旋量变动范围。然而，如果要计算偏差 f_Σ，应该选择式(3.17)来计算并行连接副 PFE5 的旋量变动范围。接触点和分析点可以通过图 3.6(a)来确定，计算 PFE5 变动范围的相关参数值如表 3.3 所示。

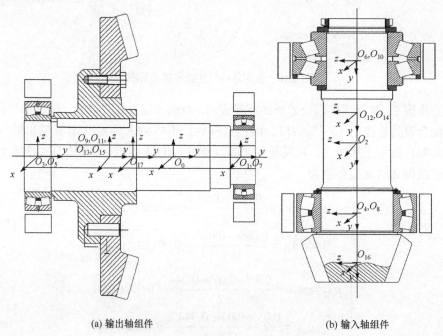

(a) 输出轴组件　　　　　　　　　　　　　(b) 输入轴组件

图 3.11　输出轴系组件与输入轴系组件装配图

表 3.3　与 PFE5 变动范围有关的参数(单位：mm)

参数	L_1	L_2	H_2	L	u_1	u_2
数值	712	1033	104	1137	0.082	0.0625

注：$u_1 = u_{J2} = 0.082$mm，$u_2 = u_{J1} = 0.0625$mm。

根据等式(3.23)和表 3.3 所示的相关参数，PFE5 的变动范围为

$$T_{\text{PFE5}} = \begin{cases} \begin{bmatrix} 0.028 & 0 & 0.028 & 0.000127 & 0 & 0.000127 \end{bmatrix}^{\text{T}}, & \text{用于计算} f_{\Sigma} \\ \begin{bmatrix} 0.0740 & 0 & 0.0740 & 0.000019 & 0 & 0.000019 \end{bmatrix}^{\text{T}}, & \text{用于计算} f_{a} \end{cases} \quad (3.28)$$

对输入轴系组件而言，FR2 的局部坐标系 O_{16} 在输入轴轴线的延长线上，如图 3.10(b) 所示。为了计算最终的装配偏差 f_{Σ} 和 f_{a}，需要通过等式(3.17)计算 PFE6 的变动范围。为了减少计算量，方便计算，选择在连接副 1 与连接副 2 的名义轴线上的一点 O_{12} 使 $\left(\dfrac{L_1(u_1 + u_2)}{L} - u_2 \right)$ 等于 0。与 PFE6 变动量有关的相关参数值如表 3.4 所示。

表 3.4　与 PFE6 变动量有关的相关参数值(单位：mm)

参数	L_1	L	u_1	u_2
数值	456.1	980	0.085	0.074

注：$u_1 = u_{J4} = 0.085$mm，$u_2 = u_{J3} = 0.074$mm，$L_1 = \dfrac{u_2}{u_1 + u_2} L = 456.1$mm。

根据等式(3.17)以及表 3.4 中的相关计算参数值，计算所得 PFE6 的变动范围如下：

$$T_{\text{PFE6}} = \begin{bmatrix} 0 & 0 & 0 & 0.000162 & 0 & 0.000162 \end{bmatrix}^{\text{T}} \quad (3.29)$$

这里需要注意，当计算并行连接的变动范围时，选择子连接副旋量参数大的为 u_1，小的为 u_2。步骤 2 与步骤 3 是求解并联尺寸链的关键，同时是把并联尺寸链转化为串联尺寸链的核心所在，同时并行连接副 PFE5 和 PFE6 的变动范围都是通过确定接触点和分析点所求得的，这就是本章的关键点和创新点。

步骤 4：重建装配体尺寸链传递关系图。对输出轴系组件而言，计算出并行连接副 PFE5 的变动范围后，尺寸链关系图重建为(FE1 → FE11 → FE13 → FE15 → FE17 → FE19)。这里输出轴与桨毂之间的过盈配合不予考虑，因此(FE11 → FE13) 的旋量参数为 0。(FE13 → FE15) 的旋量主要由齿轮毂的径向圆跳动构成，因此它可以直接叠加到旋量 CFE7 中。然而，齿轮毂与齿轮 1 之间的配合有两个并行的子连接副：齿轮毂与齿轮 1 内孔之间的间隙配合形成圆柱面与圆柱面连接副，齿

轮毂的右端面与齿轮 1 的左端面形成面-面连接副。这一并行连接副属于表 3.1 中的第一类并行连接，可以通过交、并集运算获得。圆柱面与圆柱面连接副的变动范围为

$$\begin{cases} u_c = w_c = \dfrac{0.02 + 0.07 - (-0.022)}{2} \\ -0.056 \leqslant u_c \leqslant 0.056, \quad -0.056 \leqslant w_c \leqslant 0.056 \end{cases} \tag{3.30}$$

$$\begin{cases} \alpha_c = \delta_c = \dfrac{0.02 + 0.07 - (-0.022)}{100} \\ -0.00112 \leqslant \alpha_c \leqslant 0.00112, \quad -0.00112 \leqslant \delta_c \leqslant 0.00112 \end{cases} \tag{3.31}$$

平面连接包括齿轮毂右端面的 0.02mm 的跳动以及齿轮 1 左端面 0.05mm 的跳动。因此，面-面连接副的变动范围为

$$\begin{cases} u_p = w_p = 0, \quad -0.07 \leqslant v_p \leqslant 0.07, \quad \alpha_p = \delta_p = \dfrac{0.02 + 0.05}{830} \\ -0.000084 \leqslant \alpha_c \leqslant 0.000084, \quad -0.000084 \leqslant \delta_c \leqslant 0.000084 \end{cases} \tag{3.32}$$

根据陈华[32]提出的局部并联尺寸链的交、并集运算求解方法，局部并行连接副 CFE7 的三个平移矢量可以通过对两个子连接副的平移矢量旋量参数求并集运算得到，另外两个旋转矢量可以通过对两个子连接副交集运算得到。因此，CFE7 为

$$\text{CFE7} = \begin{bmatrix} 0.056 & 0.07 & 0.056 & 0.000084 & 0 & 0.000084 \end{bmatrix} \tag{3.33}$$

计算出并行连接副 PFE6 的变动范围后，输入轴系组件的尺寸链传递关系图修正为(FE2 → FE12 → FE14 → FE16)。表 3.5 给出了整个齿轮箱的相关旋量参数变动范围。输出轴系组件所有的局部坐标系与 FR1 的方向一致，同时输入轴系组件的所有局部坐标系与 FR2 一致，这些局部坐标系如图 3.11 所示。

表 3.5　齿轮箱相关旋量参数变动范围

参数	数值
CFE1 变动范围	$\begin{bmatrix} \pm0.082 & 0 & \pm0.082 & \pm0.001233 & 0 & \pm0.001233 \end{bmatrix}$
CFE2 变动范围	$\begin{bmatrix} \pm0.074 & 0 & \pm0.074 & \pm0.00074 & 0 & \pm0.00074 \end{bmatrix}$
CFE3 变动范围	$\begin{bmatrix} \pm0.0625 & 0 & \pm0.0625 & \pm0.001202 & 0 & \pm0.001202 \end{bmatrix}$
CFE4 变动范围	$\begin{bmatrix} \pm0.085 & 0 & \pm0.085 & \pm0.00103 & 0 & \pm0.00103 \end{bmatrix}$
PFE5 变动范围	$\begin{cases} \begin{bmatrix} \pm0.028 & 0 & \pm0.028 & \pm0.000127 & 0 & \pm0.000127 \end{bmatrix}^{\text{T}} (\text{计算} f_x) \\ \begin{bmatrix} \pm0.0740 & 0 & \pm0.0740 & \pm0.000019 & 0 & \pm0.000019 \end{bmatrix}^{\text{T}} (\text{计算} f_a) \end{cases}$
PFE6 变动范围	$\begin{bmatrix} 0 & 0 & 0 & \pm0.000162 & 0 & \pm0.000162 \end{bmatrix}$

续表

参数	数值
CFE7 变动范围	$[\pm 0.056 \quad \pm 0.07 \quad \pm 0.056 \quad \pm 0.000084 \quad 0 \quad \pm 0.000084]$
IFE8 变动范围	$\left[\pm\dfrac{0.04}{2} \quad 0 \quad \pm\dfrac{0.04}{2} \quad \pm\dfrac{0.04}{220} \quad 0 \quad \dfrac{0.04}{220}\right]^{\mathrm{T}}$
IFE9 变动范围	$\left[\pm\dfrac{0.048}{2} \quad 0 \quad \pm\dfrac{0.048}{2} \quad \pm\dfrac{0.048}{220} \quad 0 \quad \pm\dfrac{0.048}{220}\right]^{\mathrm{T}}$

步骤 5：建立雅可比旋量模型。点 O_{11} 和点 O_{19} 的距离为 $(265- R_{m1}\cos\delta_1) = 102.35\text{mm}$，同时点 O_{19} 是齿轮 1 名义轴线与齿宽中点截面的交点。点 O_{12} 与点 O_{16} 之间的距离为 $(456.1+725- R_{m2}\cos\delta_2)=611.77\text{mm}$，同时点 O_{16} 是齿轮 2 名义轴线与齿宽中点截面的交点。装配功能要求 FR1 与 FR2 的雅可比矩阵如表 3.6 所示。如果 $FE5 =[\pm 0.0740 \quad 0 \quad \pm 0.0740 \quad \pm 0.000019 \quad 0 \quad \pm 0.000019]^{\mathrm{T}}$，那么当计算最大位置偏差时，FR1 的计算结果如下：

$$\text{FR1} = \begin{bmatrix} J_{\text{PFE5}} & J_{\text{CFE7}} & J_{\text{IFE9}} \end{bmatrix} \begin{bmatrix} [\text{PFE5}] \\ [\text{CFE7}] \\ [\text{IFE9}] \end{bmatrix} = \begin{bmatrix} \pm 0.144 \\ \pm 0.07 \\ \pm 0.164 \\ \pm 0.00032 \\ 0 \\ \pm 0.00032 \end{bmatrix} \tag{3.34}$$

表 3.6　FR1 与 FR2 的雅可比矩阵

矩阵符号	J_{PFE5}	J_{CFE7}	J_{IFE9}
矩阵表示	$\begin{bmatrix} 1 & 0 & 0 & 0 & 0 & -102.35 \\ 0 & 1 & 0 & 0 & 0 & 0 \\ 0 & 0 & 1 & 102.35 & 0 & 0 \\ 0 & 0 & 0 & 1 & 0 & 0 \\ 0 & 0 & 0 & 0 & 1 & 0 \\ 0 & 0 & 0 & 0 & 0 & 1 \end{bmatrix}_{\text{PFE5}}$	$\begin{bmatrix} 1 & 0 & 0 & 0 & 0 & -102.35 \\ 0 & 1 & 0 & 0 & 0 & 0 \\ 0 & 0 & 1 & 102.35 & 0 & 0 \\ 0 & 0 & 0 & 1 & 0 & 0 \\ 0 & 0 & 0 & 0 & 1 & 0 \\ 0 & 0 & 0 & 0 & 0 & 1 \end{bmatrix}_{\text{CFE7}}$	$\begin{bmatrix} 1 & 0 & 0 & 0 & 0 & 0 \\ 0 & 1 & 0 & 0 & 0 & 0 \\ 0 & 0 & 1 & 0 & 0 & 0 \\ 0 & 0 & 0 & 1 & 0 & 0 \\ 0 & 0 & 0 & 0 & 1 & 0 \\ 0 & 0 & 0 & 0 & 0 & 1 \end{bmatrix}_{\text{IFE9}}$
矩阵符号	J_{PFE6}	J_{IFE8}	
矩阵表示	$\begin{bmatrix} 1 & 0 & 0 & 0 & 0 & -611.77 \\ 0 & 1 & 0 & 0 & 0 & 0 \\ 0 & 0 & 1 & 611.77 & 0 & 0 \\ 0 & 0 & 0 & 1 & 0 & 0 \\ 0 & 0 & 0 & 0 & 1 & 0 \\ 0 & 0 & 0 & 0 & 0 & 1 \end{bmatrix}_{\text{PFE6}}$	$\begin{bmatrix} 1 & 0 & 0 & 0 & 0 & 0 \\ 0 & 1 & 0 & 0 & 0 & 0 \\ 0 & 0 & 1 & 0 & 0 & 0 \\ 0 & 0 & 0 & 1 & 0 & 0 \\ 0 & 0 & 0 & 0 & 1 & 0 \\ 0 & 0 & 0 & 0 & 0 & 1 \end{bmatrix}_{\text{IFE8}}$	

其中只有沿 z 轴的平移偏差 ±0.164 及其两个旋转偏差 ±0.00032 、±0.00032 是所需要的。这是因为在极值法中，沿 x 轴的平移偏差 u 和沿 z 轴的平移偏差 w 不能同时最大，所以上述结果中沿 x 轴所求的旋量值 u 不是最大化，结果无效。而且所有的子功能元素的旋量参数误差的偏移方向都是沿 z 轴传递累积的，所以只有 z 轴的平移偏差是有效的。对圆柱形零件而言，沿 x 轴的平移矢量 u 与沿 z 轴的平移矢量 w 大小相等。

类似地，当 $\text{PFE5} = \begin{bmatrix} ±0.028 & 0 & ±0.028 & ±0.000127 & 0 & ±0.000127 \end{bmatrix}^{\text{T}}$ 时，所求 FR1 的最大角度偏差为

$$\text{FR1} = \begin{bmatrix} ±0.087 & ±0.07 & ±0.129 & ±0.00043 & 0 & ±0.00043 \end{bmatrix}^{\text{T}} \tag{3.35}$$

对 FR2 而言，它的最大位置偏差和最大角度偏差都属于前文中的同一种位置情况，可以同时得到，计算结果如下：

$$\text{FR2} = \begin{bmatrix} J_{\text{PFE6}} & J_{\text{IFE8}} \end{bmatrix} \begin{bmatrix} [\text{PFE6}] \\ [\text{IFE8}] \end{bmatrix} = \begin{bmatrix} ±0.079 \\ 0 \\ ±0.119 \\ ±0.000344 \\ 0 \\ ±0.000344 \end{bmatrix} \tag{3.36}$$

步骤 6：用极值法计算弧齿锥齿轮副装配偏差。轴交角偏差 f_Σ 和轴线位置偏差 f_a 都受齿轮 1 与齿轮 2 最终装配偏差的影响。因此，齿轮轴线最大角度偏差为

$$f_\Sigma = (\alpha_1)_{\text{max}} + (\alpha_2)_{\text{max}} = ±(0.00043 + 0.000344) = ±0.000774(\text{rad}) \tag{3.37}$$

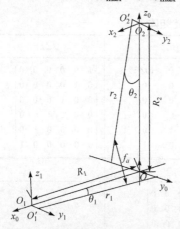

图 3.12　局部坐标系 $\{O_i\}$（$i = 1,2$）之间的位置关系以及全局坐标系 $\{O_0\}$

然而，如图 3.12 所示，由于轴线 1 与轴线 2 存在角度偏差，所以 f_a 并不等于两个轴线的位置偏差之和。这里点 O_1' 和 O_2' 分别是相对于局部坐标系 $\{O_1\}$ 和 $\{O_2\}$ 在全局坐标系 $\{O_0\}$ 中的实际位置。极值法中，如果点 O_1' 在平面 xOy 上，同时沿 z 轴处于最大位置偏差 u_{f1} 处；点 O_2' 处于平面 yOz 上，同时沿 z 轴方向处于最大位置偏差 u_{f2} 处，如图 3.12 所示，这时，轴线位置偏差 f_a 最大。

90° 理论轴交角下，O_1' 和 O_2' 在全局坐标系 $\{O_0\}$ 的坐标分别为 $(R_1, u_1, 0)$ 和 $(0, -u_2, R_2)$。同时，R_1 与 R_2 的值可通过如下等式获得

$$R_1 = R_{m1}\cos\delta_1 = \left(\frac{Z_1 m_t}{2\sin\delta_1} - \frac{b}{2}\right)\cos\delta_1 = 162.65(\text{mm}) \tag{3.38}$$

$$R_2 = R_{m2}\cos\delta_2 = \left(\frac{Z_2 m_t}{2\sin\delta_2} - \frac{b}{2}\right)\cos\delta_2 = 569.33(\text{mm}) \tag{3.39}$$

根据式(3.35)与式(3.36)，FR1 与 FR2 的计算结果如下：$u_1 = 0.164\text{mm}$，$u_2 = 0.119\text{mm}$，$\theta_1 = \delta_1 = 0.00032\text{rad}$，$\theta_2 = \delta_2 = 0.000344\text{rad}$，则轴 1 与轴 2 的矢量表达式为

$$r_1 = (R_1 \quad -R_1\theta_1 \quad 0) = (162.65 \quad -0.052 \quad 0) \tag{3.40}$$

$$r_2 = (0 \quad R_2\theta_2 \quad R_2) = (0 \quad 0.196 \quad 569.33) \tag{3.41}$$

通过计算可知矢量 $O_1'O_2'$ 和法向量 n：

$$O_1'O_2' = (R_1 \quad u_1 + u_2 \quad -R_2) = [162.65 \quad 0.283 \quad -569.33] \tag{3.42}$$

$$n = (\theta_1 \quad 1 \quad -\theta_2) = [0.00032 \quad 1 \quad -0.000344] \tag{3.43}$$

轴线位置偏差 f_a 通过如下等式获得：

$$f_a = \frac{|O_1'O_2'n|}{|n|} = \frac{|R_1\theta_1 + u_2 + u_1 + R_2\theta_2|}{\sqrt{1 + \theta_1^2 + \theta_2^2}} \approx \pm0.531(\text{mm}) \tag{3.44}$$

因此，该弧齿锥齿轮箱的轴交角偏差 f_Σ 和轴线位置偏差 f_a 分别为 $\pm0.000744\text{rad}$ 和 0.531mm。

3.4.3　结果比较分析

本节主要提出了一种基于雅可比旋量模型的带有几何结构杠杆效应的局部并联尺寸链旋量模型的构建与求解方法，用于求解复杂装配体的三维公差分析模型。这种方法能综合考虑并行连接副，这是雅可比旋量模型难以解决的。例如，针对本章中的案例，如果只考虑单一的串联尺寸链，那么对齿轮 1 的功能要求 FR1 有两条单一的链，如图 3.9 所示，它们是链 1 (CFE1 → CFE7 → IFE9) 和链 2 (CFE3 → CFE7 → IFE9)；当计算齿轮 2 的装配功能要求 FR2 时，同样有两条单一的链，即链 3 (CFE2 → IFE8) 和链 4 (CFE4 → IFE8)。CFE1、CFE2、CFE3、CFE4 的旋量参数如表 3.5 所示，这些内部功能元素的雅可比矩阵如表 3.7 所示。

表 3.7 CFE1、CFE2、CFE3 与 CFE4 的雅可比矩阵

矩阵符号	J_{CFE1}	J_{CFE2}
矩阵表示	$\begin{bmatrix} 1 & 0 & 0 & 0 & 0 & -456 \\ 0 & 1 & 0 & 0 & 0 & 0 \\ 0 & 0 & 1 & 456 & 0 & 0 \\ 0 & 0 & 0 & 1 & 0 & 0 \\ 0 & 0 & 0 & 0 & 1 & 0 \\ 0 & 0 & 0 & 0 & 0 & 1 \end{bmatrix}$	$\begin{bmatrix} 1 & 0 & 0 & 0 & 0 & 562.5 \\ 0 & 1 & 0 & 0 & 0 & 0 \\ 0 & 0 & 1 & -562.5 & 0 & 0 \\ 0 & 0 & 0 & 1 & 0 & 0 \\ 0 & 0 & 0 & 0 & 1 & 0 \\ 0 & 0 & 0 & 0 & 0 & 1 \end{bmatrix}$

矩阵符号	J_{CFE3}	J_{CFE4}
矩阵表示	$\begin{bmatrix} 1 & 0 & 0 & 0 & 0 & -246.3 \\ 0 & 1 & 0 & 0 & 0 & 0 \\ 0 & 0 & 1 & 246.3 & 0 & 0 \\ 0 & 0 & 0 & 1 & 0 & 0 \\ 0 & 0 & 0 & 0 & 1 & 0 \\ 0 & 0 & 0 & 0 & 0 & 1 \end{bmatrix}$	$\begin{bmatrix} 1 & 0 & 0 & 0 & 0 & -1044 \\ 0 & 1 & 0 & 0 & 0 & 0 \\ 0 & 0 & 1 & 1044 & 0 & 0 \\ 0 & 0 & 0 & 1 & 0 & 0 \\ 0 & 0 & 0 & 0 & 1 & 0 \\ 0 & 0 & 0 & 0 & 0 & 1 \end{bmatrix}$

表 3.8 为仅考虑单一链时齿轮 1 和齿轮 2 的装配误差计算结果。每一个齿轮装配误差有两种结果，因此最终齿轮箱的装配误差结果有四种。将考虑单一串联尺寸链的齿轮箱的四种装配误差结果中最小的情况与考虑并联尺寸链的装配误差计算结果进行比较。如表 3.9 所示，如果不考虑局部并联尺寸链，齿轮 1 和齿轮 2 的最大位置偏差分别从 ±0.164mm 增加到 ±0.7134mm 和从 ±0.119mm 增加到 ±0.2763mm 。齿轮 1 和齿轮 2 的最大角度偏差分别从 ±0.00043rad 增加到 ±0.0013rad 和从 ±0.000344rad 增加到 ±0.00092rad 。所有的计算结果都很大，看起来与实际情况相差太大，不可靠，特别是只考虑单一尺寸链时，齿轮箱的轴线位置偏差 f_a 增大到 ±1.725mm 。

表 3.8 各个串联尺寸链偏差计算结果

编号	运动链	计算结果
1	CFE1 → CFE7 → IFE9	$\begin{bmatrix} \pm 0.4087\text{mm} & \pm 0.07\text{mm} & \pm 0.7327\text{mm} & \pm 0.0015\text{rad} & 0\text{rad} & \pm 0.0015\text{rad} \end{bmatrix}$
2	CFE3 → CFE7 → IFE9	$\begin{bmatrix} \pm 0.4284\text{mm} & \pm 0.07\text{mm} & \pm 0.7134\text{mm} & \pm 0.0013\text{rad} & 0\text{rad} & \pm 0.0013\text{rad} \end{bmatrix}$
3	CFE2 → IFE8	$\begin{bmatrix} \pm 0.0957\text{mm} & 0\text{mm} & \pm 0.2763\text{mm} & \pm 0.00092\text{rad} & 0\text{rad} & \pm 0.00092\text{rad} \end{bmatrix}$
4	CFE4 → IFE8	$\begin{bmatrix} \pm 0.9703\text{mm} & \pm 0\text{mm} & \pm 1.1803\text{mm} & \pm 0.00121\text{rad} & 0\text{rad} & \pm 0.00121\text{rad} \end{bmatrix}$

表 3.9　装配功能要求的计算结果比较

(a) 最大位置、角度偏差

FR	最大位置偏差		最大角度偏差	
	单一链	并行链	单一链	并行链
齿轮 1 的 FR1	±0.7327mm	±0.164mm	±0.0015rad	±0.00043rad
	±0.7134mm		±0.0013rad	
齿轮 2 的 FR2	±0.2763mm	±0.119mm	±0.00092rad	±0.000344rad
	±1.1803mm		±0.00121rad	

(b) 齿轮箱装配误差 f_a 与 f_Σ 的计算结果比较

轴交角偏差 f_Σ		轴线位置偏差 f_a	
单一链	并行链	单一链	并行链
±0.00222rad	±0.000774rad	±1.725mm	±0.531mm

传统的雅可比旋量模型无法同时考虑局部并行连接副的公差信息，如输出轴与箱体孔的局部并行连接副 $520_{-0.004}^{0} / 520_{0}^{+0.07}$ 与 $400_{-0.036}^{0} / 400_{0}^{+0.089}$，输入轴与箱体孔的局部并行连接副 $533.4_{0}^{0.025} / 533.4_{0}^{+0.07}$ 与 $500_{-0.035}^{0} / 500_{0}^{+0.063}$。而本章提出的新的局部并行尺寸链求解方法能同时考虑上述公差信息，如式(3.23)所示，比传统雅可比旋量模型至少多考虑了四个公差信息。换句话说，局部并行连接副用来控制轴与箱体孔配合的位置和角度偏差的公差信息并没有完全在雅可比旋量模型中反映。然而，本章所提出的方法综合考虑了上述公差信息，并且建立了相关的旋量模型并整合进雅可比旋量模型中，最终考虑的公差信息更多、更完善。

3.5　本章小结

本章介绍了传统装配误差建模方法以及现有的三维公差建模方法中存在的局部并联尺寸链问题和实际工况下的装配误差建模问题。首先针对装配误差尺寸链传递过程中出现的两类局部并联尺寸链，分别介绍了这两类并联尺寸链的求解方法。并应用在全回转推进器弧齿锥齿轮箱上，通过考虑局部并行连接副，该装配体的装配误差计算结果为 ±0.531mm，远小于传统雅可比旋量模型只考虑单一串联尺寸链的装配误差计算结果 ±1.725mm；同时通过结果对比分析证实本章提出的方法更可靠、有效，结果更精确，更符合实际情况。这种方法的创新之处在于通过建立接触点和分析点综合考虑并行连接副所有公差信息，把并联尺寸链转化为串联尺寸链，并集成到雅可比旋量模型中计算最终的装配功能要求。

这种方法能进一步提高雅可比旋量模型的应用能力，克服其无法求解并联尺寸链的缺点。该方法可快速、简单、方便地构造具有几何结构杠杆效应的局部并行连接副的旋量模型并进行求解。基于这种方法，可提高全回转推进器弧齿锥齿轮箱的误差计算精度与预测精度。

参 考 文 献

[1] Dantan J Y, Qureshi A J. Worst-case and statistical tolerance analysis based on quantified constraint satisfaction problems and Monte Carlo simulation. Computer-Aided Design, 2009, 41: 1-12.

[2] Mansuy M, Giordano M, Hernandez P. A new calculation method for the worst case tolerance analysis and synthesis in stack-type assemblies. Computer-Aided Design, 2011, 43: 1118-1125.

[3] Mansuy M, Giordano M, Hernandez P. A generic method for the worst case and statistical tridimensional tolerancing analysis. Procedia CIRP, 2013, 10: 276-282.

[4] 王平, 沈晓阳. 公差分析中的统计公差方法综述. 工具技术, 2008, 42: 43-47.

[5] Sahani A, Jain P, Sharma S C, et al. Design verification through tolerance stack up analysis of mechanical assembly and least cost tolerance allocation. Procedia Materials Science, 2014, 6: 284-295.

[6] 朱福民, 郑惠强. CAD 环境下的公差分析. 建设机械技术与管理, 2004, 17: 68-70.

[7] Wade O. Tolerance Control in Design and Manufacturing. New York: Industrial Press, 1967 .

[8] Laifa M, Sai W B, Hbaieb M. Evaluation of machining process by integrating 3D manufacturing dispersions, functional constraints, and the concept of small displacement torsors. The International Journal of Advanced Manufacturing Technology, 2014, 71: 1327-1336.

[9] Bourdet P, Clement A. A study of optimal-criteria identification based on the small-displacement screw model. CIRP Annals—Manufacturing Technology, 1988, 37: 503-506.

[10] Clément A, Desrochers A, Riviére A. Theory and practice of 3-D tolerancing for assembly. Proceedimgs of 2nd CIRP Seminar on Computer Aided Tolerancing, 1991: 25-56.

[11] Clément A, Riviére A. Tolerancing versus nominal modeling in next generation CAD/CAM system. Proceedings of CIRP Seminar on Computer Aided Tolerancing, 1993: 97-113.

[12] Legoff O, Villeneuve F, Bourdet P. Geometrical tolerancing in process planning: A tridimensional approach. Proceedings of the Institution of Mechanical Engineers, Part B: Journal of Engineering Manufacture, 1999, 213: 635-640.

[13] Bourdet P, Ballot E. Geometrical behavior laws for computer-aided tolerancing. Proceedings of the 4th CIRP Design Seminar, 1996: 119-131.

[14] Teissandier D, Couetard Y, Gérard A. A computer aided tolerancing model: Proportioned assembly clearance volume. Computer-Aided Design, 1999, 31: 805-817.

[15] Villeneuve F, Legoff O, Landon Y. Tolerancing for manufacturing: A three-dimensional model. International Journal of Production Research, 2001, 39: 1625-1648.

[16] Ballot E, Bourdet P, Thiebaut F. Contribution of a mathematical model of specifications of a part to their coherence analysis. Proceedings of the 6th CIRP International Seminar on Computer-Aided

Tolerancing, 1999: 157-166.

[17] Ameta G, Davidson J K, Shah J. Influence of form on tolerance-map-generated frequency distributions for 1D clearance in design. Precision Engineering, 2010, 34: 22-27.

[18] Mujezinovic A, Davidson J, Shah J. A new mathematical model for geometric tolerances as applied to rectangular faces. Proceedings of the 2001 Design Engineering Technical Conferences, 2001, 2: 355-372.

[19] Davidson J, Mujezinovic A, Shah J. A new mathematical model for geometric tolerances as applied to round faces. Journal of Mechanical Design, 2002, 124: 609-622.

[20] Davidson J, Shah J. Geometric tolerances: A new application for line geometry and screws. Proceedings of the Institution of Mechanical Engineers, Part C: Journal of Mechanical Engineering Science, 2002, 216: 95-103.

[21] Bhide S, Davidson J, Shah J. Areal coordinates: The basis of a mathematical model for geometric tolerances. Geometric Product Specification and Verification: Integration of Functionality, 2003: 35-44.

[22] Bhide S, Davidson J, Shah J. A new mathematical model for geometric tolerances as applied to axes. International Design Engineering Technical Conferences and Computers and Information in Engineering Conference, American Society of Mechanical Engineers, 2003: 329-337.

[23] Wu Y, Shah J J, Davidson J K. Improvements to algorithms for computing the Minkowski sum of 3-polytopes. Computer-Aided Design, 2003, 35: 1181-1192.

[24] Ameta G, Davidson J K, Shah J. The effects of different specifications on the tolerance-maps for an angled face. International Design Engineering Technical Conferences and Computers and Information in Engineering Conference, American Society of Mechanical Engineers, 2004: 303-311.

[25] Mujezinovic A, Davidson J, Shah J. A new mathematical model for geometric tolerances as applied to round faces. ASME Transactions on Journal of Mechanical Design, 2004, 126: 504-518.

[26] Laperrière L, Ghie W, Desrochers A. Statistical and deterministic tolerance analysis and synthesis using a unified Jacobian-Torsor model. CIRP Annals—Manufacturing Technology, 2002, 51: 417-420.

[27] Ghie W, Laperriere L, Desrochers A. A unified Jacobian-Torsor model for analysis in computer aided tolerancing. Recent Advances in Integrated Design and Manufacturing in Mechanical Engineering, 2003: 63-72.

[28] Desrochers A, Ghie W, Laperrière L. Application of a unified Jacobian-Torsor model for tolerance analysis. Journal of Computing and Information Science in Engineering, 2003, 3: 2-14.

[29] Laperrière L, Ghie W, Desrochers A. Projection of torsors: A necessary step for tolerance analysis using the unified Jacobian-Torsor model. Eighth CIRP International Seminar on Computer Aided Tolerancing, 2003: 14-23.

[30] Lafond P, Laperrière L. Jacobian-based modeling of dispersions affecting pre-defined functional requirements of mechanical assemblies. Proceedings of the IEEE International Symposium on Assembly and Task Planning, 1999: 20-25.

[31] Chen H, Jin S, Li Z, et al. A modified method of the unified Jacobian-Torsor model for tolerance analysis and allocation. International Journal of Precision Engineering, 2015, 16: 1789-1800.

[32] Chen H, Jin S, Li Z, et al. A solution of partial parallel connections for the unified Jacobian-Torsor model. Mechanism and Machine Theory, 2015, 91: 39-49.

[33] Zuo X, Li B, Yang Y, et al. Application of the Jacobian-Torsor theory into error propagation analysis for machining processes. International Journal of Advanced Manufacturing Technology, 2013, 69: 1557-1568.

[34] Benichou S, Anselmetti B. Thermal dilatation in functional tolerancing. Mechanism and Machine Theory, 2011, 46: 1575-1587.

[35] Anselmetti B. Part optimization and tolerances synthesis. International Journal of Advanced Manufacturing Technology, 2010, 48: 1221-1237.

第4章 全回转推进器桨毂回转副装配误差分析

4.1 引 言

全回转推进器服役工况恶劣，在海洋工况下承受大风、大浪、洋流等交变载荷。服役过程中，受外界工况影响的离心力、水动力以及自身重力、预紧力、温度等会导致零部件热、力变形以及摩擦磨损，一旦忽视这些热、力耦合变形或摩擦磨损等，可能导致相应的装配精度与理论预测值相差很大，从而影响整机机械服役性能。因此，需要引入实际工况下的公差模型构造理论和方法，以预测实际工况对系统末端装配精度的影响，合理确定零部件的精度，否则将难以达到产品的性能要求。本章主要通过蒙特卡罗仿真模拟装配体的尺寸公差和几何公差，建立雅可比旋量误差传递模型，同时随机生成累积装配误差的变动表面；针对装配体实际工况下机械负载以及热、力变形，通过有限元分析模拟其零部件局部变形，提取零部件变形表面坐标，与理论装配误差表面叠加耦合，模拟出实际工况下的变形表面。基于所提出的面向实际工况的公差建模方法，本章以全回转推进器桨毂回转副为案例，分析实际工况中不同温度、预紧力、离心力等对装配误差的影响，预测实际工况下装配误差的变动情况，为实际工况下的公差优化与分配提供装配误差分析计算模型。

4.2 全回转推进器桨毂回转副实际工况下变形问题描述

本章以全回转推进器桨毂回转副作为案例，阐述面向实际工况的装配误差建模与分析方法。图 4.1(a)为全回转推进器桨毂回转副三维剖面结构图，图 4.1(b)为桨毂回转副 O 型密封局部放大图。桨毂回转副调距过程中，曲柄销盘与桨毂孔之间的滑动类似于滑动轴承。但是，曲柄销盘与桨毂孔之间的间隙配合不是本章研究的重点，也不是桨毂回转副装配体的配合重点。该装配体的装配重点是保证桨叶根部与桨毂体孔端面之间最终的装配间隙，即图 4.1(b)中的结合面 1，这与传统的滑动轴承研究的装配间隙不一样，而且此处的装配间隙是桨毂体、桨叶根部与曲柄销盘三者配合后形成的最终的装配间隙。该处装配间隙应保证实际服役过程中承受热、力耦合变形后，该处的配合仍然为间隙配合，从而保证调距的灵敏性。

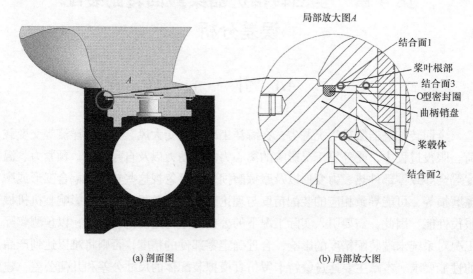

(a) 剖面图　　　　　　　　　(b) 局部放大图

图 4.1　可调距螺旋桨桨毂结合面剖面图以及局部放大图

整个桨毂回转副装配体包括桨叶根部、曲柄销盘、桨毂体以及 O 型密封圈。桨叶根部和曲柄销盘螺栓连接，形成结合面 3，桨毂体夹在二者之间。O 型密封圈放置在桨毂体 O 型槽中，通过 O 型密封阻止外界海水的进入和内部液压油的泄漏。O 型密封圈的密封性能主要由桨叶根部与桨毂体之间的间隙决定，即图 4.1(b) 中的桨毂结合面 1。调距过程中，通过液压驱动曲柄销盘，从而带动桨叶根部来回摆动，进而调节桨叶的方位角以此来改变推进器的推力和转矩。

目前，关于全回转推进器的研究主要集中在桨叶水动力性能、桨毂回转副的微动磨损等方面。例如，Godjevac 等[1]详细研究了海洋工况对全回转推进器桨毂回转副微动磨损的影响。本章暂时不考虑服役期间桨毂回转副桨毂结合面 2 的磨损情况，第 5 章会详细介绍相关理论。本章主要考虑实际工况下，桨毂回转副桨毂体腔内液压油的温度、桨叶根部与曲柄销盘之间的螺栓预紧力，以及转动过程中的离心力、重力等对零部件配合表面变形的影响，从而最终确定实际工况对桨毂回转副桨毂结合面装配间隙的影响。

4.3　实际工况下装配误差建模

实际工况下，装配体零部件容易产生热、力耦合变形，对装配误差的影响极大。本节主要分析由尺寸公差、形状公差导致的装配误差以及与实际工况导致的零部件局部变形。

4.3.1　基于修正雅可比模型的装配体公差建模

装配误差主要包括零部件的尺寸公差和几何公差，对尺寸公差域旋量模型的相关研究已经很成熟。然而，对几何公差域的建模与误差传递的研究较少，本节主要建立尺寸公差与几何公差耦合公差域的旋量模型，同时考虑尺寸公差和几何公差域，提高装配体误差计算模型的精度。平面特征的旋量变动和约束条件仅有三个自由度方向，Roy 和 Li[2]建立了平面特征公差域详细的数学表征模型。具有尺寸公差 t 的平面变动范围如下：

$$\begin{cases} -(t_{SU} + t_{SL}) / (2b) \leqslant \alpha \leqslant (t_{SU} + t_{SL}) / (2b) \\ -(t_{SU} + t_{SL}) / (2b) \leqslant \beta \leqslant (t_{SU} + t_{SL}) / (2b) \\ -t_{SL} \leqslant w \leqslant t_{SU} \end{cases} \tag{4.1}$$

相应的约束条件如下：

$$\begin{cases} -(t_{SU} + t_{SL}) \leqslant \alpha y + \beta x \leqslant t_{SU} + t_{SL} \\ -t_{SL} \leqslant \alpha y + \beta x + w \leqslant t_{SU} \end{cases} \tag{4.2}$$

式中，t_{SU} 和 t_{SL} 分别为公差 t 的上限和下限。

如果增加额外的行为公差进一步约束平面的变动范围，如增加一个平面度公差 t_1，主要用来限制平面旋转变量 α 和 β，那么平面相应的公差范围如下：

$$\begin{cases} -t_1 / (2b) \leqslant \alpha \leqslant t_1 / (2b) \\ -t_1 / (2b) \leqslant \beta \leqslant t_1 / (2b) \\ -t_{SL} \leqslant w \leqslant t_{SU} \end{cases} \tag{4.3}$$

相应的平面三自由度的误差变动范围的约束条件如下：

$$\begin{cases} -\dfrac{t_1}{2} \leqslant \alpha y + \beta x \leqslant \dfrac{t_1}{2} \\ -t_{SL} \leqslant \alpha y + \beta x + w \leqslant t_{SU} \end{cases} \tag{4.4}$$

因此，通过同时考虑平面的尺寸误差和几何误差，限制平面实际表面的变动范围，使平面误差表示更加精确。在考虑几何公差的前提下，根据陈华[3]提出的修正雅可比旋量模型，装配体的功能要求计算公式如下：

$$
\text{FR} = [[J]_{\text{FE1}} \quad \cdots \quad [J]_{\text{FE}n}]
\begin{bmatrix}
\begin{bmatrix} u_1 \\ v_1 \\ w_1 \\ \alpha_1 \\ \beta_1 \\ \gamma_1 \end{bmatrix}\text{s.t.}\begin{cases} V_1(u_1,v_1,w_1,\alpha_1,\beta_1,\gamma_1) \\ C_1(u_1,v_1,w_1,\alpha_1,\beta_1,\gamma_1) \end{cases}_{\text{FE1}} \\
\vdots \\
\begin{bmatrix} u_n \\ v_n \\ w_n \\ \alpha_n \\ \beta_n \\ \gamma_n \end{bmatrix}\text{s.t.}\begin{cases} V_n(u_n,v_n,w_n,\alpha_n,\beta_n,\gamma_n) \\ C_n(u_n,v_n,w_n,\alpha_n,\beta_n,\gamma_n) \end{cases}_{\text{FE}n}
\end{bmatrix}
\tag{4.5}
$$

式中，FR 是一个 6×1 的功能要求的小位移旋量矩阵；$[J]_{\text{FE}i}$ 是 $6 \times n$ 的雅可比矩阵；FEi 是 6×1 的小位移旋量，$i=1\sim n$，n 表示功能元素的个数；s.t. 表示约束条件；V_i 和 C_i 分别是第 i 个旋量的变动范围和约束条件，如式(4.3)和式(4.4)所示。

　　为了求解式(4.5)，本章基于 Ghie 等[4]所做的工作，采用蒙特卡罗仿真技术产生符合约束变动范围和概率分布规律的随机数。这些随机产生的旋量值仿真前，都会通过约束条件检验是否合格，合格的采用，否定丢弃。图 4.2 为考虑行为公差下，基于修正雅可比旋量模型的统计公差分析流程图。

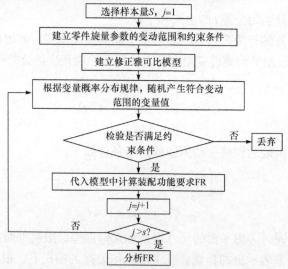

图 4.2　基于修正雅可比旋量模型的统计公差分析流程图

4.3.2　实际工况下零部件局部变形

实际工况下零部件的局部变形主要考虑热、力对零部件变形的影响，目前可以通过有限元分析，加载温度场、应力场等外部载荷，分析其零部件变形情况。在进行有限元分析之前，为了更好地与装配误差进行耦合，需要对零部件配合表面进行离散化，保证上下接触面离散化后的节点坐标一一对应。采用如图 4.3 所示的离散化方法，在圆形表面上建立一系列同心圆点，由于接触点上变形一致，只需在一个面上创建同心圆点即可。网格划分时可以在这些点上产生节点，以便在后处理中显示这些节点的形变和应力。

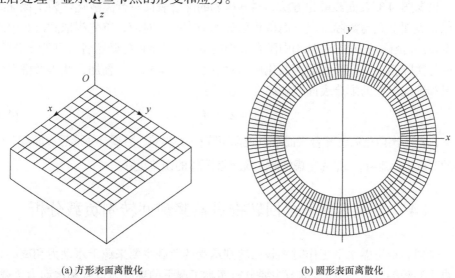

(a) 方形表面离散化　　　　　　　　　　　　(b) 圆形表面离散化

图 4.3　方形表面离散化与圆形表面离散化

离散化表面后，设置有限元模型相关参数及边界条件后进行迭代求解即可。有限元分析之后，提取离散化表面同心圆节点坐标，这些节点变形组成的矩阵就是一个表面实际工况下的变形，如下所示：

$$A_i = \begin{bmatrix} x_{i1} & y_{i1} & z_{i1} \\ x_{i2} & y_{i2} & z_{i2} \\ \vdots & \vdots & \vdots \\ x_{in} & y_{in} & z_{in} \end{bmatrix} \tag{4.6}$$

式中，$i(i=1,2)$ 是配合面的个数；n 是配合面的采样点个数；A_i 是第 i 个配合面的矩阵表达式；x_{ij}、y_{ij} 和 z_{ij} 是第 i 个配合表面上第 j 个采样点的坐标。

4.3.3　实际工况下变形与装配误差耦合

通过式(4.5)可以计算出配合表面的装配误差，同时以旋量参数的形式表示。

由于是平面变动误差，所以只考虑三个自由度方法的误差。这里设装配误差旋量
参数为

$$FR_1 = [0 \quad 0 \quad w_j \quad \alpha_j \quad \beta_j \quad 0] \tag{4.7}$$

　　计算出装配体表面累积装配误差后，需随机模拟表面的误差变动范围，并对
随机产生符合变动范围的表面进行离散化处理。根据式(4.7)所求的配合表面旋量
变动范围，仅考虑装配误差下，装配表面空间位置函数表达式为

$$Z_1 = x\beta_j + y\alpha_j + w_j \tag{4.8}$$

　　根据图 4.3 表面离散化方法，对式(4.8)的配合表面进行离散化。为了保证离
散化后表面节点与实际工况下离散化后表面节点一一对应，首先提取式(4.6)中的
节点 (x, y) 坐标，并根据式(4.8)中配合表面的空间位置函数，确定各节点的 z 坐标。
然后与实际工况下变形表面离散化后的对应节点 z 坐标一一叠加，获得考虑实际
工况和装配误差的配合表面的最终变动误差：

$$A_1 = Z_1 + A_j \tag{4.9}$$

式中，Z_1 为离散化后的配合表面节点坐标矩阵；A_j 为热、力耦合变形后表面离散化
后的节点坐标矩阵；A_1 为考虑实际工况下装配体的误差矩阵。

4.4　实际工况下全回转推进器桨毂回转副负载分析

　　全回转推进器水下工作时桨毂回转副承受的负载主要来源于水动力和离心力
垂直于桨毂结合面的分力，本节主要分析实际工况下的离心力负载和水动力负载。

4.4.1　离心力负载

　　螺旋桨旋转过程中产生离心力，且离心力的大小与桨叶、桨叶根部、曲柄销
盘的质量、轴的转速以及重心相对于轴的位置有关。由离心力产生的轴向力和径
向力以及桨毂回转副处的弯矩会导致主轴弯矩和摩擦力矩的增大。重力会对桨毂
回转副产生一个正弦变化力，与离心力相比，这种正弦变化力要小得多。图 4.4
为桨毂回转副离心力受力分布图，离心力和力矩各方向分力计算公式如下：

$$F_{ce,x} = 0 \tag{4.10}$$

$$F_{ce,y} = 4\rho\pi^2 n^2 \iiint z\mathrm{d}x\mathrm{d}y\mathrm{d}z \tag{4.11}$$

$$F_{ce,z} = 4\rho\pi^2 n^2 \iiint x\mathrm{d}x\mathrm{d}y\mathrm{d}z \tag{4.12}$$

$$M_{ce,x} = 0 \tag{4.13}$$

$$M_{\mathrm{ce},y} = 4\rho\pi^2 n^2 \iiint xz\mathrm{d}x\mathrm{d}y\mathrm{d}z \tag{4.14}$$

$$M_{\mathrm{ce},z} = 4\rho\pi^2 n^2 \iiint xy\mathrm{d}x\mathrm{d}y\mathrm{d}z \tag{4.15}$$

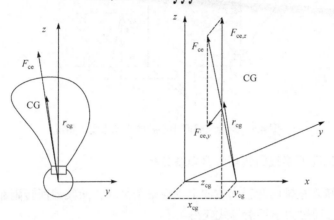

图 4.4　桨毂回转副离心力受力分布图

4.4.2　水动力负载

桨叶表面的压力场引起螺旋桨叶的水动力负载，Carlton[5]总结了用于预测这些负载的不同理论方法。本节用翼型理论来分析水动力对桨毂回转副的影响，但是随后的水动力大小是通过相应的仿真软件计算得到的。一个桨叶可以分为不同的截面，每一个截面沿着主轴都有相应的升力 (L_K)、阻力 (D_K) 和调距力矩 (M_K)。在第 K 个截面的推力 (T_K) 和扭矩 (Q_K) 受流体动力学螺距角 (β) 的影响，其等式如下：

$$T_K = L_K\cos\beta_K - D_K\sin\beta_K \tag{4.16}$$

$$Q_K = r_K D_{K,z} = r_K(L_K\sin\beta_K + D_K\cos\beta_K) \tag{4.17}$$

式中，r_K 为第 K 个截面处的桨叶半径；$D_{K,z}$ 为阻力 D_K 垂直于桨毂回转副方向的分力。假设所产生的升力和阻力作用于水动力中心 $(x_{\mathrm{ch}}, y_{\mathrm{ch}}, z_{\mathrm{ch}})$ 处，则作用于主轴上的力与力矩(图 4.5)为

$$F_{\mathrm{hd},x} = \sum T_K = T \tag{4.18}$$

$$F_{\mathrm{hd},y} = \sum Q_K/r_K = Q/r \tag{4.19}$$

$$M_{\mathrm{hd},x} = F_{\mathrm{hd},y}z_{\mathrm{ch}} \tag{4.20}$$

$$M_{\mathrm{hd},y} = F_{\mathrm{hd},x}z_{\mathrm{ch}} \tag{4.21}$$

$$M_{\mathrm{hd},z} = F_{\mathrm{hd},x}y_{\mathrm{ch}} + F_{\mathrm{hd},y}x_{\mathrm{ch}} \tag{4.22}$$

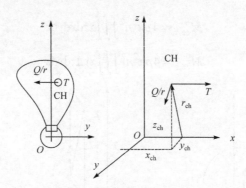

图 4.5　螺旋桨桨叶中心处的水动力受力情况

4.4.3　实际工况下桨毂回转副综合负载分析

桨毂回转副在轴向和径向方向上支撑整个桨叶，而桨毂回转副在径向方向所产生的力 F_{rad} 通过力学平衡等式获得

$$\sum F_z = 0 \Rightarrow F_{ce,z} + F_{rad} + F_{hd,z} = 0 \Rightarrow F_{rad} = -F_{ce,z} - F_{hd,z} \tag{4.23}$$

式(4.23)中离心力与零部件质量有关，相关数据来源于武汉船用机械有限公司，其中本章为 3500kW 功率级别的全回转推进器，桨毂回转副桨叶重量 620kg，曲柄销盘重量 148kg，质心距桨轴 722mm，表 4.1 为不同转速下桨毂回转副承受离心力的大小。

表 4.1　不同转速下桨毂回转副离心力的大小

转速/(r/min)	60	90	120	150	180	210
离心力/N	21891	49255	87565	136820	197021	269725

从图 4.5 桨叶的受力分析以及式(4.18)~式(4.22)可知，水动力沿 z 方向的分力及垂直于桨毂结合面方向的分力很小，理论上为零，实际上进行水动力仿真试验时，相对于其他两个方向的分力而言很小。目前关于水动力仿真相关的研究有很多，本章采用合作单位中国船舶重工集团第 702 研究所提供的水动力试验仿真数据，相关研究见文献[6]。本章以 3500kW 功率级别全回转推进器的初步设计模型为研究对象，其中螺旋桨桨叶直径 3.3m，叶数 4 叶，右旋。本章主要获得水动力垂直于桨毂结合面的分力，即 z 方向的力。图 4.6 为螺旋桨表面压力图。表 4.2 列出了仿真试验所得的不同转速、不同来流下全回转推进器水动力分力大小。

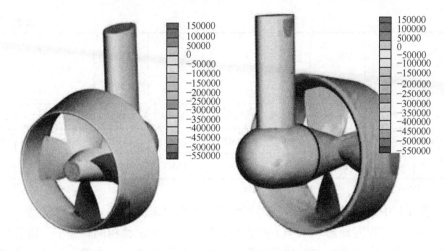

图 4.6　螺旋桨表面压力图(单位：Pa)

表 4.2　不同转速、不同来流下全回转推进器水动力分力变化情况

转速/(r/min)	来流/kn 分力/N	0	0.5	1	1.5	2	2.5	3
60	$F_{hd,x}$	16395	15691	14988	14284	13580	12877	12173
	$F_{hd,y}$	7514	7192	6869	6547	6224	5902	5580
	$F_{hd,z}$	888	850	812	774	736	698	659
90	$F_{hd,x}$	36889	35833	34778	33723	32667	31612	30556
	$F_{hd,y}$	16907	16424	15940	15456	14973	14489	1655
	$F_{hd,z}$	1998	1941	1884	1827	1770	1712	1655
120	$F_{hd,x}$	65580	64173	62766	61359	59951	58544	57137
	$F_{hd,y}$	30058	29413	28768	28123	27478	26833	26188
	$F_{hd,z}$	3552	3476	3400	3324	3247	3171	3095
150	$F_{hd,x}$	102572	100730	98889	97047	95206	93364	91522
	$F_{hd,y}$	47012	46468	45324	44480	43636	42792	41948
	$F_{hd,z}$	5556	5456	5357	5257	5157	5057	4958
180	$F_{hd,x}$	147555	145444	143334	141223	139112	137001	134890
	$F_{hd,y}$	67630	66662	65695	64727	63760	62792	61825
	$F_{hd,z}$	7993	7878	7764	7650	7535	7421	7307

续表

转速/(r/min)	分力/N	来流/kn 0	0 5	1	1.5	2	2.5	3
210	$F_{hd,x}$	196183	194416	192125	185368	181888	175473	175122
	$F_{hd,y}$	89917	89107	88057	84960	83365	80425	80264
	$F_{hd,z}$	10627	10532	10407	10041	4516	9505	9486

注：1kn=1.852km/h。

表 4.2 中来流是指全回转推进器水下工作中水流的速度，即工作环境。水流的大小会一定程度地影响水动力的大小，如表 4.2 所示，相同转速下，随着来流的增大，水动力三个方向上的分力都会减小。但是由于水动力垂直于桨毂回转副方向的分力 $F_{hd,z}$ 本身很小，即使随着来流的增加，减小的量也很少。如图 4.7 所示，该分力 $F_{hd,z}$ 相对于离心力分力 $F_{ce,z}$ 很小，基本只占离心力分力 $F_{ce,z}$ 的 4%左右。所以总体来说，外界工况即来流的变化对全回转推进器桨毂回转副本身的负载影响很小，基本可以忽略不计，但是来流的变化会影响配备全回转推进动力定位装置的主体如石油钻井平台、军舰、游轮等的艏荡、纵荡、横荡等幅度，进而影响全回转推进器的功率变化,功率的变化会导致转速及离心力的变化等。因此，分析外界工况对全回转推进器的影响主要是分析不同转速下全回转推进器桨毂回转副的受力及变形情况。本章随后会基于有限元理论分析转速、温度、预紧力的变化对全回转推进器桨毂回转副零部件表面变形的影响。

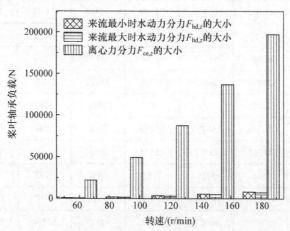

图 4.7 离心力分力 $F_{ce,z}$ 与水动力分力 $F_{hd,z}$ 对比

4.5　实际工况下桨毂回转副桨毂结合面表面形变及装配间隙

本节主要建立桨毂回转副桨毂结合面的热、力耦合有限元模型，确定各个结合面的局部变形，以及对装配间隙的影响。建立有限元模型后，边界力与边界位移之间的关系式可以用由有限元模型的刚度矩阵 K 导出的超元素刚度矩阵 K_{se} 表示，其中 $C^{-1} = K_{se}$[7]。

全回转推进器可以 360°旋转，可调距螺旋桨转动桨叶调节螺距，从而在各种工况下都充分吸收主机功率，改善海上平台的操纵性和续航能力[1]。影响可调距螺旋桨寿命的主要因素是密封圈压缩量变小引起密封圈的泄漏，接触压力小于介质内压[2]。螺旋桨装配时预紧力的不同以及在不同温度、转速及调距角度的实际工况下工作时[3-5]，其相应的桨毂和法兰之间的间隙不同，这个间隙直接影响密封圈的压缩量；不同工况还会使桨毂和曲柄销盘(图 4.1 结合面 2)的摩擦压力不同[6]，不仅会改变调距灵敏性，长期摩擦磨损还会使密封圈压缩量变小。

研究分析不同工况下桨毂结合面的间隙和接触应力，可以为服役性能的评估提供数据，对后续螺旋桨服役寿命的计算必不可少。

4.5.1　螺旋桨有限元模型的建立

桨毂结合部位的桨叶、桨叶法兰和曲柄销盘取自武汉船用机械有限责任公司提供的零件，桨毂按照图纸建立。装配好后在 Workbench 中画出六角盲孔光杆螺栓。

1. 定义材料属性和建立接触

根据查资料及相关试验结果可知零件的材料属性，如表 4.3 所示。

表 4.3　螺旋桨的材料属性

部位	材料名称	密度/(kg/m³)	弹性模量/MPa	泊松比	屈服强度/MPa	抗拉强度/MPa	热导率/(W/(m·K))
桨毂桨叶法兰桨叶	CuNiAl(镍铝青铜)	7530	111	0.32	260	650	41.9
曲柄销盘	42CrMo4	7830	212	0.3	550	800	44
螺栓	结构钢	7850	210	0.3	250	460	60.5

在有限元分析软件 DS 中进行前处理时，首先要建立零件之间的接触关系，Workbench 中有六种接触类型，分别为绑定接触(bonded)、无分离接触(no separation)、粗糙接触(rough)、无摩擦接触(frictionless)、摩擦接触(frictional)以及

受力滑动摩擦接触(forced frictional sliding)。绑定接触的接触部分不能有相对的滑动或分离，即法向不分离且切向不滑移；无分离接触与绑定接触相似，但是允许切向有无摩擦的少量滑动，法向不能分离；粗糙接触要求物体之间只存在静摩擦而不会有切向滑移，相当于是无限大的摩擦接触，法向可以分离；无摩擦接触是单边接触，在发生切向滑动时没有摩擦力且在发生分离时没有法向力；摩擦接触是真实摩擦情况，切向力大于静摩擦力时发生切向滑移，并在滑移时产生滑动摩擦力，同时这种接触还允许法向分离；受力滑动摩擦接触只适用于刚体动力学，是只有动摩擦的摩擦接触[7]。

根据实际装配需求，采用绑定接触来模拟螺栓螺纹与螺栓孔的连接；螺栓头与桨叶法兰为摩擦接触，摩擦系数为 0.1；桨叶法兰与曲柄销盘(图 4.1 结合面 3)、桨毂与曲柄销盘边缘(图 4.1 结合面 2)也采用摩擦系数是 0.1 的摩擦接触；其他表面不关注其接触，使用多体部件。

2. 网格划分以及边界条件的设定

进行网格划分时为保证分析精度，在重要的位置特殊处理。细化螺栓的网格以保证螺栓连接的精度；为了分析结合面对应位置的变形，在法兰和曲柄销盘的接触面(图 4.1 中结合面 3)、桨毂和曲柄销盘边缘的接触面(图 4.1 中结合面 2)建立同心点，并使接触面网格匹配；桨毂和法兰边缘(图 4.1 中结合面 1)是可产生法向分离的多体，要在两个面上的对应位置都创建同心点。网格划分时可以在这些点上产生节点，以便在后处理中显示这些点的形变和应力。

螺旋桨是轴对称的结构，取其 1/4 分析，以桨毂轴线为 z 轴建立圆柱坐标系，桨毂的两个截面作边界周期面建立圆柱对称，划分网格时插入匹配，保证周期面上节点对应。图 4.8 为螺旋桨的有限元模型图。

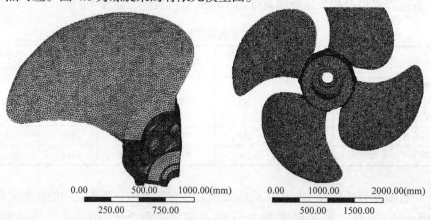

图 4.8　螺旋桨的有限元模型

3. 加载

影响螺旋桨结构性能的温度、离心力和预紧力的加载方式及取值范围根据实际工况而定。

涉及温度载荷要进行热、力耦合分析，先做稳态热分析[3]。在螺旋桨结构中，油腔覆盖的表面为润滑油的温度，范围为 25～60℃，外表面加载海水温度为 19℃。

离心力是由物体转动产生的，给转动的结构施加转速来模拟离心力[1, 4]。整个装配体施加螺旋桨的工作转速，桨毂内表面施加圆柱约束使其只能产生切向位移。转速的范围取 60～180r/min。

根据装配工艺卡片上螺栓的拧紧说明，施加 3500N·m 的力矩，预紧力矩 M_t 与预紧力 P_0 之间的换算关系为

$$M_t = K \times P_0 \times d$$

式中，d 为螺栓公称直径；K 为扭矩系数，其范围如表 4.4 所示。

表 4.4　扭矩系数的范围

摩擦 表面状况	精加工表面	一般加工表面	氧化表面	镀锌表面
有润滑	0.1	0.13～0.15	0.2	0.18
无润滑	0.12	0.18～0.21	0.24	0.22

装配工艺卡片指出，螺纹涂二硫化钼作密封润滑用，一般加工表面有润滑的螺栓预紧力为 320～390kN。

在 ANSYS 中对盲孔螺栓连接进行仿真时，对螺纹有三种处理方式：实际形状螺纹法、螺栓截面法和多点约束(MPC)法。建立实际形状的相互配合螺纹是最精确的方法，但是需要精细的网格划分，从而计算时间较久；使用螺栓截面法是在光滑螺杆上取一个截面建立预紧力单元，然后在该截面上施加预紧力；多点约束法是通过在螺纹区域建立绑定约束来模拟的，也不需要建立实际的螺纹。比较三种方法分析结果可以发现，从接触状态的结果看，螺栓截面法可以模拟出类似实际情况的螺旋接触；螺栓轴向变形三种方法相近；分析螺栓上的等效应力发现，螺栓截面法的结果非常接近实际螺纹模拟的结果，而多点约束法的结果稍有不同；比较其计算和运行时间可知，实际形状螺纹法所需时间远高于另外两种方法，而多点约束法最省时，但是多点约束分析的结果忽略了螺纹处的效果。

Workbench 中在螺栓的光杆上施加螺栓预紧力，配合绑定接触模拟螺栓预紧力。

4.5.2　有限元分析结果

在分析环境变量对螺旋桨各参数的影响时，选取以下典型参数的变化，即法兰边缘与桨毂上边缘(图 4.1 结合面 1)中法兰边缘的最大形变、法兰边缘与桨毂上边缘(图 4.1 结合面 1)中桨毂上边缘的最大形变、桨毂下边缘和曲柄销盘边缘(图 4.1 结合面 2)的摩擦应力和接触压力。其中，表面形变反映各接触面的间隙，摩擦应力作为调距灵敏度和摩擦磨损的判断依据。

初始状态下润滑油温度为 30℃，转速为 150r/min，预紧力为 390kN，桨叶位于初始位置。后处理结果显示如下。

根据温度分布云图，螺旋桨的温度由油腔向外逐渐减小，如图 4.9 所示，法兰边缘与桨毂上边缘结合部位的形变两侧分化，形变较大位置的间隙及磨损量是使橡胶圈失效的关键。

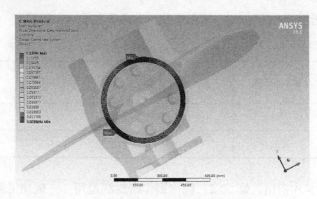

(a) 法兰边缘形变

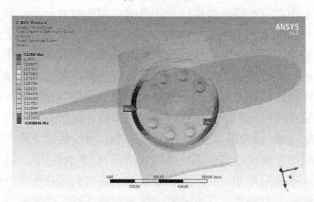

(b) 桨毂上边缘形变

图 4.9　法兰边缘形变及桨毂上边缘形变

桨毂与曲柄销盘有轻微滑移的状态，图 4.10 显示桨毂与曲柄销盘边缘接触的摩擦应力和接触压力的大小分布不均匀，外圈的摩擦压力和接触应力比内圈大。

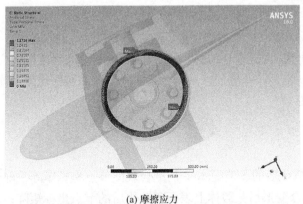

(a) 摩擦应力

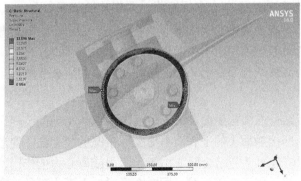

(b) 接触压力

图 4.10　桨毂与曲柄销盘的摩擦应力和接触压力

4.5.3　桨毂结合面实际工况变形与装配误差耦合

通过式(4.5)可以计算出桨毂结合面配合表面各自的装配误差，同时以旋量参数的形式表示。由于二者都是平面变动误差，所以只考虑三个自由度方法的误差。这里设桨毂上表面为子装配误差 FR1，法兰下表面为子装配误差 FR2，且分别为

$$FR1 = [0 \quad 0 \quad w_j \quad \alpha_j \quad \beta_j \quad 0] \tag{4.24}$$

$$FR2 = [0 \quad 0 \quad w_f \quad \alpha_f \quad \beta_f \quad 0] \tag{4.25}$$

计算出两个子装配体表面累积装配误差后，根据式(4.8)，计算出上下表面各自空间位置函数表达式：

$$\begin{cases} Z_1 = x\beta_j + y\alpha_j + w_j \\ Z_2 = x\beta_f + y\alpha_f + w_f \end{cases} \tag{4.26}$$

根据式(4.6)，提取上下表面变形后同心圆节点坐标，并提取各个节点的 (x, y) 坐标，并离散化式(4.26)的上下表面。根据式(4.9)，与实际工况下变形表面离散化后的对应节点 z 坐标一一叠加，获得考虑实际工况和装配误差的配合表面各自的最终变动误差为

$$\begin{cases} A_1 = Z_1 + A_j \\ A_2 = Z_2 + A_f \end{cases} \tag{4.27}$$

式中，Z_1 是离散化后的子装配体 1 的配合表面节点坐标矩阵，即桨毂体上表面；A_j 为热、力耦合变形后桨毂体上表面离散化后的节点坐标矩阵；Z_2 是离散化后的子装配体 2 的配合表面节点坐标矩阵，即桨叶根部下表面；A_f 为热、力耦合变形后桨叶根部下表面离散化后的节点坐标矩阵；A_1 与 A_2 为考虑实际工况下的两个子装配体的误差矩阵。由于离散化后的上下表面节点都是一一对应的，所以实际工况下，由桨毂结合面变形导致的装配间隙由如下公式获得

$$A_{12} = A_2 - A_1 \tag{4.28}$$

式中，A_1 是桨毂结合面即接触面 1 的上表面考虑实际工况的装配误差变形；A_2 是桨叶根部下表面即接触面 1 的下表面考虑实际工况的装配误差变形。这里需要强调，图 4.1 中的结合面 2 与结合面 3 由于预紧力或离心力的作用，相应的上下表面紧紧贴合在一起，属于完美接触，同时变形时，上下表面的形变一模一样，所以根据旋量理论或文献[8]中变形表面弹性接触理论，完美贴合表面变形对误差传递的影响很小，可以忽略。而本章研究的桨毂结合面如图 4.1 中的结合面 1 属于间隙配合，上下表面没有接触，各自变形互不影响，所以直接提取该处结合面的上下表面变形坐标，根据式(4.26)~式(4.28)进行叠加即可。

4.6　面向实际工况的桨毂回转副装配误差建模

本节以全回转推进器桨毂回转副为例，分析其服役期间实际工况对桨毂结合面装配间隙的影响。由于桨毂结合面间隙是两平面之间的间隙，也是两平面上很多组一一对应节点之间的间隙，采用本章的实际工况下的装配误差建模方法，可以计算出每组对应节点之间的间隙，但是，表征装配间隙时很麻烦，而桨毂结合

面的泄漏主要是配合表面某一处的泄漏，即可用最大装配间隙 $d_{\max}$ 来表征这一服役性能。而桨毂结合面的调距灵敏性主要是指最小装配间隙 $d_{\min}$，即最小装配间隙越大，越灵敏，同时也与两表面接触面积有关，这里用最小装配间隙 $d_{\min}$ 和接触区域百分比 P_{s} 来表征桨毂结合面的调距灵敏性。

4.6.1　装配误差分析

图 4.11 分别为曲柄销盘与法兰以及曲柄销盘与桨毂体的装配图，图 4.12 为其零部件尺寸、公差图。其中曲柄销盘上表面与法兰的轴孔配合为过渡配合，没有旋量移动，这里不做考虑。只考虑法兰下表面与曲柄销盘上表面的端面配合，即图 4.1 中的结合面 3。首先，曲柄销盘上表面相对于基准 A 的旋量参数为

$$
\begin{bmatrix} 0 \\ 0 \\ 0 \leqslant \omega_3 \leqslant 0.03 \\ \dfrac{-0.02}{452} \leqslant \alpha_3 \leqslant \dfrac{0.02}{452} \\ \dfrac{-0.02}{452} \leqslant \beta_3 \leqslant \dfrac{0.02}{452} \\ 0 \end{bmatrix}
\text{s.t.}
\begin{cases} 0 \leqslant x_3\alpha_3 + y_3\beta_3 + \omega_3 \leqslant 0.03 \\ -0.02/2 \leqslant x_3\alpha_3 + y_3\beta_3 \leqslant 0.02/2 \end{cases}
\tag{4.29}
$$

法兰与桨毂对应的下表面相对于法兰基准面的旋量参数为

$$
\begin{bmatrix} 0 \\ 0 \\ -0.004 \leqslant \omega_4 \leqslant 0.006 \\ \dfrac{-0.02}{559} \leqslant \alpha_4 \leqslant \dfrac{-0.02}{559} \\ \dfrac{-0.02}{559} \leqslant \beta_4 \leqslant \dfrac{-0.02}{559} \\ 0 \end{bmatrix}
\text{s.t.}
\begin{cases} -0.004 \leqslant x_4\alpha_4 + y_4\beta_4 + \omega_4 \leqslant 0.006 \\ -0.02/2 \leqslant x_4\alpha_4 + y_4\beta_4 \leqslant 0.02/2 \end{cases}
\tag{4.30}
$$

相应的雅可比矩阵为

$$
J_2 = \begin{bmatrix}
1 & 0 & 0 & 0 & 2 & 0 & 1 & 0 & 0 & 0 & 0 & 0 \\
0 & 1 & 0 & -2 & 0 & 0 & 0 & 1 & 0 & 0 & 0 & 0 \\
0 & 0 & 1 & 0 & 0 & 0 & 0 & 0 & 1 & 0 & 0 & 0 \\
0 & 0 & 0 & 1 & 0 & 0 & 0 & 0 & 0 & 1 & 0 & 0 \\
0 & 0 & 0 & 0 & 1 & 0 & 0 & 0 & 0 & 0 & 1 & 0 \\
0 & 0 & 0 & 0 & 0 & 1 & 0 & 0 & 0 & 0 & 0 & 1
\end{bmatrix}
\tag{4.31}
$$

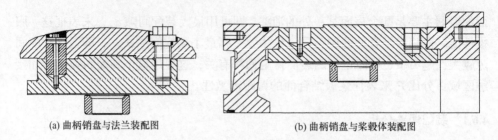

　　(a) 曲柄销盘与法兰装配图　　　　　　　　　(b) 曲柄销盘与桨毂体装配图

图 4.11　曲柄销盘与法兰装配图以及曲柄销盘与桨毂体装配图

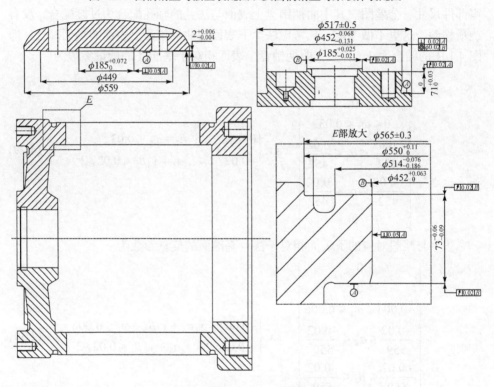

图 4.12　装配体零部件尺寸、公差图(单位: mm)

　　曲柄销盘与桨毂体的配合为图 4.1 中结合面 2 的配合曲柄销盘端面为基准面。这里由于轴孔配合与端面配合同时约束曲柄销盘的变动范围,所以这两个配合形成为局部并联尺寸链,为第 2 章中提出的第一类局部并联尺寸链。端面配合的角度旋量远小于轴孔配合的角度旋量,通过交集、并集运算得到其最终的旋量参数为

$$
\begin{bmatrix}
0.069 \leqslant u_2 \leqslant 0.132 \\
0.069 \leqslant v_2 \leqslant 0.132 \\
-0.02 \leqslant \omega_2 \leqslant 0.02 \\
\dfrac{-0.02}{514} \leqslant \alpha_2 \leqslant \dfrac{0.02}{514} \\
\dfrac{-0.02}{514} \leqslant \beta_2 \leqslant \dfrac{0.02}{514} \\
0
\end{bmatrix}
\text{s.t.}\begin{cases}
-0.02 \leqslant x_2\alpha_2 + y_2\beta_2 + \omega_2 \leqslant 0.02 \\
-0.02/2 \leqslant x_2\alpha_2 + y_2\beta_2 \leqslant 0.02/2
\end{cases}
\tag{4.32}
$$

由于桨毂体上下表面的变动范围受尺寸公差 $73_{-0.09}^{-0.06}$ 以及两个端面跳动误差 0.02 约束，结合面 1 即桨毂体上表面相对于桨毂体下表面即结合面 2(这里桨毂体上表面与法兰下表面没有接触，是间隙配合)的旋量参数如式(4.33)所示，增加了新的约束条件：$-0.09 \leqslant \omega_1 + \omega_2 \leqslant -0.06$，用于同时约束桨毂体上下表面的 z 向变动范围。

$$
\begin{bmatrix}
0 \\
0 \\
-0.09 \leqslant \omega_1 \leqslant -0.06 \\
\dfrac{-0.02}{514} \leqslant \alpha_1 \leqslant \dfrac{0.02}{514} \\
\dfrac{-0.02}{514} \leqslant \beta_1 \leqslant \dfrac{0.02}{514} \\
0
\end{bmatrix}
\text{s.t.}\begin{cases}
-0.09 \leqslant x_1\alpha_1 + y_1\beta_1 + \omega_1 \leqslant -0.06 \\
-0.02/2 \leqslant x_1\alpha_1 + y_1\beta_1 \leqslant 0.02/2 \\
-0.09 \leqslant \omega_1 + \omega_2 \leqslant -0.06
\end{cases}
\tag{4.33}
$$

相应的雅可比矩阵为

$$
J_1 = \begin{bmatrix}
1 & 0 & 0 & 0 & 73 & 0 & 1 & 0 & 0 & 0 & 0 & 0 \\
0 & 1 & 0 & -73 & 0 & 0 & 0 & 1 & 0 & 0 & 0 & 0 \\
0 & 0 & 1 & 0 & 0 & 0 & 0 & 0 & 1 & 0 & 0 & 0 \\
0 & 0 & 0 & 1 & 0 & 0 & 0 & 0 & 0 & 1 & 0 & 0 \\
0 & 0 & 0 & 0 & 1 & 0 & 0 & 0 & 0 & 0 & 1 & 0 \\
0 & 0 & 0 & 0 & 0 & 1 & 0 & 0 & 0 & 0 & 0 & 1
\end{bmatrix}
\tag{4.34}
$$

根据图 4.2 基于蒙特卡罗仿真技术的流程图以及式(4.5)修正后的装配误差计算公式,可得两个子装配体的装配误差 FR1 与 FR2 的仿真计算结果如表4.5所示。

表 4.5　装配误差 FR1 、FR2 以及装配间隙 d 仿真计算结果(单位：mm)

(a) 装配误差 FR1、FR2 仿真计算结果

装配误差	变量	均值	标准差	方差
FR1	w_j	−0.075	0.0045	2.024×10^{-5}
FR2	w_f	0.0160	0.00466	2.174×10^{-5}

(b) 最大装配间隙 d_{max} 和最小装配间隙 d_{min} 的统计公差分析结果

装配间隙	均值	标准差	方差	最大值	最小值
d_{max}	0.0988	0.00782	6.114×10^{-5}	0.127	0.0715
d_{min}	0.0833	0.0078	6.0875×10^{-5}	0.110	0.051

4.6.2　不同工况下螺旋桨桨毂结合面的性能

当螺旋桨处在不同的温度场中,改变其转速和调距时,各参数也会发生变化;此外,螺栓施加的预紧力在一定范围内取值,也会导致结果出现差异。

1. 不同温度下的结果

海水及环境的温度为 19℃,桨毂内部表面浸润在润滑油中,预警温度是 65℃,因此每 5℃ 计算一次从 25℃ 到 60℃ 时的结果。此时转速为 150r/min,预紧力取最大 390kN,桨叶位于初始位置。

对比法兰上各点形变与桨毂上边缘的形变可以看出,25℃ 时法兰和桨毂在最值区域是分离的,随着温度的升高,接触区域逐渐增大,55℃ 时完全接触。接触面积增大且接触位置的应力逐渐增大,使得螺旋桨调距变得越来越困难。

由图 4.13(a) 中各参数随温度的变化趋势图可以看出,随着温度的升高,各表面最大形变也逐渐升高,且在 25~35℃ 时的变化较小,之后随温度升高形变的增幅变大;如图 4.13(b) 所示,桨毂和曲柄销盘的最大接触压力与摩擦应力都随着温度的升高而逐渐增大,且增幅较大。润滑油的温度在 35℃ 以下时 O 型圈压缩量相对较小但符合设计值,调距的摩擦力较小。

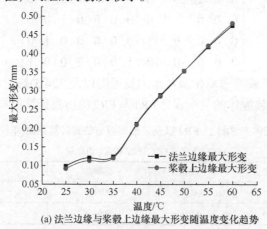

(a) 法兰边缘与桨毂上边缘最大形变随温度变化趋势

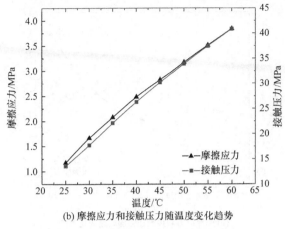

(b) 摩擦应力和接触压力随温度变化趋势

图 4.13　形变和应力随温度变化曲线

2. 不同转速下的结果

螺旋桨正常工作时转速的范围为 60～180r/min，每 30r/min 计算一次结果。此时温度为 25℃，预紧力为 390kN，桨叶位于初始位置。

图 4.14(a)中转速由低到高变化时，表面最大形变随转速升高而变大，且在 120～150r/min 内变化较小，150～180r/min 内增幅大，螺旋桨在转速小于 150r/min 工作时 O 型圈压缩量较小，符合设计。图 4.14(b)桨毂与曲柄销盘的接触压力和摩擦应力都随着转速的升高而逐渐变大，因此在使用时应减少螺旋桨在大于 150r/min 的情况下的工作时间。

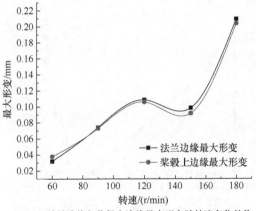

(a) 法兰边缘与桨毂上边缘最大形变随转速变化趋势

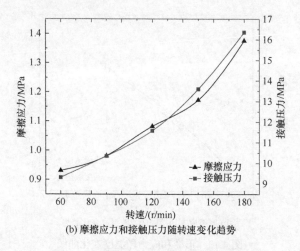

(b) 摩擦应力和接触压力随转速变化趋势

图 4.14　形变和应力随转速变化曲线

3. 不同预紧力下的结果

一般加工表面有润滑的预紧力为 320～390kN，每 10kN 取一个值进行计算。此时温度为 30℃，转速为 150r/min，桨叶位于初始位置。

预紧力逐渐增大时，螺栓的等效应力也在缓慢增长。如图 4.15(a)所示，各表面的最大形变随预紧力增大的趋势呈抛物线形，从 320kN 增大到 370kN 时逐渐减小，之后到 390kN 逐渐增大，且在 380～390kN 时增幅较大，因此合适的预紧力应为 370kN 或较小。如图 4.15(b)所示，桨毂与曲柄销盘的接触压力和摩擦应力都随着预紧力的增加而逐渐变大。

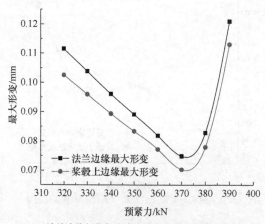

(a) 法兰边缘与桨毂上边缘最大形变随预紧力变化趋势

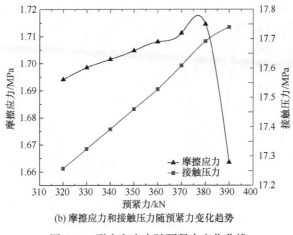

(b) 摩擦应力和接触压力随预紧力变化趋势

图 4.15　形变和应力随预紧力变化曲线

4. 调距时的变化

螺旋桨调距范围为±15°，每 5°取一个值进行计算。此时温度为 30℃，转速为 150r/min，预紧力为 390kN。

由于螺旋桨关于调距的旋转轴不对称，由图 4.16 可见调距时各参数并没有明显的变化趋势。为使推进器获得所需要的工作状态，需要调距和改变转速同时进行，了解到不同的调距角度间隙的变化和摩擦力的变化情况可以为实际工作环境下的调距提供数据支持，通过衡量调距和转速的影响，选择最佳的工作状态。

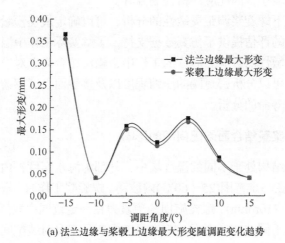

(a) 法兰边缘与桨毂上边缘最大形变随调距变化趋势

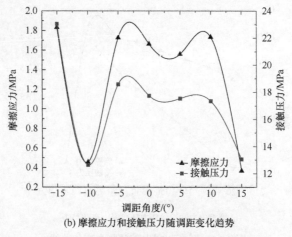

(b) 摩擦应力和接触压力随调距变化趋势

图 4.16　形变和应力在调距时的变化曲线

转速由低到高变化时，桨毂与曲柄销盘的接触压力和摩擦应力都随之变大。表面最大形变随转速升高而变大，在 150r/min 之前变化较小，之后螺旋桨性能较差，因此应避免长时间高转速运行。

预紧力逐渐增大时，桨毂与曲柄销盘的接触压力和摩擦应力都随着预紧力的增加而逐渐变大，调距灵敏度变差。表面最大形变随预紧力增大的趋势呈抛物线形，在 370kN 取到最小值且在 380～390kN 时变化较大。因此，预紧力应选 370kN 或略小。

温度对接触压力的影响最为显著，随温度升高接触压力的增幅最大，转速和预紧力的影响相对较小，因此应严格控制温升。

通过实际工况下螺旋桨调距灵敏性的分析，可以确定最佳预紧力的大小，对推进器在使用过程的评估提供了仿真数据支持，了解实际工作中温度、转速和调距对螺旋桨调距灵敏性的影响。后续的工作中，输出结合面上对应节点的形变和等效应力的数据，可以分析密封圈的压缩程度以及接触面上摩擦磨损的情况，进行实际工况下服役寿命的分析。

4.6.3　实际工况对桨毂结合面装配间隙的影响

螺旋桨的不同结构处于不同的温度场中，外部为海水温度，内部为液压油温度，且液压油温度在一定范围(25～60℃)内波动。螺旋桨工作时，根据不同工况，其转速也不同(60～210r/min)；螺栓施加的预紧力在一定范围内取值(320～390kN)，不同预紧力会导致不同的变形表面。首先只考虑实际工况对装配间隙的影响，即式(4.29)中只考虑实际工况下的配合表面变形节点坐标。

1. 不同温度对桨毂结合面装配间隙的影响

全回转推进器处于水下工作状态，外界温度为海水温度(19℃)，内部温度为液压油温度。实际运转过程中，全回转推进器内部由于机械运转、摩擦等都会导致液压油温度上升，这里仿真过程中，选择液压油温度 25～60℃，间隔 5℃计算一次，分析其温度变化对桨毂结合面装配间隙的影响，其仿真结果如表 4.6 所示。

表 4.6　温度变化对桨毂结合面装配间隙的影响(其他参数：转速 150r/min，预紧力 390kN)

温度/℃	最大装配间隙 d_{max} / mm	最小装配间隙 d_{min} / mm	接触区域百分比 P_s / %
60	0.0528	−0.067	80.83
55	0.0498	−0.0591	80.08
50	0.0466	−0.0512	79.39
45	0.0433	−0.0437	78.03
40	0.0398	−0.0367	76.44
35	0.0364	−0.0299	74.39
30	0.0331	−0.0237	71.52
25	0.0294	−0.0181	68.49

图 4.17 为桨毂结合面配合表面形变以及装配间隙随温度变化图，从图中可以看出，随着温度的升高，各表面最大形变也逐渐升高；在 25～35℃时的变化较小，之后随温度升高，形变增幅变大。与此同时，随着温度的升高，桨毂结合面最大装配间隙 d_{max} 逐渐增大，最小装配间隙 d_{min} 为负值，且逐渐变小，说明有局部面积处于接触状态，且相互挤压，接触区域百分比 P_s 逐渐增大。这意味着，温度的升高不仅导致桨毂结合面的泄漏，同时导致桨毂结合面局部接触面积增大，重合百分比增加，相互挤压变形增大，从而使调距变得极度困难，即温度的升高严重影响桨毂结合面的密封性能和调距灵活性，因此在实际服役过程中需严格控制温升的变化。

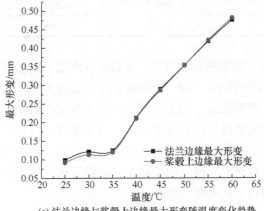

(a) 法兰边缘与桨毂上边缘最大形变随温度变化趋势

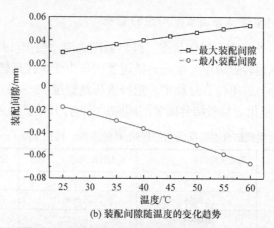

(b) 装配间隙随温度的变化趋势

图 4.17　桨毂结合面配合表面形变以及装配间隙与温度的变化关系

2. 不同转速对桨毂结合面装配间隙的影响

螺旋桨正常工作时，转速范围为 60~210r/min，每 30r/min 计算一次结果。此时温度为 25℃，预紧力为 390kN，桨叶位于初始位置。转速的增大会导致离心力增大，从而使接触压力增大，形变增大。表 4.7 为不同转速对桨毂结合面装配间隙的影响。

表 4.7　转速变化对桨毂结合面装配间隙的影响(其他参数：温度 25℃，预紧力 390kN)

转速/(r/min)	最大装配间隙/mm	最小装配间隙/mm	接触区域百分比/%
60	0.0075	−0.0214	85.83
90	0.0122	−0.0208	82.20
120	0.0195	−0.0195	74.55
150	0.0294	−0.0181	68.48
180	0.0437	−0.0167	64.47
210	0.0716	−0.0016	25.15

由图 4.18 所示，随着转速的升高，桨毂结合面配合表面形变逐渐变大，且在 120~150r/min 时变化较小，150~180r/min 时增幅大。同时，随着转速的升高，桨毂结合面最大装配间隙 d_{max} 逐渐增大，而最小装配间隙 d_{min} 虽然仍为负值，但也逐渐变大，接触区域百分比 P_s 逐渐减小。这意味着，转速的升高会加剧桨毂结合面的泄漏，但是桨毂体与曲柄销盘之间的压力增大，变形增加，从而使桨毂结合面的最小装配间隙增大，接触面积减小，接触区域百分比降低，表面压应力降低，从而增大桨毂结合面调距灵活性。

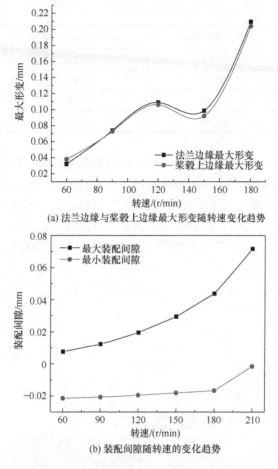

(a) 法兰边缘与桨毂上边缘最大形变随转速变化趋势

(b) 装配间隙随转速的变化趋势

图 4.18　桨毂结合面配合表面形变以及装配间隙与转速的变化关系

3. 不同预紧力对装配间隙的影响

一般加工表面有润滑的预紧力为 320~390kN，每增加 10kN 计算一次。此时温度为 30℃，转速为 150r/min，桨叶位于初始位置。表 4.8 为不同预紧力对桨毂结合面装配间隙的影响。

表 4.8　预紧力变化对桨毂结合面装配间隙的影响(其他参数：温度 30℃，转速 150r/min)

预紧力/kN	最大装配间隙/mm	最小装配间隙/mm	接触区域百分比/%
320	0.0342	−0.0210	70.38
330	0.0340	−0.0214	70.61
340	0.0338	−0.0218	70.76
350	0.0337	−0.0222	71.06

预紧力/kN	最大装配间隙/mm	最小装配间隙/mm	接触区域百分比/%
360	0.0335	−0.0226	71.52
370	0.0334	−0.0231	71.74
380	0.0333	−0.0234	71.82
390	0.0331	−0.0237	71.52

如图 4.19 所示，预紧力逐渐增大时，螺栓的等效应力也在缓慢增加。配合表面的最大形变随预紧力增大呈抛物线变化，从 320kN 增大到 370kN 时逐渐减小，370~390kN 时逐渐增大，且在 380~390kN 时增幅较大，因此合适的预紧力应为 370kN 或更小。但是从图 4.19(b)可见，预紧力增大时，最大装配间隙和最小装配间隙变化不大，所存在的装配间隙是由其他两个标准参数(温度和转速)导致的。

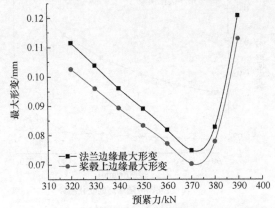

(a) 法兰边缘与桨毂上边缘最大形变随预紧力变化趋势

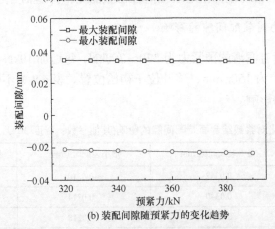

(b) 装配间隙随预紧力的变化趋势

图 4.19　桨毂结合面配合表面形变以及装配间隙与预紧力的变化关系

从表 4.8 中也可以看出，预紧力的变化对接触区域百分比的影响不大，其接触区域百分比固定在 70%左右，变化幅度在 1%上下。因此，从仿真结果可以看出，预紧力的变化对装配间隙的影响不大，不影响装配体的密封性能和调距灵活性。但是预紧力的变化会导致两配合表面形变的变化，两表面的变形趋势一致，从而导致两表面的间隙变化很小。

4.6.4　考虑实际工况以及装配误差对桨毂结合面装配间隙的影响

4.6.3 节已经分析了实际工况对装配间隙的影响，本节综合考虑实际工况与装配误差对装配间隙的影响。表 4.9 为综合考虑实际工况以及装配误差下，温度的变化对桨毂结合面装配间隙的影响，其中包括最大装配间隙 d_{max} 和最小装配间隙 d_{min} 的统计结果。从表 4.9 可知，随着温度的升高，最大装配间隙的均值逐渐增大，而最小装配间隙的均值逐渐减小。

表 4.9　综合考虑实际工况以及装配误差下，温度变化对装配间隙的影响

温度/℃	装配间隙	均值	标准差	方差	最大值	最小值
25	d_{max}	0.1208	0.0084	0.0000704	0.1511	0.0924
	d_{min}	0.0683	0.0072	0.0000522	0.0977	0.0447
30	d_{max}	0.1247	0.00868	0.00007188	0.157	0.0975
	d_{min}	0.0633	0.0076	0.0000535	0.0874	0.0309
35	d_{max}	0.1278	0.00863	0.000072	0.1595	0.09889
	d_{min}	0.0572	0.0074	0.0000535	0.0827	0.0286
40	d_{max}	0.1314	0.00855	0.0007	0.1613	0.1051
	d_{min}	0.0508	0.0072	0.000052	0.0778	0.02392
45	d_{max}	0.1347	0.0086	0.00007	0.1649	0.105
	d_{min}	0.0436	0.0073	0.00005	0.0686	0.0188
50	d_{max}	0.1378	0.00855	0.00007	0.1689	0.1112
	d_{min}	0.0357	0.0072	0.00005	0.05997	0.0115
55	d_{max}	0.1409	0.0087	0.000076	0.172	0.1102
	d_{min}	0.0275	0.0073	0.00005	0.053	0.00052
60	d_{max}	0.144	0.0086	0.00007	0.173	0.1156
	d_{min}	0.019	0.0072	0.00005	0.0434	−0.0065

注：方差的单位为 mm^2，装配间隙、均值、标准差、最大值和最小值的单位为 mm。

图 4.20 为温度变化对最大装配间隙的影响，从图中可以看出，温度最低为 25℃时，其最大装配间隙 d_{max} 的均值最小，随着温度的升高，其概率分布曲线右移，该均值出现漂移现象，这也说明温度的升高的确会导致最大装配间隙变大。图 4.21

为温度变化对最小装配间隙的影响图,该图也反映出随着温度的升高,最小装配间隙概率曲线向左移动,最小装配间隙越来越小。这些都说明温度的变化对桨毂结合面密封性能和调距灵活性影响很大,实际服役过程中,温度的控制对改善桨毂结合面密封性能十分关键。

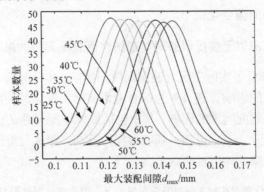

图 4.20　温度变化对最大装配间隙的影响

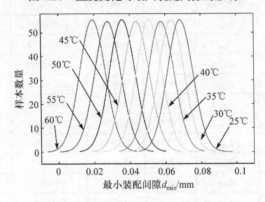

4.21　温度变化对最小装配间隙的影响

表 4.10 为综合考虑实际工况和装配误差下,转速的变化对装配间隙影响的仿真试验统计结果。由表可知,随着转速的增大,最大装配间隙和最小装配间隙的均值都逐渐增大,随着最大装配间隙和最小装配间隙的增大,其密封服役性能降低,但是调距灵敏性增加。如图 4.22 所示,随着转速增加,其最大装配间隙概率分布曲线右移,呈现漂移现象,与温度参数类似。然而,如图 4.23 所示,随着转速增加,其最小装配间隙概率分布曲线也向右移动,与温度参数的变化情况截然相反,此时其调距灵敏性增加,但增加的幅度没有最大装配间隙的变化大。因此,实际服役过程中,转速不宜过大,也不易过小,最好正常工作时的转速处于 120~150r/min,这样可以平衡密封性能与调距灵敏性之间的冲突。

表 4.10　综合考虑实际工况和装配误差下，转速的变化对装配间隙影响的仿真试验统计结果

转速/(r/min)	装配间隙	均值	标准差	方差	最大值	最小值
60	d_{max}	0.1034	0.0073	0.0000534	0.1321	0.07952
	d_{min}	0.06453	0.0072	0.0000523	0.0896	0.03893
90	d_{max}	0.1059	0.0077	0.0000588	0.1361	0.0786
	d_{min}	0.0651	0.0073	0.0000535	0.0896	0.0404
120	d_{max}	0.1122	0.0079	0.000062	0.1415	0.0842
	d_{min}	0.0668	0.0072	0.0000523	0.0916	0.0383
150	d_{max}	0.1208	0.0084	0.0000704	0.1511	0.0924
	d_{min}	0.0683	0.0072	0.0000522	0.0977	0.0447
180	d_{max}	0.1347	0.0089	0.0000795	0.1661	0.1021
	d_{min}	0.0698	0.0073	0.0000528	0.0963	0.0426
210	d_{max}	0.1627	0.0092	0.000085	0.2037	0.1303
	d_{min}	0.0832	0.0074	0.0000573	0.1148	0.0556

注：方差的单位为 mm^2，装配间隙、均值、标准差、最大值和最小值的单位为 mm。

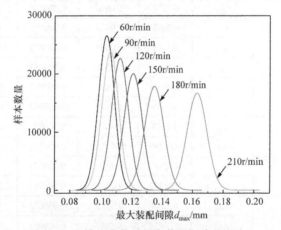

图 4.22　转速变化对最大装配间隙的影响

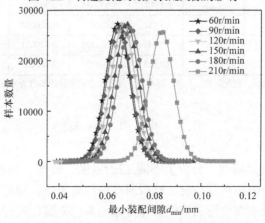

图 4.23　转速的变化对最小装配间隙的影响

表 4.11 为综合考虑实际工况和装配误差下，预紧力的变化对装配间隙的影响的仿真试验结果。从表中所给的数据可知，随着预紧力的增大，最大装配间隙和最小装配间隙的变化很小，基本不变，其均值、标准差也类似这种现象，这与前义中仅考虑预紧力时的装配间隙变化的情况类似，说明综合考虑预紧力和装配误差时，预紧力仍然对最终的装配间隙的影响不大，因此实际服役过程中，只需考虑预紧力的变化对桨毂结合面刚性的影响即可，无须考虑其对桨毂结合面密封性能和调距灵敏性的影响。这里，由于预紧力的变化对装配间隙的影响很小，如果绘制其装配间隙概率分布图，则难以直接反映其变化趋势，所以这里不作预紧力对装配间隙的影响的概率分布曲线图。

表 4.11　综合考虑实际工况和装配误差下，预紧力的变化对装配间隙影响的仿真试验结果

预紧力/kN	装配间隙	均值	标准差	方差	最大值	最小值
320	d_{max}	0.1256	0.0086	0.000074	0.1548	0.0992
	d_{min}	0.0662	0.0074	0.000052	0.0925	0.0394
330	d_{max}	0.1253	0.0085	0.000073	0.1561	0.0979
	d_{min}	0.0657	0.0073	0.000053	0.0887	0.0389
340	d_{max}	0.12508	0.0085	0.000072	0.16128	0.09848
	d_{min}	0.0653	0.0073	0.000053	0.09123	0.04012
350	d_{max}	0.1249	0.00854	0.000073	0.15587	0.09515
	d_{min}	0.06485	0.007255	0.000053	0.09353	0.03805
360	d_{max}	0.12487	0.00856	0.000073	0.1554	0.09524
	d_{min}	0.06432	0.00729	0.000053	0.08909	0.03267
370	d_{max}	0.1248	0.00857	0.000073	0.1539	0.09566
	d_{min}	0.06414	0.0073	0.000053	0.089467	0.03735
380	d_{max}	0.12482	0.008646	0.000075	0.1554	0.09727
	d_{min}	0.0637	0.00733	0.000054	0.09086	0.03704
390	d_{max}	0.1245	0.008398	0.000071	0.1567	0.09755
	d_{min}	0.0635	0.0072	0.000052	0.0862	0.03614

注：方差的单位为 mm²，装配间隙、均值、标准差、最大值和最小值的单位为 mm。

4.7　本章小结

本章基于有限元模型，分析了不同工况(温度、转速、预紧力)下全回转推进器桨毂回转副配合表面形变情况，然后通过表面离散化，建立了综合考虑尺寸公差、形状公差以及表面变形的装配误差传递与累积模型；进行装配误差与实际工

况形变叠加,最终得到实际工况下桨毂回转副配合表面的变化情况。分析了温度、转速、预紧力对桨毂回转副装配间隙的影响,其中温度的升高能同时导致桨毂结合面密封性能和调距灵活性能的降低;而转速的增加同时使最大装配间隙和最小装配间隙增大,即密封性能降低而调距灵活性增加;预紧力的变化对装配间隙的影响不大,但是会导致零部件的局部变形。因此,全回转推进器桨毂结合面实际运行中,需严格控制桨毂体腔内液压油温度的变化,避免温度过高导致桨毂结合面泄漏和卡死,同时,正常运行时,桨叶的转速也不应过高或过低,保持一个中间水准(120~150r/min)能增强密封性能和调距灵活性。

通过建立上述实际工况下的全回转推进器桨毂回转副装配误差分析模型,可以分析实际工况对装配间隙的影响,对实际设计起一定的指导作用,为后续的全回转推进器桨毂结合面密封性能的预测与装配参数优化提供模型基础。

参 考 文 献

[1] Godjevac M, van Beek T, Grimmelius H, et al. Prediction of fretting motion in a controllable pitch propeller during service. Proceedings of the Institution of Mechanical Engineers, Part M: Journal of Engineering for the Maritime Environment, 2009, 223: 541-560.

[2] Roy U, Li B. Representation and interpretation of geometric tolerances for polyhedral objects. II: Size, orientation and position tolerances. Computer-Aided Design, 1999, 31: 273-285.

[3] Chen H, Jin S, Li Z M, et al. A modified method of the unified Jacobian-Torsor model for tolerance analysis and allocation. International Journal of Precision Engineering, 2015, 16: 1789-1800.

[4] Ghie W, Laperrière L, Desrochers A. Statistical tolerance analysis using the unified Jacobian-Torsor model. International Journal of Production Research, 2010, 48: 4609-4630.

[5] Carlton J. Marine Propellers and Propulsion. Oxford: Butterworth-Heinemann, 2011.

[6] 朱全华. 全回转推进器系统结构强度分析方法研究. 北京: 中国舰船研究院硕士学位论文, 2016.

[7] Merkley K G. Tolerance analysis of compliant assemblies. Proro: Brigham Young University, 1998.

[8] Guo J, Li B, Liu Z, et al. Integration of geometric variation and part deformation into variation propagation of 3-D assemblies. International Journal of Production Research, 2016, 54: 1-14.

第 5 章　全回转推进器艉轴组件统计公差优化

5.1　引　　言

　　全回转推进器艉轴组件的装配质量会影响桨轴旋转过程中的偏心情况，导致异常振动等。该部位零部件装配关系简单，可通过相关的装配误差计算方法计算出其装配误差，只需进行公差优化与分配即可。由于传统的基于极值法的公差优化与分配难以考虑加工制造过程中的随机误差与系统误差，优化后的零部件公差过紧，与实际不符。而在实际产品的公差设计优化中，统计公差优化是一个经济、实用、有效的方法，用于合理分配零部件公差。蒙特卡罗仿真是用于模拟仿真随机变量(公差)概率分布密度函数的简单实用方法。然而，该方法的计算精度与样本量的平方根成正比，即其计算结果的波动范围与样本量大小有关；同时过大的样本量会导致计算时间过长。因此，基于蒙特卡罗仿真的统计公差优化过程中，每次迭代产生大量个体，同时对每个个体进行蒙特卡罗仿真时，即使样本量很大，大量计算过程中也会出现波动范围较大的个体，从而产生计算精度不够的最优个体，使迭代过程中的适应度值计算精度降低或者出错，最终难以找到满足约束条件的解，使优化失败；同时样本量的增大也会导致优化时间大大增加，优化效率降低。

　　鉴于此，本章提出一种多样本检验策略，用于提高基于蒙特卡罗仿真技术的统计公差优化模型的计算精度，减少优化时间，提高优化效率。基于这种多样本检验策略，利用启发式算法(如遗传算法(GA)、布谷鸟搜索(CS)算法、粒子群优化(PSO)算法)进行优化，每一次迭代总能找到高精度的适应度值，随着迭代次数增加，最终找到满足约束条件的最优解。同时，基于本章提出的多样本检验策略的统计公差优化方法对全回转推进器推进轴系组件进行统计公差优化分析，其优化结果比初始设计结果成本更低，分配更合理；同时，与现有其他统计优化方法相比，基于多样本检验策略的统计公差优化方法，优化成功率更高、计算时间更短、效率更高。

5.2　统计公差优化方法简介

　　产品公差优化设计时，目前主要基于极值法优化和统计法优化[1,2]，极值法通过考虑产品是否 100%合格进行优化，因此会导致所优化的公差过紧，从而使制造成本增加。统计法允许实际存在很小一部分不合格产品，所优化的结果更符合实际情况，加工成本相对低廉[3]。目前由于极值法具有显式或隐式的装配误差函数表达式，大部分的公差优化研究都是基于极值法，考虑 100%合格情况下的公差优化与分配[4,5]。和极值法相比，统计法更经济实用，由于极值法简单方便，目前大部分公差优化方法都是基于极值法。但是，目前基于统计法的公差优化分配都是基于 RSS[6]方法，与极值法一样都具有确定的函数表达式，难以模拟零部件的随机误差和系统误差。

　　基于蒙特卡罗的统计公差分析方法能很好地模拟具有不同概率分布的变量，如正态分布、均匀分布、三角分布、梯形分布等[7-9]。然而，蒙特卡罗仿真精度与样本量有关，样本量越大，精度越高，同时计算时间越长，能较好地模拟不同概率分布的公差值以及装配体的装配成功率，但是其仿真结果总处于一个波动范围，且样本量越大，波动范围越小。因此，优化过程中，计算每次迭代产生的大量个体时，如果样本量不够大，容易出现具有较低计算精度的最优个体，从而使求解失败，及时增加样本量，随着迭代次数的增加，样本量的增大，很容易出现计算精度不够高的最优个体，从而使求解失败，导致所求的最优解实际上并不符合约束条件[10-12]。因此，急需解决基于蒙特卡罗仿真技术的统计公差优化迭代过程中种群个体计算精度不够导致求解失败的问题，从而使该方法能更好地应用于实际工程中，考虑不同概率分布的公差变量，使优化结果更合理，更具有经济性和实用性。

5.3　统计公差优化问题

　　公差设计和优化问题涉及目标函数和约束条件的制定。一般情况下，都以最小公差制造成本为目标函数，以功能要求(累积误差)、装配特征(间隙)以及加工能力等为约束条件。公差制造成本与产品零部件公差的设计息息相关。大量研究表明，零部件的制造成本与其尺寸公差规范有密切联系。吴昭同等[13]提出了中等规模企业在中等批量加工下的公差-成本函数。

　　尺寸公差与外孔形状公差 T_i 的公差-成本函数如下：

$$C_1(T_i) = 15.1138\mathrm{e}^{-42.2874T_i} + \frac{T_i}{0.8611T_i + 0.01508} \tag{5.1}$$

　　尺寸公差与内孔形状公差 T_i 的公差-成本函数如下：

$$C_2(T_i) = 12.6691\mathrm{e}^{-37.5279T_i} + 2.486\mathrm{e}^{\frac{0.000978}{T_i}} \tag{5.2}$$

Dong 等[14]建立了混合公差优化模型，并据此提出了形状位置公差 T_i 的公差-成本函数：

$$C_3(T_i) = 0.0373\mathrm{e}^{-3.08T_i} \tag{5.3}$$

本章采用上述三种公差-成本函数，计算不同零部件加工特征的制造成本。

产品质量受装配特征 $Y = (Y_1, Y_2, \cdots, Y_n)$ 的影响，如长度、间隙、压应力等。产品合格率受这些子装配特征合格率的影响，即 $P = (P_1, P_2, \cdots, P_m)$。而子装配特征的合格率又与零部件加工过程中随机变量 $X = (X_1, X_2, \cdots, X_k)$（公差）形成一定的函数关系，每个随机变量加工过程中由于随机误差和系统误差的存在，都服从一定的概率分布。基于统计公差分析规则，公差在区间范围内服从 $\pm 3\sigma$，即产品合格率为 99.73%。因此，满足功能要求的概率约束为

$$P_{\mathrm{FR}} = P(\mathrm{FR} \leqslant 功能要求) \geqslant 99.73\% \tag{5.4}$$

类似地，装配特征 Y_i 合格率的概率约束条件为

$$P_{Y_i} = P(d_{1i} < Y_i < d_{2i}) \geqslant 99.73\%, \quad i = 1, 2, \cdots, n \tag{5.5}$$

式中，d_{1i}、d_{2i} 为装配特征 Y_i 的误差变动范围。统计公差优化通过分配合适的零部件公差，允许很小一部分不合格产品的存在，是一种实用、经济有效的公差分配方法。本章以公差制造成本为优化目标，因此统计公差优化模型如下：

$$\min f = \sum_{j=1}^{k} C_j(X_j)$$
$$\mathrm{s.t.} \begin{cases} \mathrm{LSL}_j \leqslant X_j \leqslant \mathrm{LUL}_j, & j = 1, 2, \cdots, k \\ P_{\mathrm{FR}} \geqslant 99.73\% \\ P_{Y_i} \geqslant 99.73\%, & i = 1, 2, \cdots, n \end{cases} \tag{5.6}$$

式中，$C_j(X_j)$ 是公差 X_j 的公差-成本函数，LSL_j 和 LUL_j 分别是变量 X_j 的下偏差与上偏差。这里采用罚函数把约束问题转化为非约束问题，基于统计公差分析优化准则，带罚函数的非约束统计公差优化模型如下：

$$f = \sum_{j=1}^{k} C_j(X_j) + \sum_{i=1}^{n+1} k_i \max(0, (0.9973 - P_i)) \tag{5.7}$$

式中，k 为公差变量的个数；n 为装配特征的个数；$n+1$ 为装配特征与功能要求约束条件总个数；P_i 为概率约束条件，即装配特征或装配功能要求约束条件；k_i 是很大的常数，用于惩罚违背约束条件的解。基于蒙特卡罗仿真，罚函数和目标函数都可以计算得到，如果仿真样本量不够大，会导致计算结果不准确，但是过大的样本量又会导致计算时间大量增加，优化效率大大降低。5.4 节主要介绍蒙特卡罗仿真技术，并提出多样本检验策略来克服蒙特卡罗仿真技术的缺点。

5.4　随机试验与多样本检验策略

5.4.1　基于蒙特卡罗仿真的随机试验

统计公差优化问题中，满足装配特征 $Y_i = f(X_1, X_2, \cdots, X_n)$ 的概率 $P_i(Y_i)$ 可以通过蒙特卡罗仿真获得。文献[15]中已经介绍了蒙特卡罗仿真技术获取统计概率 $P_i(Y_i)$ 的流程，本章对此流程不作过多的详细介绍。根据蒙特卡罗仿真原理，统计概率 $P_i(Y_i)$ 计算公式如下：

$$P_i(Y_i) = \frac{R_i}{M} \tag{5.8}$$

式中，R_i 是满足约束条件(功能要求或装配特征)的样本个数；M 是总的样本数。随机试验过程中，概率 $P_i(Y_i)$ 是一个随机变量，当蒙特卡罗仿真的样本数 M 变化时，概率 $P_i(Y_i)$ 值的精度就会变化，随着样本量的增加，其波动范围越来越小，精度越来越高。这里举例说明基于蒙特卡罗仿真的随机试验，假设装配特征 Y_1 的表达式如下：

$$Y_1 = t_1 - t_2 \tag{5.9}$$

式中，t_1 与 t_2 的公差范围如表 5.1 所示。

表 5.1　设计公差及其概率分布函数

公差变量	公差值	概率分布	公差变量	公差值	概率分布
t_1	740(0,0.08)	对数正态分布	t_2	400(0,−0.04)	对数正态分布

装配特征 Y_1 的概率约束条件如下：

$$P_1 = P(0 < Y_1 < 0.117) \geqslant 99.73\% \tag{5.10}$$

对式(5.10)进行统计公差仿真时，样本量 M 从 100 逐渐增加到 10000000，每次增加 500，统计其概率 P_1 的波动情况。图 5.1 为不同样本量 M 下概率 P_1 的计算结果，图 5.2 为相应的计算时间。图 5.1 中，随着样本量 M 的增加，P_1 的波动幅度在降低，其计算结果也越来越精确、可靠。图 5.2 中，随着样本量 M 的增加，P_1 的计算时间也逐渐增加。此外，如果样本量 M 不够大($M < 100000$)，会导致计算出的 P_1 值的波动范围太大，结果不精确。

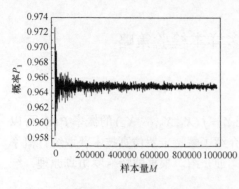 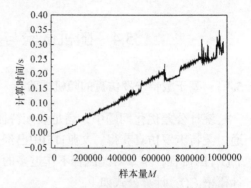

图 5.1　P_1 的概率计算结果随样本量 M 的变化　　图 5.2　P_1 的计算时间随样本量 M 的变化

在整个统计公差优化过程中，每次迭代时，会产生很多个需要进行概率分析的个体(种群)，从而有可能获得不够精确的概率值 $(P_1, P_2, \cdots, P_n)$。如果这些概率值被当成约束条件，如式(5.5)所示，那么当样本量 M 不够大时，会产生很多不够精确的概率值，随着迭代次数的增加，大量精度不够的样本值被使用，从而会产生错误的适应度值，或者精度不够的最优个体，从而使最终的优化结果出现偏差，最终难以满足概率约束条件[12]，优化失败。

概率 $P_i(Y_i)$ 随机试验结果的精度与样本量 M 密切相关，如果 M 足够大，那么 $P_i(Y_i)$ 的计算结果稳定，并趋于一致，但是它的计算时间会大大增加。因此，本章提出一种有效的多样本检验策略，用于提高基于启发式算法的统计公差优化中概率计算的精度，并减少其计算时间，提高优化效率。

5.4.2　多样本检验策略

统计公差优化过程的计算时间与样本量 M、种群大小、迭代次数有关。一般来说，种群大小和迭代次数都是预先设定好的。因此，蒙特卡罗仿真花费的计算时间在整个计算时间中占有一大部分比例。例如，如果种群大小是 n_1，迭代次数是 n_2，那么总的个体数为 $n_1 n_2$。每次迭代过程中，仅仅只有一个个体被选为最优个体去产生下一代个体，余下的 $n_1 - 1$ 个个体都是无用的。如果所有的个体都用大样本量 M 仿真计算，那么需要花费大量的计算时间。然而，如果 M 不够大，则仿真的结果精度不够。事实上，每一次的迭代过程中，只需要保证最优个体具有足够高的计算精度即可。因此，本章所提出的策略如下。

步骤 1：快速评估每次迭代中产生的每个个体。为了减少每次迭代过程中产生的 n_1 个个体的计算时间，首先采用一个小样本量 m_1 快速计算每次迭代过程中个体的适应度值和罚函数。

步骤 2：找到当前最优个体。最优个体应该具有最小的适应度值，且其罚函数为 0(如果满足所有约束)。因此，在步骤 1 中，找出所有满足约束条件的个体，并根据适应度值的大小从小到大排列。然后采用一个较大的样本量 m_2 按前面排列顺序逐个重新检验满足约束条件的这些个体。这就是第一次检验。

　　一般来说，整个优化过程中，每个阶段的适应度值的精度要求是不同的。从初始阶段到最后阶段，适应度值的差异逐渐减小。因此，随着迭代次数的增加，适应度值的精度要求逐渐增加，所使用的启发式优化算法才会最终收敛。

　　为了减少计算时间，在整个优化进程中，采用不同的样本量 m_2 来适应不同阶段的精度需求，这种策略与文献[15]类似。因此，m_2 可通过如下公式获得

$$m_2 = S_0 + \frac{1}{2}(S_t - S_0)\left\{1 + \tanh\left[\eta\left(\frac{g}{g_{\max}} - \delta\right)\right]\right\} \tag{5.11}$$

式中，g 是当前迭代次数；$g_{\max}$ 是最大迭代次数；S_0 和 S_t 分别是初始样本量和最终样本量，$S_0 < S_t$；tanh 是双曲正切函数；η 和 δ 是控制参数，$\eta > 1$ 且 $\delta \in (0,1)$。

　　第一次检测之后，如果没有满足约束条件的个体，则选择罚函数最小的个体作为当前最优个体。如果存在满足约束条件的个体，那么其就是当前的最优个体。

　　步骤 3：通过比较当前最优个体和上代最优个体，为下一代种群的产生确定新的最优个体。由于有很多个体需要第一次检验，为了减少计算时间，样本量 m_2 的值不能太大。一般来说，m_2 的值至少是 m_1 的 10 倍。为了保证新的最优个体的适应度值的精度足够高，采用一个很大的样本量 m_3 重新检验上一代最优个体和当前最优个体；随机仿真的高精度的结果会重新比较来确定新的最优个体。这就是第二次检验。

　　重新检验时，当上一代最优个体罚函数的计算结果不为零时，为了避免出现计算错误，这里采用另一个更大的样本量 m_4 重新计算比较这两个个体，来判断是否违背约束条件。这就是第三次检验。

　　基于多样本检验策略的最优个体搜索算法的伪代码如下所示。

目标函数 $f(x)$，　$x = (t_1, \cdots, t_d)^d$；

// 使用较小样本量 m_1 快速计算个体的适应度值//

```
Begin
  j=1;
  For i=1:n₁
    [fitness, vio] = f(xᵢ,m₁); //使用较小样本量m₁快速计算个体的适
    应度值//
    If vio_new == 0
      D_testing1(j,:)=[fitness,vio,xᵢ];
      j=j+1;
```

```
  Endif
Endfor
// 找到当前最优个体 //
```
根据适应度值大小，从小到大给 $D_{testing1}$ 排序；
```
p=size(Dtesting1,1); // 满足约束条件的个体数//
j=0;
While j<p &&vio>0
  j=j+1;
  [fitness, vio] = f(Dtesting1(j,3:last),m2);
Endwhile
If vio>0
```
　　选择罚函数最小的个体作为当前最优个体 x_{c-best}；
```
Else
```
　　$D_{testing1}(j,3:last)$ 是当前最优个体 x_{c-best}；
```
Endif
// 为下一代种群的产生确定新的最优个体 //
```
$x_{old-best}$ 是上一代最优个体；
```
[fitness_old, vio_old] = f(xold-best,m3);
If vio_old > 0
    [fitness_old, vio_old] = f(xold-best,m4);
Endif
[fitness_new, vio_new] = f(xc-best,m3);
```
比较计算结果，为下一代种群的产生确定新的最优个体；
```
End
```
　　上面的多样本检验策略的程序可以应用在任何启发式算法中，如 CS、GA 以及 PSO。本章应用这三种启发式算法基于所提出的多样本检验策略来求解统计公差优化问题，并且通过对比分析当前的一些统计公差优化方法来验证本章提出的多样本检验策略的有效性。

5.5　统计公差优化方法

　　基于本章所提出的多样本检验策略，本节介绍所应用的启发式算法的优化流程。为了说明本章多样本检验策略应用的普适性，以三种最常用的启发式算法 GA、CS 以及 PSO 为例，分别进行统计公差优化。且以 CS 算法为例，详细介绍启发式算法如何与本章提出的多样本检验策略结合，求解统计公差优化问题。

5.5.1　布谷鸟搜索算法

布谷鸟搜索(cuckoo search, CS)算法最先由 Yang 等[16]提出，是一种新颖的启发式搜索算法，它受布谷鸟繁殖策略的启发。布谷鸟是迷人的鸟，不仅仅因为它们有美丽的声音，更因为它们侵略性的繁殖策略。本质上，布谷鸟繁殖产生的蛋会放在不同物种的其他宿主鸟类巢穴中，宿主鸟可能会发现其中不是自己的蛋，一旦发现，要么销毁蛋，要么放弃鸟巢，这导致布谷鸟蛋模仿宿主鸟蛋进行进化。为了把这一现象总结归纳为算法应用工具，Yang 等提出了三条理想化准则：

(1) 布谷鸟一次只能产一个蛋，并将其随机放在某一个巢穴里；

(2) 具有高质量蛋(解)的最佳巢穴将会传递给下一代；

(3) 可用的宿主巢穴的数量是固定的，一个宿主发现外来蛋的概率 P_a 为 0～1，在这种情况下，宿主鸟可以选择丢弃外来蛋或者放弃巢穴，以便在新位置重新建造一个巢穴。

针对最小优化问题，解的质量或适应度值可以简单地与目标函数成比例。其他形式的适应度函数与遗传算法中的适应度函数定义类似。当布谷鸟 i 产生一个新解 x^{t+1} 时，执行 Lévy 飞行策略：

$$x_i^{t+1} = x_i^t + \alpha \oplus \text{Lévy}(\lambda) \tag{5.12}$$

式中，$\alpha > 0$ 是步长大小，与问题的规模有关，在大多数情况下，α 都设为 1；符号 $\oplus$ 表示进入式乘法。Lévy 飞行基本只提供随机步长，且它们的随机步长来源于一个 Lévy 随机分布：

$$\text{Lévy}(\lambda) \sim u = t^\lambda, \quad 1 \leqslant \lambda \leqslant 3 \tag{5.13}$$

式中，Lévy(λ)具有无穷大方差与无穷大均值。大量关于 CS 算法的研究表明 CS 算法是一个比较可靠的优化工具[17]。

CS 算法用于求解统计公差优化问题，首先对其求解空间进行编码。变量 $t = [t_1, t_1, \cdots, t_n]$ 可以看成 CS 算法的巢穴。每一个巢穴的搜索空间根据公差变量对应的加工能力确定。其次，搜索过程中，不同优化阶段的适应度函数精度需求不同，为了保证优化过程的收敛性，越到最后阶段适应度值精度要求越高，相应的样本量也越大。基于本章所提出的搜索最优个体的多样本检验策略，CS 算法用于求解统计公差优化问题的基本流程如下。

(1) 选择合适的表达式对解进行编码。

(2) 产生初始种群。

(3) 通过 Lévy 飞行，随机选择一个布谷鸟。

(4) 评价每个巢穴的适应度值，通过多样本检验策略确定精确的最优巢穴。

(5) 到达停止情况时，停止；否则跳到步骤(6)。

(6) 放弃较差的巢穴(比较 P_a 值大小)，重新建立新巢穴。

(7) 从步骤(6)中产生新的种群个体。

(8) 跳到步骤(4)。

图 5.3 为基于 CS 算法与多样本检验策略的统计公差优化求解流程图。

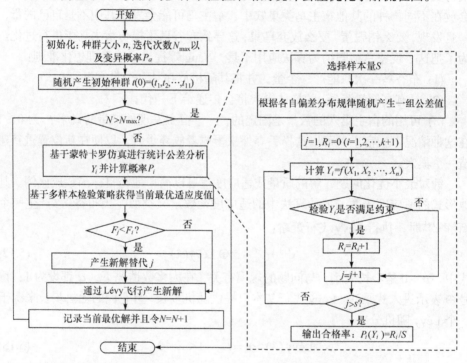

图 5.3　基于 CS 算法与多样本检验策略的统计公差优化问题求解流程图

5.5.2　遗传算法

遗传算法(GA)是用于求解公差分配问题最常用的启发式算法[18]，它是模仿生物自然选择过程的一种优化方法。针对不同的问题，适应度函数、编码模式、遗传算子可以是不同的，并且这些内容可以重新设计以满足实际问题需要。统计公差优化问题作为适应度函数，与一般 GA 的不同之处在于，每一次迭代过程中，其都需要应用本章提出的多样本检验策略来寻找准确的最优个体。基于该策略的 GA 的基本流程如下。

(1) 采用合适的表达式对解进行编码，作为遗传过程中的染色体。

(2) 从解的空间域中随机产生初始种群。

(3) 采用多样本检验策略评价种群个体的适应度值。

(4) 到达停止条件时停止，否则，跳到步骤(5)。

(5) 通过交叉、突变等重新产生一些个体。

(6) 从步骤(5)产生的个体中产生新的种群。

(7) 跳到步骤(3)。

5.5.3　粒子群优化算法

粒子群优化(PSO)算法由 Kennedy[19]发明，旨在模拟鸟类飞行过程中的散开、聚集、编列等鸟群行为，并作为社会认知的一部分，调查生物群体中的"集体智慧"。

PSO 初始化具有初始位置 s_i^k 和速度 V_i^k 的随机粒子群，与 GA 一致。然后 PSO 算法通过迭代寻找最优解，跟踪解空间中每个粒子的坐标，并在连续迭代过程中，通过两个最佳值"pbest"与"gbest"的均值来更新这些粒子。pbest 是一个粒子到目前为止获得的最优解(适应度值)，gbest 是种群里的任何粒子到目前为止获得的最优解。找到这两个最佳值之后，每个粒子的位置 s_i^k 和速度 V_i^k 就会更新。在统计公差优化中，如果样本量 M 不够大，则 pbest 和 gbest 的(概率适应度值)精确不够，从而无法找到最优解。因此，PSO 算法用于统计公差优化的基本流程没有改变，仅需根据本章提出的策略修正搜索 $gbest_i$ 的方法。关于 PSO 基本流程的详细介绍与文献[20]类似，这里不作过多介绍。

5.6　艉轴组件统计公差

在下面的试验与案例分析中，所有的尺度是一致的，所有的度量单位都符合标准单位制；同时所有的仿真计算都在具有 Intel Core i3-2100 3.10GHz CPU 和 4GB RAM 的计算机上运行。

5.6.1　装配误差分析

图 5.4 为全回转推进器推进轴系组件装配图。表 5.2 列出了所给的初始设计公差以及相应的概率分布函数。全回转推进器轴系组件的动平衡性能主要受推进轴径向偏差的影响；其径向偏差越大，等效质量越偏向某一边，从而使动平衡性能越差。M 是推进轴名义轴线上的一个控制点，其径向偏差设为 t_M。如果 t_M 过大，则会降低动平衡性能从而导致异常振动，最终影响全回转推进器的力学性能以及服役性能。点 M 的功能要求为 $0 \leqslant t_M \leqslant 0.15\text{mm}$。

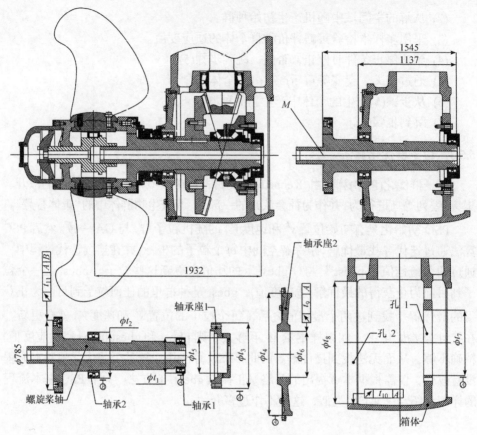

图 5.4　全回转推进器推进轴系组件装配图(单位：mm)

表 5.2　初始设计公差及其概率分布函数

序号	公差值	概率分布	序号	公差值	概率分布
t_1	400(0, −0.04)	对数正态分布	t_7	740(+0.08,0)	对数正态分布
t_2	520(0,−0.04)	对数正态分布	t_8	1380(+0.125,0)	对数正态分布
t_3	740(−0.104,−0.024)	对数正态分布	t_9	0.05	正态分布
t_4	1380(±0.062)	正态分布	t_{10}	0.05	正态分布
t_5	400(+0.089,0)	对数正态分布	t_{11}	0.05	正态分布
t_6	520(+0.07,0)	对数正态分布			

　　在进行统计公差优化前，首先建立装配误差函数关系式，即式(5.9)中的约束条件(装配特征)与公差变量之间的函数关系式。本章中，不考虑轴与轴承之间的过盈配合。轴承 1 与轴承座 1 的间隙设为 G_1，轴承 2 与轴承座 2 的间隙设为 G_2。装配特征 G_1 和 G_2 分别为

$$G_1 = t_5 - t_1, \quad 0 < G_1 < 0.117\text{mm} \tag{5.14}$$

$$G_2 = t_6 - t_2 + t_9, \quad 0 < G_2 < 0.160\text{mm} \tag{5.15}$$

如图 5.4 所示的全回转推进器艉轴组件的装配图，当轴与轴承座 1 间隙配合时，孔 1 与轴承 1 之间的间隙为

$$d_1 = \frac{t_7 - t_3 + t_5 - t_1}{2} \tag{5.16}$$

当轴与轴承座 2 间隙配合时，孔 2 与轴承 2 之间的间隙为

$$d_2 = \frac{t_8 - t_4 + t_6 - t_2 + t_9 + t_{10}}{2} \tag{5.17}$$

如图 5.5 所示，在轴上点 M 处沿 f 方向施加一个力，使其轻微偏转与轴承座接触。推进轴名义轴线与轴承座 1 的右端面交点设为 P_1，且点 P_1 沿 f_1 方向向点 P_{1s} 偏移；名义轴线与轴承座 2 的左端面交点处设为 P_2，并沿着 f_2 方向向点 P_{2s} 移动。

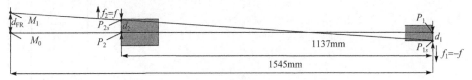

图 5.5　推进轴名义轴线的位移以及偏移方向

由图 5.5 可知，轴的装配误差同时受两端的轴孔配合影响，为局部并联尺寸链，与第 2 章中的第二类并联尺寸链类似，即受几何结构杠杆效应影响的局部并联尺寸链。由式(5.17)可知，轴上任意一点的旋量参数为

$$T_s = \left[\frac{L_1}{L}(d_1 + d_2) - d_1 \quad 0 \quad \frac{L_1}{L}(d_1 + d_2) - d_1 \quad \frac{d_1 + d_2}{L} \quad 0 \quad \frac{d_1 + d_2}{L} \right]^{\mathrm{T}} \tag{5.18}$$

式中，L 为 1137mm；L_1 为轴上任意一点到轴右端面的距离，即轴上任意一点与点 P_1 的距离。为了减少计算量，选取名义轴线与实际轴线交点的旋量参数作为并联尺寸链求解后的旋量参数。式(5.18)可以转化为

$$T_s = \left[0 \quad 0 \quad 0 \quad \frac{d_1 + d_2}{L} \quad 0 \quad \frac{d_1 + d_2}{L} \right]^{\mathrm{T}} \tag{5.19}$$

此时，L_1 为 $\dfrac{d_1}{d_1 + d_2}L$，推进轴左端点 M 处端面跳动为 t_{11}，其旋量参数为

$$T = \left[\frac{t_{11}}{2} \quad 0 \quad \frac{t_{11}}{2} \quad \frac{t_{11}}{785} \quad 0 \quad \frac{t_{11}}{785} \right]^{\mathrm{T}} \tag{5.20}$$

根据雅可比旋量模型公式计算可知，推进轴名义轴线上点 M 处的旋量计算公式为

$$T_M = \begin{bmatrix} 1 & 0 & 0 & 0 & 0 & L_2 - \dfrac{d_1}{d_1+d_2}L \\ 0 & 1 & 0 & 0 & 0 & 0 \\ 0 & 0 & 1 & L_2 - \dfrac{d_1}{d_1+d_2}L & 0 & 0 \\ 0 & 0 & 0 & 1 & 0 & 0 \\ 0 & 0 & 0 & 0 & 1 & 0 \\ 0 & 0 & 0 & 0 & 0 & 1 \end{bmatrix} \begin{bmatrix} 1 & 0 & 0 & 0 & 0 & 0 \\ 0 & 1 & 0 & 0 & 0 & 0 \\ 0 & 0 & 1 & 0 & 0 & 0 \\ 0 & 0 & 0 & 1 & 0 & 0 \\ 0 & 0 & 0 & 0 & 1 & 0 \\ 0 & 0 & 0 & 0 & 0 & 1 \end{bmatrix} \begin{bmatrix} \begin{bmatrix} 0 \\ 0 \\ 0 \\ \pm\dfrac{d_1+d_2}{L} \\ 0 \\ \pm\dfrac{d_1+d_2}{L} \end{bmatrix}_{T_s} \\ \begin{bmatrix} \pm\dfrac{t_{11}}{2} \\ 0 \\ \pm\dfrac{t_{11}}{2} \\ \pm\dfrac{t_{11}}{785} \\ 0 \\ \pm\dfrac{t_{11}}{785} \end{bmatrix}_{T} \end{bmatrix}$$

$$(5.21)$$

式中，L_2 为图 5.5 中 M_0 与 P_1 之间的距离，即 1545mm，根据式(5.21)可知推进轴名义轴线上点 M 处的径向偏差为

$$M_0 M_1 = \frac{t_{11}}{2} + \frac{1545}{1137}d_2 + \frac{408}{1137}d_1 \tag{5.22}$$

该装配体最终的装配功能计算如下：

$$\mathrm{FR} = \frac{t_{11}}{2} + \frac{1545}{1137}\left(\frac{t_8 - t_4 + t_6 - t_2 + t_9 + t_{10}}{2}\right) + \frac{408}{1137}\left(\frac{t_7 - t_3 + t_5 - t_1}{2}\right) \tag{5.23}$$

5.6.2 统计公差优化结果分析比较

基于统计公差分析规则，公差在区间范围内服从 $\pm 3\sigma$，即产品合格率为 99.73%。因此，满足功能要求的概率约束为

$$P_1 = P_{\mathrm{FR}} = P(t_M < 0.15) \geqslant 99.73\% \tag{5.24}$$

类似地，装配特征 G_1 和 G_2 合格率的概率约束条件为

$$P_2 = P_{G_1} = P(0 < G_1 < 0.117) \geqslant 99.73\% \tag{5.25}$$

$$P_3 = P_{G_2} = P(0 < G_2 < 0.160) \geqslant 99.73\% \tag{5.26}$$

本章优化的目标是公差制造成本，本章采用的公差制造成本函数主要针对的是一些特征表面的加工，如平面特征加工、圆柱面特征加工。实际生产中，针对加工特征(如平面特征)，如果只考虑机床加工全回转推进器零部件平面特征的成本，则可能与实际不符，因此应考虑实际生产过程中机床加工平面特征的规模情况。从这一点看，可以使用中小规模成本函数。根据式(5.6)，可建立全回转推进器桨轴组件的统计公差优化模型如下：

$$\min f = \sum_{i=1}^{4} C_i(t_i) + \sum_{i=5}^{8} C_i(t_i) + \sum_{i=9}^{11} C_i(t_i)$$

$$\text{s.t.} \begin{cases} \text{LSL}_i \leqslant t_i \leqslant \text{LUL}_i, \quad i=1,2,\cdots,9 \\ P_1 \geqslant 99.73\% \\ P_2 \geqslant 99.73\% \\ P_3 \geqslant 99.73\% \end{cases} \tag{5.27}$$

式中，$C_i(t_i)$ 是公差 t_i 的公差-成本函数，LSL_i 和 LUL_i 分别是变量 t_i 的下偏差与上偏差。这里采用罚函数把约束问题转化为非约束问题，基于统计公差分析优化准则，带罚函数的非约束统计公差优化模型如下：

$$f = \sum_{i=1}^{4} C_i(t_i) + \sum_{i=5}^{8} C_i(t_i) + \sum_{i=9}^{11} C_i(t_i) + \sum_{i=1}^{3} k_i \max(0, (0.9973 - P_i)) \tag{5.28}$$

式中，k_1、k_2 和 k_3 分别是很大的常数，用于惩罚违背约束条件的解，本章将它们设为 10000。统计公差优化问题的解设为 $t_1, t_2, \cdots, t_{11}$。根据加工能力，表 5.3 给出了这 11 个变量的上下偏差范围；同时本章所提出的多样本检验策略以及 GA、CS、PSO 算法的参数设置如表 5.4 所示。

表 5.3　统计公差优化问题的变量值的搜索空间(单位：mm)

公差	t_1	t_2	t_3	t_4	t_5	t_6	t_7	t_8	t_9	t_{10}	t_{11}
下偏差	0.018	0.04	0.05	0.03	0.018	0.04	0.05	0.07	0.02	0.02	0.02
上偏差	0.14	0.175	0.104	0.155	0.14	0.175	0.2	0.2	0.06	0.06	0.06

表 5.4　GA、CS、PSO 以及所提出的多样本检验策略的参数设置

算法	参数
GA	$\text{pop}_{\text{size}} = 100$，$\text{pc} = 0.8$，$\text{pm} = 0.9$，迭代次数 $= 300$
CS	$\text{nest}_{\text{size}} = 100$，发现率：$\text{dr} = 0.25$，迭代次数 $= 300$
PSO	$\text{op}_{\text{size}} = 100$，$c_1 = c_2 = 1.49$，$w_{\text{max}} = 0.9$，$w_{\text{min}} = 0.4$，迭代次数 $= 300$
多样本检验策略	$m_1 = 1000$，$m_2 = f(S_0, S_t, \eta, \delta)$，$S_t = 50000$，$S_0 = 10000$，$\eta = 7$，$\delta = 0.7$，$m_3 = 500000$，$m_4 = 4 \times m_3$

　　进行统计公差分析时，蒙特卡罗仿真技术根据公差变量各自的概率分布规律随机抽样模拟计算装配特征以及功能要求。表 5.5 给出了装配体的初始公差和优化后的公差，表 5.6 是二者的比较结果。与初始设计公差的制造成本 22.631 相比，优化后公差的制造成本显著减少，为 19.650。该装配体初始公差满足功能要求的概率为 96.47%，无法达到 $\pm 3\sigma$ 的产品质量要求。然而，优化后，装配特征和功能要求都满足 $\pm 3\sigma$ 的质量要求。因此，所提出的统计公差优化模型能显著减少制造成本并提高装配体的装配成功率。

表 5.5　全回转推进器推进轴系组件的统计公差优化结果

t_i	t_1	t_2	t_3	t_4	t_5	t_6	t_7	t_8	t_9	t_{10}	t_{11}
初始值	0.04	0.04	0.104	0.062	0.089	0.07	0.08	0.125	0.05	0.05	0.05
优化值	0.072	0.059	0.098	0.101	0.068	0.064	0.105	0.071	0.02	0.02	0.02

表 5.6　初始设计公差与优化后公差结果比较

装配特征	约束条件	初始值			优化值		
		均值	标准差	概率 $P(t)$	均值	标准差	概率 $P(t)$
G_1	$0 < G_1 < 0.117$	0.065	0.0163	99.94%	0.070	0.0165	99.78%
G_2	$0 < G_2 < 0.16$	0.055	0.0158	99.97%	0.062	0.0149	100%
FR	$0 < t_M < 0.15$	0.110	0.0221	96.47%	0.099	0.0184	99.73%
总成本和罚函数值		总成本=22.631, 罚函数值=350			总成本=19.650, 罚函数值=0		

5.6.3　基于不同策略的统计公差优化结果分析比较

　　吴方等[15]提出了一种不同迭代阶段采用不同样本量 S 的策略，本节中，该策略设为策略 1，而本章提出的多样本检验策略设为策略 2。策略 1 中的 S 值与表 5.4 中的 m_2 相等。两种策略都应用在遗传算法上，相关参数设置如表 5.4 所示。

　　针对该优化问题，两种策略 31 次独立运行的计算结果如表 5.7 所示，包括最佳解、中位数、均值、最差解、标准差以及成功率。优化的最后阶段，如果适应度值的精度不够高，则难以获得最优解的准确值。最后，如果用一个超大的样本量重新检验所获得的最优解，可能难以满足约束条件，求解失败。因此，所有的 31 次独立试验的初始计算结果都会用一个超大的样本量 $M_f = 100000000$ 去重新检验，以保证结果的准确性和精确性，并获得真实的成功率。如果没有特别说明，后面所有试验结果都会用这一超大样本量去检验，同时，只有检验结果满足约束条件的结果才会被记录，并计算最终的优化成功率。

表 5.7　两种策略的试验结果比较

方法	总成本/元				标准值	平均运行时间/s	成功率
	最佳解	中位数	均值	最差解			
没有经过大样本量 M_f 检验的初始 31 次独立试验运行结果							
策略 1	19.820	20.418	20.549	22.190	0.548	235.40	100%
策略 2	20.529	21.594	21.535	22.797	0.492	142.42	100%
经过大样本量 M_f 检验后的真实的 31 次独立试验运行结果							
策略 1	19.820	20.357	20.540	22.190	0.668	235.40	54.84%
策略 2	20.529	21.594	21.535	22.797	0.492	142.42	100%

　　表 5.7 给出了两种策略的两种试验结果，一种是初始试验结果，另一种是通过大样本量 M_f 检验后的真实试验结果。试验结果表明，通过大样本量检验后的真实试验结果表明，策略 1 初始试验所获得的最优解通过检验后成功率仅为 54.84%。相反，策略 2 的初始试验结果经大样本量检验后，仍然满足约束条件，其真实成功率为 100%，远超策略 1。另外，策略 2 的平均运算时间为 142.42s，同样小于策略 1 的 234.4s。图 5.6 是没有经过超大样本量 M_f 检验的基于遗传算法

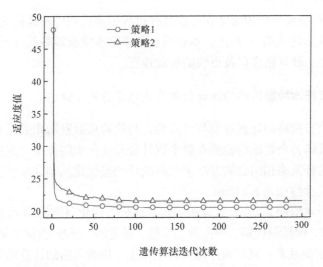

图 5.6　未经过大样本量 M_f 检验的遗传算法的最优适应度值的均值收敛曲线

的迭代曲线。图 5.7 是经过超大样本量 M_f 检验后的基于遗传算法的真实迭代曲线。从图 5.7 中可以看出，策略 1 真实的迭代曲线十分不均匀，即使在最后优化阶段也有很大的波动。这表明，基于策略 1 的遗传算法难以保证每次迭代过程中适应度值的计算精度，而不精确的适应度值会导致一个不精确的最优解，最后使优化失败。然而，策略 2 的初始迭代曲线和真实迭代曲线一致，即使在优化的最后阶段，曲线也很平稳，并收敛于某一值。

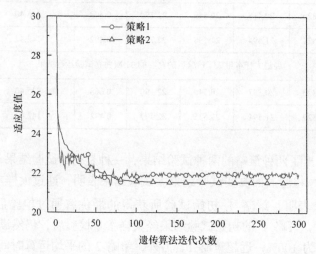

图 5.7　经过大样本量 M_f 检验的遗传算法的最优适应度值均值的真实收敛曲线

　　因此，本章所提出的策略 2 在每次迭代过程中都能获得较高精度的最优个体。与吴方等[15]提出的策略 1 相比，本章提出的多样本检验策略具有更强的鲁棒性、更高的成功率、计算精度以及更快的收敛速度。

5.6.4　基于多样本检验策略的统计公差优化结果分析与讨论

　　多样本检验策略的计算效率与计算能力与检验次数密切相关，本节主要分析多样本检验策略各个阶段的检验在整个统计公差优化中的作用。这里采用 CS 算法与多样本检验策略相结合的方法来求解统计公差优化问题，CS 算法与多样本检验策略的相关参数如表 5.4 所示。

　　基于多样本检验策略的 CS 算法求解统计公差优化问题的 31 次独立运行结果如表 5.8 所示，包括最佳解、中位数、均值、最差解、标准差(标准值)以及成功率(FR)。这里需要注意：只有通过超大样本量 M_f 检验合格的计算结果才会被记录在表中。

表 5.8　多样本检验策略的不同检验次数的真实计算结果

检验次数	总成本/元				标准值	平均计算时间/s	FR
	最佳解	中位数	均值	最差解			
1	—	—	—	—	—	81.03	0
2	19.662	20.003	20.142	22.808	0.579	264.43	100%
3	19.650	19.946	19.941	20.326	0.127	283.13	100%

　　表5.8所示的真实的计算结果表明:应用CS算法时,如果只有一次检验次数,则多样本检验策略的成功率为 0。这是因为 m_2 不够大,一次检验后,难以保证适应度值的计算精度,从而每次迭代过程中难以获得最优个体的精确值。图 5.8 中只有一次检验策略的真实收敛曲线极大的波动幅度很好地反映了这一点。即使在优化的最后阶段,所获得最优个体的真实适应度值仍然违背约束条件,导致求解失败。然而,两次检验后的试验结果通过超大样本量检验后仍然满足约束条件,其成功率为 100%。但是,它的收敛曲线仍有轻微波动,如图 5.8 所示。这可能是由于迭代中有可能仍然出现不够精确的最优适应度值,导致某次迭代所获得的最优个体仍然违背约束条件,同时这种轻微振动现象经过几次迭代后就会消失。但是,这种现象会导致该策略的稳定性和可靠性降低,如果该波动发生在优化迭代的最后阶段,则有可能产生一个违背约束条件的最优解,从而导致求解失败,即使这种概率非常小,但是在大量求解运算中,也会时常出现。与以上两种策略相比,具有三次样本检验的多样本检验策略计算结果更稳定、可靠,同时收敛曲线没有任何轻微振动,其成功率也为 100%。

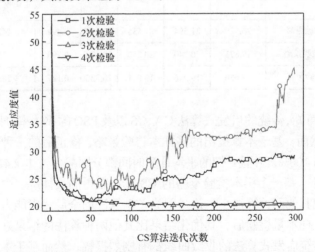

图 5.8　通过大样本量 M_f 检验后的 CS 算法的最优适应度值的均值收敛曲线

从表 5.8 中的计算时间比较结果来看，第一次检验的作用是减少计算时间；第二次检验的作用是保证每次迭代过程中最优适应度值的计算精度；第三次检验的作用是避免不精确适应度值的出现，保证整个优化过程的可靠性和稳定性。通过三次检验后，基于多样本检验策略的 CS 算法能很快找到最优可行解。尽管该策略的优化过程以及检验步骤比较复杂、烦琐，并且针对每一种启发式算法，该策略都需要轻微修正，以集成整合进算法中；但是，该策略能够极大地提高每次迭代过程中的最优适应度值的计算精度，并且减少计算时间，具有很高的求解效率。

5.6.5 基于多样本检验策略的启发式算法统计优化结果分析与讨论

本节主要对传统的启发式算法(GA、CS、PSO)与基于多样本检验策略修正后的启发式算法进行对比分析。所有相关参数如表 5.4 所示，没有检验策略的传统启发式算法优化方法的样本量设为 25000。启发式算法用于求解统计公差优化问题的 31 次独立运行试验结果如表 5.9 所示，包括最佳解、中位数、均值、最差解、标准差(标准值)以及成功率(FR)。这里需要注意的是，表 5.9 中只记录了通过大样本量 M_f 检验后的真实的试验结果，并且只有检验合格的才会被统计分析。

表 5.9　经过大样本量 M_f 检验后的三种算法的比较结果

算法	总成本/元				标准值	平均计算时间/s	成功率
	最佳解	中位数	均值	最差解			
GA	20.079	20.602	20.606	21.706	0.347	225.84	77.42%
PSO	20.640	20.832	20.832	21.024	0.271	226.81	6.45%
CS	—	—	—	—	—	451.08	0
GA +多样本检验策略	20.529	21.594	21.535	22.797	0.492	142.42	100%
PSO +多样本检验策略	19.871	20.240	20.250	20.678	0.190	179.15	100%
CS +多样本检验策略	19.650	19.946	19.941	20.326	0.127	283.13	100%

由表 5.9 可知，传统的启发式算法 GA、CS 以及 PSO 的成功率分别为 77.42%、6.45% 和 0。然而，基于本章提出的多样本检验策略，修正后的三种启发式算法的成功率都达到 100%，并且它们的平均计算时间都分别减少到 142.42s、179.15s 和 283.13s。此外，基于多样本检验策略的 CS 算法获得的最佳解、中位数、均值以及最差解都比其他两种算法小，这是因为 CS 算法的全局搜索能力比其他两种算法强，通过大样本量检验后，其优化结果比其他两种算法的结果好。如图 5.9 所示，这三种传统启发式算法的收敛曲线都有剧烈振幅，然而基于本章提出的多样本检验策略，修正后的三种算法的收敛曲线趋于平稳，没有任何波动，最终收敛

于某一恒定值。总体来说，本章提出的多样本检验策略能有效提高统计公差优化问题的计算精度，显著提高求解成功率，并且减少其优化时间，提高优化效率。

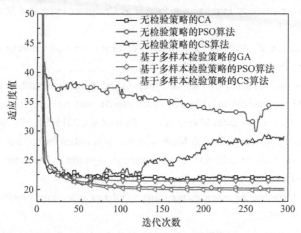

图 5.9　经过大样本量 M_f 检验后的三种启发式算法的最优适应度值均值收敛曲线

5.7　本章小结

本章主要提出了一种多样本检验策略用于克服统计公差优化问题中蒙特卡罗仿真技术的缺点，提高全回转推进器舵轴组件统计公差优化模型的计算精度，减少计算时间，提高优化效率。基于该策略，启发式算法(GA、PSO、CS)能很好地求解统计公差优化问题，获得全局最优解。与表 5.6 中初始设计公差制造成本 22.631 相比，优化后的全回转推进器桨轴组件的公差制造成本显著降低为 19.650，同时优化后所有的装配特征和功能要求都满足 $\pm 3\sigma$ 质量要求。

在整个优化过程中，多样本检验策略可以提高每次迭代过程中最优适应度值的计算精度，避免收敛过程中出现起伏波动，确保优化过程的稳定可靠。基于这一策略，修正后的启发式算法都能简单、快速地求解统计公差优化问题，获取全局最优解，同时其求解成功率也达到 100%。基于该多样本检验策略的启发式算法能很好地应用在全回转推进器推进轴系组件的统计公差优化问题中，降低该装配体的公差制造加工成本，同时提高产品的装配成功率。最后的案例分析很好地验证了基于该策略的统计公差优化方法的可靠性和优越性。

参 考 文 献

[1]　Hong Y, Chang T. A comprehensive review of tolerancing research. International Journal of Production

Research, 2002, 40: 2425-2459.

[2] Khodaygan S, Movahhedy M. A comprehensive fuzzy feature-based method for worst case and statistical tolerance analysis. International Journal of Computer Integrated Manufacturing, 2016, 29: 42-63.

[3] Chen H, Jin S, Li Z, et al. A comprehensive study of three dimensional tolerance analysis methods. Computer-Aided Design, 2014, 53: 1-13.

[4] Barbero B R, Azcona J P, Pérez J G. A tolerance analysis and optimization methodology. The combined use of 3D CAT, a dimensional hierarchization matrix and an optimization algorithm. The International Journal of Advanced Manufacturing Technology, 2015, 81: 371-385.

[5] Geetha K, Ravindran D, Kumar S, et al. Multi-objective optimization for optimum tolerance synthesis with process and machine selection using a genetic algorithm. The International Journal of Advanced Manufacturing Technology, 2013, 67: 2439-2457.

[6] Xu S, Keyser J. Statistical geometric computation on tolerances for dimensioning. Computer-Aided Design, 2016, 70: 193-201.

[7] Kharoufeh J, Chandra M. Statistical tolerance analysis for non-normal or correlated normal component characteristics. International Journal of Production Research, 2002, 40: 337-352.

[8] Kuo C H, Tsai J C. New tolerance analysis model for normal mean shift in manufacturing process. Materials Science Forum, 2008: 339-350.

[9] Jin Q, Liu S, Wang P. Optimal tolerance design for products with non-normal distribution based on asymmetric quadratic quality loss. The International Journal of Advanced Manufacturing Technology, 2015, 78: 667-675.

[10] Lee J, Johnson G E. Optimal tolerance allotment using a genetic algorithm and truncated Monte Carlo simulation. Computer-Aided Design, 1993, 25: 601-611.

[11] Iannuzzi M, Sandgren E. Tolerance optimization using genetic algorithms: Benchmarking with manual analysis. Computer-Aided Tolerancing, 1996: 219-234.

[12] Skowronski V J, Turner J U. Estimating gradients for statistical tolerance synthesis. Computer-Aided Design, 1996, 28: 933-941.

[13] 吴昭同, 等. 计算机辅助公差优化设计. 杭州: 浙江大学出版社, 1999.

[14] Dong Z, Hu W, Xue D. New production cost-tolerance models for tolerance synthesis. Journal of Engineering for Industry, 1994, 116: 199-206.

[15] Wu F, Dantan J Y, Etienne E, et al. Improved algorithm for tolerance allocation based on Monte Carlo simulation and discrete optimization. Computers & Industrial Engineering, 2009, 56: 1402-1413.

[16] Yang X S, Deb S. Cuckoo search via Lévy flights. World Congress on Nature & Biologically Inspired Computing, 2009: 210-214.

[17] Yang X S, Deb S. Engineering optimisation by cuckoo search. International Journal of Mathematical Modelling and Numerical Optimisation, 2010, 1: 330-343.

[18] Kumar L R, Padmanaban K P, Balamurugan C. Optimal tolerance allocation in a complex assembly

using evolutionary algorithms. International Journal of Simulation Modelling, 2016, 15: 121-132.

[19] Kennedy J. Particle swarm optimization. Encyclopedia of Machine Learning, 2011: 760-766.

[20] Muthu P, Dhanalakshmi V, Sankaranarayanasamy K. Optimal tolerance design of assembly for minimum quality loss and manufacturing cost using metaheuristic algorithms. The International Journal of Advanced Maufacturing Technology, 2009, 44: 1154-1164.

第6章 全回转推进器轴系动态特性
分析与建模

6.1 引　言

　　全回转推进器轴系在运转过程中由于螺旋桨水动力、主机不均匀力矩、船体变形、安装的不对中、材料不均匀等因素的影响，会受到各种冲击和周期激振力的作用。由于阻尼的作用，冲击的持续时间短，激起的振动迅速衰减，而持续作用在推进轴系上的周期性激励力无法迅速衰减，成为导致推进轴系稳态振动的主要激振动力。例如，螺旋桨在船尾不均匀流场中旋转时，会产生不均匀的推力和交变的弯曲力矩，形成扰动源，引起船舶的局部振动和总体振动。全回转推进器轴系的不合理设计，会引起轴系的横向振动、纵向振动和扭转振动，传递至船体，会影响船体强度、损坏传递设备、恶化人员的工作环境、缩短船舶的寿命以及降低工作可靠性。其中轴承起着支撑回转轴、降低其运动过程中的摩擦、保证其回转精度的作用，是轴系中的重要运动副。轴承的刚度和阻尼是研究轴系弯-扭-纵轴系耦合振动的关键，目前计算滚动轴承的动力学特性的方法有试验方法与理论方法，由于受试验精度的限制，试验结果可重复性差，难以在设计阶段对轴系振动进行理论指导。因此，本章采用理论分析方法，考虑接触刚度和油膜刚度综合作用，且考虑在滚动轴承实际运转过程中油膜润滑的具体情况，得出相应的理论方法。

　　本章以圆锥滚子轴承及其支撑的全回转推进器轴系为研究对象，针对圆锥滚子轴承的结构特点，对圆锥滚子轴承进行润滑特性分析，研究各参数对润滑特性的影响，在此基础上建立考虑润滑油膜影响的圆锥滚子轴承综合刚度模型；结合所建立的圆锥滚子轴承综合刚度模型,建立全回转推进器轴系子系统的振动模型，研究各支撑轴承刚度对轴系子系统的振动性能的影响；在建立的全回转推进器轴系子系统振动模型的基础上，利用功率流理论研究外部激励经轴系传递至全回转推进器的路径，并以流入全回转推进器的振动能量最小为优化目标，以轴承的安装位置为设计变量，对轴系子系统进行优化设计。深入研究圆锥滚子轴承的结构及安装对轴系振动性能的影响规律，能为实现全回转推进器整体性能研究以及在工程应用方面提供理论指导和借鉴。

6.2　圆锥滚子轴承润滑特性分析

全回转推进器的各回转轴均由滚动轴承支撑，为提高轴系的工作性能，减小各接触面之间的摩擦，在轴系的密闭空腔中加入润滑油，使得各个轴承处于良好的润滑状态。

滚动轴承在润滑油的作用下，滚子与内外滚道间产生润滑油膜，为弹性流体动压润滑。本节基于弹性流体动压润滑理论建立圆锥滚子轴承滚子与内外滚道之间的弹流润滑模型，并在模型的基础上研究运转速度、滚子所受外载、滚子锥角等工况及结构参数对圆锥滚子轴承油膜厚度及油膜压力的影响，为改善其润滑性能提供理论依据。

6.2.1　滚动体与内外滚道之间弹流润滑数学模型的建立

1. 弹流润滑基本方程

1) Reynolds 方程

滚动体与内外滚道之间为弹流润滑(EHL)接触，接触表面间的润滑油膜厚度远小于滚动体及内外滚道的特征尺寸。同时，润滑油运动时产生的惯性力相比于黏性力较小，影响有限。用于描述牛顿流体的 Navier-Stokes 方程可以用二维 Reynolds 方程代替。两接触面之间只存在一个方向上的相对运动，二维 Reynolds 方程可以表示为[1, 2]

$$\frac{\partial}{\partial x}\left(\frac{\rho h^3}{\eta}\frac{\partial p}{\partial x}\right)+\frac{\partial}{\partial y}\left(\frac{\rho h^3}{\eta}\frac{\partial p}{\partial y}\right)=-12u_s\frac{\partial \rho h}{\partial x} \tag{6.1}$$

式中，$p=p(x, y)$为油膜压力(Pa)；$h=h(x, y)$为油膜厚度(m)；$\eta=\eta(x, y)$为润滑油黏度；$\rho=\rho(x, y)$为润滑油密度；μ_s 为两表面沿 y 方向的平均速度，$\mu_s=(\mu_1+\mu_2)/2$。

运用 Christopherson[3]方法来处理边界条件，即假定全部边界上的压力为零，若在计算过程中，任何节点的值出现负压，则令负压为零。因此，通过多次迭代保证 Reynolds 边界条件得到满足，Reynolds 的边界条件可以表示为

$$\begin{cases} p(x_{\text{in}}, y)=p(x_{\text{out}}, y)=p(x_{\text{in}}, -l)=p(x, l)=0 \\ p \geqslant 0, \quad x_{\text{in}}<x<x_{\text{out}}, -l<y<l \end{cases} \tag{6.2}$$

式中，x_{in}、x_{out} 分别为计算域入口与出口的边界坐标。

2) 膜厚方程

膜厚方程为

$$h=h_0+h_{\text{cone}}+h_{\text{end}}+\frac{2}{\pi E'}\iint\limits_{\Omega}\frac{p(x', y')}{\sqrt{(x-x)^2+(y-y')^2}}\mathrm{d}x'\mathrm{d}y' \tag{6.3}$$

式中，式中最后一项对应弹性变形项；h_0 为轴承滚动体与内外滚道之间的刚体位移；E' 为综合弹性模量；Ω 为计算域；h_{cone} 为直母线部分膜厚；h_{end} 为修形端部的膜厚，其表达式为

$$h_{cone} = \frac{x^2 \cos \beta_1}{2(y \sin \beta_1 + R_1)} + \frac{x^2 \cos \beta_2}{2(y \sin \beta_2 + R_2)} \tag{6.4}$$

$$h_{end} = \begin{cases} \dfrac{(y - y_k)^2}{R_{end}}, & -l \leqslant y \leqslant y_k \\ 0, & y_k \leqslant y \leqslant y_s \\ \dfrac{(y - y_s)^2}{R_{end}}, & y_s \leqslant y \leqslant l \end{cases} \tag{6.5}$$

式中，β_1、β_2 分别为两圆锥滚子锥角；R_1、R_2 为两圆锥滚子半径；R_{end} 为修形半径；y_k、y_s 分别对应滚子前后端修形的起点。

3) 黏压方程

全回转推进器处于重载工况下，支撑全回转推进器回转轴的各个轴承滚子与滚道间的油膜压力较大，而油膜压力对于润滑油的黏度有较大的影响，因此采用 Roelands[4] 黏压方程综合考虑润滑过程中油膜压力变化对润滑油黏度的影响，其等温形式为

$$\eta = \eta_0 \exp(\ln(\eta_0) + 9.67)[-1 + (1 + p / p_r)^z] \tag{6.6}$$

式中，η_0 为润滑油的环境黏度；$p_r = 1.96 \times 10^8$Pa；z 为黏压系数，对于不同的润滑油，z 取 0.1～1.5。

4) 密压方程

大多数润滑油的密度随压力的改变而改变，润滑油密度与压力的关系可采用 Dowson 和 Higginson[5]的密压关系式表达：

$$\rho = \rho_0 \left(1 + \frac{C_1 p}{1 + C_2 p}\right) \tag{6.7}$$

式中，ρ_0 为环境密度；$C_1 = 0.6 \times 10^{-9}$(Pa^{-1})、$C_2 = 1.7 \times 10^{-9}$(Pa^{-1})为密压系数。

5) 载荷平衡方程

当膜厚方程中的 h_0 已给出时，接触区任意点的油膜压力与油膜厚度均有唯一解。然而通常情况下，膜厚方程中 h_0 未知，在稳定状态下，h_0 的值随外载的变化而变化，因此 h_0 的值要根据载荷平衡条件来确定。对于集中外载荷 w(N)，压力应满足载荷平衡方程：

$$\int_{-l}^{l} \int_{x_{in}}^{x_{out}} p(x, y) \mathrm{d}x\mathrm{d}y = w \tag{6.8}$$

2. 弹流润滑无量纲归一化方程

上述方程中独立参数的数目可以通过将几个相关的物理量组合在一起变成无量纲参数的方法而减少，即无量纲化。无量纲化能简化方程组，突出各有关因素的作用，同时避免数值过大或过小而影响计算精度，无量纲化的分析结果可以方便地推广到相似的圆锥轴承问题中。无量纲油膜厚度 $H = h/h_0$，h_0 为膜厚参数，载荷 $W = w/(E'R^2)$，速度 $U = \eta_0 u/(E'R)$，$G = \alpha E'$，压力 $P = p/p_H$，p_H 为最大接触压力(Pa)，$p_H = 2w/(pb_H L)$，b_H 为 Hertz 接触半宽(Hz)，黏度 $\bar{\eta} = \eta/\eta_0$，密度 $\bar{\rho} = \rho/\rho_0$。

(1) 无量纲二维 Reynolds 方程

$$\frac{\partial}{\partial X}\left(\varepsilon \frac{\partial P}{\partial X}\right) + \frac{\partial}{\partial Y}\left(\varepsilon \frac{\partial P}{\partial Y}\right) - \frac{\partial \rho^* H}{\partial X} = 0 \tag{6.9}$$

式中，P、H、ρ^* 分别为无量纲油膜压力、无量纲油膜厚度和无量纲润滑油密度；X、Y 为无量纲坐标变量；$\varepsilon = \bar{p}H^3/(\bar{\eta}\lambda)$，$\lambda = 3U_e\pi^2/(4W^2)$。

(2) 无量纲边界条件

$$\begin{cases} P(X_{\text{in}}, Y) = P(X_{\text{out}}, Y) = P(X_{\text{in}}, -\bar{l}) = P(X, \bar{l}) = 0 \\ P \geqslant 0, \quad X_{\text{in}} < X < X_{\text{out}}, \quad -\bar{l} < Y < \bar{l} \end{cases} \tag{6.10}$$

(3) 膜厚方程

$$H = H_0 + H_{\text{cone}} + H_{\text{end}} + \frac{2}{\pi E'}\iint\limits_{\Omega} \frac{p(X', Y')}{\sqrt{(X - X')^2 + (Y - Y')^2}}\mathrm{d}X'\mathrm{d}Y' \tag{6.11}$$

式中

$$H_{\text{cone}} = \frac{X^2}{2}\left(\frac{\cos\beta_1}{(b/R_x)Y\sin\beta_1 + R_1/R_x} + \frac{\cos\beta_2}{(b/R_x)Y\sin\beta_2 + R_2/R_x}\right) \tag{6.12}$$

$$H_{\text{end}} = \begin{cases} \dfrac{(Y - Y_k)^2}{\dfrac{R_{\text{end}}}{R_x}}, & -\bar{l} \leqslant Y \leqslant Y_k \\[3mm] 0, & Y_k \leqslant Y \leqslant Y_s \\[3mm] \dfrac{(Y - Y_s)^2}{\dfrac{R_{\text{end}}}{R_x}}, & Y_s \leqslant Y \leqslant \bar{l} \end{cases} \tag{6.13}$$

(4) 无量纲黏压方程

$$\bar{\eta} = \exp(\ln\eta_0 + 9.67)[-1 + (1 + p_H P/p_0)^z] \tag{6.14}$$

(5) 无量纲密压方程

$$\bar{\rho} = 1 + \frac{C_1 p_{\mathrm{H}} P}{1 + C_2 p_{\mathrm{H}} P} \tag{6.15}$$

式中，$C_1(0.6 \times 10^{-9}\mathrm{Pa}^{-1})$、$C_2(1.7 \times 10^{-9}\mathrm{Pa}^{-1})$为密压系数。

(6) 无量纲载荷平衡方程

$$\iint\limits_{\Omega} P \mathrm{d}X \mathrm{d}Y = \frac{2}{3}\pi \tag{6.16}$$

6.2.2　滚动体与内外滚道之间弹流润滑的数值计算

1. 有限差分格式推导 Reynolds 方程

利用有限差分法离散无量纲 Reynolds 方程，对二次微分项 $\dfrac{\partial}{\partial X}\left(\varepsilon \dfrac{\partial P}{\partial X}\right)$ 和

$\dfrac{\partial}{\partial Y}\left(\varepsilon \dfrac{\partial P}{\partial Y}\right)$ 进行中心差分，而对一次微分项 $\dfrac{\partial \rho^* H}{\partial X}$ 进行向后差分，则计算区域内

任一节点(i, j)的点接触无量纲 Reynolds 方程的离散形式可以写为

$$\frac{\varepsilon_{i-1/2,j}P_{i-1,j} + \varepsilon_{i+1/2,j}P_{i+1,j} - (\varepsilon_{i-1/2,j} + \varepsilon_{i+1/2,j})P_{i,j}}{\Delta X^2}$$
$$+ \frac{\varepsilon_{i,j-1/2}P_{i,j-1} + \varepsilon_{i,j+1/2}P_{i,j+1} - (\varepsilon_{i-1/2,j} + \varepsilon_{i+1/2,j})P_{i,j}}{\Delta Y^2} \tag{6.17}$$
$$= \frac{\rho^*_{ij}H_{ij} - \rho^*_{i-1,j}H_{i-1,j}}{\Delta X}$$

式中

$$\begin{aligned}
\varepsilon_{i-1/2,j} &= (\varepsilon_{i-1,j} + \varepsilon_{i,j})/2 \\
\varepsilon_{i+1/2,j} &= (\varepsilon_{i+1,j} + \varepsilon_{i,j})/2 \\
\varepsilon_{i,j-1/2} &= (\varepsilon_{i,j-1} + \varepsilon_{i,j})/2 \\
\varepsilon_{i,j+1/2} &= (\varepsilon_{i,j+1} + \varepsilon_{i,j})/2
\end{aligned} \tag{6.18}$$

无量纲油膜厚度方程的离散形式可以表示为

$$H_{i,j} = H_0 + (H_{\mathrm{cone}})_{i,j} + (H_{\mathrm{end}})_{i,j} - \frac{1}{2\pi}\sum_{k=1}^{n_x}\sum_{l=1}^{n_y}D_{ij}^{kl}P_{kl} \tag{6.19}$$

式中，n_x、n_y 分别为计算区域内 X、Y 方向的网格数；D_{ij}^{kl} 为点接触无量纲归一化弹性系数，且

$$D_{ij}^{kl} = K_1 + K_2 + K_3 + K_4 \tag{6.20}$$

其中

$$K_1 = \Psi_1 \ln \frac{\Gamma_1 + \sqrt{\Gamma_1^2 + \Psi_1^2}}{\Gamma_2 + \sqrt{\Gamma_2^2 + \Psi_1^2}}, \quad K_2 = \Psi_2 \ln \frac{\Gamma_2 + \sqrt{\Gamma_2^2 + \Psi_2^2}}{\Gamma_1 + \sqrt{\Gamma_1^2 + \Psi_2^2}}$$

$$K_3 = \Gamma_1 \ln \frac{\Psi_1 + \sqrt{\Gamma_1^2 + \Psi_1^2}}{\Psi_2 + \sqrt{\Gamma_1^2 + \Psi_2^2}}, \quad K_4 = \Gamma_2 \ln \frac{\Psi_2 + \sqrt{\Gamma_2^2 + \Psi_2^2}}{\Psi_1 + \sqrt{\Gamma_2^2 + \Psi_1^2}} \tag{6.21}$$

$$\Gamma_1 = (k - i + 0.5)\Delta_x, \quad \Gamma_2 = (k - i - 0.5)\Delta_x$$

$$\Psi_1 = (l - j + 0.5)\Delta_y, \quad \Psi_2 = (l - j - 0.5)\Delta_y$$

2. 载荷平衡数值计算

弹流计算问题是在给定载荷的情况下来求解压力分布与油膜厚度分布，通过 Reynolds 方程迭代达到收敛条件后求得的压力值必须满足载荷平衡方程(6.8)或方程(6.16)。如果满足或是近似满足，这组收敛的压力解可以认为是问题的解，有

$$|\Delta W| = \left| \frac{2}{3}\pi - \iint_\Omega P \mathrm{d}X \mathrm{d}Y \right| \leqslant \varepsilon_\omega \tag{6.22}$$

式中，ε_ω 为载荷平衡允许误差，取 10^{-5}。若计算结果不满足上述条件，则必须对油膜厚度方程中的待定系数 H_0 进行修正，当 $\Delta W > 0$ 时，计算出的压力合力 W 过小，需要将膜厚 H_0 减小，从而使得压力 P 增加；当 $\Delta W < 0$ 时，计算出来的压力合力 W 过大，需要将膜厚 H_0 增加，从而使得压力 P 减小。利用 Dowson-Harmrock 点接触油膜厚度经验公式计算初始最小油膜厚度：

$$H_{\min} = 3.63 \times \left(\frac{RX}{B} \right)^2 G^{0.49} U^{0.68} W_0^{-0.073} \tag{6.23}$$

初选 $\Delta H_0 = (0.01 \sim 0.005)H_{\min}$，若 $\Delta W > 0$，则油膜厚度 H_0 修正为 $H_0 - \Delta H_0$；若 $\Delta W < 0$，则油膜厚度 H_0 修正为 $H_0 + \Delta H_0$。经过 K 轮迭代后(为了提高程序的收敛性，每一轮进行 n 次迭代，n 取 $10 \sim 20$)载荷的误差不断减小，这时用二分法将 ΔH_0 调整为 $\Delta H_{k+1} = \Delta H_k / 2$。经过 K 轮调整，当 ΔH_0 小于某一个足够小的值 ε_{H_0}(取 $\varepsilon_{H_0} = 10^{-8}$)时，认为压力达到收敛，即弹流润滑所求。

3. 弹流润滑的数值计算流程

弹流润滑的数值计算流程如图 6.1 所示，式中求解 Reynolds 方程的方法是根据给定点的油膜厚度 $h(x, y)$ 求解油膜压力 $p(x, y)$，然后将油膜压力 $p(x, y)$ 的新旧值进行对比，并使它们满足收敛精度。

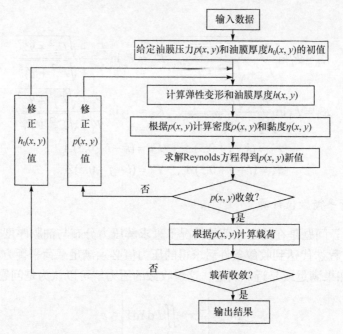

图 6.1　弹流润滑的数值计算流程

6.2.3　滚动体与内外滚道之间弹流润滑分析

1. 一组典型的数值解

全回转推进器圆锥滚子轴承(HH 953710D)的工作参数如表 6.1 所示。

表 6.1　全回转推进器圆锥滚子轴承(HH 953710D)的工作参数

参数	值
主轴转速/(r/min)	200
综合弹性模量/Pa	2.21×10^{11}
黏度/(Pa·s)	0.05
径向载荷/N	30000

数值解均在无量纲形式下得到，为了更直观地显示计算结果，将油膜压力和油膜厚度以有量纲形式给出，在重载条件下内外接触时的油膜压力及油膜厚度分布如图 6.2～图 6.5 所示，在接触区中部的大部分区域内，油膜压力与 Hertz 接触压力分布相似，而油膜厚度基本保持不变。

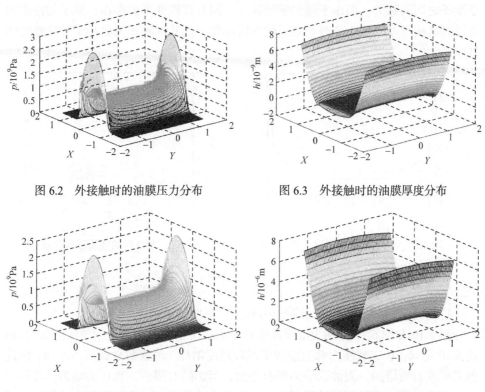

图 6.2　外接触时的油膜压力分布　　　　图 6.3　外接触时的油膜厚度分布

图 6.4　内接触时的油膜压力分布　　　　图 6.5　内接触时的油膜厚度分布

图 6.6 和图 6.7 分别为 $Y=0$ 时的油膜压力及油膜厚度分布，由图可知油膜压力出现了明显的二次压力峰，油膜厚度在出口处出现了出口颈缩现象，出现位置为二次压力峰处，颈缩处的油膜厚度即最小油膜厚度。

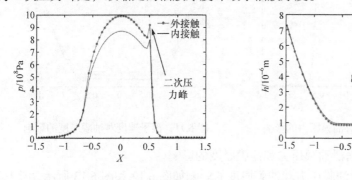

图 6.6　$Y=0$ 时的油膜压力分布　　　　图 6.7　$Y=0$ 时的油膜厚度分布

$X=0$ 时的油膜压力及油膜厚度分布如图 6.8 和图 6.9 所示，若不考虑滚子的弹性变形，由几何关系可知，最小油膜厚度相同时两个同向圆锥滚子较两个反向圆锥滚子之间间隙大，但由于接触区域较小，同时弹性变形的存在，滚子与滚道内接触时其油膜厚度要大于外接触时的油膜厚度，而其油膜压力要小于外接触时的油膜压力。

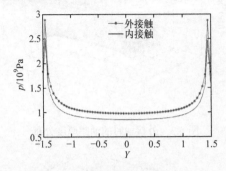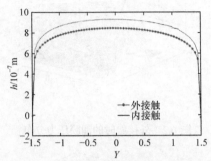

图 6.8　X=0 时的油膜压力分布　　　　　图 6.9　X=0 时的油膜厚度分布

2. 工况对弹流润滑的影响

1) 滚子速度对弹流润滑油膜压力和油膜厚度的影响

图 6.10 和图 6.11 分别为滚子速度对弹流润滑油膜压力和油膜厚度的影响，由图 6.10 可知，在二次压力峰值前滚子回转速度增加，油膜的承载能力增加，因此油膜厚度有所增加，而油膜压力略有增加，但影响有限。二次压力峰值受油膜压力的影响较大，滚子回转速度越大，二次压力峰值越大。在二次压力峰值后滚子回转速度增加，油膜压力有所减小，同时油膜厚度随着滚子回转速度增加而增加。

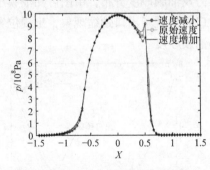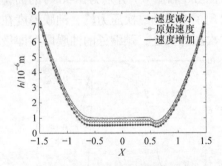

图 6.10　滚子速度对油膜压力的影响　　　图 6.11　滚子速度对油膜厚度的影响

2) 载荷对弹流润滑油膜压力和油膜厚度的影响

载荷对弹流润滑油膜压力和油膜厚度的影响如图 6.12 和图 6.13 所示，由图可知，随着载荷的增加，油膜承载增加，从而使得油膜压力增加，而润滑油膜受到挤压使得油膜厚度随之减小。

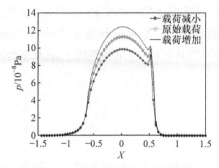

图 6.12　载荷对油膜压力的影响

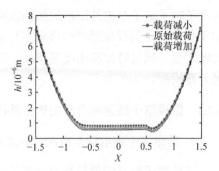

图 6.13　载荷对油膜厚度的影响

3．几何形状对弹流润滑的影响

图 6.14 和图 6.15 分别为滚子锥角对弹流润滑油膜压力和油膜厚度的影响，由图可知，随着滚子锥角的增加，油膜压力和油膜厚度均略有减小。

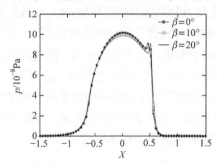

图 6.14　滚子锥角对油膜压力的影响

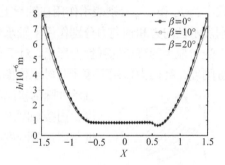

图 6.15　滚子锥角对油膜厚度的影响

6.3　圆锥滚子轴承综合刚度计算模型的建立

滚子轴承的刚度计算是研究其支撑的轴系动力学特性的基础，在进行轴系振动分析时，将轴承简化为弹簧-阻尼系统，由于滚子轴承的阻尼影响较小，所以可以进一步将轴承简化为径向和轴向的弹簧系统。目前国内外学者对滚子轴承刚度进行了大量的研究，提出了许多轴承刚度计算公式。但以往建立的滚动轴承刚度计算模型做了诸多近似处理，将滚动轴承滚子与内外滚道看成纯 Hertz 接触，因此建立的滚动轴承刚度计算模型基于 Hertz 接触理论。而实际滚动轴承在运转过程中轴承滚子与内外滚道之间存在润滑油膜，润滑的状态为弹流润滑。润滑油膜的存在会对滚动轴承的刚度产生影响，因此滚动轴承滚子与内外滚道的接触不能看成纯 Hertz 接触，应当综合考虑润滑油膜的影响。

本节在 6.2 节圆锥滚子轴承弹流润滑特性分析的基础上，利用扰动法求解圆锥滚子轴承滚子与内外滚道间的油膜刚度，并采用多项式法拟合油膜刚度公式，在丁长安提出的线接触弹性接触变形模型的基础上，推导出圆锥滚子轴承 Hertz 接触刚度，同时将油膜刚度与 Hertz 接触刚度相结合，给出圆锥滚子轴承综合刚度计算模型。

6.3.1　圆锥滚子轴承综合刚度理论基础

1. 圆锥滚子轴承综合刚度计算原理

圆锥滚子轴承刚度是指圆锥滚子轴承在载荷作用下抵抗弹性变形的能力，分为径向刚度和轴向刚度。根据刚度的定义，圆锥滚子轴承径向刚度和轴向刚度分别为

$$k_r = \lim_{\Delta \delta_r \to 0} \frac{\Delta F_r}{\Delta \delta_r}, \quad k_a = \lim_{\Delta \delta_a \to 0} \frac{\Delta F_a}{\Delta \delta_a} \tag{6.24}$$

式中，ΔF_r 和 ΔF_a 分别表示作用在轴承上的径向力和轴向力的变化量；$\Delta \delta_r$ 和 $\Delta \delta_a$ 分别表示径向力和轴向力分别作用下轴承中心的径向偏移量和轴向偏移量，其大小等于受力最大的滚子的弹性变形量。对于圆锥滚子轴承，滚子与轴承内外圈均产生接触刚度，径向力作用下滚子与轴承内圈的接触刚度为径向外接触刚度 k_{or}，滚子与轴承外圈的接触刚度为内接触 k_{ir}；同样轴向力作用外接触刚度、内接触刚度分别为 k_{oa}、k_{ia}，如图 6.16 所示。外接触刚度与内接触刚度串联生成圆锥滚子轴承刚度，有

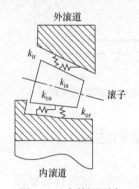

外滚道

k_{ir}

k_{ia}

k_{oa}

k_{or}

滚子

内滚道

图 6.16　内外圈刚度

$$k_r = (k_{or}^{-1} + k_{ir}^{-1})^{-1} \tag{6.25}$$

$$k_a = (k_{oa}^{-1} + k_{ia}^{-1})^{-1} \tag{6.26}$$

圆锥滚子轴承在运转过程中，由于润滑油的存在，会在滚子与内外滚道间形成润滑油膜。润滑油膜将滚子与内外滚道相隔离，其不但具有流体润滑的作用，还具有隔振的作用。润滑油膜类似橡胶垫圈的结构，具有相应的刚度和阻尼，能对轴承的动力学特性产生影响。轴承在运转过程中受到外部的扰动力具有不确定性，油膜承载力也具有非线性，因此与液膜的刚度和阻尼特性呈现出非线性。

由于润滑油膜的存在，圆锥滚子轴承滚子与轴承内外圈中心之间的径向和轴向趋近量变小，考虑到弹流润滑区的油膜压力分布区和 Hertz 接触区的压力分布相似，考虑油膜的滚子变形如图 6.17 所示。

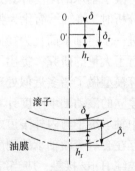

0　　δ

$0'$　　δ_r

h_r

滚子

δ

δ_r

油膜

h_r

图 6.17　考虑油膜的滚子变形

可见，油膜的存在使得滚子与内外滚道之间的弹性变形发生了变化，在计算综合刚度时，轴承内外圈之间产生的径向变形量和轴向弹性变形量要考虑油膜厚度以后的综合趋近量，轴承的综合刚度是 Hertz 接触变形和润滑油膜厚度综合作用的结果。

2. 圆锥滚子轴承受力分析

圆锥滚子轴承载荷分布如图 6.18 所示，径向载荷及轴向载荷分别通过轴颈和轴肩传给轴承内圈，再通过滚子传递至轴承外圈，最后传递至轴承底座。如不考虑制造及安装误差的影响，对于轴向载荷，可以认为各滚子平均分担了轴向载荷。而在径向载荷的作用下，位于上半圈的滚子不受力，而位于下半圈的滚子将力传递给轴承外圈。在径向载荷的作用下，由于滚子与内圈滚道的局部作用产生 δ 的接触变形，根据变形协调关系，下半圈与滚子的变形关系由中间向两端逐渐减小。

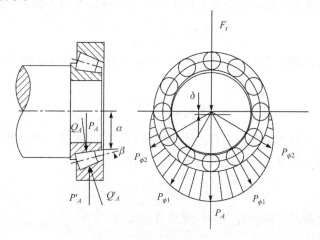

图 6.18　圆锥滚子轴承载荷分布

如图 6.18 所示，最底端滚子受径向载荷 P_A、Q_A 为垂直于滚子的载荷分量，根据受力分析 $P_A = Q_A \cos\alpha$，对于径向载荷 F_r，由受力平衡关系有

$$F_r = P_A + 2P_{\phi1}\cos\phi_1 + 2P_{\phi2}\cos\phi_2 + \cdots \tag{6.27}$$

由于 $P_{\phi i} = Q_{\phi i}\cos\alpha$，则径向外载与各滚子受载之间的平衡关系为

$$F_r = \cos\alpha(Q_A + 2Q_{\phi1}\cos\phi + 2Q_{\phi2}\cos2\phi + \cdots) \tag{6.28}$$

通过 Hertz 接触理论，以及弹性趋近量与载荷的关系 $\delta \propto Q_k$，可得载荷与变形的关系式为

$$\frac{Q_{\phi i}}{Q_A} = \left(\frac{\delta_{\phi i}}{\delta_A}\right)^{1/t} = (\cos\phi_i)^{1/t} \tag{6.29}$$

式(6.28)可以转化为

$$F_r = Q_A \cos\alpha[1 + (2\cos\phi)^{1+1/t} + 2(\cos 2\phi)^{1+1/t} + \cdots] \tag{6.30}$$

令

$$J_r = \frac{1 + (2\cos\phi)^{1+1/t} + 2(\cos 2\phi)^{1+1/t} + \cdots}{Z}$$

式(6.30)可以转换为

$$Q_A = \frac{F_r}{ZJ_r \cos\alpha} \tag{6.31}$$

J_r 随着滚子数目的变化而变化，随着滚子数目的增加，J_r 趋近于一个常数，对于圆锥滚子轴承，J_r 可取 1/4.08。

因此，圆锥滚子轴承受载最大的滚子垂直于母线方向的载荷可以表示为

$$Q_A = \frac{4.08F_r}{Z\cos\alpha} \tag{6.32}$$

垂直于母线方向的载荷可视为沿母线方向均匀分布，则沿母线方向的线载荷密度为

$$q_A = \frac{4.08F_r}{Zl\cos\alpha} \tag{6.33}$$

对于轴向载荷，由于可以认为各滚子平均分担了轴向载荷，所以其圆锥滚子轴承受载最大的滚子垂直于母线方向的载荷可以表示为

$$Q_A = \frac{F_a}{Z\sin\alpha} \tag{6.34}$$

同理，轴向载荷下，沿母线方向的线载荷密度为

$$q_A = \frac{F_a}{Zl\sin\alpha} \tag{6.35}$$

6.3.2　圆锥滚子轴承油膜刚度计算模型

1. 圆锥滚子轴承油膜刚度的影响因素分析

本节在小扰动作用下分析润滑油膜刚度的变化，润滑油膜刚度定义为：在平衡状态下，由于扰动的作用，两个相互接触形成润滑油膜的滚子间产生压力增量ΔF，滚子间油膜厚度会产生变化Δh，压力增量ΔF与油膜厚度变化Δh的比值即油膜刚度：

$$k_{EHL} = \lim_{\Delta h \to 0} \frac{\Delta F}{\Delta h} \approx \frac{\delta F}{\delta h} \tag{6.36}$$

根据 6.2 节的理论，采用有限差分法求解 Reynolds 方程，求得外载 F 作用下

最小油膜厚度 $h_{\min}$，给外载以扰动ΔF，求得最小油膜厚度的变化量 $\Delta h_{\min}$，外载增量ΔF 与最小油膜厚度的变化量$\Delta h_{\min}$ 的比值即油膜刚度。

图 6.19 为滚子锥角对油膜刚度的影响，综合滚子锥角对油膜厚度的影响图 6.14 可知，随着滚子锥角的增大，油膜压力和油膜厚度均略有减小，但其对油膜刚度的影响很小。同时油膜刚度随着外载的增大而增大，这主要是由于随着外载的增大，接触变形区域随之增大，使得油膜承载区域增大。由于油膜压力的变大，油膜厚度变小，导致较薄的油膜承受更大的压力，所以油膜刚度随之增大。

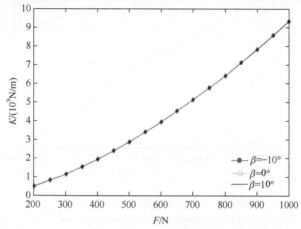

图 6.19　滚子锥角对油膜刚度的影响

综合弹性模量对油膜刚度的影响如图 6.20 所示，随着综合弹性模量的增加，外、内接触油膜刚度均减小。同时，在相同条件下当综合弹性模量小于 2.1×10^{11} 时，外接触时的油膜刚度大于内接触时的油膜刚度。

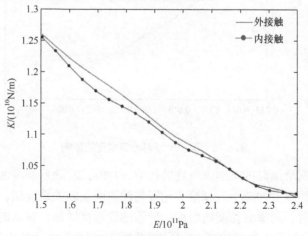

图 6.20　综合弹性模量对油膜刚度的影响

滚子速度对油膜刚度的影响如图 6.21 所示，随着滚子速度的增加，外、内接触油膜刚度均减小，因为在外载不变的情况下，随着滚子速度的增加，油膜厚度变厚，沿油膜方向上的平均油膜压力变小，对于相同的位移扰动，油膜压力的合力变小，因此油膜刚度减小。图 6.22 为滚子半径对油膜刚度的影响，由图可知，随着滚子半径的增加，外、内接触油膜刚度均减小。

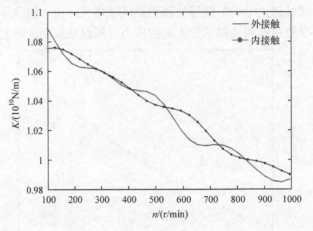

图 6.21　滚子速度对油膜刚度的影响

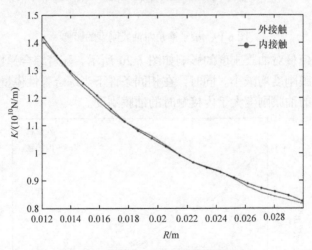

图 6.22　滚子半径对油膜刚度的影响

图 6.23 为润滑油黏度对油膜刚度的影响，由图可知，随着润滑油黏度的增加，外、内接触油膜刚度均减小。和滚子速度与油膜刚度的关系类似，也由于当轴承受载情况不变时，润滑油黏度的增加，导致油膜厚度增加，在相同位移扰动的情况下，油膜压力的合力的变化减小，所以油膜刚度变小。润滑油黏度小于 0.05Pa·s

时，外接触时的油膜刚度大于内接触时的油膜刚度，而润滑油黏度大于 0.05Pa·s 时，外接触时的油膜刚度小于内接触时的油膜刚度。

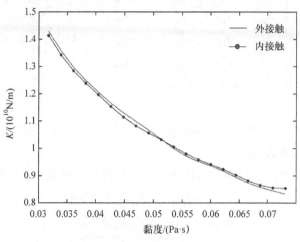

图 6.23　润滑油黏度对油膜刚度的影响

2. 拟合圆锥滚子轴承油膜刚度计算模型

由前面分析可知，滚子油膜刚度受外载、综合弹性模量、滚子速度、滚子半径和润滑油黏度影响较大，而倾斜角、滚子端部修型对油膜刚度的影响较小。前文采用有限差分法求解 Reynolds 方程、扰动法求解油膜刚度，能很好地分析各参数对油膜刚度的影响，但求解方法较为复杂，不利于理论分析。本节利用拉丁超立方方法对影响油膜刚度的参数进行采样，利用前面所述方法求解油膜刚度，并采用多项式拟合油膜刚度函数，最后将所拟合函数利用交叉验证法进行验证(油膜刚度拟合流程如图 6.24 所示)，从而得到以滚子所受外载、综合弹性模量、滚子速度、滚子半径和润滑油黏度为参数的油膜刚度公式，此公式能很好地应用于工程实际。

对于一个二维问题，假设输入变量为 x_1、x_2，输出变量为 y，则它们的关系可以表示为

$$y = f(x_1, x_2) + \xi \tag{6.37}$$

式中，$f(x_1, x_2)$ 为 y 的趋近值；ξ 为拟合误差。

设

$$f(x_1, x_2) = a_0 + a_1 x_1 + a_2 x_2 + a_3 x_1^2 + a_4 x_2^2 + a_5 x_1 x_2 + \cdots \tag{6.38}$$

将式(6.37)写成矩阵形式有

$$Y = AX + \xi \tag{6.39}$$

式中

$$Y = \begin{bmatrix} y_1 \\ y_2 \\ \vdots \\ y_n \end{bmatrix}, \quad X = \begin{bmatrix} 1 & 1 & 1 & \cdots & 1 \\ x_{11} & x_{12} & x_{13} & \cdots & x_{1n} \\ x_{21} & x_{22} & x_{23} & \cdots & x_{2n} \\ x_{11}^2 & x_{12}^2 & x_{13}^2 & \cdots & x_{1n}^2 \\ x_{21}^2 & x_{22}^2 & x_{23}^2 & \cdots & x_{2n}^2 \\ x_{11}x_{21} & x_{11}x_{21} & x_{11}x_{21} & \cdots & x_{11}x_{21} \\ \vdots & \vdots & \vdots & & \vdots \end{bmatrix}, \quad A = \begin{bmatrix} a_1 \\ a_2 \\ \vdots \\ a_m \end{bmatrix}^{\mathrm{T}}, \quad \xi = \begin{bmatrix} \xi_1 \\ \xi_2 \\ \vdots \\ \xi_n \end{bmatrix} \tag{6.40}$$

对于任何一组已知的点$(n \geqslant m)$，都可以列出方程(6.39)，利用条件$\sum \xi_i^2 = \min$，从而求解各未知参数a_i。

对 180 个样本点进行多项式拟合，得到油膜径向刚度与轴向刚度为

$$k_{\mathrm{EHLr}} = T_{\mathrm{r}}(F, \omega, R_1, R_2, E, \mathrm{EDA}) \tag{6.41}$$

$$k_{\mathrm{EHLa}} = T_{\mathrm{a}}(F, \omega, R_1, R_2, E, \mathrm{EDA}) \tag{6.42}$$

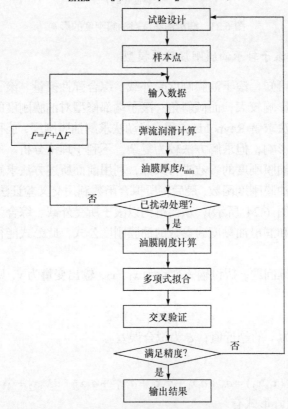

图 6.24　油膜刚度拟合流程

式中

$$T(F,\omega,R_1,R_2,E,\text{EDA})$$
$$= a_1 + a_2F + a_3\omega + a_4R_1 + a_5R_2 + a_6E + a_7\text{EDA}$$
$$+ a_8F\omega + a_9FR_1 + a_{10}FR_2 + a_{11}FE + a_{12}F\text{EDA} + a_{13}\omega R_1 + a_{14}\omega R_2$$
$$+ a_{15}\omega E + a_{16}\omega\text{EDA} + a_{17}R_1R_2 + a_{18}R_1E + a_{19}R_1\text{EDA} + a_{20}R_2E$$
$$+ a_{21}R_2\text{EDA} + a_{22}E\text{EDA} + a_{23}F^2 + a_{24}\omega^2 + a_{25}R_1^2 + a_{26}R_2^2 + a_{27}E^2 + a_{28}(\text{EDA})^2$$

$$(6.43)$$

式中，F、ω、E、EDA 分别为滚子所受外载、滚子速度、综合弹性模量和润滑油黏度，R_1 和 R_2 为两滚子半径，其拟合值如表 6.2 所示。为了保证数据的精确，防止拟合过程中的数据因过小而被略去，先对数据进行处理，即令 $F=F\_\text{initial}/1000$，$\omega=\omega\_\text{initial}/50$，$R_1=R_1\_\text{initial}/0.02$，$R_2=R_2\_\text{initial}/0.2$，$E=E\_\text{initial}/10^9$，EDA=EDA_initial$/0.05$，式中 F_initial、ω_initial、R_1_initial、R_2_initial、E_initial、EDA_initial 分别为滚子所受外载、滚子速度、两滚子半径、综合弹性模量和润滑油黏度的原始值。

表 6.2 油膜刚度拟合值

接触类型	a_1	a_2	a_3	a_4	a_5	a_6	a_7
内接触	60.27	63.02	0.29	−23.03	−18.22	−13.82	−9.64
外接触	75.76	72.82	0.32	−19.33	−25.70	−22.14	−12.05
接触类型	a_8	a_9	a_{10}	a_{11}	a_{12}	a_{13}	a_{14}
内接触	−0.44	−8.13	−4.36	−5.68	−3.05	0.20	0.51
外接触	−0.39	−8.50	−7.22	−6.24	−3.43	−0.39	0.71
接触类型	a_{15}	a_{16}	a_{17}	a_{18}	a_{19}	a_{20}	a_{21}
内接触	−0.27	−0.05	3.38	2.11	1.55	−0.25	0.10
外接触	0.09	−0.08	2.33	1.91	1.57	0.10	1.13
接触类型	a_{22}	a_{23}	a_{24}	a_{25}	a_{26}	a_{27}	a_{28}
内接触	0.77	3.61	−0.04	1.94	2.65	2.59	0.67
外接触	0.84	4.32	−0.03	2.54	3.83	3.95	0.72

对拟合的内外接触油膜刚度公式进行交叉验证，其判定系数 R^2 分别为内接触 0.898，外接触 0.925，轴承油膜径向刚度及油膜轴向刚度分别为

$$k_{\text{EHLr}} = (k_{\text{EHLri}}^{-1} + k_{\text{EHLro}}^{-1})^{-1} \tag{6.44}$$

$$k_{\mathrm{EHLa}} = (k_{\mathrm{EHLai}}^{-1} + k_{\mathrm{EHLao}}^{-1})^{-1} \qquad (6.45)$$

式中

$$k_{\mathrm{EHLri}} = \frac{1}{\cos(\alpha + 2\beta)} T_{\mathrm{i}}\left(\frac{4.08Q_{\mathrm{r}}}{Z\cos(\alpha + 2\beta)}, \omega, R_1, R_2, E, \mathrm{EDA}\right) \qquad (6.46)$$

$$k_{\mathrm{EHLro}} = \frac{1}{\cos\alpha} T_{\mathrm{o}}\left(\frac{4.08Q_{\mathrm{r}}}{Z\cos\alpha}, \omega, R_1, R_2, E, \mathrm{EDA}\right) \qquad (6.47)$$

$$k_{\mathrm{EHLai}} = \frac{1}{\sin(\alpha + 2\beta)} T_{\mathrm{i}}\left(\frac{Q_{\mathrm{a}}}{Z\sin(\alpha + 2\beta)}, \omega, R_1, R_2, E, \mathrm{EDA}\right) \qquad (6.48)$$

$$k_{\mathrm{EHLao}} = \frac{1}{\sin\alpha} T_{\mathrm{o}}\left(\frac{Q_{\mathrm{a}}}{Z\sin\alpha}, \omega, R_1, R_2, E, \mathrm{EDA}\right) \qquad (6.49)$$

式中，下标 EHL 表示弹流润滑；r 和 a 分别表示径向和轴向；i 和 o 分别表示内接触和外接触。

6.3.3　圆锥滚子轴承接触刚度计算模型

1. Hertz 理论假设

基于 Hertz 理论研究圆锥滚子轴承滚动体与内外滚道间的弹性接触问题，需要对接触模型做出如下假设：

(1) 接触区域的长度要远大于滚动体直径，接触区域可视为无限长，两接触物体间不产生刚体运动；

(2) 接触区域的宽度相比于两接触体表面的曲率半径非常小；

(3) 忽略两接触体表面之间的摩擦力的影响，视两接触体表面完全光滑；

(4) 接触区域的表面压力符合椭圆分布；

(5) 两接触体只产生弹性变形，并且弹性变形服从 Hooke 定律。

2. 基于 Hertz 理论的圆锥滚子轴承接触刚度计算模型的建立

圆锥滚子轴承滚子与内外滚道最大弹性变形可以表示为[6]

$$\delta_{\max} = \delta_{\mathrm{a}}\sin\alpha + \delta_{\mathrm{r}}\cos\alpha \qquad (6.50)$$

对于圆锥滚子轴承，其滚子与内外滚道之间可视为线接触，丁长安等以一般光滑弹性体接触理论为基础，并充分结合有限长弹性体接触的特点，推导出了线接触弹性接触变形的解析公式[7-9]，据此，可得到弹性变形量公式如下：

$$\delta = \frac{\eta Q}{\pi l}\ln\frac{6.95l^3(R_1 \pm R_2)}{\eta Q R_1 R_2} \qquad (6.51)$$

式中，$\eta = 1/E' = (1-\upsilon_1^2)/E_1 + (1-\upsilon_2^2)/E_2$，$E_1$、$E_2$、$\upsilon_1$、$\upsilon_2$ 为两接触圆锥弹性模量和泊松比；δ 为法向接触的弹性变形；l 为接触宽度。对于外接触，式(6.51)取正号，对于内接触，则取负号。

对于圆锥滚子，其接触半径随母线的变化而变化，并且为垂直于母线的截面，如图 6.25 所示，不同位置的接触半径可以表示为

$$r = \frac{1}{2} \frac{1 + \tan\beta \tan(2\beta)}{\cos\beta + \sin\beta \tan(2\beta)} D_{co} \tag{6.52}$$

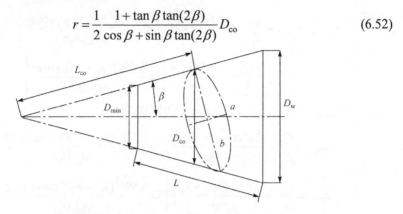

图 6.25 圆锥滚动体曲率半径示意图

同样，圆锥滚子轴承内外滚道也是圆锥形的，其接触半径分别为

$$R_0 = \frac{1}{2} \frac{1 + \tan\alpha \tan(2\alpha)}{\cos\alpha + \sin\alpha \tan(2\alpha)} \frac{D_{co}}{\sin\beta} \sin\alpha \tag{6.53}$$

$$R_i = \frac{1}{2} \frac{1 + \tan(\alpha+2\beta) \tan 2(\alpha+2\beta)}{\cos(\alpha+2\beta) + \sin(\alpha+2\beta) \tan 2(\alpha+2\beta)} \frac{D_{co}}{\sin\beta} \sin(\alpha+2\beta) \tag{6.54}$$

式中，α 为内滚道的顶角半角。

对于外接触，由方程(6.51)和方程(6.53)可知其径向弹性变形及轴向弹性变形分别为

$$\delta_{ro} = \frac{4.08\eta Q_r}{Z\pi l \cos^2\alpha} \ln \frac{1.70 l^3 (R_1+r) Z \cos\alpha}{\eta Q_r R_1 r} \tag{6.55}$$

$$\delta_{ao} = \frac{\eta Q_a}{Z\pi l \sin^2\alpha} \ln \frac{6.59 l^3 (R_1+r) Z \sin\alpha}{\eta Q_a R_1 r} \tag{6.56}$$

对于内接触，由方程(6.51)和方程(6.54)可知其径向弹性变形及轴向弹性变形分别为

$$\delta_{ri} = \frac{4.08\eta Q_r}{Z\pi l \cos^2(\alpha+2\beta)} \ln \frac{1.73 l^3 (R_2-r) Z \cos(\alpha+2\beta)}{\eta Q_r R_2 r} \tag{6.57}$$

$$\delta_{ai} = \frac{\eta Q_a}{Z\pi l \sin^2(\alpha+2\beta)} \ln \frac{6.59 l^3 (R_2-r) Z \sin(\alpha+2\beta)}{\eta Q_a R_2 r} \tag{6.58}$$

对于圆锥滚子轴承，在受径向力和轴向力作用下，其轴承中心径向及轴向的偏移量为

$$\delta_{\mathrm{r}} = \delta_{\mathrm{ro}} + \delta_{\mathrm{ri}} \tag{6.59}$$

$$\delta_{\mathrm{a}} = \delta_{\mathrm{ao}} + \delta_{\mathrm{ai}} \tag{6.60}$$

由方程(6.57)和方程(6.58)可知，外接触时对应的径向刚度及轴向刚度为

$$k_{\mathrm{HZro}} = \frac{Q_{\mathrm{r}}}{\delta_{\mathrm{ro}}} = \frac{Z\pi l \cos^2 \alpha Q_{\mathrm{r}}}{4.08\eta} \left[\ln \frac{1.70 l^3 (R_1 + r) Z \cos\alpha}{\eta Q_{\mathrm{r}} R_1 r} \right]^{-1} \tag{6.61}$$

$$k_{\mathrm{HZao}} = \frac{Q_{\mathrm{a}}}{\delta_{\mathrm{ao}}} = \frac{Z\pi l \sin^2 \alpha}{\eta} \left[\ln \frac{6.59 l^3 (R_1 + r) Z \sin\alpha}{\eta Q_{\mathrm{a}} R_1 r} \right]^{-1} \tag{6.62}$$

同样，内接触时对应的径向刚度及轴向刚度为

$$k_{\mathrm{HZri}} = \frac{Q_{\mathrm{r}}}{\delta_{\mathrm{ri}}} = \frac{Z\pi l \cos^2 (\alpha + 2\beta)}{4.08\eta} \left[\ln \frac{1.73 l^3 (R_2 - r) Z \cos(\alpha + 2\beta)}{\eta Q_{\mathrm{r}} R_2 r} \right]^{-1} \tag{6.63}$$

$$k_{\mathrm{HZai}} = \frac{Q_{\mathrm{a}}}{\delta_{\mathrm{ai}}} = \frac{Z\pi l \sin^2 (\alpha + 2\beta)}{\eta} \left[\ln \frac{6.59 l^3 (R_2 - r) Z \sin(\alpha + 2\beta)}{\eta Q_{\mathrm{a}} R_2 r} \right]^{-1} \tag{6.64}$$

滚子轴承径向及轴向接触刚度 k_{r} 和 k_{a} 等于内外滚道刚度之间的串联，即

$$k_{\mathrm{HZr}} = (k_{\mathrm{HZri}}^{-1} + k_{\mathrm{HZro}}^{-1})^{-1} \tag{6.65}$$

$$k_{\mathrm{HZa}} = (k_{\mathrm{HZai}}^{-1} + k_{\mathrm{HZao}}^{-1})^{-1} \tag{6.66}$$

6.3.4　滚动轴承综合刚度及其影响因素分析

1. 外载对综合刚度的影响

滚子轴承综合刚度 k_{r} 和 k_{a} 等于 Hertz 接触刚度与油膜刚度之间的串联，即

$$k_{\mathrm{r}} = (k_{\mathrm{HZr}}^{-1} + k_{\mathrm{EHLr}}^{-1})^{-1} \tag{6.67}$$

$$k_{\mathrm{a}} = (k_{\mathrm{HZa}}^{-1} + k_{\mathrm{EHLa}}^{-1})^{-1} \tag{6.68}$$

图 6.26 为径向外载对径向刚度的影响曲线。由图可知，随着径向外载的增加，圆锥轴承的径向刚度增加，同时在径向外载较小的情况下，综合外载变化对径向综合刚度的影响较大，而当径向外载较大时，其外载变化对径向综合刚度的影响较小。由于润滑油膜的存在，径向综合刚度要小于 Hertz 接触刚度，在综合外载较小时，润滑油膜对径向综合刚度的减小作用非常明显，这说明在计算轴承径向综合刚度的过程中忽略弹流润滑的作用会使轴承的径向综合刚度有较大的误差；随着径向外载的增加，油膜厚度逐渐减小，油膜径向综合刚度随之增大，径向综合刚度与 Hertz 接触刚度之间的差别减小。图 6.27 为轴向外载对轴向刚度的影响，轴向外载对轴向刚度的影响与径向外载对径向刚度的影响类似。

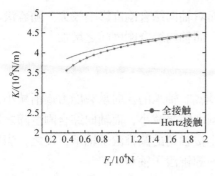

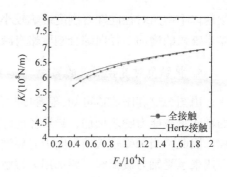

图 6.26　径向外载对径向综合刚度的影响　　　图 6.27　轴向外载对轴向综合刚度的影响

2. 滚动体数目对综合刚度的影响

由图 6.28 和图 6.29 可知，随着滚动体数目的增加，径向综合刚度和轴向综合刚度均增加，这是由于滚动体数目的增加，承载的滚动体数目增加，承载能力变强，从而综合刚度增加。

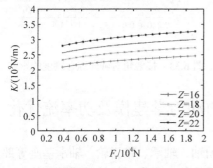

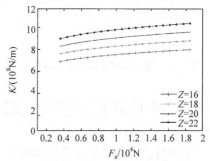

图 6.28　滚动体数目对径向综合刚度的影响　　　图 6.29　滚动体数目对轴向综合刚度的影响

3. 滚动体半锥角对综合刚度的影响

滚动体半锥角对径向综合刚度和轴向综合刚度的影响如图 6.30 和图 6.31 所示，

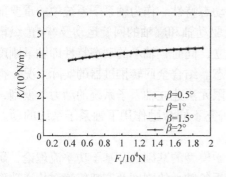

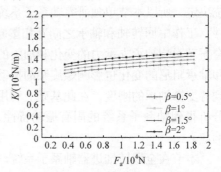

图 6.30　滚边体半锥角对径向综合刚度的影响　　　图 6.31　滚边体半锥角对轴向综合刚度的影响

滚动体半锥角对径向综合刚度影响较小，而对轴向综合刚度影响较大。随着滚动体半锥角的增加，径向综合刚度略有减小，而轴向综合刚度随之增加。

　　4. 接触角对综合刚度的影响

　　由图6.32和图6.33可知，随着接触角的增加，轴承的径向承载能力逐渐减小，而轴向承载能力随之增加，导致径向综合刚度随之减小，而轴向综合刚度随之增加。因此，当承受较大的径向力时要选用小接触角的圆锥滚子轴承，反之，当主要用来承受轴向载荷时，要选用大接触角的圆锥滚子轴承。

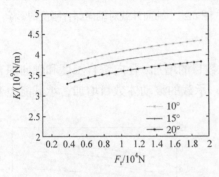

图 6.32　接触角对径向综合刚度的影响　　　　图 6.33　接触角对轴向综合刚度的影响

6.4　全回转推进器传动轴系的动力学建模及功率流优化

　　全回转推进器轴系子系统由艉轴、驱动轴、轴承、锥齿轮、轴承基座等部件组成。作用于螺旋桨上的激励通过轴系子系统传递至全回转推进器，再传递至船体，从而引起船体的振动，因此轴系子系统的振动特性对外部激励由螺旋桨传递到船体的传递特性有至关重要的影响。由于全回转推进器结构复杂，分析全回转推进器整个结构的动态特性难度大，而全回转推进器的振动特性主要由轴系子系统决定，所以本节单独研究轴系子系统的动态特性。作为轴系子系统中的重要部件，工作中回转轴和轴承之间互相影响，驱动轴和艉轴的回旋运动及弯-扭-纵耦合振动影响轴承支承力的变化和油膜的建立，同时，轴承的动态特性即轴承刚度和轴承阻尼的变化也影响螺旋桨的振动状态。结合全回转推进器的实际工况，得到各支撑轴承的刚度，在此基础上利用有限元法建立轴系子系统的动力学模型，分析得到轴系子系统的固有振动特性，研究不同激励作用下轴系子系统的动态响应。

　　本节在全回转推进器轴系子系统动力学模型的基础上，基于功率流理论，研究不同激励下轴系能量的传递路径，并分析各轴承的刚度及安装位置对传递功率的影响。同时，以各个轴承的安装位置作为设计变量，以通过轴承流入全回转推进器机体的振动能量最小为目标函数，构建全回转推进器轴系的振动优化模型。

6.4.1　传动轴系振动模型

结合全回转推进器的实际工况，得到各支撑轴承的刚度，在此基础上建立轴系子系统的动力学模型。考虑到全回转推进器轴系子系统的结构复杂性与低频特性，同时有限元法有较高的计算效率和计算精度，是求解固体力学问题的有效数值方法，适用于低频范围内复杂结构的振动分析，故本节选用有限元法进行相应的振动分析，建立轴系子系统的动力学模型，分析得到轴系子系统的固有振动特性，研究不同激励作用下轴系子系统的动态响应。

本节选用 MSC Nastran 动力学分析模块对全回转推进器轴系子系统进行结构振动分析，利用 Hyperworks 进行有限元前后处理。

图 6.34 为全回转推进器轴系子系统的有限元模型，本系统包含一维单元 CONM2、二维单元 CBUSH、三维单元 CHEXA 和 CPENTA，共计 33130 个有限元单元，40969 个节点。轴系子系统可以分为回转轴、轴承、基座和质量块四个部分。

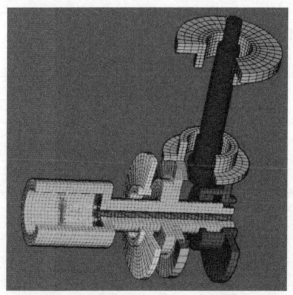

图 6.34　全回转推进器轴系子系统的有限元模型

(1) 回转轴：由于重载、空心、结构紧凑等特点，全回转推进器的艉轴与立轴均为短粗轴，所以采用三维体单元 CHEXA 和 CPENTA 对回转轴进行模拟。

(2) 轴承：作为回转轴的支撑部件，轴承对全回转推进器的工作性能有很大的影响，本节仅考虑轴承刚度对轴系动态特性的影响(忽略轴承质量与轴承阻尼)，用二维弹簧单元 CBUSH 模拟轴承。

(3) 基座：基座利用三维单元 CHEXA 和 CPENTA 进行模拟。

(4) 质量块：螺旋桨的质量与附连水质量对轴系动态特性产生影响，本节利用 Nastran 中的一维集中质量单元 CONM2 模拟螺旋桨的综合质量。

轴系子系统的有限元模型建立后，将基座的外端设置为固定端约束。作为回转轴的支撑部件，轴承由二维弹簧单元 CBUSH 模拟，因此轴承刚度直接影响模型的准确性，全回转推进器的各对轴承均为滚动轴承，其型号分别为前轴承 SKF23048CC/W33、中间轴承 SKF29464E、后轴承 SKF23052CC/W33、下轴承 24160CC/W33、上轴承 HH953710D。本节利用圆锥滚子轴承综合刚度计算公式(6.67)和(6.68)计算圆锥滚子轴承刚度，调心滚子轴承仅存在径向刚度，不考虑轴向刚度，而推力轴承仅考虑轴向刚度。

6.4.2 传动轴系自由振动

结构振动模态决定了结构在其相应的频率激振下的空间形态，模态分析的目的就是获得结构的固有频率和振型。本节利用 MSC Nastran 有限元软件中的 SOL103 模块对全回转推进器轴系子系统进行分析，表 6.3 为前十阶固有频率，其对应的振型如图 6.35～图 6.42 所示。

表 6.3 前十阶固有频率

模态阶次	模态频率/Hz	模态描述	模态振型
1	39.8	一弯	图 6.35
2	43.8	二弯	图 6.36
3	72.1	三弯	图 6.37
4	75.6	一纵	图 6.38
5	161.1	四弯	图 6.39
6	192.7	五弯	图 6.40
7	198.6	六弯	图 6.41
8	223.3	七弯	图 6.42
9	227.3	八弯	
10	264.7	九弯	

图 6.35　第一阶振型

图 6.36　第二阶振型

图 6.37　第三阶振型

图 6.38　第四阶振型

图 6.39　第五阶振型

图 6.40　第六阶振型

图 6.41　第七阶振型

图 6.42　第八阶振型

分析固有频率及相对应的振型可知，有 4 阶固有频率落在 0～100Hz 内，前十阶固有频率对应的振型以弯曲振动为主，前三阶固有频率均对应于舵轴的弯曲振动，第四阶振型对应于舵轴的纵向振动，第五阶、第七阶和第八阶振型为舵轴与立轴的耦合弯曲振动，而第六阶振型为立轴的弯曲振动。

6.4.3 传动轴系谐响应分析

谐响应分析用于确定一个持续的周期载荷作用下结构产生持续循环的响应，仅考虑周期性激励作用下的稳态受迫振动，忽略发生在激励开始时的瞬态振动。根据谐响应分析的结果，预测结构的持续动力特性，能够克服疲劳、共振以及其他受迫振动现象，为其下一步设计提供依据。

当系统受一个简谐激励 $f_0 \sin(\omega t)$ 作用时，其运动学方程为

$$[M]\{\ddot{x}\} + [C]\{\dot{x}\} + [K]\{x\} = f_0 \sin(\omega t) \tag{6.69}$$

式(6.69)为一个线性非齐次微分方程，表示一个线性定常系统，其通解为

$$x = x_1(t) + x_2(t)$$

式中，$x_1(t)$ 对应于式(6.69)的线性齐次微分方程的通解；$x_2(t)$ 为式(6.69)的一个特解，其为与非齐次项频率相同的正弦函数。

$$x_1(t) = A\mathrm{e}^{-\alpha t} \sin(\omega_{\mathrm{d}} t + \varphi) \tag{6.70}$$

$$x_2(t) = B \sin(\omega t - \varPsi) \tag{6.71}$$

式(6.69)的通解可以表示为

$$x = A\mathrm{e}^{-\alpha t} \sin(\omega_{\mathrm{d}} t + \varphi) + B \sin(\omega t - \varPsi) \tag{6.72}$$

式中，第一项、第二项分别表示系统有阻尼自由振动响应和系统有阻尼强迫振动响应，自由振动和受迫振动的叠加即谐响应，在阻尼的作用下，自由振动很快衰减，而受迫振动由于简谐激励的作用将持续下去，形成稳态振动。

1. 轴向激励

图 6.43 为轴向激励下舵轴频响曲线，横坐标为频率，纵坐标为频率响应函数值(FRF)，即振动加速度。由于自由振动以弯曲振动模态为主，在低频段仅存在两阶纵向振动模态，所以轴向激励下舵轴中间轴承处频响曲线仅出现两个峰值，图中第一个峰值对应于 75.6Hz 一阶纵向振动模态，第二个峰值对应于高阶纵向振动模态。

图 6.44 为轴向激励下立轴频响曲线，作用在螺旋桨上的轴向激励经锥齿轮传递给立轴，由于锥齿轮的作用，作用于立轴上的激励既有轴向成分也有径向成分，因此立轴频响曲线出现多个峰值。图 6.45 为轴向激励下主动、从动锥齿轮频响曲线。

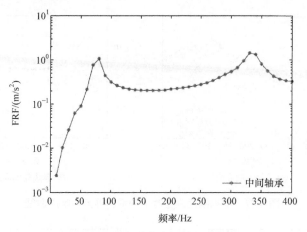

图 6.43　轴向激励下艉轴频响曲线

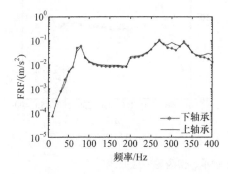

图 6.44　轴向激励下立轴频响曲线

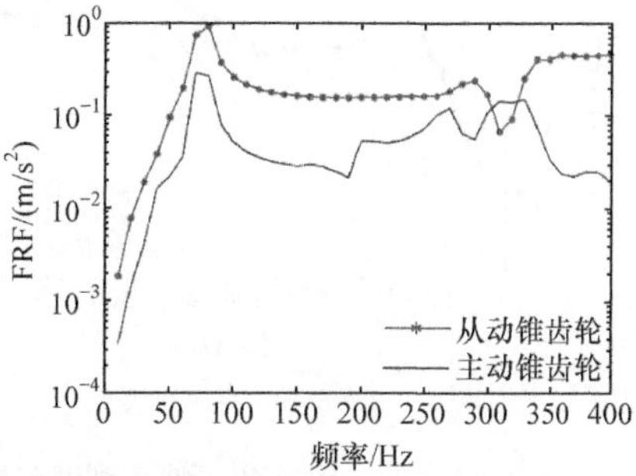

图 6.45　轴向激励下主动、从动锥齿轮频响
曲线

　　分别使艉轴中间轴承、立轴下轴承和立轴上轴承取不同的刚度值，分析刚度对这三处响应的影响，如图 6.46～图 6.48 所示。由图 6.46 可知，中间轴承刚度增加时，各阶纵向振动模态频率增加，因此图中间轴承的响应曲线右移，第一阶纵向振动

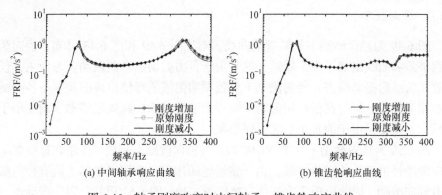

(a) 中间轴承响应曲线　　　　　　　　　　(b) 锥齿轮响应曲线

图 6.46　轴承刚度改变时中间轴承、锥齿轮响应曲线

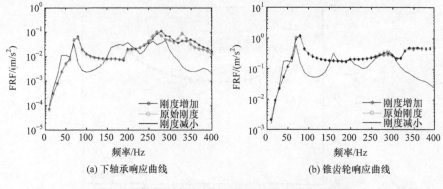

(a) 下轴承响应曲线　　　　　　　　　　(b) 锥齿轮响应曲线

图 6.47　轴承刚度改变时下轴承、锥齿轮响应曲线

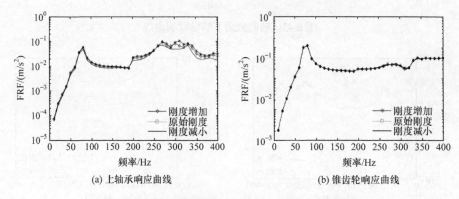

(a) 上轴承响应曲线　　　　　　　　　　(b) 锥齿轮响应曲线

图 6.48　轴承刚度改变时上轴承、锥齿轮响应曲线

频率处幅值增加，第二阶纵向振动频率处幅值无明显变化。下轴承刚度变小时，下轴承处的响应幅值在较宽的频段内变小，而下轴承刚度增加时仅在高频段对响应幅值产生影响。上轴承刚度增加时，上轴承处的响应幅值变大。同时，上轴承、中间轴承刚度改变对锥齿轮响应影响较小，而下轴承刚度对锥齿轮响应影响较大。

2. 径向激励

图 6.49 为径向激励下艉轴频响曲线，对比图 6.49 和图 6.43 可知，径向激励下艉轴频响曲线出现了多个峰值，这是由于自由振动以弯曲振动模态为主，仅有少数几阶纵向振动模态，径向激励下艉轴频响曲线的峰值出现的频率与各阶横向模态频率相等，同时在低频段前轴承响应大于后轴承，高频段前轴承响应小于后轴承，这主要是由于前轴承更靠近螺旋桨。

图 6.50 为径向激励下立轴频响曲线。与轴向激励下相同，作用在螺旋桨上的径向激励经锥齿轮传递给立轴，由于锥齿轮的作用，作用于立轴上既有径向激励也有轴向激励，因此出现多次峰值。对比图 6.49～图 6.51 可知，因为振动经过锥

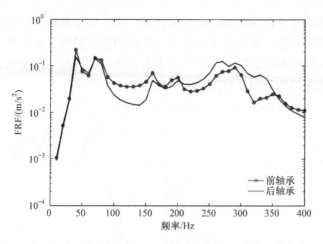

图 6.49　径向激励下艉轴频响曲线

齿轮后有较大的削减，艉轴各轴承的响应要大于锥齿轮处的响应值，而锥齿轮处的响应值又要大于立轴各轴承处的响应值，因此要减小径向激励向全回转推进器机体传递时应将重点放在艉轴两个轴承处。由图 6.51 径向激励下主动锥齿轮与从动锥齿轮频响曲线可知，在高频段从动锥齿轮频响远大于主动锥齿轮频响。同时，由于径向激励激起的模态众多，而轴向激励下响应曲线仅有两阶纵向振动共振峰值，所以径向激励下轴系的振动抑制难度较大，但是径向激励下的响应幅值明显小于轴向激励下的响应幅值。

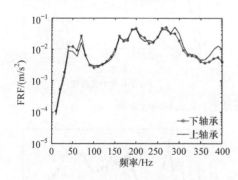

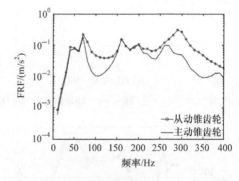

图 6.50　径向激励下立轴频响曲线　　　图 6.51　径向激励下主动锥齿轮与从动锥齿轮
　　　　　　　　　　　　　　　　　　　　　　　频响曲线

　　分别使艉轴、立轴各轴承取不同的刚度值，分析刚度对频率响应的影响。由图 6.52～图 6.55 可知，下轴承、上轴承刚度对锥齿轮频率响应影响较小，而前轴承、后轴承刚度对锥齿轮频率响应影响较大，这主要是由艉轴三点支撑的结构产生的。而各轴承刚度变化对自身频率的影响没有明显的规律。综合图 6.46～图 6.48

可知轴承支撑刚度变化导致轴向激励和径向激励下响应曲线产生明显的变化，因此准确的轴承刚度的计算决定了轴系动态特性的预测精度，前文中充分考虑了润滑油膜对滚动轴承刚度的影响，建立了考虑油膜刚度的综合刚度模型，这较大地提高了轴系动态特性的预测精度。

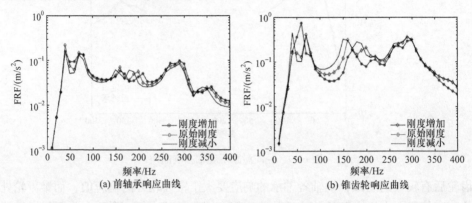

(a) 前轴承响应曲线　　　　　　　　　(b) 锥齿轮响应曲线

图 6.52　轴承刚度改变时前轴承、锥齿轮响应曲线

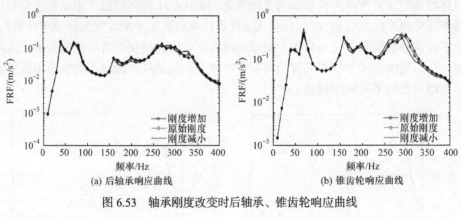

(a) 后轴承响应曲线　　　　　　　　　(b) 锥齿轮响应曲线

图 6.53　轴承刚度改变时后轴承、锥齿轮响应曲线

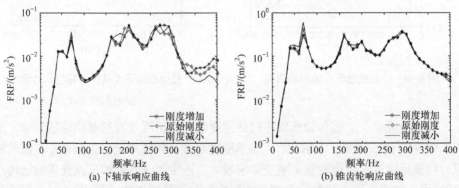

(a) 下轴承响应曲线　　　　　　　　　(b) 锥齿轮响应曲线

图 6.54　轴承刚度改变时下轴承、锥齿轮响应曲线

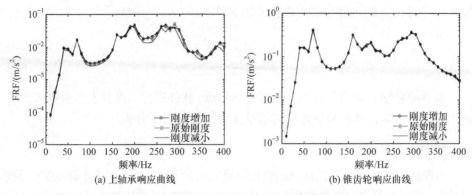

(a) 上轴承响应曲线　　　　　　　　　(b) 锥齿轮响应曲线

图 6.55　轴承刚度改变时上轴承、锥齿轮响应曲线

　　轴系子系统前十阶固有频率对应的振型以弯曲振动为主，前三阶固有频率均对应于艉轴的弯曲振动，第四阶振型对应于艉轴的纵向振动，第五阶、第七阶和第八阶振型为艉轴与立轴的耦合弯曲振动，而第六阶振型为立轴的弯曲振动，有 4 阶固有频率落在 0～100Hz 内。

　　由于自由振动以弯曲振动模态为主，在低频段仅存在两阶纵向振动模态，因此轴向激励下艉轴频响曲线仅出现两个峰值。由于锥齿轮的作用，作用于立轴上的激励既有轴向，也有径向，因此立轴频响曲线出现多个峰值。

　　径向激励下艉轴频响曲线出现了多个峰值，径向激励下艉轴频响曲线的峰值出现的频率与各阶弯曲振动模态频率相等。由于艉轴支撑的结构特点，中间轴承、下轴承、上轴承刚度对锥齿轮频率响应影响较小，而前轴承、后轴承刚度对锥齿轮频率响应影响较大。

6.4.4　传动轴系的功率流分析优化

　　对于一个振动周期为 T 的系统，外部激励输入系统的能量强度可以用式(6.73)所描述的振动功率流来表示：

$$P = \lim_{T \to \infty} \int_0^T F(t)V(t)\mathrm{d}t \tag{6.73}$$

式中，$F(t)$ 为外力；$V(t)$ 为速度响应。

　　功率流综合考虑了力与速度的效应，给出了振动能量传递的绝对度量，因此能简洁且准确地解释系统的能量传递规律。基于有关功率流的理论方法[10-13]，可得到了振动系统通过第 i 个评价点的稳态功率流表达式为[14]：

$$P_i = \frac{1}{2}\mathrm{Re}\left\{F_i(\omega)V_i^*(\omega)\right\} = \frac{1}{2}\omega\,\mathrm{Im}\left\{F_i(\omega)X_i^*(\omega)\right\} \tag{6.74}$$

式中，$F(\omega)$ 为力在频率域内的表达；$V(\omega)$ 为速度在频率域内的表达；Re、Im 分别表示实部和虚部；上标*代表复数取共轭；ω 表示圆频率；$X(\omega)$ 表示稳态响应。

包含 N 个评价点的点群功率流表达式如下[15]:

$$P = \sqrt{\frac{\sum_{i=0}^{N}(P_i)^2}{N}}$$　　　　　　　　　(6.75)

本节结合轴系动力学模型,通过对 Nastran 软件进行二次开发,根据式(6.75)量化功率流计算,从能量的角度对轴系振动特性进行了分析。

1. 轴系传递路径分析

不同激励作用下轴系的振动能量传递路径有所不同,对于作用于螺旋桨上的轴向激励,振动能量通过艉轴的中间轴承传递给全回转推进器机体,通过锥齿轮传递给立轴。由于锥齿轮的作用,轴向激励通过锥齿轮后转变为既有轴向也有径向的激励作用于立轴,再通过立轴的上下轴承传递给全回转推进器机体。对于作用于螺旋桨上的径向激励,振动能量通过艉轴的前轴承和后轴承传递给全回转推进器机体,同样通过锥齿轮后转变为既有轴向也有径向的激励作用于立轴,再通过立轴的上下轴承传递给全回转推进器机体。轴、径向激励能量传递路径如图 6.56 所示。

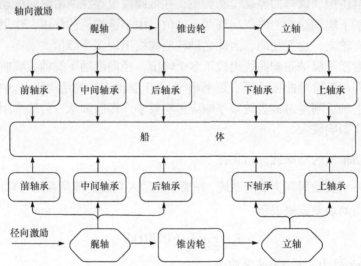

图 6.56　不同激励作用下振动能量的传递路径

下文将从能量的角度对不同激励作用下振动能量的传递路径进行分析,轴向与径向激励均考虑传递至各个支撑轴承的能量,由于各对轴承与锥齿轮均由弹簧单元加以替代,下文中提到的传递路径均指能量从弹簧的一端传递至另一端的路径。

2. 轴向激励下传动轴系的功率流分析

轴向激励下艉轴中间轴承的传递功率流如图 6.57 所示,轴向激励下立轴的传递功率流如图 6.58 所示，在低频段上下轴承的传递功率流相当，在高频段上轴承传递的振动能量大于下轴承。轴向激励下通过立轴各轴承的传递功率流要小于艉轴中间轴承的传递功率流，主要是因为振动能量通过锥齿轮后，有一定衰减。

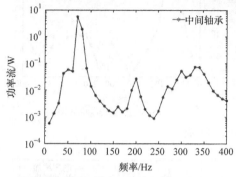

图 6.57　轴向激励下艉轴的传递功率流

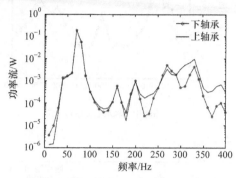

图 6.58　轴向激励下立轴的传递功率流

　　轴向激励下输入总功率流与传递总功率流如图 6.59 所示，由于系统的轴向刚度较大，在第一次峰值出现前输入功率流与传递功率流均较小，在第一次峰值出现后的低频段输入及传递功率流均较大，而在高频段输入及传递功率流均较小。同时在高频段输入功率流小于传递功率流说明出现了能量回流，其中 76Hz 对应于轴系一阶纵向振动模态，此时由于系统的阻抗较小，使得输入功率流与传递功率流均较大。

　　图 6.60 为轴向激励下主、从动锥齿轮功率流，在低频段主动锥齿轮功率流与从动锥齿轮功率流相近，而在高频段主动锥齿轮功率流大于从动锥齿轮功率流。

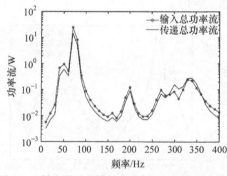

图 6.59　轴向激励下输入总功率流与传递总功率流

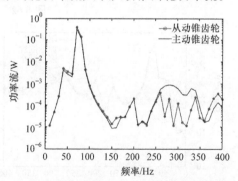

图 6.60　轴向激励下主、从动锥齿轮功率流

　　图 6.61～图 6.63 为轴承刚度变化对传递功率流及锥齿轮处功率流的影响，由图可知，中间轴承及上轴承支撑刚度仅在高频段对传递功率流及主、从动锥齿轮功率流有较大的影响，同时可以看出，中间轴承及上轴承支撑刚度变化除了造成轴系模态频率发生偏移外，传递功率流的共振峰值并无明显变化。而下轴承在整个频段对传递功率流及主、从动锥齿轮功率流有较大的影响，因此可以通过改变支撑轴承刚度来优化轴系，使轴系的共振频率朝着有利于减小振动能量的方向移动。

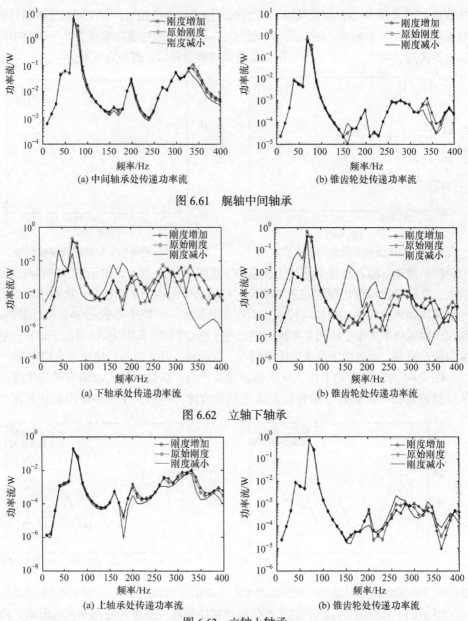

(a) 中间轴承处传递功率流　　　　　　(b) 锥齿轮处传递功率流

图 6.61　艉轴中间轴承

(a) 下轴承处传递功率流　　　　　　(b) 锥齿轮处传递功率流

图 6.62　立轴下轴承

(a) 上轴承处传递功率流　　　　　　(b) 锥齿轮处传递功率流

图 6.63　立轴上轴承

中间轴承安装位置对传递功率流的影响如图 6.64 所示，"原始位置"表示原始安装位置，"位置左移"表示安装位置向左移，即靠近螺旋桨安装，"位置右移"表示安装位置向右移，即靠近锥齿轮。在低频段中间轴承左移传递功率流增加，而在高频段中间轴承左移传递功率流减小。

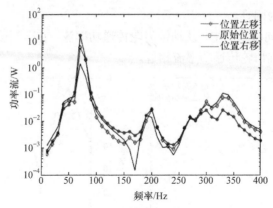

图 6.64　中间轴承安装位置对传递功率流的影响

下轴承、上轴承安装位置对传递功率流的影响如图 6.65 和图 6.66 所示，"原始位置"表示原始安装位置，"位置上移"表示安装位置向上移，即靠近变速箱，"位置下移"表示安装位置向下移，即靠近锥齿轮。在低频段上轴承安装位置对传递功率流影响较小，在高频段上轴承安装位置对传递功率流影响较大，在高频段上轴承上移传递功率流减小，上轴承下移传递功率流增大。

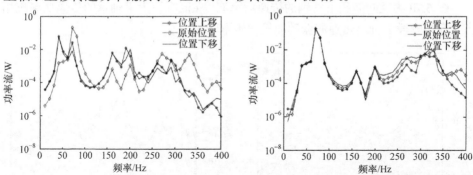

图 6.65　下轴承安装位置对传递功率流的影响　　图 6.66　上轴承安装位置对传递功率流的影响

由图 6.64～图 6.66 可知，中间轴承及上轴承安装位置对传递功率流有较大的影响，同时相对于轴承的刚度，轴承的安装位置容易实现定量控制，可以较方便地通过优化轴承安装位置来提高轴系的抗振能力。

3. 径向激励下传动轴系的功率流分析

图 6.67 为径向激励下输入总功率流与传递总功率流，在低频段输入总功率流及传递总功率流均较大，而在高频段输入总功率流及传递总功率流均较小，这主要是因为轴系弯曲刚度较小。与轴向激励时类似，在高频段输入总功率流小于传递总功率流，出现了能量回流，同时由于轴系横向模态的复杂性，径向激励下能

量的传递控制较为困难。

图 6.68 为径向激励下主、从动锥齿轮传递功率流，在全频段内主动锥齿轮传递功率流与从动锥齿轮传递功率流相近。

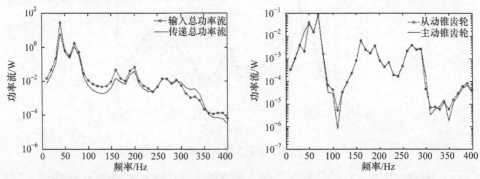

图 6.67　径向激励下输入总功率流与传递总功率流　图 6.68　径向激励下主、从动锥齿轮传递功率流

图 6.69 为径向激励下艉轴的传递功率流，在激励为 0～220Hz 前轴承的传递功率流较大，而后轴承的传递功率流略小，而在激励为 220～350Hz 后轴承的传递功率流较大。

图 6.70 为径向激励下立轴的传递功率流，在低频段上下轴承的传递功率流相当，在高频段上轴承传递的振动能量大于下轴承。

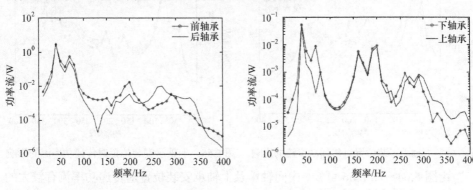

图 6.69　径向激励下艉轴的传递功率流　　　图 6.70　径向激励下立轴的传递功率流

图 6.71～图 6.74 为径向激励下各轴承刚度对传递功率流及锥齿轮功率流的影响。由于支撑轴承刚度的改变，轴系的共振频率也随着改变。在低频段轴系各轴承刚度的对传递功率流影响有限。但在中频段随着艉轴前轴承的支撑刚度的增加，轴系的共振频率也随着增加，因此传递功率流曲线右移。可以通过优化轴承的支撑刚度来改善该频段内的能量传递，虽然低频段内的能量较强，但低频段内的模态密集而难以通过改变轴承支撑刚度来优化能量的传递。

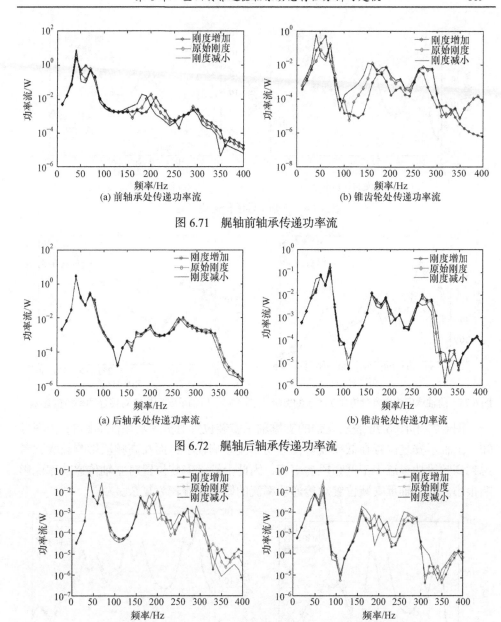

(a) 前轴承处传递功率流　　　　　　　　(b) 锥齿轮处传递功率流

图 6.71　艉轴前轴承传递功率流

(a) 后轴承处传递功率流　　　　　　　　(b) 锥齿轮处传递功率流

图 6.72　艉轴后轴承传递功率流

(a) 下轴承处传递功率流　　　　　　　　(b) 锥齿轮处传递功率流

图 6.73　立轴下轴承传递功率流

图 6.75 和图 6.76 表示艉轴的支撑轴承安装位置对传递功率流的影响。前轴承右移对传递功率流影响很小，而前轴承左移能够在较宽的频段内使得传递功率流增加，后轴承左移使得模态频率增加，传递功率流曲线随之右移。

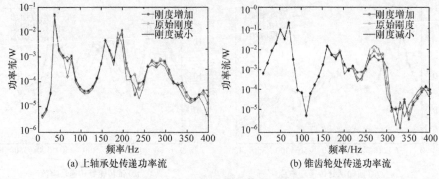

(a) 上轴承处传递功率流　　　　　　　(b) 锥齿轮处传递功率流

图 6.74　立轴上轴承传递功率流

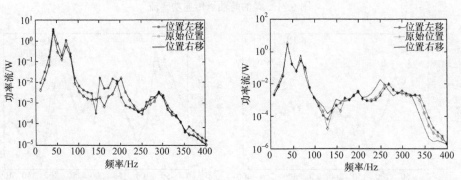

图 6.75　前轴承安装位置对传递功率流的影响　　图 6.76　后轴承安装位置对传递功率流的影响

图 6.77 和图 6.78 表示立轴的支撑轴承安装位置对传递功率流的影响。由图可知，上轴承安装位置在低频段对传递功率流影响较小，而在高频段影响较大，考虑到高频段功率流小于低频段功率流，因此上轴承安装位置对立轴传递功率流影响很小。而上轴承安装位置对传递功率流的影响规律较为复杂。

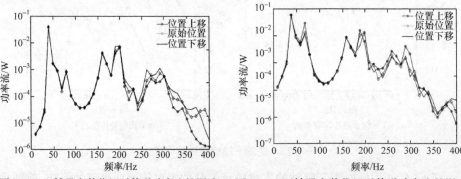

图 6.77　上轴承安装位置对传递功率流的影响　　图 6.78　下轴承安装位置对传递功率流的影响

由以上研究可知，径向激励和轴向激励作用下轴承安装位置影响传递功率流，同时安装位置有容易定量控制的优点，因此在难以控制轴承刚度的情况下，通过改变轴承安装位置来优化轴系振动特性是一种有效的途径。

4. 全回转推进器传动轴系优化模型的建立

由前面分析可知，各个圆锥滚子轴承综合刚度影响着轴系振动能量的传递，而圆锥滚子轴承的综合刚度可以根据式(6.67)和式(6.68)确定，根据式(6.67)和式(6.68)可知，圆锥滚子轴承综合刚度受滚子长度、滚子直径、滚子锥角、轴承接触角、滚子个数、轴承工况、轴承润滑油黏度等因素的影响。接触角的变化将引起圆锥滚子轴承径向刚度和轴向刚度的显著改变，但接触角的改变需要对轴承进行相应的定制，这在一定程度上会增加全回转推进器的成本。在不考虑轴承的安装位置对轴系各轴承受载的影响的情况下，轴承安装位置的改变虽然不会对轴承刚度产生影响，但会对振动能量的传递产生影响。本节以艉轴的前、中、后轴承，立轴的上、下轴承的安装位置为设计变量，以通过各轴承传递到全回转推进器的能量最小为优化目标，以锥齿轮的振动能量不超过初始设计值的20%为约束条件，建立基于功率流的全回转推进器传动轴系优化模型，其数学表达式如下：

$$\text{find} \quad \left[l_1, l_2, l_3, l_4, l_5\right]^{\text{T}}$$

$$\text{min} \quad P^* = \sqrt{\sum_{i=0}^{n}(P_i)^2} \tag{6.76}$$

$$\text{s.t.} \begin{cases} P_{\text{gear}} \leqslant P_{\text{gear}}^{\text{U}} \\ l_i^{\text{L}} \leqslant l_i \leqslant l_i^{\text{U}} \\ i = 1, 2, 3, 4, 5 \end{cases}$$

式中，l_i 为安装位置；l_i^{L}、l_i^{U} 为安装位置的上、下边界；P^* 为优化目标值；P_{gear} 为锥齿轮的振动功率流；$P_{\text{gear}}^{\text{U}}$ 为锥齿轮振动功率流的上边界，其值取为初始值的120%；$i=1,2,3,4,5$ 分别代表艉轴前轴承、中间轴承、后轴承、立轴下轴承和上轴承。

全回转推进器传动轴系优化利用了拉丁超立方采样、Kriging 建模和遗传算法等优化设计方法。其总体思想为在设计空间内利用拉丁超立方采样采集样本点，然后根据样本点并利用圆锥滚子轴承综合刚度计算模型得到综合刚度，由轴承综合刚度和轴承安装位置，利用有限元方法求解功率流得到响应值，再基于 Kriging 模型建立样本点与响应值之间的关系，同时通过交叉验证方法验证模型的准确性，最后利用遗传算法进行寻优，得到圆锥滚子轴承安装位置的最优解，并将最优解回代到有限元模型中比较实际值与最优值。优化过程流程如图 6.79 所示。

5. 轴系优化模型求解及结果分析

根据上述优化流程图,对五个输入安装位置变量进行采样,得到 60 个样本点,改变轴承安装位置,对轴系子系统进行重新建模,然后利用有限元法得到相同的样本响应值，通过 Kriging 建立样本点与响应值之间的关系，最后用优化算法求解最优安装位置。

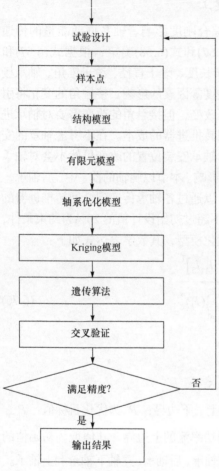

图 6.79 轴系优化流程

设计变量中艉轴前轴承、中间轴承和后轴承安装位置的上下边界取−30mm 和 +30mm(负号表示安装位置靠近螺旋桨，正号表示安装位置靠近锥齿轮)，立轴下轴承和立轴上轴承的上、下边界分别取−30mm 和+30mm(负号表示安装位置靠近锥齿轮，正号表示安装位置靠近齿轮箱)，而初始设计变量取各个设计变量的中间值。

通过交叉验证方法验证样本点与响应值之间的关系，$R^2=0.65$。由此可知输入设计变量与目标函数间模型的非线性程度较高。

表 6.4 为最优解和初始设计对比，由表可知，优化后通过轴承副流入全回转推进器机体的振动能量减小为初始设计值的 84.8%。而振动能量的大小直接反映为全回转推进器机体振动的剧烈程度，因此通过优化全回转推进器的振动情况得以改善，提高了全回转推进器的服役性能。

本节基于功率流理论，分析了全回转推进器传动轴系的能量传递路径，指出了不同激励下艉轴与立轴振动能量的主要传递路径，同时分析了不同激励作用下轴承支撑刚度和安装位置对传递功率流的影响，得

表 6.4 最优解和初始设计对比

参数		下边界	上边界	初始设计	最优设计解
设计变量	l_1/mm	−30	30	0	5.6
	l_2/mm	−30	30	0	28.7
	l_3/mm	−30	30	0	−12.0
	l_4/mm	−30	30	0	−28.2
	l_5/mm	−30	30	0	30
目标函数值	P^*			42.9	36.4

出了理论上可以通过改变支撑轴承刚度或安装位置，使轴系的共振频率朝着有利于减小振动能量的方向移动的结论。考虑到安装位置容易定量控制，本节通过改变轴承安装位置来提高轴系的动态特性。以各个轴承安装位置作为设计变量，以通过轴承流入全回转推进器机体的振动能量最小为目标函数，构建了全回转推进器轴系的振动优化模型，通过交叉验证方法验证了利用 Kriging 模型建立相关模型的准确性，基于遗传算法得到了最优的轴承安装位置。优化后通过轴承副流入全回转推进器机体的振动能量减小为初始设计值的 84.8%，从而改善全回转推进器的振动情况，提高了全回转推进器的服役性能。

6.5　本 章 小 结

　　本章以提高全回转推进器轴系的动态服役性能为目标，从建立一个准确的考虑油膜刚度的圆锥滚子轴承支撑副的综合刚度模型入手，基于功率流理论建立了轴系的动力学模型，在动力学模型的基础上优化了轴承的安装位置。本章建立了滚动体与内外滚道之间弹流润滑数学模型，并在数学模型的基础上研究了滚子修型、滚子锥角、工况等因素对圆锥滚子轴承润滑特性的影响规律，得出了具体的影响规律曲线；基于弹性流体动力润滑理论及 Hertz 接触理论，采用扰动法处理 Reynolds 方程，得了滚动轴承滚子与内外滚道间的油膜刚度，分析了滚子所受外载、润滑油黏度、综合弹性模量、滚子速度、两滚子半径倾斜角和滚子端部修型对油膜刚度的影响，并采用多项式法拟合油膜刚度公式。建立了包含轴承弹性变形和润滑油膜刚度的综合刚度模型，并得到了润滑油膜刚度、滚子个数、滚子锥角、工况等对圆锥滚子轴承综合刚度的关系；构建了传动轴系的动力学分析模型，利用有限元法建立轴系振动模型，获得了轴系的固有频率与振型，分析了轴承刚度对轴系传递特性的影响；基于功率流理论得到了外部激励作用下轴系的能量传递路径，以及轴承支撑刚度和安装位置对不同激励下能量传递的影响。以轴承安装位置为设计变量，以流入全回转推进器的功率流最小为目标，建立了轴系的优化模型。通过优化，经轴承副流入全回转推进器机体的振动能量减小为初始设计值的 84.8%。

　　本章建立了考虑弹流润滑的圆锥滚子轴承综合刚度模型，基于有限元理论和功率流理论研究了轴系子系统的振动性能，得出了一系列有价值的结论。通过深入研究圆锥滚子轴承的结构及安装对轴系振动性能的影响规律，为实现全回转推进器整体性能研究以及在工程应用领域提供理论指导和借鉴。

参 考 文 献

[1] 温诗铸, 杨沛然. 弹性流体动力润滑. 北京: 清华大学出版社, 1992.

[2] 温诗铸, 黄平. 摩擦学原理. 北京: 清华大学出版社, 2002.

[3] Christopherson D G. A new mathematical method for the solution of film lubrication problems. Proceedings of the Institution of Mechanical Engineers, 1941, 146:126-135.

[4] Roelands C J A. Correlational aspects of the viscosity-temperature-pressure relationship of lubricating oils. Delft: Delft University of Technology, 1966.

[5] Dowson D, Higginson G R. Elasto-Hydrodynamic Lubrication: The Fundamentals of Roller and Gear Lubrication. Pergamon: Pergamon Press, 1966.

[6] 邓四二. 滚动轴承设计原理. 北京: 中国标准出版社, 2008.

[7] 张永奇. 汽车驱动桥主减速器圆锥滚动轴承工作性能研究. 长春: 吉林大学, 2012.

[8] 丁长安, 张雷, 周福章, 等. 线接触弹性接触变形的解析算法. 摩擦学学报, 2001, 21:135-138.

[9] 王彦伟, 罗继伟, 陈立平. 圆锥滚子轴承接触分析. 华中科技大学学报(自然科学版), 2007, 35:19-21.

[10] Wang Z, Xing J, Price W. A study of power flow in a coupled plate-cylindrical shell system. Journal of Sound and Vibration, 2004, 271: 863-882.

[11] Sun H, Chen H, Zhang K, et al. Research on performance indices of vibration isolation system. Applied Acoustics, 2008, 69:789-795.

[12] Pan J, Hansen C H. Total power flow from a vibrating rigid body to a thin panel through multiple elastic mounts. The Journal of the Acoustical Society of America, 1992, 92: 895-907.

[13] Howard C Q, Hansen C H, Pan J. Power transmission from a vibrating body to a circular cylindrical shell through passive and active isolators. The Journal of the Acoustical Society of America, 1997, 101: 1479-1491.

[14] 杨鹏. 全回转推进器圆锥滚子轴承特性分析与传动轴系振动性能研究. 武汉: 华中科技大学硕士学位论文, 2015.

[15] 陈静. 结构动力学优化设计模型研究. 上海: 上海交通大学硕士学位论文, 2011.

第7章　服役工况下桨毂结合面微动磨损分析

7.1 引　　言

可调距螺旋桨(CPP)相对于定距螺旋桨(FPP)的优点是通过桨叶螺距的调节，在螺旋桨转速不变的情况下得到从最大正值到最大负值之间的各种推力值。而调距的实现是利用一个由活塞、导架、曲柄销盘、滑块、桨叶叶根等构成的调距机构[1]，在液压系统的作用下，活塞杆做直线运动，滑块在活塞杆的滑槽内滑动，而曲柄销盘上的圆柱销与滑块间隙配合，滑块的移动带动曲柄销盘做周向转动，曲柄销盘又与桨叶叶根利用螺栓刚性连接在一起，最终将活塞的直线运动转化为桨叶的转动，从而实现螺旋桨螺距的调节。

CPP桨毂组件由桨叶叶根、曲柄销盘和桨毂三部分组成。其中桨叶叶根和曲柄销盘通过螺栓刚性连接在一起，可以绕z轴相对桨毂转动，如图7.1所示。由于该组件的结合面可以承受外部载荷，且结合面之间可以相对转动，所以桨毂组件又称为桨叶轴承。桨叶轴承同时承受作用于桨叶上的海水"动压力"以及调距系统作用于销盘上的"调距力"，因此它对于可调距螺旋桨至关重要。

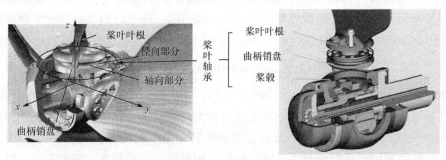

图 7.1　CPP 桨毂组件结构示意图[1]

桨毂结合面的服役工况非常复杂。受力方面，由于海洋工况的时变性以及机械机构的复杂性，作用在桨毂结合面上的载荷是强交变载荷；润滑方面，理想条件下桨毂结合面利用桨毂内部液压油进行润滑，但由于密封不良导致海水进入桨毂内部也时有发生，海水的强腐蚀性可导致桨叶轴承出现严重的腐蚀磨损；运动方面，海洋工况的复杂性要求调距角时大时小，因此桨叶轴承时而大角度转动，时而小角度转动。此外，桨叶轴承还存在高频微动，总之，桨毂结合面发生的是滑动和微动并存的复杂运动。以上因素导致桨毂结合面在长期服役过程中发生磨损失效，进而导致桨毂结合面间隙增大。如果长期服役过程中，装配间隙的增人值超过允许值，则容易导致 CPP 出现动密封失效(海水进入，液压油渗出)，桨毂结合面磨损进一步加剧，造成恶性循环。

为了评估全回转推进器桨毂结合面服役期间的磨损情况，有必要了解实际服役条件下的调距情况。当知道总的调距角后，就可以计算得到某一段时间内的滑动磨损距离。因此，桨毂结合面总的磨损深度(h)与总的滑动距离(S)、磨损率(ω)以及负载(σ)之间关系如下：

$$h = \omega S \sigma \tag{7.1}$$

总的滑动距离与单位时间内的等效最大调距次数 n_s 有关，设最大调距角为 φ_d，桨毂回转副的半径为 r，服役时间为 T，则总的滑动距离如下：

$$S_{\text{sliding}} = 2n_s \frac{\varphi_d}{360} \pi r T \tag{7.2}$$

总的微动磨损距离与微动振幅 d_{fret}、转速 n，以及服役时间 T 有关，其计算公式如下：

$$S_{\text{fret}} = 2d_{\text{fret}} n T \tag{7.3}$$

总的磨损深度计算公式如下：

$$h = \omega_s S_{\text{sliding}} \sigma + \omega_f S_{\text{fret}} \sigma \tag{7.4}$$

瓦锡兰对一艘船舶上桨叶轴承滑动和微动进行了定量研究[1]，研究表明桨毂结合面微动幅值约为 300μm，微动频率与螺旋桨的转速有关，一般螺旋桨旋转一周发生一次微动，假设螺旋桨的转速为 150r/min，则桨叶轴承微动磨损频率约为 150 次/min。如果该船舶运行 100min，那么此期间发生微动磨损的总位移为

$$S_{\text{fret}}^{\text{voy}} = 2d_{\text{fret}} w t_{\text{vot}} = 2 \times 0.3 \times 150 \times 100 = 9\text{m} \tag{7.5}$$

式中，$S_{\text{fret}}^{\text{voy}}$ 为微动总位移；d_{fret} 为微动幅值；w 为螺旋桨转速；t_{vot} 为航行时间。桨叶轴承结合面间的滑动包括小幅值滑动和大幅值滑动，小幅值滑动的转动角度为 0.5°~5°，频率为 1~6Hz；大幅值滑动的转动角度大约为 28°，频率为一天几次。瓦锡兰利用传感器测量了在同一行程中相对滑动的总角度，研究表明，结合面总的相对转动角度为设计的最大调距角度(28°)的 9.54 倍，所研究的桨毂结合面的半径为 0.392m，故该行程中总的滑动位移为

$$S_{\text{slid}}^{\text{voy}} = 9.54 \times \frac{\varphi_d}{360} \times 2\pi r = 1.83\text{m} \tag{7.6}$$

式中，$S_{\text{slid}}^{\text{voy}}$ 为滑行总位移；φ_d 为最大调距角度；r 为桨毂结合面半径。由此可见，同一个行程中，微动总位移约是滑动总位移的 5 倍，表明微动磨损是导致桨叶轴承磨损失效的主要原因，所以本章主要针对桨毂结合面微动磨损进行研究。

桨毂结合面的外力主要来源于以下几个方面：①由于螺旋桨的旋转，桨叶和曲柄销盘受到的绕桨轴的离心力；②桨叶、曲柄销盘受到的重力；③海水作用在桨叶上的流体动压力；④调距系统作用在桨叶叶根的调距力。瓦锡兰对这些力进行了综合分析[1]，研究表明，桨毂结合面载荷来源于重力、流体动压力、调距力以及离心力，但前三者的比重低于 5%，而大部分来源于离心力，所以本章在进行桨毂结合面的载荷分析时主要考虑离心力。离心力可以表达为

$$F = (m_1 + m_2)(2\pi n / 60)^2 r \tag{7.7}$$

式中，m_1 为桨叶质量；m_2 为曲柄销盘质量；n 为螺旋桨转速；r 为桨叶和曲柄销盘组件的质心与桨轴中心线的距离。

依据中国船舶重工集团公司提供的图纸等数据资料，所研究螺旋桨桨叶和曲柄销盘的总质量为 768kg，质心与桨轴中心线的距离为 0.722m。由式(7.7)可知，离心力随螺旋桨转速变化而变化。转速为 110r/min、150r/min 和 170r/min 时，对应的离心力分别为 73501N、136677N 和 175554N。桨毂结合面的接触面积为 46386mm²，由此可以算出，以上三种转速对应的压强分别为 1.58MPa、2.95MPa 和 3.78MPa。

本研究中，摩擦副接触副面积设计为 28.26mm²，为了模拟在以上三种转速下的载荷，设定的试验载荷为 43N、86N 和 106N。为减少桨叶轴承的磨损，提高其耐磨性能，从轴承副零件表面形貌、润滑条件、表面涂层和材料制备四个方面开展其减摩耐磨研究。

7.2　表面形貌对桨毂结合面微动磨损的影响

表面形貌是影响摩擦、磨损、密封、润滑等的一个重要因素[2-4]，本节研究初始表面形貌对桨毂结合面摩擦磨损的影响规律，为桨毂结合面表面形貌的优化设计提供理论依据[5]。

7.2.1　试验材料以及试验装置

考虑到海洋的特殊工况和可调距螺旋桨的长周期服役要求，目前，CPP 桨毂轴承的曲柄销盘和桨毂最常用的材料分别是 CuNiAl 和 42CrMo4。在试验中它们分别被用作下试样和上试样材料。二者的材料成分、物理力学性能分别如表 7.1～表 7.3 所示。

表 7.1　CuNiAl 成分(单位:%)

成分	Al	Si	Mn	Fe	Ni	Cu	Zn	Sn	Pb
质量分数	9.0～9.5	≤0.1	0.8～1.3	4.5～5.1	4.2～4.8	78.5～80.5	1.5～3.5	≤0.1	≤0.03

表 7.2　42CrMo4 成分(单位:%)

成分	C	Si	Mn	P	S	Cr	Mo
质量分数	0.38~0.45	≤0.40	0.60~0.90	0.035	≤0.035	0.90~1.20	0.15~0.30

表 7.3　摩擦副材料物理力学性能

材料	屈服强度 σ_s/MPa	拉伸强度 σ_b/MPa	弹性模量 E/MPa	泊松比 ν	硬度(HB)
CuNiAl	250	650	121000	0.33	127
42CrMo4	550	800	212000	0.3	220

依据桨毂结合面的实际接触形式,搭建了面-面接触微动磨损试验装置,示意图如图 7.2 所示。通过该试验装置,可以进行不同载荷、频率、角位移幅度以及润滑介质下的微动磨损试验。试验平台的载荷范围为 30~140N,微动频率为 1~3Hz,微动幅度为 0.1°~3°。

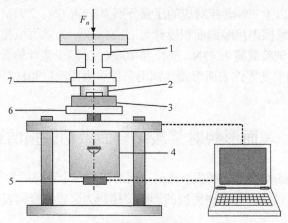

图 7.2　面-面接触扭动微动磨损试验装置示意图
1-扭矩传感器;2-上试样;3-下试样;4-高精度电机;5-编码器;6-下试样夹具;7-上试样夹具

该微动磨损试验装置可输出摩擦副摩擦力矩实时数据。通过对该数据进行处理,可以得到反映微动运行规律的摩擦力矩-角位移曲线(T-θ 曲线)、摩擦力矩随循环次数的演变曲线(T-N 曲线)、单次循环耗散能随循环次数演变曲线(E_i-N 曲线)以及整个试验过程的累积耗散能(E_T)。借助超景深三维显微镜、扫描电子显微镜以及 XRD、EDS 和 XPS 等测试分析仪器,可以对磨痕进行宏/微观观察分析、磨损量测量以及磨屑成分分析。

7.2.2　试验过程

桨毂结合面可以简化为一个整周圆环形接触副,其微动形式可以模拟为在该环形接触副上施加载荷, 且接触副之间做小幅度相对扭转运动, 如图 7.3(a)所示。但本试验中, 上下试样之间被设计成部分环形接触, 如图 7.3(c)所示, 这种设计的最大优点在于减小了接触面积, 从而增加磨痕深度, 使磨损量测量更加准确[6]。

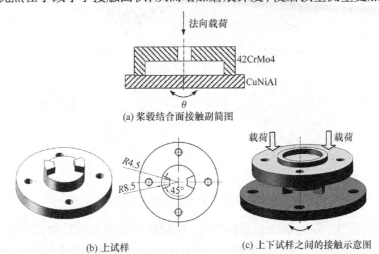

(a) 桨毂结合面接触副简图

(b) 上试样　　　　　(c) 上下试样之间的接触示意图

图 7.3　试验样品的接触及相对运动形式

为了研究初始表面形貌的影响, 试样制备过程中, 通过在同一台铣床上调节铣刀的转速和进给量, 来控制所加工的下试样的初始表面粗糙度。表 7.4 列出了铣削加工参数, 同时列出了测得的加工表面的初始表面粗糙度。而上试样初始均采用砂纸抛光到 $S_a = 0.05\mu m$。图 7.4 显示了部分初始表面的三维形貌。

表 7.4　铣削加工参数以及相应的初始表面粗糙度

被测表面	加工参数		表面粗糙度 $S_a/\mu m$
	转速/(r/min)	进给速度/(mm/min)	
1	750	75	1.737
2	600	95	2.816
3	600	115	3.155
4	475	115	3.219
5	375	95	4.299
6	375	115	4.553
7	300	115	5.261

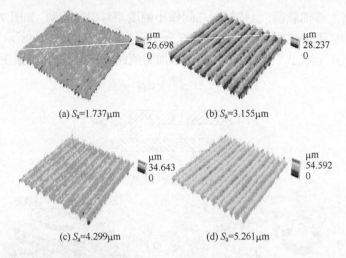

(a) S_a=1.737μm　　　　　　　(b) S_a=3.155μm

(c) S_a=4.299μm　　　　　　　(d) S_a=5.261μm

图 7.4　下试样典型的初始表面形貌

　　试验过程中,除初始表面粗糙度外,也研究了纹理方向对微动磨损的影响。如图 7.5 所示,其中,在 7.5(a)中,纹理方向与接触界面之间相对运动方向平行;在图 7.5(b)中,纹理方向与接触界面之间相对运动方向垂直。

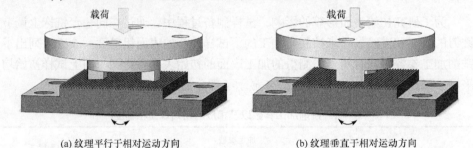

(a) 纹理平行于相对运动方向　　　　　　　(b) 纹理垂直于相对运动方向

图 7.5　不同纹理方向试验

　　本研究中,法向载荷设定为 86N;微动频率设定为 2Hz;角位移幅度设定为 1.5°,循环次数设定为 40000 次。试验在常温下进行,相对湿度为 40%～45%。试验前,先将试样在酒精和丙酮中进行超声清洗,然后利用热空气进行干燥。

7.2.3　试验结果与分析

　　扭动微动磨损研究中,摩擦力矩-角位移幅值曲线(T-θ 曲线,见图 7.6)可以为微动磨损分析提供非常重要的信息[7]。首先,T-θ 曲线反映微动运行状态,即部分滑移、混合滑移或完全滑移;其次,通过计算所有 T-θ 曲线振幅 T_i,可以描绘出整个微动过程的摩擦力矩;再次,通过积分所有 T-θ 曲线的面积 E_i,可以获得整个微动过程的累积耗散能量 E_T。

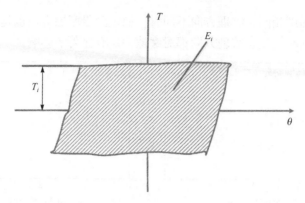

图 7.6　摩擦力矩-角位移曲线(T-θ 曲线)

图 7.7(a)和(b)显示了不同初始粗糙度以及不同纹理方向典型的 T-θ 曲线，可以看出，所有 T-θ 曲线呈平行四边形，说明整个试验过程中微动运行于完全滑移状态。

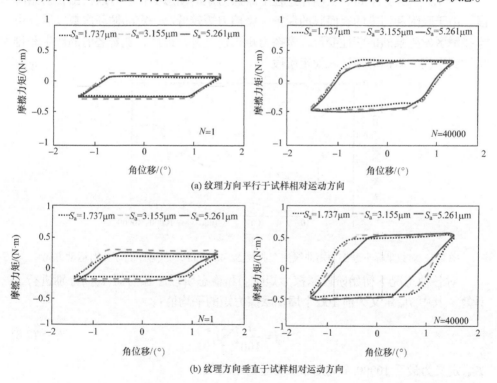

图 7.7　典型随循环次数的 T-θ 曲线

图 7.8 显示了摩擦力矩随循环次数的变化规律。从图 7.8(a)可以看出，纹理方向相同、初始表面粗糙度不同时，稳定阶段摩擦力矩是不同的；从图 7.8(b)可以

看出，初始粗糙度相同、纹理方向不同时，稳定阶段摩擦力矩也是不同的。由此可见，初始表面粗糙度、纹理方向都对摩擦力矩有显著的影响。

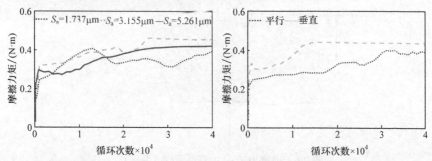

(a) 相同纹理方向(平行)不同初始表面粗糙度　(b) 相同初始表面粗糙度(S_a=4.553μm)不同纹理方向

图 7.8　摩擦力矩随循环次数的变化规律

图 7.9 显示了 40000 次循环过程中摩擦力矩的动态演化。可以指出，初始阶段，由于吸附和污染的表面膜的保护，摩擦力矩较低。一定的循环次数以后，由于接触区发生强烈的塑性变形，摩擦力矩迅速上升。最后，随着磨屑的产生和排出达到平衡，摩擦力矩进入稳定阶段[8]。

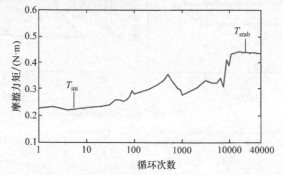

图 7.9　对数坐标下摩擦力矩曲线演变曲线(S_a=4.553μm，纹理平行于相对运动方向)

对各种工况下初始阶段摩擦力矩(T_{ini})和稳态阶段摩擦力矩(T_{stab})分别进行了计算。其中 T_{ini} 定义为前 100 个周期摩擦力矩的平均值：

$$T_{ini} = \frac{1}{100}[\sum_{i=1}^{100}T_i] \tag{7.8}$$

T_{stab} 定义为最后 10000 个周期摩擦力矩的平均值：

$$T_{stab} = \frac{1}{10000}[\sum_{i=30001}^{40000}T_i] \tag{7.9}$$

图 7.10(a)表明，纹理方向平行于相对运动方向时，随着 S_a 的增加，T_{ini} 和 T_{stab} 呈现先升高后降低的趋势，且分别在 S_a= 2.816μm 和 S_a = 3.155μm 时达到峰值。

图 7.10(b)表明，当纹理方向垂直于相对运动方向时，随着 S_a 的增加，T_{ini} 和 T_{stab} 也呈现先升高后降低的趋势，但两者均在 $S_a = 3.155\mu m$ 时达到峰值。

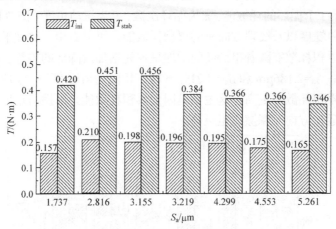

(a) 纹理方向平行于相对运动方向

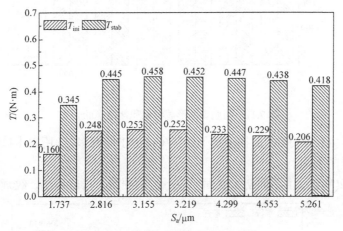

(b) 纹理方向垂直于相对运动方向

图 7.10　初始阶段以及稳定阶段摩擦力矩

　　通过对比图 7.10(a)和(b)可以看出，相同的 S_a 下，所有的 T_{ini} 和绝大多数 T_{stab} 在纹理垂直于相对运动方向时更高。从理论上讲，对燕尾槽、螺纹接头等工业部件而言，增加接触副的摩擦力矩，可以减轻微动磨损破坏[9]。因此，在工程应用中，可以在接触界面加工出垂直于相对运动方向的纹理，并且具有适当的初始粗糙度。本试验中，最优的 S_a 值为 $3.155\mu m$。

　　累积耗散能(E_T)可以表示为

$$E_T = \sum_{i=1}^{n} E_i \int_{-\theta}^{\theta} T\theta \mathrm{d}\theta \tag{7.10}$$

式中，E_i 为第 i 个循环的耗散能，n 为循环次数，θ 为扭动角度。图 7.11 显示了不同初始表面粗糙度以及纹理方向时的累积耗散能。可以看出，纹理平行于相对运动方向时，累积耗散能随着粗糙度的增加呈现先增加后降低的趋势，而它们的峰值分别出现在 S_a=2.186μm 和 S_a= 3.219μm 时。相同的粗糙度下，纹理垂直于相对运动方向时累积耗散能更高，这主要是因为累积耗散能是摩擦力矩做的功，纹理垂直于相对运动方向时摩擦力矩更高。

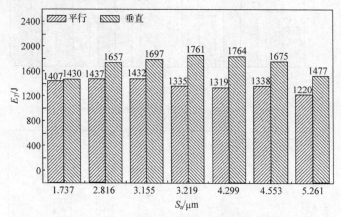

图 7.11　初始表面形貌对累积耗散能的影响

上试样(42CrMo4)的磨损率比下试样(CuNiAl)低得多[1]，所以本试验中主要考虑了下试样的磨损。

图 7.12(a)显示了不同初始表面形貌下的磨损量。可以看出，纹理平行于相对

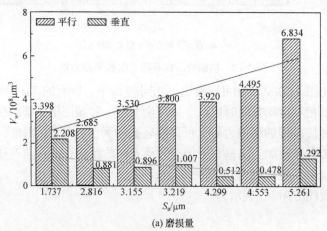

(a) 磨损量

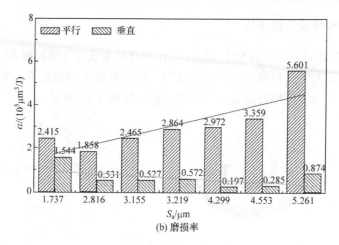

图 7.12　初始表面形貌对磨损的影响

运动方向时，随着粗糙度的增加，磨损量(V_w)首先从 $3.398\times10^8\mu m^3$ 降低到 $2.685\times10^8\mu m^3$，然后再逐步增加到 $6.834\times10^8\mu m^3$；纹理垂直于相对运动方向时，随着粗糙度的增加，V_w 首先从 $2.208\times10^8\mu m^3$ 下降到 $0.478\times10^8\mu m^3$，然后再增加到 $1.292\times10^8\mu m^3$。

磨损率 α 可以通过以下公式计算[10]：

$$\alpha = \frac{V_w}{E_T} \tag{7.11}$$

式中，V_w 为磨损量，E_T 为累积耗散能。图 7.12(b)显示了不同初始表面形貌下的磨损率。可以看出，磨损率和磨损量的变化规律是一致的，这是因为，如式(7.11)所示，磨损率 α 等于磨损量 V_w 除以累积耗散能 E_T；而图 7.11 和图 7.12(a)显示累积耗散能 E_T 的波动比磨损量 V_w 小得多，所以磨损率 α 的变化规律与磨损量高度相似。从图 7.12 可以看出，磨损量和磨损率受纹理方向的影响很大，在相同的粗糙度下，当纹理垂直于相对运动方向时，磨损量和磨损率要低得多。

上述分析表明，通过合理设计摩擦副初始表面形貌，包括纹理方向和粗糙度，可以显著降低摩擦、磨损以及耗散能，延长零件使用寿命。

7.3　润滑条件对桨毂结合面微动磨损的影响

理想条件下，桨毂结合面在充分的油润滑状况下，但是在实际服役过程中，经常会因为动密封失效造成外部海水的渗入，进而造成润滑条件的恶化。因此，本节研究在不同润滑条件包括油润滑、海水润滑、过滤水润滑以及干摩擦下的微动磨损对比研究[11-13]，以便深入理解桨毂结合面的失效机理。

7.3.1　试验样件及试验装置

采用 7.2 节同一试验装置[5]，但上、下试样几何形状与之前稍有不同，如图 7.13 所示。此外，为了进行润滑条件下的试验，在试验装置中增添了一个润滑槽来存储润滑油，下试件用螺钉固定在润滑槽底部，如图 7.14 所示。

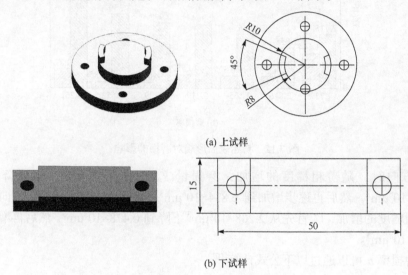

(a) 上试样

(b) 下试样

图 7.13　试验样品(单位：mm)

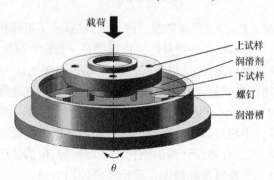

图 7.14　润滑条件对桨毂结合面微动磨损试验装置

在油润滑、过滤水润滑、海水润滑以及干摩擦不同润滑条件下进行微动磨损试验。其中，油润滑用来模拟桨毂结合面理想的润滑条件；水润滑用来模拟由于密封失效导致外部水的浸入；干摩擦用来模拟桨毂轴承极端润滑失效条件。试验中所采用的润滑油为齿轮油 ISOVG46；水为过滤水；海水为根据 ASTM 1141-98 标准制备的人工海水，如表 7.5 所示。

表 7.5　海水化学成分

成分	NaCl	Na₂SO₄	MgCl₂	CaCl₂	SrCl₂	KCl	NaHCO₃	KBr	H₃BO₃
浓度/(g/L)	24.53	4.09	5.20	1.16	0.025	0.695	0.201	0.101	0.027

　　试验在室温(20℃±5℃)下进行。角位移幅值固定为 1.5°，频率固定为 2Hz，循环次数固定为 60000 次，而法向载荷 P 设定为三种，即 43N、86N 和 106N(对应的平均接触压力分别为 1.52MPa、3.04MPa 和 3.75MPa)。测试过程中，利用计算机对动态摩擦力矩(T)和角位移(θ)进行数据采集与显示。

7.3.2　试验结果与分析

　　106N 时不同润滑状态下典型的 T-θ 曲线如图 7.15 所示。可以看出，所有的 T-θ 曲线呈现准平行四边形，表明微动运行于完全滑移状态。油润滑条件下，T-θ 曲线幅值最低且保持稳定；与过滤水润滑相比，海水润滑条件下的 T-θ 曲线幅值略低；干摩擦条件下，摩擦力矩随微动过程逐渐上升，并且在试验最终阶段比其

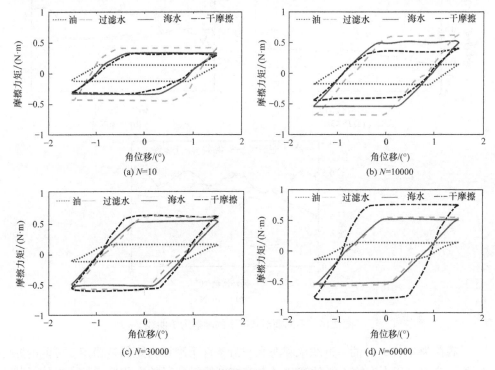

图 7.15　T-θ 曲线随循环次数的演变(P=106N)

他三种液体润滑状态下更高。在整个试验过程中，系统刚度可以视为一个常数。因此，T-θ 曲线斜率的变化反映接触刚度的变化。试验初始阶段，受初始表面粗糙度和污染膜等复杂因素的影响，接触刚度差异很大，但在稳定阶段，这些因素的影响大大减弱。所以，本试验主要通过分析稳定阶段(图 7.15(c)和(d))的 T-θ 曲线刚度来反映润滑状况对接触刚度的影响。可以看出，过滤水和海水润滑条件下，N = 60000 时接触刚度几乎是一样的；干摩擦下，N = 60000 次时的接触刚度明显高于 N =30000 时的接触刚度，这是磨损过程中表面加工硬化的结果。在四种润滑状态下，油润滑下的接触刚度最低，干摩擦下的接触刚度最高，过滤水中的接触刚度与海水中的接触刚度基本一致。根据微动图理论，接触刚度对摩擦力矩有严重的影响，较低的接触刚度有利于减轻微动损伤。

图 7.15 所示的 T-θ 曲线幅度只反映了指定循环次数的摩擦力矩。为了反映整个微动过程中摩擦力矩的变化规律，绘制了摩擦力矩随循环次数的变化曲线(T-N 曲线)，如图 7.16 所示。

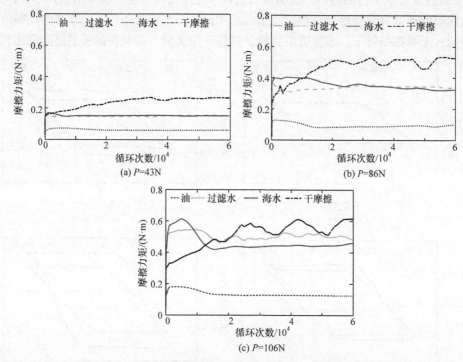

图 7.16　不同润滑状态下的摩擦力矩曲线

载荷为 43N 时，油、过滤水和海水润滑条件下摩擦力矩保持稳定。可能的原因是，磨损过程中摩擦力矩的变化是由摩擦副接触状况的变化造成的，在较低载荷且有液体润滑膜保护的情况下，磨损轻微，摩擦副的接触状况自始至终变化很小，因此摩擦力矩也一直较为稳定。干摩擦条件下，初始阶段，由于污染膜的保护作用，摩擦力矩较低，之后摩擦力矩随着接触界面的黏着、磨损和塑性变形而增加。

载荷为 86N 和 106N 时，在油、过滤水以及海水润滑条件下，初始阶段 T-N 曲线呈先增加后降低的趋势。摩擦力矩的增加是由于金属接触面积的增大和材料在磨合阶段的黏着；之后，产生的磨屑参与承载，二体接触变成三体接触，摩擦力矩下降。大约 20000 次循环以后，摩擦力矩达到稳定值，只在一个很小的范围内波动。在完全滑移区，摩擦力矩的稳定通常是由于磨屑的产生和排出达到了一个动态平衡的状态[5]。

对稳定阶段摩擦力矩进行计算，同时对磨损量进行测量。稳定摩擦力矩定义为后 30000 个循环周期摩擦力矩的平均值：

$$T_{\text{stab}} = \frac{1}{30000}[\sum_{i=30001}^{60000} T_i] \tag{7.12}$$

式中，T_i 代表第 i 个循环周期的摩擦力矩。

磨损量的测量步骤如下：首先，将磨损后的试样在稀硫酸和无水乙醇中进行超声清洗来去除磨屑，再利用热压缩空气进行干燥处理；然后利用三维光学显微镜对磨痕进行扫描，获取其三维形貌；最后以磨损表面的中间面为参考平面，通过计算参考平面以下凹坑的体积获得磨损量[9]。稳定摩擦力矩和磨损量如表 7.6 所示。

表 7.6　稳定摩擦力矩与磨损量

载荷/N	稳定摩擦力矩/(N·m)				磨损量/10^8μm³			
	油	过滤水	海水	干摩擦	油	过滤水	海水	干摩擦
43	0.056	0.148	0.145	0.263	0.005	0.210	0.141	0.673
86	0.102	0.340	0.327	0.504	0.047	0.221	0.192	1.462
106	0.123	0.498	0.436	0.558	0.081	0.362	0.301	2.451

从表 7.6 可以看出，在相同的法向载荷下，油润滑条件下摩擦力矩和磨损量最低，干摩擦下最高。这是因为，在油润滑条件下，润滑油膜的剪切强度较低，可以降低摩擦阻力，并且润滑油膜有较高的承载能力，可以有效降低金属表面之间的黏着。而在干摩擦条件下，由于缺少润滑膜的保护，摩擦加剧并产生大量的摩擦热，导致表面硬度降低和磨损量增加，这与 Archard 等[14]的磨损理论相一致。在过滤水和海水润滑条件下，水膜具有冷却作用，可以有效降低表面温度，防止黏着和塑性变形，所以摩擦力矩和磨损量比在干摩擦条件下更低。

　　此外，与过滤水润滑相比，海水润滑下摩擦力矩更小、磨损量更低。Ding 等[15]也发现了类似的现象。可能的原因是，海水润滑条件下发生了腐蚀破坏，腐蚀产物具有较低的抗剪切强度且易于从接触界面排出，所以表现出润滑效果。磨损与腐蚀的协同作用涉及钝化膜或吸附层的形成和失效、应力腐蚀和腐蚀磨损等几个过程。海水中的磨损量比过滤水中低，说明海水中的腐蚀与磨损之间存在负协同作用。

　　为了进一步分析磨损失效机理，首先利用光学显微镜对磨痕进行低倍观察，然后利用扫描电子显微镜(SEM)对磨痕进行高倍观察。图 7.17 是磨痕在光学显微镜镜下的形貌。可以看出，油润滑条件下，磨痕表面沿滑动方向呈现出犁沟特征，磨损宽度比接触区宽度小很多，且边缘磨损非常轻微。两种水润滑条件下，边缘部分磨损比内部小得多。可能的原因是，在面-面接触下，润滑介质更容易渗透到接触区边缘而难以渗入接触区内部，因此边缘部分的润滑条件更好。两种水润滑条件下，部分磨损区域看起来光亮平滑，这是由于原始表面材料去除后基体材料暴露出来。此外，在海水润滑条件下，大量的腐蚀剥落坑表明磨痕出现了严重的腐蚀；在干摩擦条件下，由于缺少润滑介质冷却摩擦表面，磨痕发生严重的氧化反应，导致磨痕表面覆盖一层厚厚的黑色磨屑。

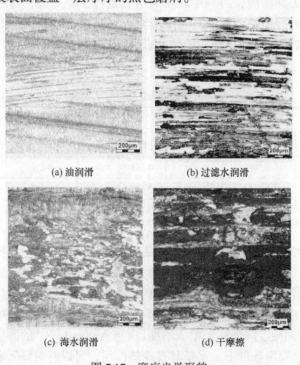

(a) 油润滑　　　　　　　　(b) 过滤水润滑

(c) 海水润滑　　　　　　　　(d) 干摩擦

图 7.17　磨痕光学形貌

　　利用 SEM 对磨痕进行微观尺度分析，如图 7.18 所示。可以看出，在油润滑条件下，磨损主要呈现沿滑动方向的犁沟特征，从磨痕表面难以观察到裂纹和剥层，这是由于润滑油膜可以大大降低摩擦副材料剪切应力，进而抑制裂纹的萌生和扩展。所以油润滑条件下的磨损机制主要是磨粒磨损和塑性变形。在过滤水和海水润滑条件下，由于水具有较强的渗透性，可以渗透到已经存在的表

(a) 油润滑

(b) 过滤水润滑

(c) 海水润滑

(d) 干摩擦

图 7.18　磨痕 SEM 形貌

面缺陷或者微裂纹中,因而促进了微裂纹的扩展。当表面受到反复的剪切应力和压应力时,微裂纹扩展并造成剥层[16],所以两种水润滑条件下磨痕的主要特征是裂纹和剥层。但在海水中剥层没有在过滤水中严重,可能原因是海水的黏度较高,更难渗入裂缝引起裂纹扩展。此外,海水润滑条件下的磨痕也显现出腐蚀特征。在海水润滑条件下,这些腐蚀化合物可以部分减少金属间的直接接触,并起到固体润滑的作用[15],因此海水润滑条件下的摩擦力矩比过滤水润滑条件下的更小。干摩擦条件下,磨痕表面的主要特征是出现沿滑动方向的划痕和沟槽。剥落的磨屑颗粒被进一步碾压,黏附在接触表面,即使超声清洗以后,从磨痕表面仍可以观察到磨屑。

7.4　表面涂层对桨毂结合面微动磨损的影响

近些年来,表面改性处理逐渐成为一种改善接触界面摩擦磨损行为的有效方法。目前表面改性的重要手段是通过热喷涂、电镀、化学镀、离子注入等表面处理技术制备耐磨涂层,使材料在较宽的使用条件下具有良好的耐磨性能、耐腐蚀性能与力学性能。本节主要介绍目前常用于表面改性的涂层材料与相应的制备工艺,结合可调距螺旋桨的实际工况条件,制备具有高耐磨性能的新型表面涂层并进行工艺优化,最后对制备的涂层进行微动磨损测试。

7.4.1　涂层常用材料

1. 聚合物材料涂层

聚四氟乙烯(PTFE)具有优异的性能,包括低摩擦系数、高延展性、宽工作温度、抗咬合性能和化学惰性,它是制备优良涂层的常用材料[17-20]。由试验及有限元分析表明,PTFE 复合材料涂层具有良好的保温隔热性能[21]。Lan 等[18]用销盘配置并在边界润滑条件下研究了 PTFE、聚醚醚酮(PEEK)和热固性聚酯(ATSP)涂层的磨损性能,如图 7.19 所示。研究表明,三种涂层的摩擦系数和磨损

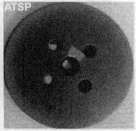

图 7.19　不同材料制备的涂层[18]

率较低，兼具降低材料表面磨损的优点，其中 40μm 厚的 ATSP 涂层具有最佳的耐磨性。

2. 无机材料涂层

对于无机材料涂层，目前的主要研究方向是纳米复合涂层[22-24]。由于纳米复合材料与水能形成大接触角，涂层具有吸收和消散由颗粒物质反复冲击而产生的高冲击能量，从而产生更高的抗冲蚀性能与耐磨损性能。

1) 类金刚石碳(DLC)涂层

DLC 涂层因具备良好的摩擦学性能而被广泛用于提高耐磨性能[25]。经过多年的改进，目前 DLC 已具备超低摩擦系数和高耐磨性。通过掺杂或合金化来优化 DLC 涂层的性能，或采取纳米晶与梯度结构来制备新型涂层，可进一步提高 DLC 涂层的耐磨性能，以及材料的硬度、韧性和热稳定性[25]。DLC 涂层的硬度可高达 10GPa，显著降低了边界润滑过程中的磨损[26]。

2) Cr/Cr_2N 涂层

Guan 等[27]采用离子镀方法在 316L 不锈钢表面制备了 Cr/Cr$_2$N 复合纳米涂层(厚度约为 3.5μm)。结果表明，较厚的 Cr/Cr$_2$N 涂层具有更高的硬度，但韧性会降低。对涂层中 Cr 与 Cr$_2$N 层的厚度优化发现，二者厚度比为 0.45 时表现出适中的硬度和韧性。通过优化多层体系结构，Cr/Cr$_2$N 复合纳米涂层具有优异的耐腐蚀性和高承载能力，在海洋环境中具有很大应用前景。

3) SiC 涂层

Mubarok 等[28]采用热喷涂方法和高频脉冲爆轰(HFPD)技术在常压下成功地制备了厚度为 100μm 左右的碳化硅(SiC)涂层。试验表明，在海洋环境试验条件下，SiC 涂层的磨损几乎可以忽略不计。可见，SiC 涂层在海洋用轴承等领域具有广泛的应用前景。

7.4.2　常用涂层的制备方法

近年来，随着涂层材料的广泛应用，其制备方法也得到了长足发展。学者针对涂层的耐腐蚀、耐磨损、力学性能、工艺适应性和可承受性等不同性能，进行了大量的制备工艺研究。图 7.20 总结了制备涂层的常用方法。

1. 物理气相沉积

一般来说，在物理气相沉积(PVD)过程中，待沉积的材料经固体或液体源蒸发，并以等离子体的形式沉积到基板上，如图 7.21 所示。两种应用最广泛的 PVD 方法沉积硬质涂层为磁控溅射和阴极电弧蒸发(CAE)。涂层厚度对基体材料的腐蚀行为有重要影响。采用 PVD 方法得到的涂层厚度增加至 10μm 时，耐蚀性显著提高。这是由于伴随着涂层厚度的增加,涂层内孔隙和腐蚀环境之间的传质减少,引起腐蚀抗力的增加。

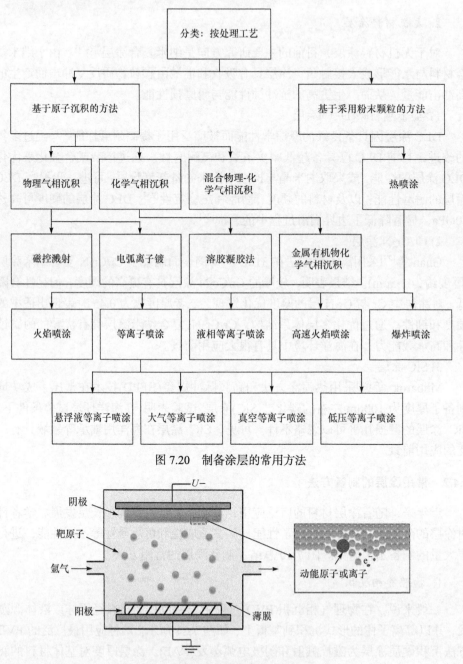

图 7.20 制备涂层的常用方法

图 7.21 PVD 装置制备涂层示意图[29]

2. 化学气相沉积

传统的化学气相沉积(CVD)可以发生在热壁反应器或冷壁反应器中。在热壁反应器中，反应器被放置在电阻加热器或管式炉内，以使基板和反应器的壁处于相同的温度；在冷壁反应器中，仅对基板进行加热，如图 7.22 所示。采用 CVD方法来制备 TiN-AlN 混合纳米晶硬质材料涂层将进一步提高基体的耐磨性[29]。此外，抗腐蚀和耐氧化涂层的制备也是目前的主要研究方向，如 Ta_xC 涂层和 Cr_xC_y涂层[30]。这些涂层需要尽可能地降低孔隙和裂纹，从而表现出优良的性能。

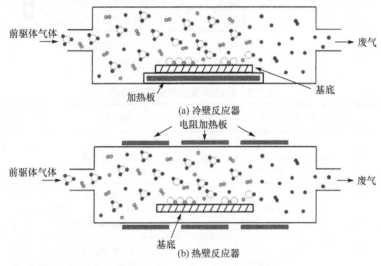

前驱体气体 →　　　　　　　　　　　　　　　　　→ 废气

加热板　　　　　　　　　　　基底

(a) 冷壁反应器

电阻加热板

前驱体气体 →　　　　　　　　　　　　　　　　　→ 废气

基底

(b) 热壁反应器

图 7.22　CVD 装置示意图[29]

3. 热喷涂

热喷涂技术由于其目标材料广泛而成为一种越来越重要的沉积技术。尤其是等离子喷涂(PS)技术，它可以利用金属或合金作为基体材料制备高密度的复合涂层，同时使用陶瓷相作为添加剂[31, 32]，是包括 CPP 在内的海洋工程应用中制备涂层的首选加工工艺。图 7.23 是典型的等离子喷涂系统示意图。国内外许多学者对热喷涂制备 TiN 涂层的耐磨性能进行了报道，其中，Feng 等[33]采用等离子喷涂技术在 AISI M2 高速钢基板上沉积了一层镀锡涂层，在此基础上，用 Ni-10% Al(质量分数)合金层(100μm)来增加涂层与基体之间的黏着力。磨损测试发现，在非润滑条件下，锡涂层在高负载时(1470N)显示出高的耐磨性和较低的摩擦系数。M2钢的摩擦系数大约是该锡涂层的 18.5 倍。Borgioli 等[34]研究了在含氮等离子气体中采用等离子体喷涂技术制备了 Ti-TiN 涂层，并研究其滑动磨损性能，摩擦磨损载荷为 45~100N，速度为 0.42m/s。结果表明，在低负载(45N)下，磨损量较低，但当滑动速度增加时，磨损量略有增加。当高负载(100 N)低滑动速度时，出现涂层的剥落，表现为较高的磨损量。表 7.7 总结了现有文献报道的一些热喷涂涂层的摩擦学性能。

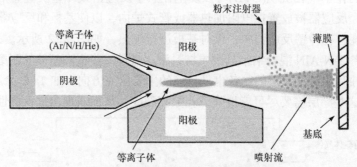

图 7.23　等离子喷涂系统示意图[33]

表 7.7　热喷涂涂层的摩擦学性能

涂层	沉积方法	基底	厚度/μm	测试条件	COF	文献
nc-TiN	RPS	C45 钢	400	AISI E52100 钢	0.37～0.41	[35]
		HSS M2			0.33～0.37	[35]
TiN	RPS	Q235 钢	500	AISI E52100 钢 (490N)	0.37	[33]
				AISI E52100 钢 (1470N)	0.02	[33]
		HSS M2		AISI E52100 钢 (490N)	0.37	[33]
				AISI E52100 钢 (1470N)	0.37	[33]
TiN-matrix	HVOF	中碳钢	300	GCr15 (196N)	0.64	[36]
				GCr15 (196N)	0.49	[36]
				GCr15 (196N)	0.49	[36]
				GCr15 (735N)	0.50	[36]
Ti-TiN	RPS	AISI 1040	120 平均	AISI O2 钢 (45N, 0.4m/s)	0.44	[34]
				AISI O2 钢 (45N, 0.8m/s)	0.38	[34]
				AISI O2 钢 (45N, 1.6m/s)	0.19	[34]
				AISI O2 钢 (45N, 2.0m/s)	0.12	[34]
				AISI O2 钢 (100N, 0.4m/s)	0.64	[34]
				AISI O2 钢 (100N, 0.8m/s)	0.45	[34]

续表

涂层	沉积方法	基底	厚度/μm	测试条件	COF	文献
Ti-TiN	RPS	AISI 1040	120 平均	AISI O2 钢 (100N, 1.6m/s)	0.35	[34]
				AISI O2 钢 (100N, 2.0m/s)	0.34	[34]
				AISI O2 钢 (0.4m/s)	0.60	[37]
				AISI O2 钢 (> 0.4m/s)	0.40	[37]
Ti/TiN	RPS	Ti-6Al-4V	—	Si_3N_4 (10N)	0.72	[38]
				Si_3N_4 (20N)	0.72	[38]
				Si_3N_4 (30N)	0.61	[38]
Ti/TiN+TiN	RPS+PVD	Ti-6Al-4V	—	Si_3N_4 (10N)	0.70	[38]
				Si_3N_4 (20N)	0.65	[38]
				Si_3N_4 (30N)	0.66	[38]
Ti-6Al-4V/TiN	HPRPS	Ti-6Al-4V	151±11	Ti-6Al-4V (50N, 12h)	0.55	[39]
				Ti-6Al-4V (50N, 6h)	0.44	[39]
				Ti-6Al-4V (100N, 12h)	0.48	[39]
				Ti-6Al-4V (100N, 6h)	0.40	[39]

注：RPS 代表低压等离子喷涂，HVOF 代表超声速喷涂，HPRPS 代表高功率低压等离子喷涂。

7.4.3　实际工况下 Ti_3SiC_2 涂层实例分析

1. Ti_3SiC_2 涂层的制备

选取粒径 40μm 的 Ti_3SiC_2 粉末(纯度≥98%，质量分数)为原料，采用热喷涂工艺在镍铝青铜基体(尺寸为 30mm×50mm×7mm)上沉积涂层[40]。通常，制备涂层的质量受等离子体功率的影响比较大。试验表明，功率为 34kW 时制备的涂层具有致密的结构，而功率在 40kW 以上时，涂层的孔隙率随着功率的升高有明显上升。因此，选取 33kW 和 34kW 两种功率制备 Ti_3SiC_2 涂层，以确保其具有良好的致密度。表 7.8 给出了制备 Ti_3SiC_2 涂层的具体热喷涂工艺参数。图 7.24 为不同功率下所制备涂层的光学显微镜形貌，在 34kW 和 33kW 功率下制备涂层对应的表面粗糙度分别为 4.92μm 和 8.09μm。表 7.8 中 T1、T2 分别代表功率为 34kW 和 33kW 时制备的涂层。

表 7.8　Ti_3SiC_2 涂层热喷涂工艺参数

样品	功率/kW	等离子气体(Ar/H₂)	喷距/mm
T1	34	33/2	85
T2	33	33/2	85

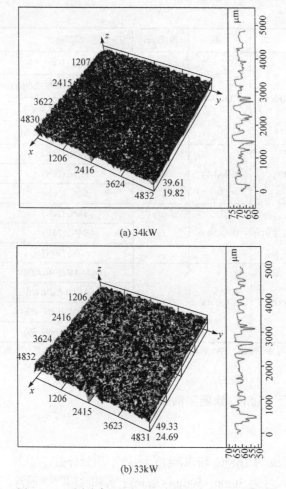

(a) 34kW

(b) 33kW

图 7.24　不同功率下 Ti_3SiC_2 涂层的光学显微镜形貌

2. 微动磨损试验

微动磨损试验参数如下：载荷为 43N、86N 和 106N；角位移幅度为 1.5°；频率为 2Hz，循环周期为 40000 次，试验环境为室温(23℃)，相对湿度为 40%~45%。图 7.25 为不同载荷条件下 T1 和 T2 涂层的摩擦力矩动态变化曲线。随着循环次数增加，摩擦力矩变化分为三个阶段：初始阶段摩擦力矩较小，主要是由于涂层表面吸附物起减摩作用导致的，避免了涂层与对磨材料的直接接触；随后摩擦力矩出现急剧上升，对应表面吸附物的剥落以及接触表面的破坏；1000 次循环后，摩擦力矩逐渐稳定，此时接触界面磨屑的产生与挤出达到相对稳定状态。同时发现，摩擦力矩伴随载荷的升高而逐渐增加，但 T2 涂层的摩擦力矩较 T1

涂层有明显降低。如图 7.26 所示，涂层的磨损量随着载荷的增加而明显增加，同 T1 涂层相比 T2 涂层在不同的载荷下表现出更好的耐磨性能，且这种差异随着载荷的增加更加显著。

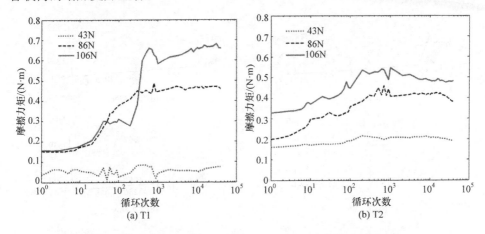

图 7.25　不同载荷条件下 T1 和 T2 涂层的摩擦力矩随循环次数的变化关系

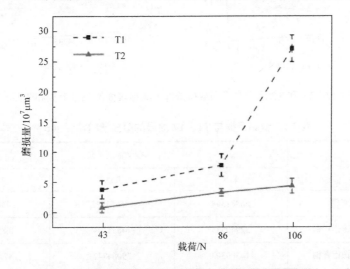

图 7.26　不同载荷条件下，T1 和 T2 涂层的磨损量

图 7.27 给出了 T1 和 T2 涂层在不同载荷条件下磨损表面的三维形貌和截面轮廓。在三种载荷下，均表现为磨损表面中心区域较边缘区域磨损加剧。大量研究表明，微动磨损过程中，接触边缘区域较中心区域产生的磨屑易发生挤出现象，导致接触中心区域产生磨屑富集，易引起应力集中，最终导致接触中心区域磨损加剧。同时，T2 涂层的磨损形貌证实了其耐磨性较 T1 涂层有明显改善。通过实

际工况下与目前 CPP 常用的镍铝青铜材料对比，发现 Ti_3SiC_2 涂层明显降低了接触表面的微动磨损，如表 7.9 所示。

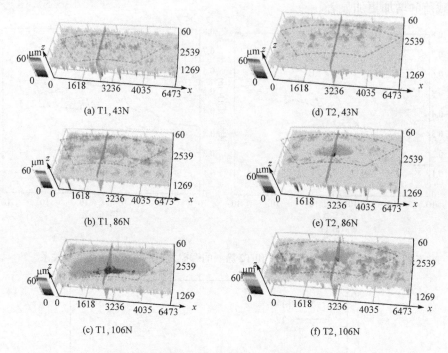

(a) T1, 43N   (d) T2, 43N

(b) T1, 86N   (e) T2, 86N

(c) T1, 106N   (f) T2, 106N

图 7.27   T1 和 T2 涂层在不同载荷条件下磨损表面的三维形貌和截面轮廓

表 7.9   镍铝青铜与 T1、T2 涂层的磨损量(单位：μm^3)

负载	摆动幅度 1.5℃		
	43N	86N	106N
镍铝青铜	66881344	145851612	244800000
T1 涂层/镍铝青铜	32940533	74833204	268595573
T2 涂层/镍铝青铜	14509304	29064842	47173295

研究表明，功率为 34kW 和 33kW 时，等离子喷涂制备 Ti_3SiC_2 涂层的耐磨性能优良，磨损过程中形成的氧化物能够起润滑作用，明显降低了表面磨损。经 XPS 分析发现，氧化物主要包含 Fe_2O_3、Fe_3O_4、SiO_2 和 TiO_2(图 7.28)。同时三元 Ti_3SiC_2 相兼具陶瓷高硬度与金属塑性，抗腐蚀性好，在海洋环境下耐磨涂层的应用中具有良好的前景。

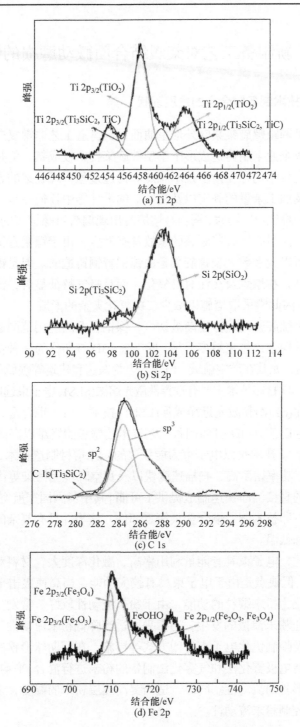

图 7.28 磨损表面 Ti、Si、C、Fe 元素的 XPS 分析

7.5 新制备工艺对桨毂结合面微动磨损的影响

7.5.1 3D 打印技术制备铜合金的发展现状

由于大型可调距螺旋桨桨叶外形呈曲面，其铸造工艺非常复杂，难度极大。目前国内大多数企业采用铸造成形中小型螺旋桨技术较成熟，但是对于大型可调距螺旋桨的制造技术仍存在诸多技术难点。铸造过程中螺旋桨的合金熔炼、造型方法、收缩率及加工余量的确定以及浇冒口的设计等中任何一步设计不当，都将造成整体铸件的报废[41]。同时，铜合金熔炼时出现偏析对螺旋桨的品质影响极大，因熔炼工艺不当而引起螺旋桨断裂的事故常有发生。由于镍铝青铜材料具有优良的综合性能，所以大多数大型螺旋桨是由镍铝青铜铸造的。但是镍铝青铜合金成分中铝含量较高，在熔炼及浇注时易氧化，而且吸气特征显著，浇注过程中易形成 Al_2O_3 杂质，因此常采取措施以减少二次氧化夹杂的形成。

随着可调距螺旋桨的优势逐渐被认可，镍铝青铜的应用范围逐步扩大，人们对其制备工艺的探索也越来越多[42-45]。近年来，3D 打印作为一种快速原型制造技术得到快速发展，尤其在航空航天、汽车、生物医药和建筑等领域的应用范围逐步拓宽。目前金属 3D 打印技术主要有选择性激光熔融(SLS)、电子束选区熔融(EBSM)、选择性激光熔化(SLM)和激光近净成形(LENS)技术。对于铜合金，其特有的高导热性和高反射性能使其 3D 打印制备工艺技术的壁垒始终难以突破。与 LENS 和 SLM 相比，EBSM 技术是以电子束为能量源的粉床增材制造技术，具有能量利用率高、无反射、功率密度高、扫描速度快以及真空环境无污染等优点[46]，为实现镍铝青铜合金的直接洁净快速制造提供了可能。其中美国国家航空航天局(NASA)率先通过 3D 打印技术制备铜合金火箭零部件，该零件具有复杂的冷却通道，可经受极端高温和低温。

与激光相比，电子束具有能量利用率高、融化深度大、材料对能量吸收率高且稳定等优点，但缺点是由于电子束具有较大动能，当高速轰击金属原子时电子的部分能量转化为粉末颗粒的动能，由于粉末流动性较好，常发生"粉末溃散"现象[47]。为防止粉末溃散的发生，通常采取适当降低粉末流动性、对粉末和底板进行预热，以及控制优化电子束打印方式等措施。在前期球形粉制备过程中，可选取等离子旋转电极雾化法和气雾化法制备的粉末进行混合，平均粒径为 $75\mu m$，可有效控制球形粉的流动性。同时，适当提高逐层粉末的温度，使粉末之间发生烧结颈，以便控制粉末流动性。

目前，对 3D 打印制造铜合金的研究仍然有限，在制造高密度铜合金时仍然存在技术难点。已有报道，3D 打印制备铜件的相对密度低于 95%[48]，同时不同组成成分的 3D 打印制备铜合金包括 99.8% Cu-O[49]，Cu-(0.5～0.7)Cr-(0.02～0.05)Zr-(0.02～0.05)Ti(%，质量分数)[50]和 C11000 铜合金[51]也有相关报道。通过选择性激光熔化技术制备的 Cu-Cr-Zr 合金已达到 97.9%的相对密度，但其晶粒沿尺寸变化范围较大(30～250μm)，导致其抗拉强度(UTS)较低[50]。Sciammarella 等[51]报道了在 4142 钢上采用激光束熔融(LBM)技术制备纯铜，其晶粒尺寸为 20μm，小于锻造的铜材料，但是其硬度仍然低于锻造的同类产品。

7.5.2　制备工艺

选用电子选区熔融技术，采用气雾化制备的镍铝青铜合金粉末(平均粒径 75μm)作为填充料，粉末的化学成分如表 7.10 所示。打印过程采用 EBSM-250 3D 打印系统(Qbeam3D)。

表 7.10　气雾化镍铝青铜合金粉的元素成分

元素	Cu	Al	Ni	Fe	Mn
含量/%(原子分数)	81.1	9.5	4.2	4.0	1.2

7.5.3　微动磨损试验及分析

对不同加工束流条件下得到的镍铝青铜分别进行微动磨损试验，其中束流 6mA、7mA、8mA 分别对应工艺 Ⅰ、工艺 Ⅱ 和工艺 Ⅲ。试验参数如下：载荷为 43N、86N 和 106N；角位移幅度为 1.5°；频率为 2Hz，循环周期为 20000 次，试验环境为室温(23℃)。图 7.29 为不同加工束流条件下镍铝青铜在不同载荷时的摩擦力矩动态变化曲线。随着循环次数增加，摩擦力矩迅速上升，对应的表面吸附物剥落；达到 500 次循环后，摩擦力矩基本达到稳定状态，此时接触界面磨屑的产生与挤出达到稳定状态。同时，摩擦力矩伴随载荷的上升表现为先上升后降低的趋势。而不同工艺参数下得到的镍铝青铜摩擦力矩差异不显著。如图 7.30 所示，镍铝青铜的磨损量随着载荷的增加而明显增加，加工束流为 6mA 时，表现出最好的耐磨性能，20000 个循环周期后磨损量约为 0.03mm³。通过实际工况下与目前 CPP 常用的镍铝青铜材料对比发现，3D 打印制备的镍铝青铜的耐磨性能得到显著改善，如表 7.11 所示。

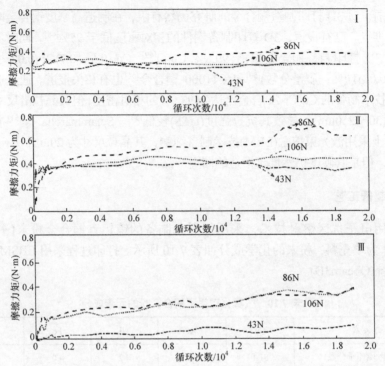

图 7.29 不同加工束流条件下镍铝青铜在不同载荷时的摩擦力矩动态变化曲线

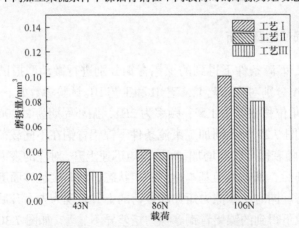

图 7.30 不同加工工艺涂层的磨损体积

表 7.11 3D 打印镍铝青铜与传统镍铝青铜磨损量对比(单位：μm³)

负载	摆动幅度 1.5°		
	43N	86N	106N
传统镍铝青铜	66881344	145851612	244800000
3D 打印镍铝青铜	21000000	39000000	98000000

对通常磨损较严重的 106N 载荷条件下的磨损表面进行微观分析。扫描电镜结果显示，3D 打印镍铝青铜在 106N 载荷时的磨损表面出现细小划痕(图7.31(a))，磨损较轻微，属于典型的磨粒磨损。对其局部放大观察(图 7.31(b))，发现磨损表面出现细小颗粒，这些细小颗粒为 3D 打印过程中产生的析出相，如图7.32 所示。3D 打印快速冷却过程伴随析出相产生，细小的析出相起到弥散强化的作用，使镍铝青铜耐磨性得到改善。

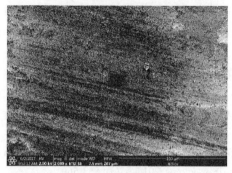
(a) 磨损表面出现细小划痕

(b) 磨损表面出现细小颗粒

图 7.31　3D 打印镍铝青铜的磨损表面形貌(106N)

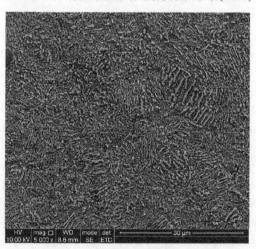

图 7.32　3D 打印镍铝青铜断面形貌

7.6　本 章 小 结

在全回转推进器实际服役过程中，在水动力、离心力、调距力等载荷作用下，曲柄销盘与桨毂体下表面挤压接触，产生微动磨损。桨毂体下表面材料(镍铝青铜)

相对曲柄销盘(42CrMo4)材料硬度较低，引起桨毂体下表面不断磨损，随着磨损的加剧，桨毂体上表面与桨叶根部的间隙逐渐扩大，进而造成动密封失效，最终引发泄漏。所以，研究实际工况下桨毂结合面间的微动磨损问题，控制其在服役周期内磨损，防止因微动磨损引起的动密封失效是全回转推进器服役过程的一个关键问题。本章对全回转推进器工作过程中桨毂结合面的微动状态进行了分析，并结合实际工况探索了表面形貌以及润滑介质对桨毂结合面微动磨损的影响，分析磨损机理；提出了采用 Ti_3SiC_2 涂层和新的材料制备工艺，以增强桨毂材料耐磨性的可行性。

参 考 文 献

[1] Godjevac M. Wear and friction in a controllable pitch propeller. Delft: Delft University of Technology, 2010.

[2] Lu W, Zhang G, Liu X, et al. Prediction of surface topography at the end of sliding running-in wear based on areal surface parameters. Tribology Transactions, 2014, 57(3): 553-560.

[3] Zhang G, Liu X, Lu W. A parameter prediction model of running-in based on surface topography. Proceedings of the Institution of Mechanical Engineers, Part J: Journal of Engineering Tribology, 2013, 227(9): 1047-1055.

[4] Shi W, Luo X, Zhang Z, et al. Influence of external load on the frictional characteristics of rotary model using a molecular dynamics approach. Computational Materials Science, 2016, 122: 201-209.

[5] Lu W, Zhang P, Liu X, et al. Influence of surface topography on torsional fretting wear under flat-on-flat contact. Tribology International, 2017, 109: 367-372.

[6] Leonard B D. An experimental and numerical investigation of the effect of coatings and the third body on fretting wear. West Lafayette: Purdue University, 2012.

[7] Quan H, Gao S, Zhu M, et al. Comparison of the torsional fretting behavior of three porous titanium coatings for biomedical applications. Tribology International, 2015, 92: 29-37.

[8] Mi X, Wang W X, Xiong X M, et al. Investigation of fretting wear behavior of Inconel 690 alloy in tube/plate contact configuration. Wear, 2015, s328-329: 582-590.

[9] Kubiak K, Liskiewicz T, Mathia T. Surface morphology in engineering applications: Influence of roughness on sliding and wear in dry fretting. Tribology International, 2011, 44(11): 1427-1432.

[10] Lee H, Mall S, Sanders J H, et al. Characterization of fretting wear behavior of Cu-Al coating on Ti-6Al-4V substrate. Tribology International, 2007, 40(8): 1301-1310.

[11] Zhang P, Liu X, Lu W, et al. Fretting wear behavior of CuNiAl against 42CrMo4 under different lubrication conditions. Tribology International, 2018, 117: 59-67.

[12] Zhang P, Lu W L, Liu X J, et al. A comparative study on torsional fretting and torsional sliding wear of CuNiAl under different lubricated conditions. Tribology International, 2018, 117: 78-86.

[13] Zhang P, Lu W, Liu X, et al. Torsional fretting and torsional sliding wear behaviors of CuNiAl against 42CrMo4 under dry condition. Tribology International, 2018, 118: 11-19.

[14] Archard J F, Rowntree R A. The temperature of rubbing bodies. Part 2: The distribution of temperatures. Wear, 1988, 128(1): 1-17.

[15] Ding H, Zhou G, Dai Z, et al. Corrosion wear behaviors of 2024Al in artificial rainwater and seawater at fretting contact. Wear, 2009, 267(1-4): 292-298.

[16] Jia J, Lu J, Zhou H, et al. Tribological behavior of Ni-based composite under distilled water lubrication. Materials Science & Engineering A, 2004, 381(1): 80-85.

[17] Lan P, Meyer J L, Economy J, et al. Unlubricated tribological performance of aromatic thermosetting polyester (ATSP) coatings under different temperature conditions. Tribology Letters, 2016, 61(1): 1-14.

[18] Lan P, Meyer J L, Vaezian B, et al. Advanced polymeric coatings for tilting pad bearings with application in the oil and gas industry. Wear, 2016, s354-355: 10-20.

[19] Lan P, Polychronopoulou K, Zhang Y, et al. Three-body abrasive wear by (silica) sand of advanced polymeric coatings for tilting pad bearings. Wear, 2017, s382-383: 40-50.

[20] Lan P, Zhang Y, Dai W, et al. A phenomenological elevated temperature friction model for viscoelastic polymer coatings based on nanoindentation. Tribology International, 2017, 119: 299-307.

[21] 宋明斌. 聚丙烯腈填充聚四氟乙烯复合材料摩擦磨损性能研究. 合肥: 中国科学技术大学硕士学位论文, 2006.

[22] Guo Y, Wang D, Liu S. Tribological behavior of in situ Ag nanoparticles/polyelectrolyte composite molecular deposition films. Applied Surface Science, 2010, 256(6): 1714-1719.

[23] Zhang K, Wang Z, Wang D, et al. Dry sliding friction and casing wear behavior of PCD reinforced WC matrix composites. Tribology International, 2015, 90: 84-95.

[24] Yang L, Wang D, Guo Y, et al. Tribological behaviors of quartz sand particles for hydraulic fracturing. Tribology International, 2016, 102: 485-496.

[25] Erdemir A, Donnet C. Tribology of diamond-like carbon films: Recent progress and future prospects. Journal of Physics D Applied Physics, 2006, 39(18): R311.

[26] Mahmoudi B, Tury B, Hager C H, et al. Effects of black oxide and a WC/a-C:H coating on the micropitting of SAE 52100 bearing steel. Tribology Letters, 2015, 58(2): 20.

[27] Guan X, Wang Y, Xue Q, et al. Toward high load bearing capacity and corrosion resistance Cr/Cr$_2$N nano-multilayer coatings against seawater attack. Surface and Coating Technology, 2015, 282: 78-85.

[28] Mubarok F, Armada S, Fagoaga I, et al. Thermally sprayed SiC coatings for offshore wind turbine bearing applications. Journal of Thermal Spray Technology, 2013, 22(8): 1303-1309.

[29] Endler I, Höhn M, Herrmann M, et al. Novel aluminium-rich Ti$_{1-x}$Al$_x$N coatings by LPCVD. Surface and Coatings Technology, 2008, 203(5-7): 530-533.

[30] Haubner R. The history of hard CVD coatings for tool applications at the university of technology

Vienna. International Journal of Refractory Metals&Hard Materials, 2013, 41(3): 22-34.

[31] Dong Y, Yan D, He J, et al. Studies on nanocrystalline TiN coatings prepared by reactive plasma spraying. Journal of Nanomaterials, 2008, (1): 45.

[32] Ananthapadmanabhan P V, Taylor P R. Titanium carbide-iron composite coatings by reactive plasma spraying of ilmenite. Journal of Alloys & Compounds, 1999, 287(1-2): 121-125.

[33] Feng W, Yan D, He J, et al. Reactive plasma sprayed TiN coating and its tribological properties. Wear, 2005, 258(5-6): 806-811.

[34] Borgioli F, Galvanetto E, Galliano F P, et al. Sliding wear resistance of reactive plasma sprayed Ti-TiN coatings. Wear, 2006, 260(7-8): 832-837.

[35] Yanchun D, Dianran Y, Jining H, et al. Studies on nanocrystalline tin coatings prepared by reactive plasma spraying. Journal of Nanomaterials, 2008, (1): 145-152.

[36] Jing M A, Yan D Q, Jian-Wen H U, et al. Reactive HVOF sprayed TiN-matrix composite coating and its corrosion and wear resistance properties. Transactions of Nonferrous Metals Society of China, 2013, 23(23): 1011-1018.

[37] Galvanetto E, Borgioli F, Galliano F P, et al. Improvement of wear and corrosion resistance of RPS Ti–TiN coatings by means of thermal oxidation. Surface & Coatings Technology, 2006, 200(11): 3650-3655.

[38] Casadei F, Tului M. Combining thermal spraying and PVD technologies: A new approach of duplex surface engineering for Ti alloys. Surface & Coatings Technology, 2013, 237(2): 415-420.

[39] Proudhon H, Savkova J, Basseville S, et al. Experimental and numerical wear studies of porous Reactive Plasma Sprayed Ti-6Al-4V/TiN composite coating. Wear, 2014, 311(1-2): 159-166.

[40] Zhou M, Lu W, Liu X, et al. Fretting wear properties of plasma-sprayed Ti_3SiC_2 coatings with oxidative crack-healing feature. Tribology International, 2018, 118(Supplement C): 196-207.

[41] 韩高高. 铜合金桨毂铸造及热处理工艺研究. 哈尔滨: 哈尔滨工业大学硕士学位论文, 2016.

[42] Lu W, Zhai W, Zhang P, et al. Effect of different levels of free water in oil on the fretting wear of nickel-aluminum bronze based composites. Wear, 2017, 390-391(Supplement C): 376-384.

[43] Zhai W, Lu W, Zhang P, et al. Microstructure, mechanical and tribological properties of nickel-aluminium bronze alloys developed via gas-atomization and spark plasma sintering. Materials Science and Engineering: A, 2017, 707(Supplement C): 325-336.

[44] Zhai W, Shi X, Yang K, et al. Mechanical and tribological behaviors of the tribo-layer with nanocrystalline structure during sliding contact: Experiments and model assessment. Composites Part B, 2017, 108: 354-363.

[45] Zhai W, Shi X, Yang K, et al. Tribological behaviors of Ni_3Al intermetallics with MoO_3 multilayer ribbon crystal prepared by spark plasma sintering. Acta Metallurgica Sinica (English Letters), 2017, 30(6): 576-584.

[46] Körner C. Additive manufacturing of metallic components by selective electron beam melting — A review. International Materials Reviews, 2016, 61(5): 1-17.

[47] 林峰, 齐海波, 陆伟, 等. 金属粉末电子束选区熔化技术的研究进展. 全国特种加工学术会

议, 2009: 511-517.

[48] Zhang D Q, Liu Z H, Chua C K. Investigation on forming process of copper alloys via selective laser melting. High Value Manufacturing: Advanced Research in Virtual and Rapid Prototyping, 2013: 121-126.

[49] Ramirez D A, Murr L E, Martinez E, et al. Novel precipitate-microstructural architecture developed in the fabrication of solid copper components by additive manufacturing using electron beam melting. Acta Materialia, 2011, 59(10): 4088-4099.

[50] Popovich A, Sufiiarov V, Polozov I, et al. Microstructure and mechanical properties of additive manufactured copper alloy. Materials Letters, 2016, 179: 38-41.

[51] Sciammarella F M, Gonser M, Styrcula M. Laser additive manufacturing of pure copper. Rapid, 2013,71(71): 1241-1248.

第8章 桨毂回转副密封性能分析与统计公差优化

8.1 引 言

全回转推进器实际服役过程中，在离心力、重力等外部载荷作用下，曲柄销盘与桨毂体下表面受到挤压接触。如图 4.1 中的结合面 2，由于海水的波动，以及液压油的回弹、调距等，会使结合面 2 产生微动磨损和滑动磨损。桨毂体下表面由于其材料相对于曲柄销盘材料硬度偏弱，会在服役过程中一直磨损，并随着其磨损的加剧，桨毂体上表面与桨叶根部的间隙越来越大(图 4.1 中的结合面 1)，从而导致 O 型密封圈回弹。一旦 O 型密封圈的实际压缩比小于许用压缩比，则会发生泄漏。因此，从获得良好的密封性能的角度，桨叶根部与桨毂体之间的间隙越小越好。然而，由于桨毂体腔内液压油的温度变化、桨叶根部与曲柄销盘之间的螺栓连接变形，以及转动过程中的离心力、重力等负载产生的零部件局部变形，过小的初始间隙可能无法容纳这些变形，导致间隙配合变成过盈或整个接触表面形成局部过盈，最终影响桨叶调距的灵活性。因此，需要对桨毂回转副装配间隙进行分析与优化。

8.2 桨毂回转副装配间隙分析与统计公差优化方法

8.2.1 桨毂回转副装配间隙分析

实际服役过程中，桨毂结合面装配间隙受离心力、重力、温度、摩擦与磨损等内外因素的影响，实际间隙与设计间隙之间有很大区别。如果要想桨毂结合面的密封性能好，则初始间隙就要小。然而，要保证桨叶调距的灵活性，则初始间隙就要一定程度地增大。因此，初始间隙制定得合理与否，与桨毂结合面的运转灵活性以及密封性能息息相关。根据第 5 章式(5.16)，实际工况下桨毂结合面的装配间隙由三部分误差组成，如下所示：

$$d_g = d_{g\text{-}t} + d_{g\text{-}r} + d_{g\text{-}w}(T) \tag{8.1}$$

式中，$d_{g\text{-}t}$ 为装配体零部件的尺寸公差和形状公差引起的装配误差；$d_{g\text{-}r}$ 为实际工况下离心力、预紧力、温度等负载引起的变形；$d_{g\text{-}w}(T)$ 为服役期间桨毂结合面的微动磨损与滑动磨损(其磨损量的预测及计算方法源自第 7 章，本章直接引用第 7

章的有关公式), 且 T 为桨叶回转副密封失效时间。

　　产品质量与装配特征如间隙等息息相关, 而装配特征又与其相关零部件的公差变量有关。图 8.1 为桨毂结合面各零部件的尺寸公差和形状公差。本章需要根据公差的概率分布规律确定装配体的合格率从而计算其桨叶密封失效时间的概率分布情况。O 型密封圈的压缩率不仅与装配间隙有关, 还与 O 型密封圈截面直径以及 O 型槽深度有关, 其相关公差参数及其概率分布规律如表 8.1 所示。其中 X_4 为 O 型槽的深度, X_5 为 O 型密封圈的截面直径。

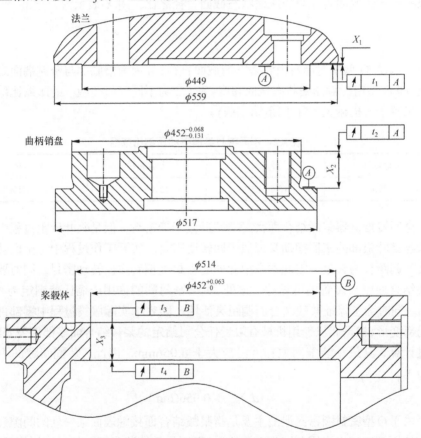

图 8.1　桨毂结合面零部件的公差图(单位: mm)

表 8.1　装配体相关公差参数及其概率分布规律

序号	公差值	分布规律	序号	公差值	分布规律
X_1	2(−0.004, 0.006)	对数正态分布	t_1	0.02	正态分布
X_2	71(0, 0.03)	对数正态分布	t_2	0.02	正态分布
X_3	73(−0.09, −0.06)	对数正态分布	t_3	0.02	正态分布

序号	公差值	分布规律	序号	公差值	分布规律
X_4	15(−0.1, 0)	对数正态分布	t_4	0.02	正态分布
X_5	17±0.15	正态分布			

全回转推进器桨毂结合面密封类型为 O 型密封圈密封。O 型密封圈的压缩比是橡胶圈实际截面直径与非压缩状态截面直径之比，用 X 表示为

$$X = \frac{d_2 - t}{d_2} \times 100\% \tag{8.2}$$

式中，d_2 为 O 型密封圈自由状态下的截面直径；t 为沟槽底部与密封端面之间的距离，即 O 型密封圈压缩状态截面高度。表 8.2 为不同密封类型下的压缩比范围，数据来源于《机械工程师手册(第二版)》。

表 8.2　不同密封类型下的压缩比范围

密封类型	静密封	往复密封	回转动密封
压缩比	15%～25%	12%～17%	9%～15%

全回转推进器桨毂结合面密封类型近似于静密封，但是桨叶调距过程中曲柄销盘与桨叶根部的来回摆动又近似于回转动密封。实际工作过程中，全回转推进器桨叶调距较为频繁，因此本章把此处的密封类型看成回转动密封，同时要保证桨毂结合面密封装置的可靠性，该处 O 型密封圈的许用压缩比范围定为 9%～15%。同时为了保证桨毂结合面调距灵活性，能容纳实际服役过程中零部件表面的局部变形，根据武汉船用机械有限责任公司给定的桨毂结合面零部件公差配合，通过计算，其最小装配间隙 $(d_g)_{min}$ 应大于 0.056mm。因此，装配间隙的不等式约束条件定为

$$(d_g)_{min} \geqslant 0.056(mm) \tag{8.3}$$

由于 O 型密封圈密封泄漏主要是指桨毂结合面接触表面某一处的间隙过大导致该处压缩比超出许用范围而引起泄漏，而不是整体装配间隙超过许用值，所以，需要确定桨毂结合面的最大装配间隙 $(d_g)_{max}$，用于计算 O 型密封圈的压缩高度，其计算公式如下：

$$t = (d_g)_{max} + X_4 \tag{8.4}$$

式中，X_4 是 O 型槽的深度。O 型密封圈许用压缩比的不等式约束可以表示为

$$0.09 \leqslant \frac{d_2 - t}{d_2} \leqslant 0.15 \tag{8.5}$$

8.2.2 桨毂回转副统计公差优化方法

第 5 章建立了传统的统计公差优化模型，本节主要从产品或零部件实际工况运行中质量特征或功能要求的变化情况建立新的约束条件，并以服役寿命、公差制造成本为新的目标函数。考虑实际工况下的装配功能要求的误差组成一般有三部分：第一部分是由装配体零部件的尺寸公差和形状公差引起的；第二部分是由实际工况下的热、力耦合变形引起的；第三部分是由服役过程中的摩擦磨损引起的。其中，第三部分误差会随着服役寿命的增加而逐渐增大，最终导致装配间隙过大，从而引起异常振动或机构失效。因此，考虑实际工况下的装配功能要求一般表示如下：

$$FR = G_t + G_f + G_T(T) \tag{8.6}$$

式中，G_t 为装配误差；G_f 为实际工况下的热、力耦合变形；$G_T(T)$ 为服役寿命期间的摩擦磨损。

复杂产品或装配体实际服役过程中，功能要求一般受多个装配特征的影响。然而，有些装配特征受实际工况的影响，有些不受实际工况影响，或只受一部分实际工况影响。因此，根据式(8.6)实际工况下功能要求的一般表达式，其相应的装配特征 Gap_i 有三种形式：

$$\text{Gap}_i = \begin{cases} G_t \\ G_t + G_f & , \quad i=1,2,\cdots,n \\ G_t + G_f + G_T(T) \end{cases} \tag{8.7}$$

基于统计公差分析规则，公差在区间范围内服从 $\pm 3\sigma$，即产品合格率为99.73%。因此，实际工况下，满足功能要求的概率约束条件为

$$P_{FR} = P(G_t + G_f + G_T(T) \leqslant FR) \geqslant 99.73\% \tag{8.8}$$

同样，实际工况下，满足装配特征要求 G_i 的概率约束条件为

$$P_i = P(\text{Gap}_i \leqslant G_i) \geqslant 99.73\% \tag{8.9}$$

本节主要基于蒙特卡罗仿真技术模拟实际工况下不同服役年限的复杂装配体装配特征或装配功能要求是否满足约束条件，建立相应的统计公差-成本-服役寿命统计优化模型如下：

$$\min f_1 = T, \quad f_2 = \sum_{j=1}^{k} C_j(t_j)$$

$$\text{s.t.} \begin{cases} P_{FR} = P(G_t + G_f + G_T(T) \leqslant FR) \geqslant 99.73\% \\ P_i = P(\text{Gap}_i \leqslant G_i) \geqslant 99.73\%, \ i=1,2,\cdots,n \\ LSL_j \leqslant t_j \leqslant LUL_j, \ j=1,2,\cdots,m \end{cases} \tag{8.10}$$

式中，t_j 为装配体零部件公差；LSL_j 和 LUL_j 分别是变量 t_j 的下偏差与上偏差；P_i 为实际工况下装配体装配特征概率约束条件，实际工况下的装配特征有三种情况，如式(8.7)所示，根据装配体实际运转过程中具体情况选择合适的装配特征表达式；P_{FR} 为实际工况下装配体功能要求约束条件。式(8.10)为公差-成本-服役寿命多目标优化模型，通常将多目标优化问题转为为单目标优化问题。优化的目的是使成本越小，服役寿命越大。然而，成本与服役寿命是两种不同的量纲目标，因此采用归一化的方法来求解公差-成本-服役寿命的多目标优化问题。为了保证两个不同量纲目标的优化趋势一致，这里服役寿命优化趋势是增大的，所以转化为服役寿命的倒数形式，确定新的目标函数，即服役寿命的倒数越小，服役寿命越大。基于标准归一化方法，式(8.10)转化为

$$\min F = \frac{\dfrac{1}{T} - \dfrac{1}{T_{\max}}}{\dfrac{1}{T_{\min}} - \dfrac{1}{T_{\max}}} + \frac{f_2 - (f_2)_{\min}}{(f_2)_{\max} - (f_2)_{\min}} \tag{8.11}$$

为了方便求解单目标与多目标优化结果，对各目标赋予不同的权重 W_1 和 W_2，来改变式(8.11)的优化目标，如下所示：

$$\min F = W_1 \frac{\dfrac{1}{T} - \dfrac{1}{T_{\max}}}{\dfrac{1}{T_{\min}} - \dfrac{1}{T_{\max}}} + W_2 \frac{f_2 - (f_2)_{\min}}{(f_2)_{\max} - (f_2)_{\min}} \tag{8.12}$$

式中，W_1 和 W_2 分别为服役寿命与公差制造成本的权重；$\dfrac{1}{T_{\max}}$、$\dfrac{1}{T_{\min}}$、$(f_2)_{\min}$ 和 $(f_2)_{\max}$ 可以根据变量的取值范围确定。同时，这里采用罚函数把约束问题转化为非约束问题，基于统计公差分析优化准则，带罚函数的非约束统计公差优化模型如下：

$$f = F + \sum_{i=1}^{n+1} k_i \max(0, (0.9973 - P_i)) \tag{8.13}$$

式中，n 为装配特征的个数；$n+1$ 为装配特征与功能要求约束条件总个数；P_i 为概率约束条件，即装配特征或装配功能要求约束条件；k_i 是很大的常数，用于惩罚违背约束条件的解。基于蒙特卡罗仿真，可以计算得到罚函数和目标函数，如果仿真样本量不够大，会导致计算结果不准确，但是过大的样本量又会导致计算时间大量增加，大大降低优化效率。8.3 节主要介绍蒙特卡罗仿真技术，并提出多样本检验策略来克服蒙特卡罗仿真技术的缺点。

8.3　基于装配间隙的桨毂回转副密封性能预测与优化

一般来说，桨毂回转副的密封失效时间与实际工作环境和工作频率有关。桨毂回转副的摩擦磨损行为受海水及其调距频率的影响。桨毂结合面之间的滑动和微动会造成结合面的磨损，进而造成装配间隙增大以及动密封失效。本章以文献[1]中全回转推进器在游轮上的服役情况为例，来说明如何实现面向实际工况的桨毂回转副密封性能预测与关键装配参数优化。

8.3.1　基于装配间隙的桨毂回转副密封性能预测模型

桨毂结合面最小装配间隙对应其调距灵活性，主要是在服役初期，如果最小装配间隙过小，无法容纳实际工况下的热、力耦合变形，会使桨毂结合面的间隙配合变为局部过盈，导致摩擦力矩急剧增大，从而使调距阻力增大，导致调距失败，返厂维修。随着桨毂结合面服役时间的增加，由于桨毂体与曲柄销盘的微动磨损，间接增大桨毂结合面的装配间隙，从而使桨毂结合面上的最小装配间隙增大，增大到一定程度时，最小装配间隙完全能容纳实际工况下的热、力耦合变形，此时，无须考虑最小装配间隙的约束条件。而最大装配间隙对应于 O 型密封圈压缩比以及密封性能，随着服役年限的增加，微动与滑动磨损加剧，最大装配间隙增加到使 O 型密封圈压缩比违背约束条件时，其桨叶 O 型密封失效，服役终止。因此，本章只考虑实际工况以及装配误差下针对初始设计间隙的服役年限，且服役过程中，不考虑 O 型密封圈的氧化等，只考虑结合面的磨损导致的密封失效。

本节主要基于蒙特卡罗仿真技术模拟实际工况下不同服役年限的桨毂结合面装配间隙是否满足约束条件，同时计算不同工况下桨毂回转副 O 型密封达到某一服役年限的概率。这里引用两个指标评价桨毂回转副的密封性能，一是桨叶密封达到某一服役年限 T_i 的概率 $P_i(T_i)$，二是真实的密封失效时间 T_a。因此，根据桨毂回转副的功能要求与装配特征公式(8.3)和式(8.5)可得桨毂回转副桨叶密封性能预测模型。

预测目标：$f_1 = P_i(T_i)$，　$f_2 = T_a$

$$约束条件\begin{cases} 压缩比：\ 0.09 \leqslant \dfrac{d_2 - [(d_{g\text{-}t} + d_{g\text{-}r}) + d_{g\text{-}w}(T) + X_5]}{d_2} \leqslant 0.15 \\[2mm] 最小间隙：\ (d_{g\text{-}t} + d_{g\text{-}r})_{\min} > 0 \\[2mm] 加工能力：\ \text{LSL}_i \leqslant t_i \leqslant \text{LUL}_i, \quad \text{LSL}_j \leqslant X_j \leqslant \text{LUL}_j, \quad i, j = 1,2,3,4 \end{cases}$$

(8.14)

式中，X_5 为 O 型密封圈自由状态下的截面直径；LSL_i 和 LUL_i，以及 LSL_j 和 LUL_j

分别为形状公差变量 t_i 以及尺寸公差变量 X_j 的下偏差和上偏差。这里采用蒙特卡罗仿真技术来随机模拟桨毂结合面零部件的尺寸公差和形状公差的概率分布规律，随机产生符合分布的公差值。考虑统计公差准则，采用 ±3σ 质量范围，当合格率达到 99.73%时，确定密封性能可以达到当前服役时间，如果合格率达不到 99.73%，则达不到当前预定的服役时间。桨叶密封失效时间概率预测模型流程如图 8.2 所示。

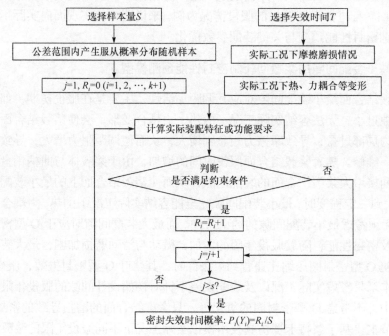

图 8.2 桨叶 O 型密封失效时间概率预测模型流程图

实际服役过程中，全回转推进器桨毂结合面的滑动磨损距离与每天的总调距角度有关，等效为全调距角的调距次数 n_s。由于该项数据难以测量，而瓦锡兰测量了可调距螺旋桨(桨叶半径 r =3.3m)在 6000s 内总的全调距角调距次数为9.54次。本章所研究的全回转推进器桨毂回转副半径为 0.2585m，如图 8.1 所示的曲柄销盘尺寸图。由于其半径较小，功率较低，其调距次数较多，这里类比瓦锡兰数据，设定 6000s 内等效全调距次数为 14.47 次。假如可调距螺旋桨一天工作 24h，根据式(7.2)，一天内总的滑动距离为

$$S_{\text{s-day}} = 14.47 \times \frac{28}{360} \times 2 \times 3.14 \times 0.2585 \times 24 \times \frac{3600}{6000} = 26.31(\text{m}) \tag{8.15}$$

瓦锡兰文献资料给定的桨毂结合面平均微动幅度与推进器功率大小以及调距机构的零部件公差配合等有关，一般为 200～500μm，本章设定为 300μm，且螺

旋桨转一圈发生一次微动,设可调距螺旋桨的额定转速为 150r/min。根据式(7.3),其工作一天的微动距离为

$$S_{\text{f-day}} = 2 \times 0.0003 \times 150 \times 60 \times 24 = 129.6(\text{m}) \tag{8.16}$$

桨毂结合面磨损深度与磨损率有关,前文已经介绍磨损率与负载或者磨损面接触压强有关。因此,需要计算曲柄销盘与桨毂体接触面不同工况下的压强变化,这里主要受水动力垂直于轴方向的分力、离心力、重力等。第 4 章表 4.1 和表 4.2 给出了不同转速下的离心力以及不同工况下的水动力分力。桨毂体与曲柄销盘配合面的面积可根据图 8.1 桨毂结合面零部件装配图尺寸标注计算得到

$$\pi \times (517^2 - 452^2) / 4 = 49443(\text{mm}^2) \tag{8.17}$$

表 8.3 为曲柄销盘与桨毂体结合面所受的压力,包括重力、不同来流下水动力分力、离心力,以及结合面压强。

表 8.3　不同转速下桨毂体与曲柄销盘配合面的压力

压力　　　转速/(r/min)	60	90	120	150	180	210
F_y/N	888	1998	3552	5556	7993	10627
离心力 F_r/N	21891	49255	87565	136820	197021	269725
重力 G/N	7680	7680	7680	7680	7680	7680
压强/MPa	0.62	1.19	2.0	3.04	4.30	5.83

所测得的磨损率都为不同润滑状态下的磨损率情况;关于滑动磨损率,国内外很多学者做过相关研究,Godjevac[1]针对桨毂结合面做了相关滑动磨损试验,这里滑动磨损率直接选择文献中的数据,即 $0.54 \times 10^{-7} \text{mm}^3 / (\text{N} \cdot \text{m})$。假设全回转推进器一年工作时间为 150 天,根据式(8.15)和式(8.16),1 年的滑动磨损距离和微动磨损距离分别为

$$\begin{cases} S_{\text{s-year}} = 26.31 \times 150 = 3.947(\text{km}) \\ S_{\text{f-year}} = 129.6 \times 150 = 19.44(\text{km}) \end{cases} \tag{8.18}$$

考虑到实际工况中,由于风浪过大,桨轴侧向力矩极易超载,故结合面压力过大;同时随着外界服役环境的变化以及自身转速的变化,其桨毂回转副桨毂体与曲柄销盘接触面之间的压力不是恒定的,而是时刻波动着,如果分不同负载、不同转速,计算载荷就可能失真。这里为了提高桨毂回转副抵抗外界干扰能力,提高安全系数,根据武汉船用机械有限责任公司提供的数据,桨毂结合面载荷对

应试验中的 106N，压强为 7.498MPa；油润滑状态下磨损率大概是干摩擦下的 1/100，根据第 7 章服役条件下桨毂结合面的微动磨损试验，可知油润滑状态下的微动磨损率为 $4.0086 \times 10^{-7}\,\mathrm{mm^3}/(\mathrm{N \cdot m})$。根据式(7.1)与式(7.3)，工作一年情况下的磨损深度为

$$h_1 = 0.54 \times 10^{-7} \times 3.947 \times 10^3 \times 7.5 = 1.6 (\mu m) \tag{8.19}$$

$$h_2 = 4.0086 \times 10^{-7} \times 1.944 \times 10^4 \times 7.5 = 58.4 (\mu m) \tag{8.20}$$

由于考虑实际工况和装配误差下桨毂结合面的最小装配间隙 d_{min} 和最大装配间隙 d_{max} 在第 4 章已经介绍，其不同工况下的计算结果如表 4.6～表 4.11 所示。桨毂结合面的初始装配误差主要是为了容纳温度、转速等产生的局部变形，避免初始服役阶段桨毂回转副卡死。针对式(8.3)最小装配间隙约束条件，根据表 4.6～表 4.9 中的计算结果，综合考虑装配误差和实际工况变形后，初始设计公差对应的初始最小装配间隙仍然大于 0，所以初始设计公差下的桨毂回转副不存在调距障碍情况。因此，只需计算服役期间 O 型密封圈压缩比的变化情况。

表 8.4 为温度的变化对密封性能的影响，本章主要计算实际工况下桨毂结合面密封性能失效时间达到 5 年的概率，以及考虑实际工况下的实际失效时间(即达到失效时间的概率大于 99.73%)。由表可知，随着温度的升高，5 年失效概率逐渐降低，同时实际密封失效时间也从 4.51 年降到 4.13 年。而不考虑实际工况下的失效时间为 4.88 年，说明实际工况对密封失效时间的影响比较大，会导致密封失效时间的预测误差最大达到 15%左右。图 8.3 为密封失效时间随温度变化的概率分布图，从图中可以看出，温度升高导致密封失效时间概率分布曲线左移，即寿命降低。同时，与不考虑实际工况下的密封失效时间曲线相比，不同温度下的密封失效时间曲线都向左偏移。

表 8.4　密封失效时间随温度的变化情况(转速 150r/min，预紧力 390kN)

温度/℃	60	55	50	45	40	35	30	25
5 年失效概率	0.9377	0.9456	0.9543	0.96	0.9657	0.9713	0.9758	0.9801
实际密封失效时间/年	4.13	4.18	4.23	4.285	4.345	4.4	4.455	4.51

考虑桨叶密封失效时间随转速变化的概率分布时，由式(7.3)可知微动磨损的距离与转速有关，因此需要计算不同转速下微动磨损的情况。表 8.5 列出了不同转速下全回转推进器一天内微动磨损的距离，以及根据式(7.3)和式(7.4)计算桨毂回转副轴承一年内总的磨损深度。根据所计算的一年内总的磨损深度，可以预测其密封失效时间随转速的变化情况。

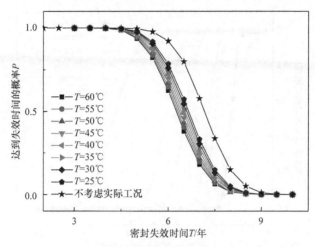

图 8.3　密封失效时间随着温度变化的概率分布图

表 8.5　转速的变化导致微动磨损距离的变化以及一年内总的磨损深度

距离 ＼ 转速/(r/min)	60	90	120	150	180	210
微动距离(一天)/m	51.84	77.76	103.68	129.6	155.52	186.624
总的微动距离(一年)/m	7776	11664	15552	19440	23328	27993.6
总的磨损深度(一年)/μm	25	36.7	48.38	60.06	71.75	85.72

　　表 8.6 为 5 年失效概率以及实际密封失效时间随转速的变化情况。从表中可知，转速的变化对实际密封失效时间的影响很大，转速越大，服役期间微动磨损距离越大，从而导致磨损深度增加，表 8.5 也反映出这一现象。同时，随着转速的增加，其 5 年失效概率急剧降低，其实际密封失效时间也从转速 60r/min 时的 11.2 年降为 210r/min 时的 2.5 年。不同转速的变化对密封失效时间的影响很大，从转速为 60r/min 到转速 210r/min，其 5 年失效概率曲线向左移动的幅度很大，但是转速在 150～180 变化时，其密封失效概率曲线左移区间不大(图 8.4)。从整个转速对密封失效时间的影响看，额定转速的选取十分关键，应在尽量满足实际功率需求的情况下，使额定转速尽可能小。

表 8.6　密封失效时间随转速的变化情况(温度 30℃，预紧力 390kN)

转速/(r/min)	60	90	120	150	180	210
5 年失效概率/%	100	100	100	97.94	18.99	0.12
实际密封失效时间/年	11.2	7.5	5.6	4.25	3.4	2.50

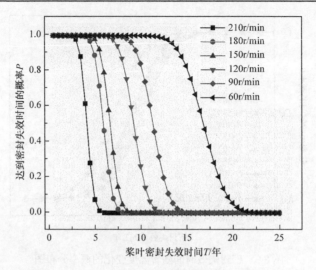

图 8.4　桨毂回转副密封失效时间随转速变化图

8.3.2　基于统计公差分析的桨毂回转副密封性能优化模型

基于统计公差分析准则,为了保证桨毂回转副实际运行过程中调距的灵活性,最小装配间隙满足功能要求的概率约束条件如下:

$$P_{\text{gap}} = P((d_{\text{g-t}} + d_{\text{g-r}})_{\min} > 0) \geqslant 99.73\% \tag{8.21}$$

类似地,达到某一服役时间的 O 型密封圈压缩比概率约束条件为

$$P_{\text{T}} = P\left(0.09 \leqslant \frac{d_2 - [(d_{\text{g-t}} + d_{\text{g-r}}) + d_{\text{g-w}}(T) + X_4]}{d_2} \leqslant 0.15\right) \geqslant 99.73\% \tag{8.22}$$

优化目标是密封性能和成本,密封性能对应密封失效时间指标。由于零件的制造成本与公差密切相关,所以其制造成本已成为公差分配是否合理的重要依据。许多研究公差-成本模型的学者对实际生产中的产品进行统计分析,总结了成本与公差之间的函数关系。这里主要针对尺寸公差和形状公差,其公差-成本函数如下:

$$C_4(t_i) = \begin{cases} 8.2369\mathrm{e}^{-35.8049t_i} + 1.3071\mathrm{e}^{\frac{0.0083}{t_i}}, & t_i < 0.13 \\ 1.2306, & t_i > 0.13 \end{cases} \tag{8.23}$$

其他形状公差如平面度、平行度、跳动等公差-成本函数如第 5 章式(5.3)所示。需要强调,O 型密封圈为外购件,其精度不属于本章优化部分,因此不考虑该零件的公差-成本函数,但是考虑其公差对密封性能的影响,这里密封性能主要指密封失效时间。式(8.23)适用于尺寸公差 X_1、X_2、X_3、X_4,其他形状公差 t_1、t_2、t_3、t_4 使用公差-成本函数(5.3)。故其公差-成本-密封性能统计优化模型如下:

$$\min f_1 = T, \quad f_2 = \sum_{i=1}^{4} C_4(X_i) + \sum_{i=1}^{4} C_3(t_i)$$

$$\text{s.t.} \begin{cases} P_{\text{gap}} = P((d_{\text{g-t}} + d_{\text{g-r}})_{\min} > 0.056) \geqslant 99.73\% \\ P_{\text{T}} = P\left(0.09 \leqslant \dfrac{d_2 - [(d_{\text{g-t}} + d_{\text{g-r}}) + d_{\text{g-w}}(T) + X_5]}{d_2} \leqslant 0.15 \right) \geqslant 99.73\% \\ \text{LSL}_i \leqslant X_i \leqslant \text{LUL}_i, \quad \text{LSL}_i \leqslant t_i \leqslant \text{LUL}_i, \quad i, j = 1, 2, 3, 4 \end{cases} \quad (8.24)$$

式中，f_2 为公差制造成本；T 为密封失效时间。式(8.24)为公差-成本-密封性能多目标优化模型。多目标优化问题通常转化为单目标问题来处理，优化的目的是使成本越小，密封性能越高。然而，成本与密封性能(多久失效，即失效时间)是两种不同的量纲目标，因此本章采用归一化的方法来求解公差-成本-密封性能的多目标优化问题。为了保证两个不同量纲目标的优化趋势一致，由于密封失效时间优化趋势是增大的，所以转化为失效时间的倒数形式，确定新的目标函数，即密封失效时间的倒数越小，密封失效时间越长。基于标准归一化方法，式(8.24)转化为

$$\min F = \frac{\dfrac{1}{T} - \dfrac{1}{T_{\max}}}{\dfrac{1}{T_{\min}} - \dfrac{1}{T_{\max}}} + \frac{f_2 - (f_2)_{\min}}{(f_2)_{\max} - (f_2)_{\min}} \quad (8.25)$$

式中，$(f_2)_{\max}$ 为公差域内最大公差制造成本；$(f_2)_{\min}$ 为公差域内最小公差制造成本；$T_{\max}$ 为公差域最大密封失效时间；$T_{\min}$ 为公差域最小密封失效时间。为了方便求解单目标优化结果与多目标优化结果，对各目标赋予不同的权重 W_1 和 W_2，来改变式(8.25)的优化目标，如下：

$$\min F = W_1 \frac{\dfrac{1}{T} - \dfrac{1}{T_{\max}}}{\dfrac{1}{T_{\min}} - \dfrac{1}{T_{\max}}} + W_2 \frac{f_2 - (f_2)_{\min}}{(f_2)_{\max} - (f_2)_{\min}} \quad (8.26)$$

式中，W_1 和 W_2 分别为密封失效时间与公差制造成本的权重；$\dfrac{1}{T_{\max}}$、$\dfrac{1}{T_{\min}}$、$(f_2)_{\min}$ 和 $(f_2)_{\max}$ 可以根据变量的取值范围确定。本章只考虑三种特殊权重组合：$W_1 = 0$，$W_2 = 1$ 时为仅优化公差-成本的单目标优化模型，以公差制造成本为优化目标，密封失效时间作为约束条件不小于初始设计公差对应的密封失效时间；$W_1 = 1$，$W_2 = 0$ 时为仅考虑公差-密封性能的单目标优化模型，以密封失效时间为优化目标，成本为约束条件，不大于初始设计公差对应的公差制造成本；$W_1 = 0.5, W_2 = 0.5$

时为标准归一化方法求解多目标的优化模型。

第 5 章介绍了统计公差优化问题的核心难点解决方案,提出了多样本检验策略。本章求解公差-成本-密封性能多目标统计公差优化问题时,也采用第 5 章的多样本检验策略以保证统计公差优化结果的计算精度,提高求解成功率。首先确定变量的变化范围,本章优化的装配参数包括尺寸公差 X_1、X_2、X_3、X_4 和形状公差 t_1、t_2、t_3、t_4。其公差的变动范围如表 8.7 所示。

表 8.7　公差的变动范围

变量	X_1	X_2	X_3	X_4	t_1	t_2	t_3	t_4
上偏差	0.02	0.12	−0.06	0.043	0.06	0.06	0.06	0.06
下偏差	−0.02	0.013	−0.134	−0.18	0.01	0.01	0.01	0.01

式(8.26)为设立权重参数后多目标转化为单目标的桨毂回转副公差-成本-密封性能标准归一化模型。由于全回转推进器在实际运行过程中的温度、转速等每天都会变动,不可能针对每一种工况组合来确定一组最优装配参数,只能确定额定工况参数下的最优装配参数。其额定工况参数及公差域内目标函数的极值如表 8.8 所示。

表 8.8　实际工况的参数设置以及公差域内目标函数的极值

温度	转速	预紧力	$\dfrac{1}{T_{\max}}$	$\dfrac{1}{T_{\min}}$	$(f_2)_{\min}$	$(f_2)_{\max}$
35℃	150r/min	390kN	1/2	1/8	8.4873	110.4809

其中,$(f_2)_{\min}$ 和 $(f_2)_{\max}$ 的取值根据表 8.7 的公差范围确定,$\dfrac{1}{T_{\max}}$ 和 $\dfrac{1}{T_{\min}}$ 的取值则根据密封失效时间范围确定,本章设定服役时间的范围为[2,8],即服役时间既不能过小,也不能过大。服役时间太小,影响整机服役性能,同时增加维修次数也会使后期维修成本增加;而服役时间太长,需要极高的装配精度,实际加工、制造、装配工艺难以实现,同时其制造成本也难以接受。

本章基于布谷鸟搜索算法求解归一化后的优化问题,其统计公差优化流程与第 5 章类似,只是目标函数和约束条件不同。表 8.9 给出了三种权重组合下归一化后的单目标优化结果,表 8.10 是相应的公差变量的优化结果,其中额定参数为:温度 35℃,转速 150r/min,预紧力 390kN。这些参数符合全回转推进器大部分服役时间内的工况参数。

表 8.9　不同权重下的公差-成本-密封性能目标函数优化结果

序号	W_1	W_2	约束概率 P_1	约束概率 P_2	密封失效时间 T/年	公差制造成本 f_2
只优化密封失效时间，同时成本作为约束条件要不大于初始公差制造成本						
1	1	0	99.749%	99.965%	4.8817	18.504
只优化公差制造成本，同时密封失效时间作为约束条件不小于初始设计公差对应的密封失效时间						
2	0	1	99.73%	99.994%	4.2598	11.7264
通过标准归一化方法把多目标转化为单目标同时优化公差制造成本与密封失效时间						
3	0.5	0.5	99.786%	1	4.6696	15.7054
考虑实际工况下初始设计公差对应的密封失效时间与公差制造成本						
4	—	—	99.734%	1	4.25	19.6202

表 8.10　不同权重下的公差变量优化结果

序号	X_1	X_2	X_3	X_4	t_1	t_2	t_3	t_4
1	[−0.0154,0.003]	0.013	−0.07	−0.018	0.0209	0.0102	0.0396	0.0109
2	[−0.02,0.02]	0.0367	−0.1097	−0.1606	0.0101	0.0366	0.0418	0.0294
3	[−0.0188,0.0188]	0.0282	−0.0855	−0.1722	0.0102	0.01	0.0256	0.0104

　　由表 8.9 和表 8.10 可知，当 $W_1=1$，$W_2=0$ 时，只优化密封失效时间，同时成本作为约束条件不大于初始公差制造成本，与初始设计公差对应的密封失效时间 4.25 年相比，此时密封失效时间延长到 4.8817 年，然而其公差制造成本 18.504 也比初始的 19.6202 小；当 $W_1=0$，$W_2=1$ 时，为仅考虑加工制造成本的单目标优化问题，密封失效时间作为约束条件不小于初始设计公差对应的密封失效时间，与初始设计公差相比，其加工制造成本从 19.6202 减少到 11.7264，然而其密封失效时间 4.2598 年也比初始密封失效时间 4.25 年长；当 $W_1=0.5$，$W_2=0.5$ 时，此时是多目标问题转化为标准归一化单目标模型，与初始设计公差相比，其加工制造成本从 19.6202 减少到 15.7054,同时密封失效时间也从 4.25 年增加到 4.6696 年。三种权重组合的优化结果与初始设计公差相比，不仅增大了密封失效时间，也降低了零部件的加工制造成本。

8.3.3　优化前后不同工况下实际密封性能对比分析

　　考虑额定工况参数后对应的最优装配公差如表 8.9 中的序号 3 所示，优化后的密封失效时间与公差制造成本与初始设计公差参数相比，密封失效时间不仅从 4.25 年增加到 4.6696 年，其零部件的加工制造成本也从 19.6202 降低到 15.7054。本节对比分析不同工况下优化后的公差对应的实际密封失效时间与初始设计公差对应的实际密封失效时间。

　　由于第4章已知预紧力导致的变形对装配间隙的影响很小，所以本章不考虑不同预紧力下的密封失效时间，仅考虑优化后的装配参数对应不同温度、转速下的实际密封失效时间。表8.11和表8.12分别为优化前后实际密封失效时间随温度、转速的变化情况，其优化后的实际密封失效时间不同工况下都比优化前的密封失效时间有所增加。如图8.5所示，优化后对应不同温度(图8.5(a))、转速(图8.5(b))的实际密封失效时间变动曲线明显在优化前(初始设计公差)对应的实际密封失效时间曲线上方。由此说明，优化后的公差对应不同工况下的实际密封失效时间都要比初始设计对应的实际密封失效时间长，优化后的公差参数明显比初始设计公差更合理、更可靠，其对应的密封失效时间更长，加工制造成本更低。

表 8.11　优化前后实际密封失效时间随温度的变化情况(转速 150r/min，预紧力 390kN)

温度/℃	60	55	50	45	40	35	30	25
优化前密封失效时间/年	4.13	4.18	4.23	4.285	4.345	4.4	4.455	4.51
优化后密封失效时间/年	4.38	4.45	4.48	4.52	4.57	4.67	4.71	4.72
失效时间延长百分比	6.05%	6.46%	5.91%	5.48%	5.18%	6.14%	5.72%	4.66%

表 8.12　优化前后实际密封失效时间随转速的变化情况(温度 30℃，预紧力 390kN)

转速/(r/min)	60	90	120	150	180	210
优化前实际密封失效时间/年	11.2	7.5	5.6	4.25	3.4	2.5
优化后实际密封失效时间/年	12.27	8.2	6.1	4.71	3.8	2.78
密封失效时间延长百分比	9.55%	9.33%	8.93%	10.82%	11.76%	11.2%

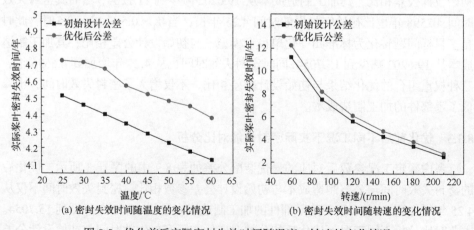

　　(a) 密封失效时间随温度的变化情况　　　　　(b) 密封失效时间随转速的变化情况

图 8.5　优化前后实际密封失效时间随温度、转速的变化情况

8.3.4　考虑实际工况与不考虑实际工况优化结果对比分析

为了进一步对比分析实际工况导致的变形对公差制造成本和密封失效时间的影响，本章也建立了不考虑实际工况下的桨毂结合面公差-成本-密封性能优化模型。需要注意，优化过程中只是不考虑实际工况下的零部件表面变形，即温度、转速、预紧力等导致的零部件表面局部变形，但仍会考虑服役过程中的微动磨损和滑动磨损。其相应的优化模型如下：

$$\min F = W_1 \frac{\dfrac{1}{T} - \dfrac{1}{T_{\max}}}{\dfrac{1}{T_{\min}} - \dfrac{1}{T_{\max}}} + W_2 \frac{f_2 - (f_2)_{\min}}{(f_2)_{\max} - (f_2)_{\min}}$$

$$\text{s.t.} \begin{cases} P_{\text{gap}} = P((d_{\text{g-t}})_{\min} > 0.056) \geqslant 99.73\% \\ P_{\text{T}} = P\left(0.09 \leqslant \dfrac{d_2 - (d_{\text{g-t}} + d_{\text{g-w}}(T) + X_5)}{d_2} \leqslant 0.15\right) \geqslant 99.73\% \\ \text{LSL}_i \leqslant X_i \leqslant \text{LUL}_i, \quad \text{LSL}_i \leqslant t_i \leqslant \text{LUL}_i, \quad i,j = 1,2,3,4 \end{cases} \tag{8.27}$$

该模型与式(8.24)相比，仅少了实际工况导致的变形 $d_{\text{g-r}}$，其他相同。其三种权重组合下的密封性能与公差制造成本优化结果如表 8.13 所示，相应的公差优化值如表 8.14 所示。

表 8.13　不同权重下的公差-成本-密封性能目标函数优化结果

序号	W_1 (寿命权重)	W_2 (成本权重)	P_1	P_2	密封失效时间 T/年	公差制造成本 f_2
1	1	0	99.78%	1	5.2915	19.3615
2	0	1	99.81%	1	4.7222	11.839
3	0.5	0.5	99.758%	1	5.1581	15.8784
不考虑实际工况下初始设计公差对应的密封失效时间与公差制造成本						
4	—	—	99.734%	1	4.72	19.6202

表 8.14　不同权重下的公差变量优化结果

序号	X_1	X_2	X_3	X_4	t_1	t_2	t_3	t_4
1	[−0.0194, 0.0157]	0.0489	−0.1011	−0.1748	0.01	0.0156	0.0229	0.0439
2	[−0.02, 0.0054]	0.0222	−0.0744	−0.18	0.0475	0.0165	0.0207	0.0301
3	[−0.02, 0.0053]	0.0245	0.094	0.1754	0.033	0.01	0.0352	0.01

如表 8.14 所示，三组不同目标函数的优化结果与初始设计公差相比，其密封

失效时间更长，加工制造成本更低。同时，把表 8.9 和表 8.11 进行对比分析，即考虑实际工况的优化结果和不考虑实际工况的优化结果对比分析，结果如表 8.15 所示，考虑实际工况下的密封失效时间比不考虑实际工况下的密封失效时间都有一定程度的减少，最大减少了 9.79%，而公差制造成本最大减少了 4.43%。如第二组所示，仅优化公差制造成本、密封失效时间作为约束条件时，考虑实际工况的公差制造成本与不考虑实际工况的公差制造成本基本相当，而密封失效时间却减少了 9.79%。说明实际工况下的局部变形对密封失效时间的影响很大，在实际设计制造中，不能忽视实际工况下的局部变形对密封失效时间的影响。

表 8.15　考虑实际工况下的多目标优化与不考虑实际工况的多目标优化结果对比

序号	W_1	W_2	考虑实际工况		不考虑实际工况		密封失效时间变化百分比	公差制造成本变化百分比
			T	f_2	T	f_2		
1	1	0	4.8817	18.504	5.2915	19.3615	−7.744%	−4.43%
2	0	1	4.2598	11.7264	4.7222	11.839	−9.79%	−0.959%
3	0.5	0.5	4.6696	15.7054	5.1581	15.8784	−9.47%	−1.09%

8.4　桨毂回转副组件公差优化设计案例

8.4.1　案例背景介绍

某石油钻井平台为深水半潜式钻井，是按照南海恶劣海况设计的，能抵御 200 年一遇的台风；采用 3000m 水深全回转推进器动力定位、1500m 水深范围锚泊定位的组合定位系统。该平台可在中国南海、东南亚、西非等深水海域作业，设计使用寿命 30 年。图 8.6 为该石油钻井平台以及平台推进器布置情况。该平台配有

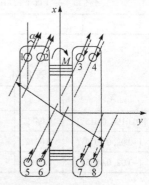

图 8.6　某石油钻井平台以及该平台推进器布置情况及编号

8 台全回转推进器，采用 DP3 动力定位系统。而应用于该平台的动力定位装置——全回转推进器，通过伞齿轮传动机构能实现螺旋桨或导流管推进器在水平面内绕竖轴做 360°转动；且航行轴能任意改变推力的方向。图 8.7 为全回转推进器结构图以及相应的局部组件桨毂回转副。

图 8.7 全回转推进器及桨毂回转副

实际服役过程中，该平台承受大风、大浪、洋流等交变载荷，会产生剧烈的艏摇、纵荡、横荡等距离波动。为了克服平台的波动，8 个全回转推进器通过改变推力大小和方向抵消风浪对该平台的影响从而保证平台定位的准确性。因此，实际工况即风、浪等主要影响平台的波动，进而影响全回转推进器的推力大小与方位角。而全回转推进器推力的改变主要对应转速的变化，其次才是调距的变化，这些变化又影响推进器桨毂回转副服役过程中桨毂结合面热、力耦合变形以及微动磨损与摩擦磨损，最终影响桨毂回转副的密封性能。

表 8.16 为该石油钻井平台所在海域工况 50 年统计结果，包括不同风浪级别 50 年中出现的概率以及谱峰周期。表 8.17 为不同海况下动力定位平台对各推进器推力的需求。以动力定位平台全回转推进器推力的变化作为输入，转化为推进器转速的变化，从而把该平台受工况的影响转化为推进器转速的变化，最终影响桨毂回转副的受力变化。

表 8.16 某片海域工况 50 年统计结果

浪高/m	谱峰周期/s	风速/(km/h)	流速/kn	概率/%
0.5	7.4	10	2	12.55
1.5	7.4	16	2	30.29
2.5	8.7	22	2	25.69
3.25	8.7	28	2	12.65

浪高/m	谱峰周期/s	风速/(km/h)	流速/kn	概率/%
4	9.9	37	2	7.65
5	9.9	40	2	5.00
6	11.2	45	2	2.06
7.5	11.2	50	2.5	3.92
9	12.4	60	3	0.2

表 8.17　动力定位平台不同海况下推进器推力的统计结果

浪高/m	T_1/kN	T_2/kN	T_3/kN	T_4/kN	T_5/kN	T_6/kN	T_7/kN	T_8/kN
0.5	80.8	82.6	91.8	93.6	82.3	84.4	93.1	28.2
1.5	84.8	96.7	85.7	87.2	97.2	96.3	92.1	91.2
2.5	115.1	114.5	111.2	110.7	104.1	112.9	109.7	108.3
3.25	139.7	131.8	129.0	152.7	140.3	140.7	121.1	151.5
4	182.4	182.0	188.7	185.3	182.5	183.8	179.0	181.0
5	208.9	206.5	198.0	193.4	213.1	205.3	200.5	197.8
6	248.4	250.3	230.7	251.0	253.3	244.1	246.2	237.8
7.5	343.4	334.6	339.9	341.9	293.2	324.7	329.6	335.0
9	437.6	402.5	459.6	461.3	459.4	461.3	422.9	459.2

　　本章以此为工程案例,运用本书提出的实际工况下三维公差建模与优化理论,通过分析实际工况下该平台各个推进器推力的变化对转速的影响,进一步分析其对密封性能的影响,来预测实际工况下各个推进器桨毂回转副的密封性能,并通过优化相关装配参数提高机械服役性能,提高密封性能。同时,本章考虑的是全回转推进器整个服役过程中的一个实际工况概率分布规律的情况,不考虑具体服役过程中,如回转时推力的急剧变化等,只考虑整个服役过程中不同风浪等级需要的不同推力以及对应的转速。具体操作过程中,随回转角变化等其他因素导致的推力急剧变化不予考虑,针对的是全回转推进器服役过程中的常态工作情况。

8.4.2　推进器实际工况与内部零部件受力分析

　　以 3500kW 功率级别全回转推进器为研究对象,其中螺旋桨叶直径 3.3m,叶数 4 叶,右旋。本书第 4 章给出了不同转速、不同来流速度下水动力分力的变化情况,其中 $F_{hd,x}$ (N)为推力。据此可以计算出不同工况下整个全回转推进器的总推力,如表 8.18 所示。从表 8.18 可知,随着转速的增大,来流大小对全回转推进器推力的影响逐渐减小。

表 8.18　不同转速、不同来流下全回转推进器总推力(单位：kN)

转速(r/min) 流速/kn	60	90	120	150	180	210
0	65.58	147.556	262.32	410.288	590.22	784.731
0.5	62.764	143.332	256.692	402.92	581.776	777.664
1.0	59.952	139.112	251.064	395.556	573.336	768.80
1.5	57.136	134.892	245.436	388.188	564.892	760.50
2.0	54.132	130.668	239.804	380.824	556.448	751.235
2.5	51.508	126.448	234.176	373.456	548.004	741.47
3.0	48.692	122.224	228.548	366.088	539.56	727.55
3.5	46.03	118.141	223.055	358.865	531.246	713.891
4.0	43.514	114.19	217.694	351.785	523.06	700.488

由于实际工况下不同风浪级别导致动力定位平台对各推进器推力的需求不一样，如果用水动力仿真试验模拟该平台实际工况中推力的变化情况，过程十分复杂且耗时，最终难以建立优化模型。因此，本章先用水动力仿真试验获得多组样本，然后用近似模型进行学习模拟来流、转速与推力之间的映射，提高计算效率。表 8.18 为水动力仿真试验获得的样本量，共有 54 组数据，其中选取 48 组作为试验样本来训练近似模型，另外五组用来检验训练模型的精度。选取来流流速为 1.5kn 的一行数据作为检验数据。

近似模型通过对实际问题进行采样仿真得到原问题的近似数学模型，使其在模型构建过程中不需要预先分析对象问题的特性，因此它几乎可以应用于力学、热学、物理学等任何领域[2]。近似模型是实际问题输入输出关系的近似，本章的输入变量是二维，输出为一维，采用支持向量回归模型。支持向量机(support vector machine, SVM)是一种基于结构风险最小化准则的有监督学习的模型，支持向量回归(support vector regression, SVR)是支持向量机在预测领域的具体形式。SVR 的核心思想是降低维非线性空间映射到高维线性空间，通过构造高维线性空间的回归函数实现原空间对象问题的近似：

$$\hat{y}(x) = \langle w \cdot \Phi(x, x_i) \rangle + b \tag{8.28}$$

式中，$\langle \cdot \rangle$ 表示向量的内积；$\Phi(x, x_i)$ 为核函数。支持向量回归模型的超参数 w 通过求解如下二次凸规划问题而确定：

$$\min \frac{1}{2} \|w\|^2 + C \sum_{i=1}^{n} (\xi_i^+ + \xi_i^-)$$

$$\text{s.t.} \begin{cases} y_i - \langle w \cdot \Phi(x, x_i) \rangle - b \leqslant \varepsilon + \xi_i^+ \\ \langle w \cdot \Phi(x, x_i) \rangle + b - y_i \leqslant \varepsilon + \xi_i^- \\ \xi_i^+, \xi_i^- \geqslant 0 \end{cases} \tag{8.29}$$

式中，C 为惩罚参数，用以平衡模型的复杂程度和违反约束的容忍程度之间的关系；ξ_i^+、ξ_i^- 是松弛变量；ε 是不敏感系数。

按照上述模型，进行近似模型训练，并代入检验样本检验，近似模型预测结果与样本比较结果如表 8.19 所示。

表 8.19　近似模型计算结果与样本结果比较(单位：kN)

参数 转速/(r/min)	来流速度 1.5kn		误差	误差占样本量百分比
	样本量	近似模型预测结果		
60	57.136	53.6426	−3.4934	6.11%
90	134.892	132.1009	−2.7911	2.069%
120	245.436	242.7412	−2.6948	1.098%
150	388.188	389.3457	1.1577	0.3%
180	564.892	565.3997	0.5077	0.09%
210	760.50	761.11	0.61	0.08%

如表 8.19 所示，当来流速度 1.5kn 时，随着转速增加，推力增大，近似模型的预测精度越来越高，转速大于 90r/min 后，误差控制在 1%左右，当转速达到 210r/min 时，误差控制在 0.08%，即在转速较大时，预测的推力与样本量十分接近，说明模型比较可靠。由于可调距螺旋桨工作时，一般转速固定，通过调节螺距来改变转速与推力的效率比。根据武汉船用机械有限责任公司(中船 461 厂)调研，一般通过改变螺距可以使推力提高 10%~20%，正常情况下只用到推进器最大功率的 80%~90%。因此，实际工况中，先确定一个稳定的转速，然后推力小范围变化时，通过调节螺距来满足推力的变化，这样可以延长动力系统的使用寿命。

利用近似模型预测不同来流速度、转速下的推力，可知表 8.17 中不同风浪等级下的推力对应的转速。表 8.20 为实际工况下动力定位平台不同推进器的转速需求情况。在不同风浪等级下应选择不同的转速，同时，在推力小范围变化时，通过调节螺距来改变推力，保持转速不变。

表 8.20　动力定位平台不同海况下各个推进器的转速变化情况(单位：r/min)

浪高/m	P1	P2	P3	P4	P5	P6	P7	P8
0.5	72	72	76	76	72	73	76	43
1.5	73	78	73	74	78	77	76	75
2.5	84	84	83	83	80	83	82	81
3.25	92	90	89	96	92	92	86	96

续表

浪高/m	P1	P2	P3	P4	P5	P6	P7	P8
4	104	104	106	105	104	105	104	104
5	112	111	109	107	113	111	109	109
6	121	122	117	122	122	120	121	119
7.5	144	142	143	143	133	140	141	142
9	163	157	167	167	167	167	160	167

实际服役过程中，推力的变化是难以预测的，表 8.16 和表 8.17 中不同风浪等级有不同的推力需求，然而不同风浪等级的变化是一个概率问题。所以，实际工况中，调距角的变化难以确定，螺距角的变化主要与推力的小范围变化以及调距策略等有关，而与推力本身的大小没有必然的联系。所以，针对这种特点，需要对动力定位平台实际工况下的推力变化进行仿真预测，同时预测实际工况下调距角的变化情况。

表 8.21 为石油钻井平台动力定位装置作业工况相关参数，附录为某石油钻井平台仿真时间 10min 内，作业工况下 8 台推进器的推力变化情况(T1、T2、T3、T4、T5、T6、T7、T8)。表 8.22 为作业工况(附录)仿真结果的统计分析，其中艏摇、纵荡、横荡为动力定位平台作业工况下受风浪影响的波动幅度。以此仿真结果推测出实际工况中全回转推进器的调距情况。

表 8.21 作业工况相关参数

工况	风速/(km/h)	浪		流速/kn
		波高/m	谱峰周期/s	
作业工况	45	6	11.2	2

表 8.22 动力定位装置作业工况模式下的数值仿真统计结果

名称	单位	平均值	最小值	最大值
艏摇	(°)	−1.04	−6.18	5.46
纵荡	m	−18.11	−47.46	0.48
横荡	m	−0.76	−16.24	17.06
T1 推进器推力	kN	205.33	199.64	214.33
T1 推进器方位角	(°)	0.95	−8.04	8.10
T2 推进器推力	kN	205.19	200.43	213.07
T2 推进器方位角	(°)	0.82	−7.36	8.12

续表

名称	单位	平均值	最小值	最大值
T3 推进器推力	kN	204.44	199.92	211.18
T3 推进器方位角	(°)	0.94	−6.76	8.05
T4 推进器推力	kN	204.58	200.93	210.62
T4 推进器方位角	(°)	0.83	−7.19	8.16
T5 推进器推力	kN	205.45	199.40	215.69
T5 推进器方位角	(°)	1.13	−8.65	10.21
T6 推进器推力	kN	205.32	199.67	212.16
T6 推进器方位角	(°)	1.20	−8.46	10.05
T7 推进器推力	kN	204.58	199.67	212.16
T7 推进器方位角	(°)	1.23	−8.46	10.05
T8 推进器推力	kN	204.73	200.68	211.12
T8 推进器方位角	(°)	1.21	−9.08	9.33

利用前述近似模型预测不同来流、转速下的推力，可知 3500kW 功率级别全回转推进器作业工况下推力变化范围对应的转速范围为 110～114r/min。利用近似模型预测不同来流、转速下的推力，可知该平台 3500kW 功率级别全回转推进器各自作业工况下满足推力需要的最小转速如表 8.23 所示。同时，随着推力小范围的变动，可以通过调距来改变推力，从而保持转速不变。

表 8.23　作业工况下各推进器满足推力需求的最小转速

推进器编号	作业工况	
	推力需求范围/kN	转速/(r/min)
T1	199.64～214.33	113
T2	200.43～213.07	113
T3	199.92～211.18	113
T4	200.93～210.62	112
T5	199.40～215.69	113
T6	199.67～212.16	113
T7	199.67～212.16	113
T8	200.68～211.12	113

附录为模拟该平台作业工况下 10min 内各推进器推力的变化情况，根据推力的变化，可以据表 8.23 中满足推力需求的最小转速，得到随着推力变化螺距角的变化，最终获得完整仿真时间内的总的螺距角的变化。3500kW 功率级别全回转推进器可调螺距螺旋桨螺距最大正车到最大倒车调距角度为 60°，正向与负向各自 30°。从最大正车推力到额定推力再到推力为零，接着到额定倒车推力再到最大倒车推力，其中额定正车推力到最大正车推力之间的螺距角为 12°，额定正车推力到推力为零的螺距角为 18°，倒车推力与螺距的关系与此相同。据此，可获得随推力的变化作业工况下各推进器螺距角的变化，最终获得仿真时间 10min 内螺距角总的调距角。表 8.24 为作业工况下仿真时间 10min 内各推进器螺距角总的调距角。

表 8.24　作业工况下各推进器满足推力需求的调距角情况

推进器编号	作业工况下螺距角总的调距角/(°)
T1	69.12
T2	54.40
T3	70.38
T4	58.72
T5	72.54
T6	57.17
T7	68.67
T8	55.34

实际工况下动力定位平台受大风、大浪影响剧烈波动，从而导致全回转推进器推力变化，进而影响其转速的变化。转速的变化会影响外部负载如水动力分力、离心力等的变化。这些外部负载通过桨毂回转副传递到推进器内部，从而导致零部件表面形变。第 3 章分析了全回转推进器外部负载的构成，并给出了水动力试验结果。

某海域的实际工况统计结果如表 8.16 所示，浪高小于 5m 出现的概率在 94% 以上，也就是说基本上很少出现浪高大于 5m 的情况。而浪高 5m 时的海况对应的推进器的转速在 110r/min 左右，因此全回转推进器在该海域服役时，转速基本上小于 110r/min 的概率为 94% 以上。所以，实际服役过程中，零部件大部分情况下承受的离心力对应的转速不超过 110r/min。因此，设定实际服役过程中的转速为 110r/min，其他额定参数设为：温度 35℃，预紧力 390kN。实际工况下桨毂回转副局部桨毂结合面上下表面的变形情况如图 8.8 所示。

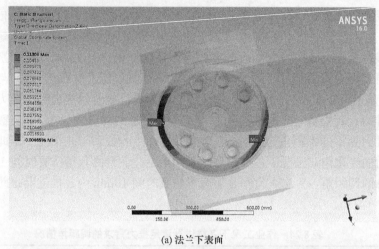

(a) 法兰下表面

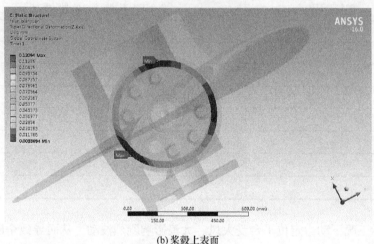

(b) 桨毂上表面

图 8.8　实际海况下桨毂回转副桨毂结合面上下表面变形情况

8.4.3　桨毂结合面间隙分析与密封性能预测

　　有限元分析之后,提取桨毂结合面上下表面节点变形坐标,根据第 4 章式(4.27),提取上下表面节点坐标以及变形量。图 8.9 为实际工况下桨毂结合面上下表面变形情况,从图中可知,如果不考虑装配误差,即桨毂体、曲柄销盘、法兰这三个零件尺寸处于理想状态,则实际工况下,零件表面变形会使桨毂上表面与法兰下表面形成局部刺透现象,在实际中局部刺透会形成过盈配合,从而相互挤压,增大桨毂结合面压力与调距摩擦力,使调距极端困难。

　　图 8.10 为实际工况下桨毂结合面上下表面对应节点的间隙。从图中可知,最

大间隙发生在桨毂结合面边缘处，为 0.0316mm；而最小间隙为–0.003mm，发生在内侧。说明实际工况中，桨毂回转副转动过程中，桨毂结合面局部过盈和局部间隙同时存在，不仅会影响调距的灵活性，同时会影响密封性能。

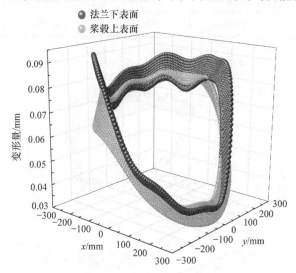

图 8.9　实际工况下桨毂结合面上下表面变形情况

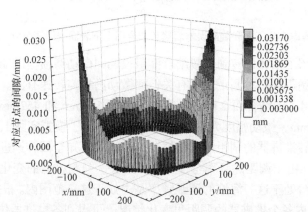

图 8.10　实际工况下桨毂结合面上下表面对应节点的间隙

　　桨毂结合面零部件初始设计公差如图 4.12 所示，相应的装配误差计算结果如表 4.5 所示。根据式(4.27)可以获得考虑实际工况和装配误差下零部件表面变形情况。表 8.25 为考虑实际工况与装配误差下桨毂结合面最大装配误差 d_{max} 与最小装配误差 d_{min} 的统计分布规律。图 8.11 为增加装配误差后，实际工况下桨毂结合面上下表面变形情况以及相对位置。

表 8.25　考虑实际工况以及装配误差时桨毂结合面 d_{max} 以及 d_{min}（单位：mm）

装配误差	均值	标准差	最大值	最小值
d_{max}	0.1266	0.00769	0.155	0.101
d_{min}	0.0820	0.00752	0.109	0.0507

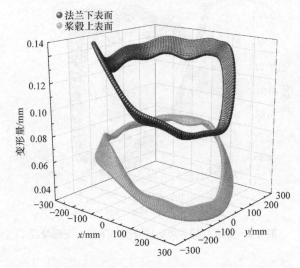

图 8.11　考虑实际工况和装配误差后桨毂结合面上下表面变形情况以及相对位置

第 7 章介绍了桨毂回转副桨毂结合面服役期间微动磨损与滑动磨损情况，其中滑动磨损与调距频率和调距角度有关；而微动磨损与转速有关。曲柄销盘摩擦磨损部分即图 4.1 中结合面 2 的内外直径分别为 517mm 和 452mm，磨损半径取中间值 242.25mm，微动幅度为 0.3mm。表 8.24 给出了模拟实际工况 10min 的情况下各个全回转推进器的调距角变化情况，从表中可知全回转推进器的调距角为 54.4°～72.54°。由于调距的频率与推力大小无关，只与推力的变化频率有关，所以动力定位平台处于这一海域的调距频率基本处于这一范围内。根据表 8.24 中仿真时间 10min 内各个推进器的调距角变化情况，可得到各推进器仿真时间 10min 内的滑动磨损距离，如表 8.26 所示。假设推进器除去每年检修期，工作时间为 300 天，每天工作 24h，则 5 年内总的滑动磨损距离如表 8.27 所示。

表 8.26　仿真时间 10min 内实际工况下每台推进器各自的滑动磨损距离（单位：m）

推进器编号	P1	P1	P1	P4	P5	P6	P7	P8
滑动磨损距离	0.2922	0.23	0.2975	0.2483	0.3067	0.2417	0.2903	0.2340

表 8.27 实际工况下每台推进器 5 年内总的滑动磨损距离(单位：km)

推进器编号	P1	P1	P1	P4	P5	P6	P7	P8
滑动磨损距离	63.12	49.68	64.26	53.63	66.25	52.21	62.70	50.544

实际服役过程中，微动磨损距离与转速有关，而推进器转速的变化与推力需求以及实际工况中的风浪等级有关。表 8.16 统计了某一海域 50 年中的风浪等级出现的概率分布情况，表 8.17 给出了不同风浪等级对推进器推力的需求，据此，可推测出不同风浪等级下转速的变化情况，如表 8.20 所示。据此，根据式(5.16)，考虑实际服役过程中风浪等级出现的概率情况，可获得实际工况下动力定位平台推进器的微动磨损距离计算公式：

$$S_{\text{fret}} = \sum_{i=1}^{9} 2d_{\text{fret}}(n_i P_i)T \tag{8.30}$$

式中，P_i 为风浪等级出现的概率；n_i 为不同风浪等级对应的转速；d_{fret} 为微动幅度；T 为服役时间。根据上述公式，可获得 5 年内推进器各自的微动磨损距离，如表 8.28 所示。

表 8.28 实际工况下每台推进器 5 年内总的微动磨损距离(单位：km)

推进器编号	P1	P1	P1	P4	P5	P6	P7	P8
微动磨损距离	111.95	113.43	111.64	112.74	112.13	113.17	111.78	107.34

由第 7 章微动磨损试验可知不同载荷下的微动磨损率，而滑动磨损率根据相关文献取为 $0.54 \times 10^{-7} \text{mm}^3/(\text{N} \cdot \text{m})$。实际服役中，转速的变化影响离心力的变化，而离心力的变化又会进一步影响磨损面压强的变化。根据表 8.3，绘制出磨损结合面压强与转速之间的拟合曲线，并获得相应的拟合关系式，进而可获得不同转速下对应的结合面压强。其转速与压强的拟合曲线如图 8.12 所示。

根据图 8.12 转速与磨损面压强之间的拟合关系，其相应的拟合公式如下：

$$\text{Pa} = 0.16077 - 3.08079 \times 10^{-4} x + 1.30132 \times 10^{-4} x^2 \tag{8.31}$$

式中，x 为转速；Pa 为对应的磨损面压强。实际服役过程中的最大压强为 3.53MPa。实际服役过程中，磨损面处于油润滑，因此在第 5 章微动磨损试验的基础上，继续进行油润滑试验，获得负载压强 3.53MPa 下的液压油润滑磨损率为 $2.069 \times 10^{-7} \text{mm}^3/(\text{N} \cdot \text{m})$。因此，取最大负载 3.53MPa 的情况下，计算出 5 年内实际工况下全回转推进器各自的滑动磨损深度与微动磨损深度，如表 8.29 所示。

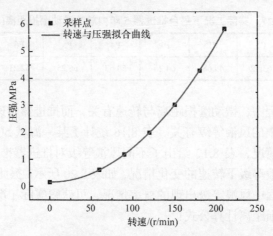

图 8.12 全回转推进器转速与结合面压强之间的拟合关系式

表 8.29 **实际工况下 5 年内全回转推进器各自的滑动磨损深度与微动磨损深度**(单位：μm)

推进器编号	P1	P1	P1	P4	P5	P6	P7	P8
滑动磨损深度	17.3	13.6	17.6	14.7	18.2	14.3	17.2	13.9
微动磨损深度	81.8	82.8	81.5	82.3	81.9	82.7	81.6	78.4
总磨损深度	99.1	96.4	99.1	97.0	100.1	97.0	98.8	92.3

根据 8.1 节，桨毂结合面实际装配间隙包括装配误差、作业工况下零部件局部变形以及微动与滑动磨损。根据 8.3 节实际工况下桨毂回转副的密封失效时间预测模型，可预测该石油钻井动力定位平台在某海域服役时，全回转推进器桨毂回转副密封性能的失效时间。表 8.30 为实际海况下该平台每台推进器的密封失效时间。图 8.13 为实际海况下该平台每台全回转推进器的密封失效时间概率曲线图。

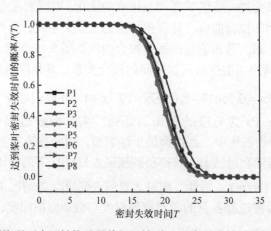

图 8.13 实际海况下全回转推进器桨毂回转副 O 型密封失效时间概率曲线分布图

表 8.30　实际海况下动力定位平台每台推进器的密封失效时间(单位：年)

推进器编号	P1	P2	P3	P4	P5	P6	P7	P8
密封失效时间	13.1	13.15	12.85	13.5	12.5	13.25	12.95	14.1

从表 8.30 可知，推进器 5 的密封失效时间最短，推进器 8 的密封失效时间最长，图 8.12 中也反映了这一现象。即实际海况下，推进器 5 的密封失效时间概率曲线在最左边，而推进器 8 的密封失效时间概率曲线在最右边，其他推进器的密封失效时间概率曲线在这两者之间。这说明实际海况下，由于服役环境恶劣，动力定位平台每台推进器的推力变化较大，平台对每台推进器推力的需求不一样，导致每台推进器的转速差距较大，进而影响各自的密封失效时间，导致每台推进器实际工况下的密封失效时间差距较大。

8.4.4　桨毂回转副装配体三维公差优化设计

预测实际海况下全回转推进器桨毂回转副密封失效时间后，需要进一步分析与优化桨毂回转副零部件相关装配参数，延长密封失效时间。第 5 章建立了实际工况下桨毂回转副桨毂结合面公差-成本-密封性能优化模型。初步的优化模型如式(8.31)所示，以成本和密封失效时间为优化目标，通过启发式算法搜索最优的桨毂回转副零部件公差组合，来达到降低成本、延长密封失效时间的目的。该石油钻进平台的目的是延长密封失效时间，成本只是次要目标。由于实际海况下动力定位平台每台推进器桨毂回转副的磨损深度差别较大，所以这里选择磨损情况最恶劣的一台推进器即推进器 P5 作为优化对象，建立实际海况下的公差-密封性能优化模型，如下：

$$\min f_1 = T$$

$$\text{s.t.} \begin{cases} P_{\text{gap}} = P(d_{\min} > 0.056) \geqslant 99.73\% \\ P_{\text{T}} = P\left(0.09 \leqslant \dfrac{d_2 - (d_{\max} + 0.1851T + X_5)}{d_2} \leqslant 0.15 \right) \geqslant 99.73\% \\ f_2 = \sum_{i=1}^{4} C_4(X_i) + \sum_{i=1}^{4} C_3(t_i) \leqslant 19.6202 \\ \text{LSL}_i \leqslant X_i \leqslant \text{LUL}_i, \quad \text{LSL}_i \leqslant t_i \leqslant \text{LUL}_i, \quad i, j = 1, 2, 3, 4 \end{cases} \tag{8.32}$$

式中，初始设计公差制造成本为 19.6202，$d_{\max}$ 与 $d_{\min}$ 的取值范围见表 8.25 实际工况下的统计分析结果。根据第 5 章图 5.3 基于 CS 算法与多样本检验策略的统计公差优化问题求解流程图，对上述优化模型(8.32)进行求解，即可得到考虑实际工况下优化后的桨毂回转副零部件设计公差。

　　表 8.31 为考虑实际工况下动力定位平台全回转推进器公差-密封性能模型优化结果，与初始设计公差对应的密封失效时间与公差制造成本对比，发现优化后的公差不仅在公差制造成本上比初始设计公差对应的成本小，而且其密封失效时间有了一定程度的延长。其中，考虑实际工况下的优化公差对应的密封失效时间比初始设计公差对应的密封失效时间延长了 8%。表 8.32 为优化前后各自的公差参数情况。

表 8.31　实际工况下动力定位平台全回转推进器公差-密封性能目标函数优化结果

序号	装配参数	P1	P2	密封失效时间 T/年	公差制造成本 f_2
1	优化前设计公差	99.73%	1	12.5	19.6202
2	优化后设计公差	99.73%	1	13.5	19.3687

表 8.32　初始设计公差与优化后公差

序号	X_1	X_2	X_3	X_4	t_1	t_2	t_3	t_4
1	[−0.0142, 0.0046]	0.024	−0.078	−0.180	0.011	0.010	0.045	0.06
2	[−0.02, 0.001]	0.017	0.083	−0.168	0.0109	0.0263	0.0144	0.0197

　　按照表 8.32 给出的初始设计公差与优化后公差，分别计算出考虑实际工况与装配误差下桨毂结合面的最大装配间隙 d_{max} 与最小装配间隙 d_{min}，并验证上述优化结果的可靠性和优越性。表 8.33 给出了优化前后考虑实际工况与装配误差下桨毂结合面 d_{max} 以及 d_{min} 的统计分析结果。从该表中可知，考虑实际工况与装配误差下，优化后的桨毂结合面最小装配间隙都大于 0，且优化后的桨毂结合面最小装配间隙统计分析最小值为 0.049mm。从图 8.14 中可知，实际海况下，优化后桨毂结合面最小装配间隙 d_{min} 统计分布曲线与初始设计公差对应曲线相比都左移，但是最小值都大于 0；同时，从表 8.33 中也可知，优化后的最小装配间隙标准差都比优化前小，这说明优化后的桨毂结合面最小装配间隙比优化前分布更集中。图 8.14 很好地反映了这一点，这说明优化后的公差对应的最小装配间隙的分布区间更窄，且能更好地保证实际工况下桨毂结合面最终的最小装配间隙 d_{min} 更向中间靠拢，不容易产生边缘值。这一定程度上证明了优化后的公差的确比优化前的公差更合理，更容易产生满足约束条件的最小装配间隙 d_{min}，保证了调距的灵活性。

表 8.33 优化前后考虑实际工况与装配误差时桨毂结合面的 d_{max} 以及 d_{min}（单位：mm）

装配误差	均值	标准差	最大值	最小值
优化前考虑实际工况与装配误差下桨毂结合面 d_{max} 以及 d_{min} 的统计分布情况				
d_{max}	0.1266	0.0078	0.155	0.10
d_{min}	0.0818	0.00764	0.109	0.0456
优化后虑实际工况与装配误差下桨毂结合面 d_{max} 以及 d_{min} 的统计分布情况				
d_{max}	0.118	0.0066	0.145	0.097
d_{min}	0.0706	0.0060	0.092	0.049

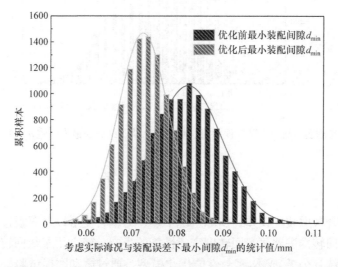

图 8.14 考虑实际海况与装配误差时，优化前后桨毂结合面最小装配间隙 d_{min} 统计分析图

第 5 章介绍了全回转推进器桨毂回转副桨毂结合面间隙在密封失效时间期间的组成变化。其中前两部分为装配误差与实际工况导致的零部件表面局部变形，第三部分为服役期间的微动磨损与滑动磨损。前两部分导致的最大装配间隙为 d_{max}，而第三部分与前两部分无关。因此，不管是初始设计公差还是优化后的公差组成的装配体，服役期间第三部分的微动磨损与滑动磨损是一致的。如果能保证桨毂结合面前两部分的最大装配间隙较小，那么其最终的密封失效时间肯定会相应延长。从表 8.33 中可知，实际工况下，优化后考虑实际工况与装配误差下的桨毂结合面最大装配间隙 d_{max} 比优化前的初始设计公差对应的值都要小，且其标准差的值也比优化前小。图 8.15 为考虑实际海况与装配误差下优化前后最大装配间隙 d_{max} 的统计分布图，从图中也可以看出，优化后桨毂结合面最大装配间隙的

统计分布图相对于优化前都左移了，而且其统计分布曲线波峰比优化前高。由此说明，优化后的公差更容易产生较小的 d_{max}，且产生的 d_{max} 分布比优化前的更集中，更容易产生可行的最大装配间隙，即优化后的公差的确具有更长的密封失效时间，这同样证明了本章优化结果的可靠性和合理性。

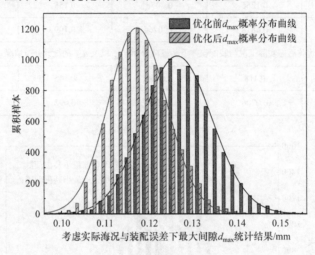

图 8.15　考虑实际海况与装配误差时，优化前后桨毂结合面最大间隙 d_{max} 统计分析图

8.5　本章小结

本章综合考虑装配误差，实际工况下热、力耦合变形以及服役过程中的摩擦磨损等对全回转推进器桨毂回转副密封性能的影响，建立了桨毂回转副密封性能预测模型与统计公差-成本-密封性能优化模型。通过微动磨损试验，以及有限元热、力耦合仿真分析，确定实际工况下的装配功能要求变动情况，并代入桨毂结合面密封性能模型中，预测分析不同工况对全回转推进器桨毂结合面密封性能的影响。同时基于公差-成本-密封性能统计优化模型，通过标准归一化方法把不同量纲多目标优先模型转化为无量纲单目标优化模型，进行统计公差优化与分配，与初始设计公差相比，优化后公差对应的加工制造成本从 19.6202 减少到 15.7054，同时密封失效时间也从 4.25 年增加到 4.6696 年。

最后以某石油钻井平台实际工况下的全回转推进器桨毂回转副装配参数设计问题为应用对象，将本书提出的实际工况下的复杂装配体三维公差分析与统计公差优化研究的相关技术进行了应用与验证。通过密封失效时间预测模型分别预测实际海况下各推进器桨毂回转副的密封失效时间，并建立公差-密封性能模型优化实际海况下的全回转推进器的装配参数。对优化结果进行统计分析表明，本章提出的理论框架能很好地解决实际工况下动力定位平台桨毂回转副的装配参数优化问题，其优化结果较初始设计公差更合理与可靠，优化后的装配参数可一定程度上延长桨毂回转副的密封寿命。

参 考 文 献

[1] Godjevac M. Wear and friction in a controllable pitch propeller. Delft: Delft University of Technology, 2010.
[2] Queipo N V, Haftka R T, Shyy W, et al. Surrogate-based analysis and optimization. Progress in Aerospace Sciences, 2005, 41: 1-28.

第9章 全回转推进器艉轴动密封分析与装配参数优化

9.1 引　言

随着全回转推进器功率的不断提高，工程中对于其关键部位的密封要求也越来越高。本章针对全回转推进器的关键部位艉轴结构，进行动密封分析与相关参数优化。现有的针对全回转推进器艉轴结构有唇型密封、机械密封等多种形式。本章从唇型密封和机械密封两种主要的密封形式对艉轴动密封进行分析。

针对唇型密封，唇型油封是全回转推进器艉轴动密封的主要密封元件，其动密封性能直接影响全回转推进器的工作寿命。唇型油封的装配参数是影响其密封性能的重要因素，但是针对油封的研究主要集中在其结构参数设计上，从装配角度对油封动密封性能的研究相对缺失，因此通过研究装配参数对唇型油封动密封性能的影响规律来为唇型油封装配参数的设计与优化提供理论指导基础就显得尤为重要。基于此，本章采用理论分析与数值模拟和试验研究相结合的方法，构建唇型油封装配预紧力对其动密封性能的关联模型。

针对机械密封，密封特性直观反映密封效果，而波度、锥度与槽型等端面形貌对密封特性有着显著的影响，工况变化只是诱发因素。因此，研究分析端面波度、锥度与槽型对密封特性影响十分重要。密封特性影响因素很多，宏观方面，有轴的转速、端面形态等；微观方面，有密封端面的表面粗糙度、波度、锥度等。研究表明，在宏观方面，端面密封的槽型能增强动压效应，从而提高密封特性；在微观方面，波度、锥度等端面形貌对密封特性影响最为显著。因此，为更深入地了解与研究全回转推进器艉轴的机械密封，本章建立综合多因素耦合作用下的波度、锥度、槽型端面模型并对其进行求解，综合分析全回转推进器艉轴密封中机械密封的特性。

9.2 唇型油封热力耦合分析

唇型油封作为全回转推进器艉轴的主要密封元件在其动密封中发挥着核心作用。而研究油封的密封性能首先需要得到其接触面的变形及温度分布情况。针对唇型油封的受力变形和温度场的热力耦合场的分析方法主要有三种:测试试验法、计算法和有限元数值分析法。然而, 在这些分析方法中, 测试试验法需要搭建相应的试验平台, 很难计算较复杂的密封结构, 因此在分析中不常使用。有限元数值分析法具有强大的分析功能, 在针对唇型油封的分析中应用越来越广泛, 本节也采用有限元数值分析方法对唇型油封的变形及温度场进行分析。

　　本节采用顺序耦合法求解唇型油封的热力耦合问题, 基于有限元分析软件ANSYS 建立唇型油封与轴的接触模型, 分析油封接触面在装配预紧力作用下的变形和压力分布情况。随后将结构场的分析结果代入温度场分析中, 建立唇型油封温度分析有限元模型,求解接触区域温度分布,并为后续的研究提供数据基础。

9.2.1　唇型油封工作原理

　　唇型油封装配在轴上后, 油封受弹簧预紧力和过盈量的作用, 接触区域会发生弹性变形, 使油封唇口紧紧地贴在轴的表面, 达到密封效果。同时, 油封表面与轴表面之间会形成一层很薄的润滑油膜, 这层润滑油膜起到降低轴和油封磨损的作用。唇型油封工作原理如图 9.1 所示。

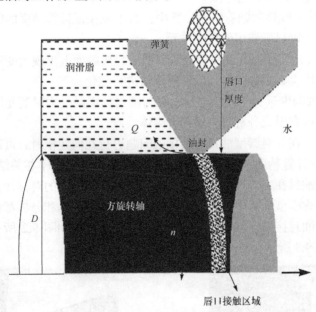

图 9.1　唇型油封工作原理图

　　唇型油封在工作过程中受力较为复杂, 主要有外部海水压力、接触面油膜压力和初始预紧力。唇型油封的润滑与密封机理表明, 油封的接触压力、接触宽度是影响油封润滑性能和密封性能的关键参数, 而这些参数又由唇型油封的装配预紧力直接决定。同时由于装配预紧力的作用, 油封在工作过程中与轴摩擦产生大量的摩擦热，造成接触面温度急剧升高，温度升高不仅会加速唇型油封的磨损，而且会因为影响润滑脂的润滑性能进而影响唇型油封的密封性能。

9.2.2　唇型油封有限元模型的建立

唇型油封与轴的接触为直接接触，接触问题在有限元问题中属于高度非线性问题，接触问题表现出高度非线性，包括几何非线性、材料非线性和接触非线性。针对这些非线性特点，ANSYS 表现出强大的解决能力。因此，本节采用 ANSYS求解唇型油封与轴的接触问题。

1. 唇型油封几何模型的建立及网格划分

为了方便后期的试验验证，本章首先对尺寸为 30mm×45mm×10mm 的唇型油封进行研究，针对唇型油封与轴接触非线性，为了方便求解问题，在建立接触模型时作如下假设[1]：

(1) 尽可能简化模型，由于唇型油封与轴的接触问题属于轴对称问题，所以将三维问题转化成二维问题求解。

(2) 在接触非线性问题有限元计算中，为了在保证计算精度的前提下尽量减小计算时间，所以尽量使用低次的单元。

(3) 在有限元计算分析过程中针对唇型油封接触面上出现大变形的部位，需将该部位的网格重新划分，对该部位的网格进行细化。

(4) 由于轴刚度远大于唇型油封，在与油封的接触受力时其变形相对油封较小，所以在进行有限元分析时将轴视为刚体。

综上所述，在针对唇型油封与轴接触问题进行几何建模时，可以做出相应的简化，在不影响计算精度和准确度的前提下对唇型油封部分不相关结构进行简化，同时由于唇型油封在工作过程中受力和变形都具有沿周向的对称性，所以仅需要建立二维轴对称模型即可，并且唇型油封接触问题的计算和分析都集中在密封区域，故对唇型油封接触区域进行网格细分，其网格划分如图 9.2 所示。接触区域网格细化如图 9.3 所示。

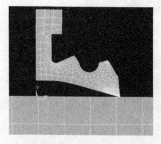

图 9.2　唇型油封模型建立及网格划分　　　　图 9.3　接触区域网格细化

2. 唇型油封材料的有限元模型

全回转推进器唇型油封的材料为氟橡胶(FKM)。氟橡胶具有优异的耐热性和耐腐蚀性，在航天、航空、船舶等领域广泛应用。橡胶是具有高度非线性的复合材料，具有非线性的应力-应变关系，并且材料是各向同性、体积不可压缩的。与金属材料不同，橡胶即使在较小的外力作用下会也会发生较大的弹性形变，所以需要采用大变形理论来描述橡胶材料的变形。同时，唇型油封在与轴接触问题中存在三重非线性，即几何非线性、接触非线性和材料非线性[2]，其材料非线性的描述较为复杂。现今描述橡胶材料力学性能的模型主要有 Mooney-Rivlin 模型和 Ogden 模型等，其中 Mooney-Rivlin 模型能够很好地描述橡胶材料在大变形下的力学特性，因而被广泛使用。本节也采用这一模型对氟橡胶材料的性质进行描述。Mooney-Rivlin 模型的本构关系为

$$W = C_{10}(I_1 - 3) + C_{01}(I_2 - 3)$$
$$I_1 = \lambda_1^2 + \lambda_2^2 + \lambda_3^2 \tag{9.1}$$
$$I_2 = \lambda_1^2 \lambda_2^2 + \lambda_2^2 \lambda_3^2 + \lambda_1^2 \lambda_3^2$$

式中，W 为应变势能；I_1、I_2 为变形张量；C_{10}、C_{01} 为 Mooney-Rivlin 常量。

橡胶材料的弹性模量 E 与邵氏硬度(式中用 SA 表示)、Mooney-Rivlin 常数、C_{10}、C_{01} 有以下关系[3]：

$$E = \frac{15.75 + 2.15\text{SA}}{100 - \text{SA}}$$
$$E = 6(C_{10} + C_{01}) \tag{9.2}$$

取 $C_{01} = 0.25 C_{10}$，橡胶邵氏硬度与 Mooney-Rivlin 常数 C_{10}、C_{01} 之间的对应关系如表 9.1 所示。

表 9.1　SA 与 C_{10}、C_{01} 的对应关系

SA	65	70	75	80	85
C_{10}	0.592	0.739	0.944	1.251	1.764
C_{01}	0.148	0.185	0.236	0.313	0.441

为了防止密封材料特性的变化对有限元分析结果造成影响，在有限元分析过程中，认为材料特性是不变的，氟橡胶的邵氏硬度为 80[4]，则取 $C_{10} = 1.251$，$C_{01} = 0.313$。

3. 唇型油封接触模型的建立

从力学角度看，唇型油封与轴的接触属于面-面接触，而接触问题是条件高度非线性的复杂问题，针对接触问题的主要求解方法包括直接迭代法、接触约束法

和数学规划法。在有限元分析中常用的方法为接触约束法,它主要包括两种方法,即拉格朗日乘子法和罚函数法。

在唇型油封和轴的接触分析中,由于轴的刚度远大于唇型油封,而唇型油封的网格比轴密。在基于 ANSYS 的接触问题分析中,根据目标面及接触面的选取标准,应选择刚度较大的面为目标面,即选择轴表面作为目标面,选择刚度较小且网格较细的面为接触面,即选择唇型油封为接触面。由于只分析静态时油封唇口和轴表面之间的接触,本章将摩擦系数设置为 0.32,为了减少渗透,刚度因子 FKN 和渗透容差 ICON 分别设置为 0.1 和 0.01,而接触算法采用的是拉格朗日乘子法。

4. 唇型油封边界条件及载荷

根据唇型油封的实际受力情况,唇型油封外环面和背面与油封装配凹槽直接接触,因此在有限元分析模型中对唇型油封外环面、背面位置分别施加 y、x 方向的零位移约束。唇型油封的圆弧形弹簧槽面上装配着压紧弹簧,弹簧为唇型油封提供的预紧力以均布压力的形式作用在唇型油封圆弧形弹簧槽面,因此在有限元分析模型中应在圆弧形弹簧槽面上施加一均布载荷。唇型油封工作时接触面两边分别是水和油,水侧和油侧分别受与等效的均布压力形式相应的水压力和油压力,因此在水侧和油侧分别施加一均布载荷。唇型油封和轴的装配属于过盈装配,装配后有一定过盈量,由于在建立几何模型时已经使唇型油封唇口与轴表面恰好处于接触状态,所以为了模拟唇型油封装配到轴上后的过盈量,需要在轴的 y 方向施加一个位移量的大小,等于油封与轴接触的过盈量的位移,本章的过盈量取0.8mm。

5. 计算结果和分析

完成边界条件的加载后,将求解项设置为大变形,进行求解。唇型油封在装配预紧力的作用下的变形结果如图 9.4 所示。而唇型油封接触面在装配预紧力作用下的接触面压力分布情况如图 9.5 所示。

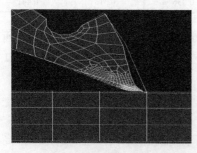

图 9.4　油封变形结果

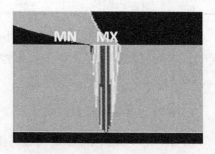

图 9.5　封接触面压力分布情况

为了分析装配预紧力对唇型油封接触面宽度及表面接触压力的影响规律，分析计算当装配预紧力为 0.05～0.3MPa 时唇型油封的变形及压力分布结果。

当装配预紧力为 0.05MPa 时，接触面宽度方向的变形图及接触面压力如图 9.6 和图 9.7 所示。

　　　图 9.6　0.05MPa 时油封变形　　　　　　　图 9.7　0.05MPa 时压力分布

将 0.05MPa 时唇型油封接触面压力分布数据导出，得到接触面压力分布，如图 9.8 所示。

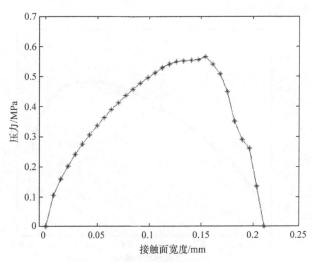

图 9.8　0.05MPa 时接触面压力分布

由图 9.8 可知，当装配预紧力为 0.05MPa 时，接触面宽度为 0.212mm，接触面平均压力为 0.372MPa。

当装配预紧力为 0.1MPa 时，将唇型油封接触面压力分布数据导出，得到接触面压力分布如图 9.9 所示。

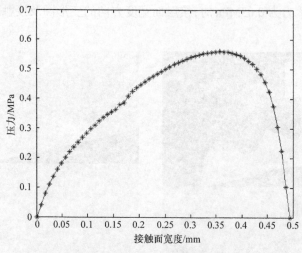

图 9.9　0.1MPa 时接触压力分布

由图 9.9 可知，当装配预紧力为 0.1MPa 时，接触面宽度为 0.492mm，接触面平均压力为 0.389MPa。

当装配预紧力为 0.15MPa 时，将唇型油封接触面压力分布数据导出，得到接触面压力分布如图 9.10 所示。

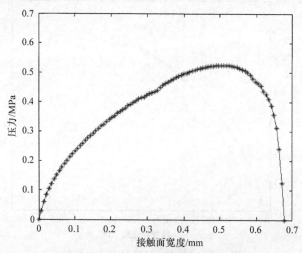

图 9.10　0.15MPa 时接触面压力分布

由图 9.10 可知，当装配预紧力为 0.15MPa 时，接触面宽度为 0.680mm，接触面平均压力为 0.389MPa。

当装配预紧力为 0.2MPa 时，将唇型油封接触面压力分布数据导出，得到接触面压力分布如图 9.11 所示。

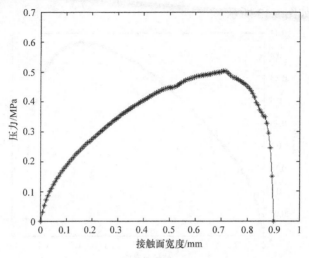

图 9.11　0.2MPa 时接触面压力分布

由图 9.11 可知，当装配预紧力为 0.20MPa 时，接触面宽度为 0.918mm，接触面平均压力为 0.357MPa。

当装配预紧力为 0.25MPa 时，将唇型油封接触面压力分布数据导出，得到接触面压力分布如图 9.12 所示。

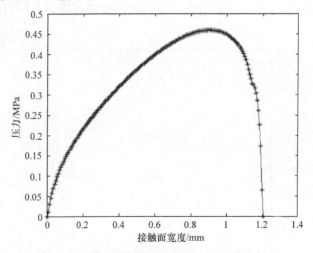

图 9.12　0.25MPa 时接触面压力分布

由图 9.12 可知，当装配预紧力为 0.25MPa 时，接触面宽度为 1.19mm，接触面平均压力为 0.332MPa。

当装配预紧力为 0.3MPa 时，将唇型油封接触面压力分布数据导出，得到接触面压力分布如图 9.13 所示。

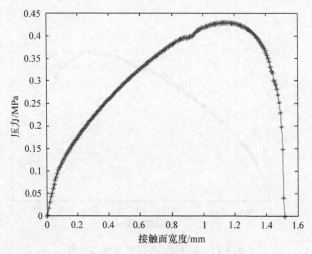

图 9.13　0.3MPa 时接触面压力分布

由图 9.13 可知，当装配预紧力为 0.3MPa 时，接触面宽度为 1.52mm，接触面平均压力为 0.310MPa。

根据图 9.8～图 9.13 可以得到唇型油封在装配预紧力作用下接触面宽度的变化规律，如图 9.14 所示，同时也可以得到唇型油封接触面压力的变化规律，如图 9.15 所示。

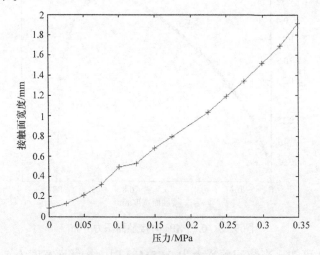

图 9.14　接触面宽度变化规律

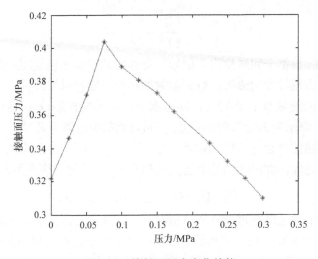

图 9.15　接触面压力变化趋势

由图 9.14 和图 9.15 可以看出，随着唇型油封装配预紧力的不断增大，油封接触面宽度也不断增加，而接触面平均压力呈现出先增大后减小的趋势，其原因是随着装配预紧力的增大，接触面宽度快速增大，其接触面平均压力反而开始减小。

9.2.3　唇型油封热力耦合模型的建立

1. 温度场分析方法

唇型油封温度场的研究分析涉及结构力学、热力学、摩擦学等理论基础，在唇型油封的工作过程中，由于装配预紧力和过盈量的作用，唇型油封唇口与轴紧密接触，在接触面摩擦力的作用下使唇口与轴的密封区域产生大量的热，从而造成接触区域温度快速升高。针对温度场的研究常用的方法有解析法和有限元法，鉴于唇型油封的结构复杂，采用解析法对接触面温度场进行分析，很难得到精确的结果，而运用有限元法对唇型油封温度场进行分析，却很容易得到精确的结果。因此，本节为了研究不同装配预紧力下唇型油封接触面温度的变化规律，采用顺序耦合法将结构场的分析结果代入温度场分析中，并根据热平衡法采用有限元分析软件 ANSYS 进行求解。

2. 唇型油封密封区域热平衡分析

唇型油封连续工作一定时间后，油封及其金属接触部件达到热平衡状态，并且一般认为唇型油封内无内热源，所以热传导微分方程变为泊松方程：

$$\frac{\partial^2 T}{\partial X^2} + \frac{\partial^2 T}{\partial Y^2} + \frac{\partial^2 T}{\partial Z^2} = 0 \tag{9.3}$$

式中，T 为温度。根据全回转推进器艉轴唇型油封的热量平衡及相应的工作环境，可以有效地分析接触面的热源。唇型油封的热源主要有以下几种：唇型油封和轴相互摩擦产生的热量 Q_1；旋转元件在海水中产生的搅拌热 Q_2；唇型油封振动产生的热量 Q_3；海水冲击带来的热量 Q_4。同时油封经过以下几种方式进行散热：通过和轴之间热传导 Q_a；通过热辐射失去热量 Q_b；润滑脂泄漏带走热量 Q_c；通过和海水及密封腔内润滑脂的热对流失去热量 Q_d。因此，热平衡方程为

$$Q_1 + Q_2 + Q_3 + Q_4 = Q_a + Q_b + Q_c + Q_d \tag{9.4}$$

在对唇型油封温度场进行具体分析时，一般认为海水的温度恒定且轴的搅拌生热较少，Q_2 可忽略。在正常运转条件下，由于唇型油封为弹性元件，振动产生的热量 Q_3 也可忽略不计，同时润滑脂的泄漏率很小，Q_c 可忽略；因密封面油膜厚度很薄，所以外部海水冲击产生的热量 Q_4 可以忽略，在水下热辐射带走的热量同样极小，可以忽略 Q_b。因此，热平衡方程可写为

$$Q_1 = Q_a + Q_d \tag{9.5}$$

即唇型油封的热源主要是摩擦产生的热量，部分热量通过和海水及润滑脂的热传导流失，其余热量通过与轴的热传导使得密封面温度升高。

唇型油封接触面上摩擦生热产生的热量可由式(9.6)计算：

$$Q_1 = P\mu vA \tag{9.6}$$

式中，μ 为橡胶油封与轴的摩擦系数；P 为接触面压力(MPa)；v 为密封面线速度(m/s)；A 为密封面面积(m^2)。

热流密度为

$$q = P\mu v \tag{9.7}$$

摩擦系数由转速、抱轴力、接触宽度等重要因素确定。一般地，油封中密封介质为润滑油时是流体润滑，摩擦系数表示为

$$\mu = \varphi Z^{1/3} \tag{9.8}$$

式中，φ 为油膜确定的常数；Z 为无量纲特征常数。根据油封的摩擦特性(μ-Z 特性)[5]，本章取 $\mu = 0.32$。

3. 有限元模型的建立

在采用 ANSYS 软件对唇型油封接触面温度场进行分析前，本节简化温度场分析模型，做如下假设：

(1) 唇型油封与密封介质的传热方式以对流传热为主，与轴的传热方式以热传导为主。

(2) 由于密封面油膜厚度很小，所以忽略油膜间的对流换热。

(3) 由油封与轴摩擦产生的热量部分传入轴，部分传入油封内，忽略因润滑脂泄漏带走的损失。

(4) 油封在工作时，不考虑热力变形对温度场分布的影响。

(5) 氟橡胶密封材料和润滑脂的温度特性参数不随温度变化，润滑脂以及海水的温度值不变。

(6) 氟橡胶材料具有各向同性。

由于唇型油封温度分析中其结构和载荷都具有轴对称性，所以在建立有限元模型时进行相应的简化，即将三维模型用二维模型来描述，建立有限元轴对称模型。而唇型油封与轴的接触面宽度由前文所求得。建立模型并对接触区域进行网格细化，如图 9.16 所示。对唇型油封与轴的接触区域进行网格细分如图 9.17 所示。

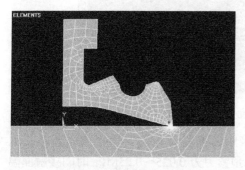

图 9.16　温度分析模型建立及网格划分　　　　图 9.17　接触区域网格细化

4. 材料物性参数及工况设置

研究的唇型油封为氟橡胶，轴为 45 号钢，油封和轴的物性参数如表 9.2 所示。

表 9.2　油封和轴的物性参数

材料	密度 ρ /(kg/ m^3)	比热容 C_p /(J/(kg·K))	导热系数 λ /(W/(m·K))	弹性模量 E/GPa	泊松比
油封	1250	175	0.24	206	0.3
轴	7850	465	39.2	6.9	0.499

研究中，旋转轴的直径为 30mm，旋转轴的转速为 210r/min，工作环境温度为室温 20℃，润滑脂为 00 号通用锂基润滑脂，不同预紧力下唇型油封接触面热源由式(9.6)和式(9.7)计算得到。

5. 有限元计算结果及分析

通过 ANSYS 求解得到唇型油封在装配预紧力作用下的温度分布情况如图 9.18 所示。

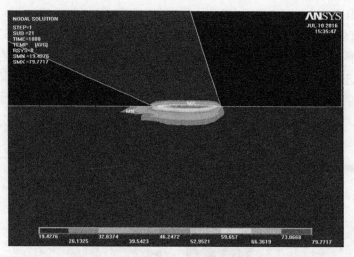

图 9.18　接触区域温度分布结果(单位：℃)

为了研究不同装配预紧力影响下接触面温度分布及变化规律，通过提取 ANSYS 分析结果中的节点温度，求取当预紧力为 0.025～0.25MPa 时的接触面温度分布情况如图 9.19～图 9.26 所示。

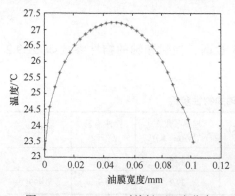

图 9.19　0.025MPa 时接触面温度分布

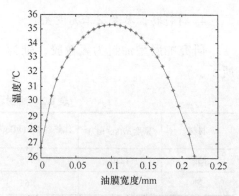

图 9.20　0.05MPa 时接触面温度分布

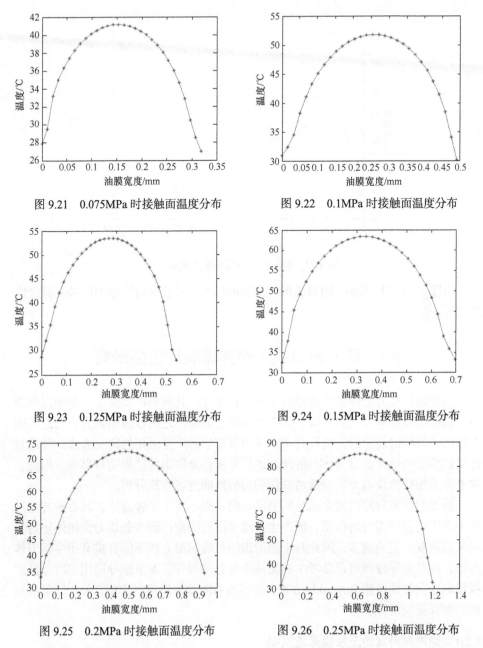

图 9.21　0.075MPa 时接触面温度分布　　　　图 9.22　0.1MPa 时接触面温度分布

图 9.23　0.125MPa 时接触面温度分布　　　　图 9.24　0.15MPa 时接触面温度分布

图 9.25　0.2MPa 时接触面温度分布　　　　图 9.26　0.25MPa 时接触面温度分布

　　根据有限元分析结果可以得到唇型油封在装配预紧力影响下最高温度变化规律，如图 9.27 所示。

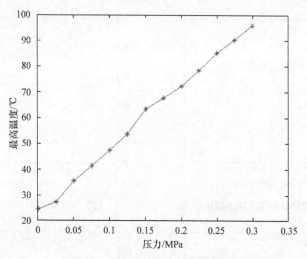

图 9.27　唇型油封最高温度变化规律

　　由图 9.27 可以看出，随着装配预紧力的增大，唇型油封接触面的最高温度快速增加。

9.3　唇型油封线接触弹流润滑性能研究

　　唇型油封作为全回转推进器的主要密封元件，其润滑机理复杂，影响因素繁多。随着数值计算方法的发展，基于流体动力润滑理论的数值模拟方法已经应用于唇型油封润滑性能的分析研究中，成为目前学者广泛采用的研究方法，并通过许多试验证明该方法对流体润滑问题进行分析计算得出的结果是可靠的。因此，本节也采用数值模拟方法对唇型油封的润滑性能进行计算分析。

　　唇型油封密封腔内的介质是润滑脂。润滑脂不属于牛顿流体，其在轴转动过程中由于受到剪切力的作用，能产生流动并进行润滑；而当剪切力作用停止后，它又能恢复一定的稠度，因此对于润滑脂的弹流润滑方程不能直接套用牛顿流体方程，但其推导过程可以参考牛顿流体推导思路展开。本节推导适用于唇型油封线接触工况的润滑脂 Reynolds 方程，并通过有限差分法进行求解，分析唇型油封密封面弹流润滑性能。

9.3.1　弹流润滑理论及油膜形成原理

　　弹流润滑理论一般主要考虑接触体表面在流体动压作用下的流体压力的变化以及润滑介质黏度在流体压力作用下的变化，同时，还要考虑润滑介质的密度随流体压力的变化。因此，针对唇型油封线接触弹流润滑问题的数学模型由油膜厚度方程、黏度方程、密度方程、载荷平衡方程以及 Reynolds 方程五个基本方程组成。

其中油膜厚度方程为

$$h(x) = h_0 + \frac{2}{\pi E^1} \int P(s) \ln(x - s)^2 \, \mathrm{d}s \tag{9.9}$$

式中，h_0 为最小油膜厚度；E^1 为轴和油封两接触体的等效弹性模量；P 为接触面油膜压力；s 为接触面求解域在 x 方向上的坐标。

载荷平衡方程为

$$\int P(s) \mathrm{d}s = w \tag{9.10}$$

式中，w 为接触面载荷线密度。通过 9.2 节求得的接触面 Hertz 接触压力可以求得。

黏度方程为

$$\varphi = \varphi_0 \exp\{(\ln\varphi_0 + 9.67)[(1 + 5.1 \times 10^{-9} p)^z - 1]\} \tag{9.11}$$

式中，φ_0 为润滑脂环境黏度；z 为黏压系数，其值可由文献[6]求得。

密度方程为

$$\rho = \rho_0 \left(1 + \frac{0.6 \times 10^{-9} P}{1 + 1.7 \times 10^{-9} P} \right) \tag{9.12}$$

式中，ρ_0 为润滑脂环境密度。

Reynolds 方程是反映润滑脂弹流润滑特性的基本方程，它直接揭示了润滑脂油膜中压力、油膜厚度、黏度、密度以及速度之间的关系。本章根据润滑脂的流动特性在 9.3.2 节中推导 Reynolds 方程。

9.3.2　润滑脂 Reynolds 方程的推导

1. 润滑脂特性

润滑脂主要由基础油组成，再添加多种添加剂，相比于润滑油，它具有不同的流变性能。首先润滑脂在常温和静止状态下呈现固体状态，能在一定程度上保持自己的形状不变，同时还能黏附在其他物体的表面上。然而，润滑脂在高温或受到一定大小的剪切力时，它又能像润滑油一样流动，并能像润滑油一样对机械设备进行润滑，从而降低机械设备的摩擦、磨损。当剪切力作用停止后，润滑脂又能恢复一定的稠度。润滑脂的这种不同于润滑油的流变性能，使其能够满足许多机械部件变速的使用要求，不仅可以常温下黏附在机械设备表面不出现流失，还能在敞开或密封不良的机械部件内工作。由于润滑脂具有这些其他润滑油所不可替代的特点，所以在工业设备中被广泛使用，而全回转推进器艉轴唇型油封动密封中所使用的密封介质就是润滑脂。

润滑脂相比于润滑油具有不同的流变特性，因而有许多润滑油不具有的使用优点[7]，包括：

(1) 在密封过程中润滑脂不容易流失，防尘密封效果较好。

(2) 在密封过程中润滑脂的使用寿命长，不需要时常添加，也不需要像润滑油一样维持油面的高度，这减少了密封设备维护的次数。

(3) 润滑脂具有较高的承载能力和较好的阻尼性能，适用于重载、低速以及具有冲击载荷的苛刻条件，也适用于间歇或往复运动的部件。较少的流失和泄漏使得润滑脂对环境污染更小。

(4) 润滑脂稠化剂的毛细作用，使其相比于润滑油可应用于较宽的温度范围。

基于这些优点，润滑脂在机械润滑中应用广泛。

2. 线接触润滑脂 Reynolds 方程的推导

在进行润滑脂 Reynolds 方程推导前先做如下假设[8]：

(1) 忽略润滑脂自身重力的作用。

(2) 润滑脂黏附在固体表面上不产生滑动，则认为黏附在固体表面上的润滑脂的速度与固体表面上该点的速度相同。

(3) 油膜厚度方向的速度可忽略不计。

(4) 沿油膜厚度方向，油膜的压力、黏度和密度的变化可忽略不计，即 $\dfrac{\partial p}{\partial z} = 0$, $\dfrac{\partial \rho}{\partial z} = 0$, $\dfrac{\partial \varphi}{\partial z} = 0$。

描述润滑脂流动力学特点的本构方程主要包括以下三种。

Ostwald 本构模型方程：

$$\tau = \varphi \dot{\gamma}^n \tag{9.13}$$

Bingham 本构模型方程：

$$\tau = \tau_s + \varphi \dot{\gamma} \tag{9.14}$$

Herschel-Bulkley 本构模型方程：

$$\tau = \tau_s + \varphi \dot{\gamma}^n \tag{9.15}$$

式中，润滑脂的黏度 φ 随着剪切应变率 $\dot{\gamma}$ 的增加而减小，即表明润滑脂在剪切力的作用下会变稀，且随着剪切应变率 $\dot{\gamma}$ 的增加，润滑脂变稀的程度更严重。在 Ostwald 和 Herschel-Bulkley 流变模型本构方程中，润滑脂的剪切应力 τ 与剪切应变率 $\dot{\gamma}$ 呈非线性关系。Herschel-Bulkley 流变模型考虑润滑脂流动层中心存在无剪切流动层,有三个参数。而 Ostwald 流变模型,不考虑无剪切流动层,仅需确定两个参数,使用简单,被广泛采用。文献[9]认为工业上 80%的非牛顿流体均可使用 Ostwald 模型,因此本章也采用 Ostwald 流变模型来推导润滑脂 Reynolds 方程。

在润滑脂流体中取出一微元体,其 x 方向的受力如图 9.28 所示。微元体正方向为外法线与 x 方向相同的微元体面,负方向则相反;微元体面上的压力 p 的正方向为与坐标轴平行并指向微元体内部的方向;位于正面的剪切力 τ 的正方向与坐标轴同向,位于负面的剪切力 τ 的正方向则与坐标轴反向;p_x 和 τ_x 分别代表平行于 x 轴的正应力和平行于 Oxy 平面的剪切应变力。

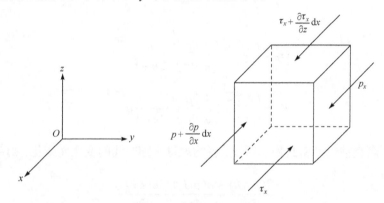

图 9.28　微元体 x 方向受力分析

在 x 方向,根据受力平衡可得

$$p\mathrm{d}y\mathrm{d}z + \left(\tau_x + \frac{\partial \tau_x}{\partial z}\mathrm{d}z\right)\mathrm{d}x\mathrm{d}y = \left(p + \frac{\partial p}{\partial x}\mathrm{d}x\right)\mathrm{d}y\mathrm{d}z + \tau_x\mathrm{d}x\mathrm{d}y \tag{9.16}$$

化简后得

$$\frac{\partial \tau_x}{\partial z} = \frac{\partial p}{\partial x} \tag{9.17}$$

式(9.17)两边对 z 积分可得

$$\tau_x = \frac{\partial p}{\partial x}z + C \tag{9.18}$$

润滑脂塑性黏度 φ 与流体黏度 η 的关系可以表示为 $\varphi = \eta^n$(n 为流变指数),剪切应变率 $\dot{\gamma} = \dfrac{\mathrm{d}u}{\mathrm{d}z}$。$u$ 和 v 分别表示沿 x 和 y 方向润滑介质表面的速度。在 x 方向,有

$$\tau_x = \varphi\left(\frac{\partial u}{\partial z}\right)^n \tag{9.19}$$

同理，在 y 方向，有

$$\tau_y = \varphi\left(\frac{\partial v}{\partial z}\right)^n \tag{9.20}$$

根据式(9.20)，可得基于 Ostwald 本构模型的润滑脂 Reynolds 方程[4]：

$$\frac{\partial(pu_0 h)}{\partial x} + \frac{\partial(pv_0 h)}{\partial y} + \frac{\partial(ph)}{\partial t} = \frac{\partial(pG_R^1)}{\partial x} + \frac{\partial(pV_R^1)}{\partial y} \tag{9.21}$$

式中

$$G_R = \left(\frac{1}{2}\right)^{\frac{n+1}{n}} \left(\frac{1}{\varphi}\frac{\partial p}{\partial x}\right)^{\frac{1}{n}} \frac{n}{2n+1} h^{\frac{2n+1}{n}}$$

$$V_R = \left(\frac{1}{2}\right)^{\frac{n+1}{n}} \left(\frac{1}{\varphi}\frac{\partial p}{\partial y}\right)^{\frac{1}{n}} \frac{n}{2n+1} h^{\frac{2n+1}{n}} \tag{9.22}$$

对于唇型油封动密封稳态问题，各物理量不随时间的变化而变化，则 $\frac{\partial p}{\partial t} = 0$ 。

$$\frac{\partial(pu_0 h)}{\partial x} = \frac{\partial(pG_R)}{\partial x} + \frac{\partial(pV_R)}{\partial y} \tag{9.23}$$

由于唇型油封与轴的接触为线接触，且为轴对称问题，因此忽略端部泄漏，油膜压力 p 沿 y 方向不变，则 $\frac{\partial p}{\partial y} = 0$ ，即 $V_R = 0$ ，因此基于 Ostwald 流变模型本构方程的润滑脂线接触弹流润滑 Reynolds 方程可以表示为

$$\frac{\partial(pu_0 h)}{\partial x} = \frac{\partial(pG_R)}{\partial x} \tag{9.24}$$

将 G_R 代入式(9.24)可得基于 Ostwald 流变模型本构方程的润滑脂线接触弹流润滑 Reynolds 方程：

$$u_0 \frac{\partial h}{\partial x} = \frac{\partial\left(\left(\frac{1}{2}\right)^{\frac{n+1}{n}} \left(\frac{1}{\varphi}\frac{\partial p}{\partial x}\right)^{\frac{1}{n}} \frac{n}{2n+1} h^{\frac{2n+1}{n}}\right)}{\partial x} \tag{9.25}$$

对 x 积分可得

$$\frac{\partial p}{\partial x} = 2u_0^n \frac{\varphi}{h^{2n+1}} \left[2\left(2+\frac{1}{n}\right)\right]^n (h - h_0)^n \tag{9.26}$$

h_0 为 $\dfrac{\partial p}{\partial x} = 0$ 时的油膜厚度。

唇型油封动密封采用的是通用锂基润滑脂，转速为 210r/min，根据文献[8]试验结果，可取润滑脂流变参数 $n=0.8$。

3. 润滑脂 Reynolds 方程及其基本方程的无量纲化

在分析计算润滑脂 Reynolds 方程时，一般对方程进行无量纲化。有两方面的优点：一是可以控制方程中变量的数值大小不会过大或过小，同时减少变量和因变量的数量以便于计算机的运算；二是可将问题进行简化，使方程形式更加紧凑，以便于计算结果的理解从而更能突出各相关因素的作用。根据前文推导出的润滑脂 Reynolds 方程，对其进行无量纲处理，具体处理方法如下：

$x=Xb$　（b 为密封区域的轴向宽度，X 为轴向无量纲宽度）

$h=Hh_0$　（h_0 为最小油膜厚度，H 为无量纲油膜厚度）

$p=Pp_H$　（p_H 为最大 Hertz 压力，P 为无量纲油膜压力）

$\varphi = \varphi^1 \varphi_0$　（φ_0 为常压下的黏度，φ^1 为无量纲黏度）

由此可得到无量纲的润滑脂 Reynolds 方程：

$$\frac{\partial}{\partial X}\left[\Delta \left(\frac{\partial P}{\partial X} \right)^{\frac{1}{n}} \right] = \frac{\partial H}{\partial X} \tag{9.27}$$

式中

$$\Delta = \theta \frac{H^{2n+1}}{\varphi^1}, \quad \theta = \frac{p_a^{\frac{1}{n}} b^{\frac{1}{n}}}{2u_0\left(2+\dfrac{1}{n}\right)2^{\frac{1}{n}}\varphi_0^{\frac{1}{n}}}$$

油膜厚度方程：

$$H(X) = H_0 + \frac{1}{\pi}\int \ln|X-S|P(S)\mathrm{d}s \tag{9.28}$$

黏压方程：

$$\varphi^1 = \exp\{(\ln\varphi_0 + 9.67)[(1+5.1\times10^{-9}Pp_H)^z - 1]\} \tag{9.29}$$

密度方程：

$$\rho = \rho_0\left(1+\frac{0.6\times10^{-9}Pp_H}{1+1.7\times10^{-9}Pp_H}\right) \tag{9.30}$$

载荷平衡方程：

$$\int P(s)\mathrm{d}s = W \tag{9.31}$$

9.3.3 润滑脂 Reynolds 方程的求解方法

有限差分法是指把变量的导数用泰勒级数展开式来表示；通过划分网格，并用网格节点上的值把偏微分方程中出现的导数用差分近似代替，这样即可以把具有连续定解区域和连续变量的函数通过网格上的差分代替函数来近似，然后采用插值方法求解整个区域上的近似解。有限差分法的基本原理如图 9.29 所示。

设有 x 的解析函数 $y = f(x)$，函数 y 对 x 的导数为

$$\frac{\mathrm{d}y}{\mathrm{d}x} = \lim_{\Delta x \to 0} \frac{\Delta y}{\Delta x} = \lim_{\Delta x \to 0} \frac{f(x + \Delta x) - f(x)}{\Delta x} \tag{9.32}$$

式中，$\mathrm{d}y$、$\mathrm{d}x$ 分别为函数及自变量的微分，$\dfrac{\mathrm{d}y}{\mathrm{d}x}$ 为函数对自变量的导数，也称为微商；Δy、Δx 分别为函数及其自变量的差分，$\dfrac{\Delta y}{\Delta x}$ 为函数对自变量的差商。由导数和差商的定义可知，当自变量的差分 $\Delta x \to 0$ 时就可以由差商得到导数。有限差分法就是用差商代替导数，其中差商代替导数的基本原理如图 9.30 所示。

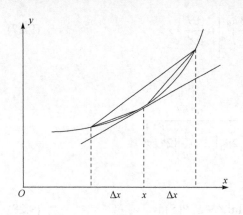

图 9.29　有限差分法原理　　　　　　图 9.30　差商代替导数原理

差分的三种形式如下。

向前差分：

$$\Delta y = f(x + \Delta x) - f(x) = y_{j+1} - y_j$$

向后差分：

$$\Delta y = f(x) - f(x - \Delta x) = y_j - y_{j-1}$$

中心差分：

$$\Delta y = f(x + \Delta x) - f(x - \Delta x) = y_{j+1} - y_{j-1}$$

而差商表达形式同样有三种，有向前差商、向后差商和中心差商。

向前差商：

$$\frac{\Delta y}{\Delta x} = \frac{y_{j+1} - y_j}{\delta_j}$$

向后差商：

$$\frac{\Delta y}{\Delta x} = \frac{y_j - y_{j-1}}{\delta_j}$$

中心差商：

$$\frac{\Delta y}{\Delta x} = \frac{y_{j+1} - y_{j-1}}{2\delta_j}$$

三种差商法中以中心差商的表达式精度最好，本节也采用中心差商法求解润滑脂 Reynolds 方程。同理，二阶导数也可用中心差商法表示：

$$\left(\frac{\mathrm{d}^2 y}{\mathrm{d}x^2}\right) = \left[\frac{\mathrm{d}}{\mathrm{d}x}\left(\frac{\mathrm{d}y}{\mathrm{d}x}\right)\right] \approx \frac{\left(\dfrac{\mathrm{d}y}{\mathrm{d}x}\right)_{j+\frac{1}{2}} - \left(\dfrac{\mathrm{d}y}{\mathrm{d}x}\right)_{j-\frac{1}{2}}}{\delta_j} \approx \frac{y_{j+1} - 2y_j + y_{j-1}}{\delta_j^2} \tag{9.33}$$

用差分法求解润滑脂 Reynolds 方程，首先要对密封区域进行网格划分，如图 9.31 所示；其次，Reynolds 方程中的一阶、二阶导数可以通过计算区域上网格节点的压力值构建出各阶差商，从而将 Reynolds 方程简化为代数方程，进而进行求解。

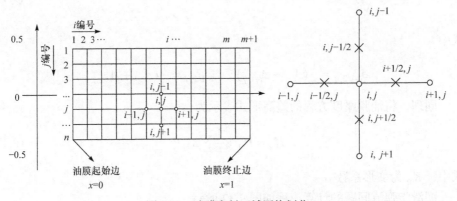

图 9.31　油膜密封区域网格划分

润滑脂 Reynolds 方程压力和油膜的一阶导数差分形式为

$$\left(\frac{\partial P}{\partial X}\right)_{i,j} \approx \frac{P_{i+1/2,j} - P_{i-1/2,j}}{\Delta X} \tag{9.34}$$

$$\left(\frac{\partial H}{\partial X}\right)_{i,j} = \frac{H_{i+1/2,j} - H_{i-1/2,j}}{\Delta X} \tag{9.35}$$

则润滑脂 Reynolds 方程 $\dfrac{\partial}{\partial X}\left[\Delta\left(\dfrac{\partial P}{\partial X}\right)^{\frac{1}{n}}\right]$ 的差分形式为

$$\left\{\frac{\partial}{\partial X}\left[\Delta\left(\frac{\partial P}{\partial X}\right)^{\frac{1}{n}}\right]\right\}_{i,j} \approx \frac{\left[\Delta\left(\frac{\partial P}{\partial X}\right)^{\frac{1}{n}}\right]_{i+1/2,j} - \left[\Delta\left(\frac{\partial P}{\partial X}\right)^{\frac{1}{n}}\right]_{i-1/2,j}}{\Delta X}$$

$$\approx \frac{\Delta_{i+1/2,j}\left(\dfrac{P_{i+1,j} - P_{i,j}}{\Delta X}\right)^{\frac{1}{n}} - \Delta_{i-1/2,j}\left(\dfrac{P_{i,j} - P_{i-1,j}}{\Delta X}\right)^{\frac{1}{n}}}{\Delta X}$$

$$\approx \frac{\Delta_{i+1/2,j}\left(P_{i+1,j} - P_{i,j}\right)^{\frac{1}{n}} - \Delta_{i-1/2,j}\left(P_{i,j} - P_{i-1,j}\right)^{\frac{1}{n}}}{\Delta X^{\frac{1}{n}+1}} \tag{9.36}$$

则润滑脂 Reynolds 方程的差商形式为

$$\frac{H_{i+1/2,j} - H_{i-1/2,j}}{\Delta X} = \frac{\left[\Delta_{i+1/2,j}(P_{i+1,j} - P_{i,j})^{\frac{1}{n}} - \Delta_{i-1/2,j}(P_{i,j} - P_{i-1,j})^{\frac{1}{n}}\right]}{\Delta X^{\frac{1}{n}+1}} \tag{9.37}$$

式中

$$\Delta_{i+1/2,j} = \frac{1}{2}(\Delta_{i,j} + \Delta_{i+1,j}), \quad \Delta_{i-1/2,j} = \frac{1}{2}(\Delta_{i,j} + \Delta_{i-1,j})$$

同理，将油膜厚度方程的差商形式表示为

$$H_j = H_0 + \frac{1}{\pi}\sum_{i=1}^{n} K_{IJ} P_i \tag{9.38}$$

式中，K_{IJ} 为变形系数。

润滑脂弹流问题的计算流程如图 9.32 所示。

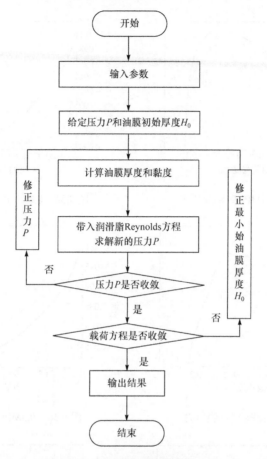

图 9.32　弹流润滑性能计算流程图

　　由于黏压方程和油膜厚度方程中的黏度和油膜厚度都随压力的变化而变化，所以一般的计算方法是先给定一个初始压力分布 P(采用 ANSYS 有限元分析得到的压力分布)，计算油膜厚度和黏度，再将其代入润滑脂 Reynolds 方程中求解新压力分布 P，并对上一次的压力分布 P 进行迭代修正，重新代入黏压方程和油膜厚度方程计算新的油膜黏度和厚度，再进行下一次迭代，直至压力 P 收敛，代入载荷平衡方程查看是否收敛，如不收敛则修正初始油膜厚度 H_0 重新计算油膜厚度，直至收敛后迭代结束，从而得到最终的压力分布 P 和油膜厚度。

9.3.4　计算结果及分析

　　通过对不同装配预紧力下唇型油封油膜厚度及油膜压力的计算，图 9.33～图 9.44 求出了预紧力为 0.025～0.2MPa 时油封接触面油膜厚度及油膜压力。

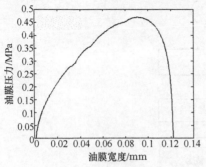

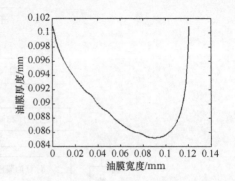

图 9.33 0.025MPa 时油膜压力　　　　　图 9.34 0.025MPa 时油膜厚度

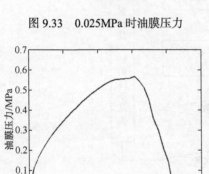

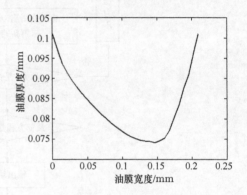

图 9.35 0.5MPa 时油膜压力　　　　　图 9.36 0.5MPa 时油膜厚度

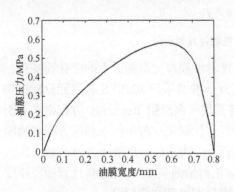

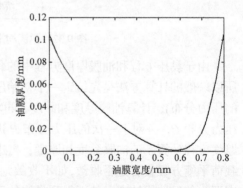

图 9.37 0.075MPa 时油膜压力　　　　　图 9.38 0.075MPa 时油膜厚度

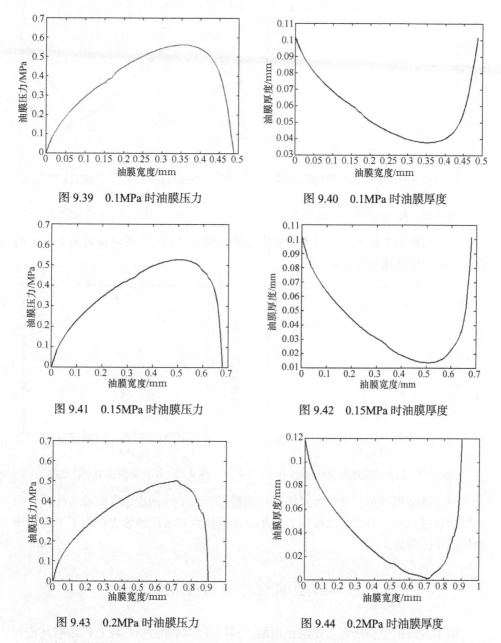

图 9.39　0.1MPa 时油膜压力

图 9.40　0.1MPa 时油膜厚度

图 9.41　0.15MPa 时油膜压力

图 9.42　0.15MPa 时油膜厚度

图 9.43　0.2MPa 时油膜压力

图 9.44　0.2MPa 时油膜厚度

根据计算结果，可以得到唇型油封在预紧力作用下最大油膜压力、平均油膜压力、最小油膜厚度及平均油膜厚度的变化规律。

不同预紧力下最小油膜厚度的变化规律如图 9.45 所示。不同预紧力下平均油膜厚度的变化规律如图 9.46 所示。

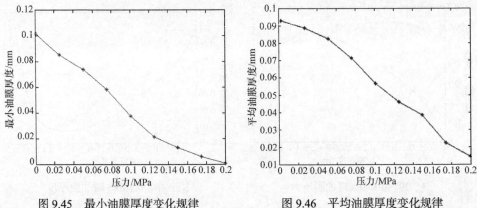

图 9.45　最小油膜厚度变化规律　　　　　　图 9.46　平均油膜厚度变化规律

　　不同预紧力下最大油膜压力的变化规律如图 9.47 所示。不同预紧力下平均油膜压力的变化规律如图 9.48 所示。

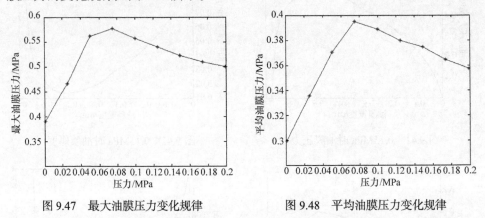

图 9.47　最大油膜压力变化规律　　　　　　图 9.48　平均油膜压力变化规律

　　由计算结果可知，唇型油封的最小油膜厚度和平均油膜厚度随着装配预紧力的增加快速减小，而最大油膜压力及平均油膜压力在装配预紧力作用下呈现先增加后减小的趋势。

9.4　唇型油封动密封性能研究

　　唇型油封的主要功能就是阻止泄漏，其阻止泄漏能力的好坏直接影响其密封性能，因此唇型油封在工作时泄漏率的大小是否符合要求是评判其工作性能的重要标准。唇型油封密封机理比较复杂，许多学者从不同的研究角度探讨了唇型油封的密封机理，主要包括如表面张力理论、边界润滑理论、混相流动理论、泵汲效应理论及高-焦耳效应等。通过大量试验研究，现目前被广泛认同的唇型油封的密封机理是泵汲效应，本节通过介绍泵汲效应理论揭示唇型油封的密封机理，建立泄漏率的数值计算模型，计算唇型油封工作时的泄漏率，并最终构建装配预紧力对唇型油封密封性能的关联模型。

本节根据 9.2 节唇型油封有限元分析结果得到预紧力影响下的变形宽度，以及 9.3 节唇型油封接触面数值分析结果得到密封区域在预紧力作用下油膜厚度、黏度及油膜压力的变化规律，建立唇型油封在装配预紧力影响下泄漏率计算模型，分析计算不同预紧力下唇型油封的泄漏率的变化规律，为提高唇型油封的密封性能及优化油封的装配预紧力提供依据。

9.4.1　唇型油封泄漏率数学建模与分析

1. 唇型油封泵汲效应

唇型油封的润滑机理显示油封接触唇口与轴的表面存在一层油膜而不向水侧泄漏，因此唇型油封存在密封机理。唇型油封接触区域在工作过程中，在预紧力和轴的旋转作用下，在接触面上产生摩擦剪切应力，油封唇口表面会产生弹性变形，同时接触面压力会出现左右不对称性，这将导致油封唇口表面形成不对称的油膜，油膜由最大压力处分别向两侧延伸，接触区域内的流体在接触面压力分布不对称及油封唇口表面纹理结构的共同作用下，一部分密封介质向水侧流动，而另一部分则向油侧流动。这两个朝相反方向运动的综合结果即可以反映出唇型油封的密封性能。如果在密封区域内因泵汲效应向油侧流动的密封介质多于向空气侧流动的密封介质，则说明密封性能良好，反之则认为出现泄漏。这种将密封介质从密封的空气侧"泵汲"回油侧的现象就是泵汲效应，而这个单位时间内的净流量则称为泵汲率。

泵汲现象的产生既是唇型油封表面微观结构作用的结果，又与宏观结构密不可分。从微观角度上看，如图 9.49 所示，Muller[10]等认为，由于唇型油封接触面的接触压力，油封唇口接触面的形貌将发生弹性变形，其中油封唇口接触面的突出部分将变得平坦，而密封介质沿着粗糙两侧的流动速度与其压力梯度相反。由于唇型油封唇角的不同，在水侧压力梯度较低，突出部分变形较少，因此在水侧流体流动的阻力比在油侧流体的阻力大，朝两侧流动流体的净流量为从水侧流向油

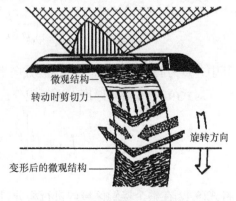

图 9.49　油封泵汲效应微观模型图

侧,这就表现为泵汲效应。

从宏观方面来看,由于唇型油封装配不精确、密封腔室与油封存在偏心或使得轴与唇型油封不平行,这将造成唇型油封在实际工作中使油封相对于轴有一定偏心角度。偏心角度的存在,使得唇型油封轴相对于轴存在一个低幅度的往复轴向运动,由往复运动动密封的密封机理可知,具有非对称压力分布的油封在工作过程中向压力梯度较大的一侧泵送流体。

2. 唇型油封泄漏率数学模型的建立

在计算唇型油封泄漏率大小时先做出如下假设:

(1) 忽略唇型油封表面粗糙度的影响。

(2) 忽略开关机及装配时造成的泄漏。

(3) 唇型油封与旋转轴可作为轴对称问题来求解。

(4) 轴的转速恒定且唇型油封在轴静止不动时无泄漏。

唇型油封在工作时,由于接触区域的间隙中充满润滑脂,随着轴在周向方向的转动,润滑脂沿轴向也有流动。图 9.50 为接触区域内润滑脂在接触宽度方向上的流动。根据唇型油封的密封机理,在 x 方向上任一剖面的流速分布的表达式为

$$\frac{\partial p}{\partial x}z = \varphi\left(\frac{\partial u}{\partial z}\right)^n \tag{9.39}$$

对式(9.39)化简后,可得出润滑脂在 x 方向上的流动速度的微分表达式为

$$\frac{\partial u}{\partial z} = \left(\frac{1}{\varphi}\frac{\partial p}{\partial x}z\right)^{\frac{1}{n}} \tag{9.40}$$

方程两边对 z 积分得

$$u = \left(\frac{1}{\varphi}\frac{\partial p}{\partial x}\right)^{\frac{1}{n}}\frac{z^{\frac{1}{n}+1}}{\frac{1}{n}+1} + u_0 \tag{9.41}$$

其中, φ 为润滑脂黏度; z 为油膜方向坐标; n 为流变参数; u_0 为 $z=0$ 时的速度。

对式(9.41)在油膜厚度上进行积分,即可得到给定方向上的流量为

$$q = \int_0^h u\mathrm{d}z\int_0^h\left[\left(\frac{1}{\varphi}\frac{\partial p}{\partial x}\right)^{\frac{1}{n}}\frac{z^{\frac{1}{n}+1}}{\frac{1}{n}+1} + u_0\right]\mathrm{d}z \tag{9.42}$$

将式(9.42)在整个接触区域内进行积分,则可得到唇型油封在接触宽度区域内运行一周的泄漏率:

$$Q = \int_0^{\pi D} \int_0^b \left[\frac{h^{\frac{1}{n}+2}}{\left(\frac{1}{n}+1\right)\left(\frac{1}{n}+2\right)} \left(\frac{1}{\varphi}\frac{\partial p}{\partial x}\right)^{\frac{1}{n}} + u_0 h \right] \mathrm{d}x\mathrm{d}z \tag{9.43}$$

即

$$Q = \pi D \int_0^b \left[\frac{h^{\frac{1}{n}+2}}{\left(\frac{1}{n}+1\right)\left(\frac{1}{n}+2\right)} \left(\frac{1}{\varphi}\frac{\partial p}{\partial x}\right)^{\frac{1}{n}} + u_0 h \right] \mathrm{d}x \tag{9.44}$$

其中，b 为接触宽度，由 9.2 节求得。

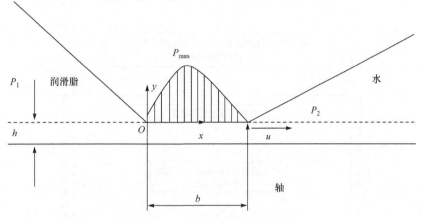

图 9.50 油封润滑脂流动示意图

3. 数值计算结果及分析

将由 9.2.2 节求得的唇型油封接触区域在不同装配预紧力下的油膜厚度及油膜压力代入式(9.44)中，可求得不同装配预紧力下唇型油封的泄漏率，泄漏率在预紧力影响下的变化趋势如图 9.51 所示。

由图 9.51 中可以看出，随着装配预紧力的增大，唇型油封泄漏率显著减小，并且随着预紧力越来越大，泄漏率逐渐变得平缓。

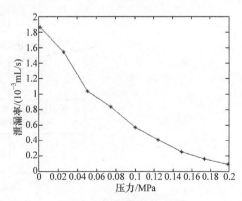

图 9.51 泄漏率变化趋势

根据前文研究结果，可以得到装配预紧力对唇型油封温度分布规律及泄漏率数值大小的影响规律，由此本节构建唇型油封装配预紧力对其密封性能的关联模型流程如图9.52所示。

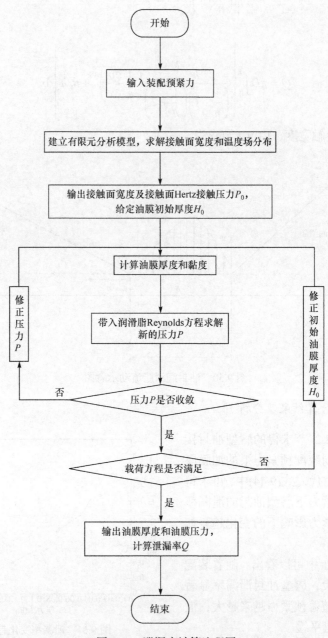

图9.52 泄漏率计算流程图

9.4.2　全回转推进器舵轴动密封性能分析

3500kW 功率级全回转推进器仍然在设计研发阶段，针对其舵轴唇型油封的装配缺少理论指导，本章通过建立的装配预紧力与唇型油封密封性能的关联模型能为该型号的全回转推进器舵轴唇型油封的装配和优化提供理论指导依据。

将上述构建的唇型油封装配预紧力对其密封性能的关联模型应用于某企业生产的 WSP330-CP 型、3500kW 全回转推进器舵轴唇型油封动密封性能分析中，所取参数如表 9.3 所示。

表 9.3　全回转推进器性能指标

性能参数	指标
全回转推进器型号	WSP330-CP
功率	3500kW
舵轴转速 U	210r/min
舵轴直径 D	330mm
唇型油封材料	氟橡胶(FKM85)
润滑脂类型	昆仑 2 号通用锂基润滑脂
轴材料	45 号钢
过盈量	0.8mm

首先研究全回转推进器舵轴唇型油封在装配预紧力影响下的变形。采用 9.2 节所述的有限元法可得到唇型油封在不同装配预紧力下接触宽度的变化规律，如图 9.53 所示。

采用 9.2 节所示的方法将结构场分析结果代入温度场分析可求得不同预紧力对最高温度的影响规律，如图 9.54 所示。

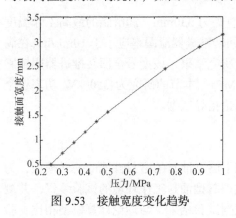

图 9.53　接触宽度变化趋势

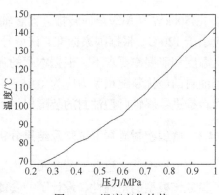

图 9.54　温度变化趋势

由图 9.54 可见，随着装配预紧力的增加，温度也随着升高，当预紧力超过 0.75MPa 时，温度将超过 120℃。

对唇型油封进行润滑性能分析和泄漏率计算可以得到油膜厚度及泄漏率在装配预紧力影响下的变化规律，如图 9.55 和图 9.56 所示。

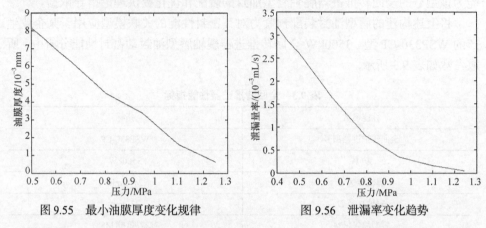

图 9.55　最小油膜厚度变化规律　　　　　图 9.56　泄漏率变化趋势

由图 9.55 和图 9.56 可以发现，随着预紧力的增大，唇型油封的最小油膜厚度显著减小，并且润滑脂泄漏率也随之减小。

根据《船艉轴油润滑密封装置》(GB/T 25017—2010)，海洋船舶橡胶油封在线速度大于 5m/s 时，工作温度小于 120℃，且泄漏率应满足表 9.4 要求。

表 9.4　泄漏率标准

直径/mm		≤300	≤530	≤800	≤1250
泄漏率/(mL/h)	动态	≤5	≤10	≤12	≤15
	静态	0			

3500kW 功率级全回转推进器艉轴的直径为 330mm，润滑脂的最高工作温度应小于 120℃，根据国家标准，该型号全回转推进器泄漏率应小于 10mL/h；在满足温度和泄漏率要求下，根据本章的理论研究结果，该型号全回转推进器艉轴唇型油封的最优装配预紧力应为 0.45～0.75MPa。本节的研究为 3500kW 功率级全回转推进器艉轴唇型油封的装配提供了理论指导依据。

9.4.3　唇型密封泄漏率试验及结果分析

本节根据前文建立了装配预紧力影响下唇型油封的密封性能的关联模型，为了验证该模型的正确性，设计了一套能模拟唇型油封工作环境的试验装置，并测量油封在不同预紧力下泄漏率的大小。根据试验结果，与理论计算模型相比，验证理论模型的正确性，最终为唇型油封装配预紧力的设计和优化提供理论指导。

1. 试验装置设计

本节所设计的试验装置原理如图 9.57 所示。

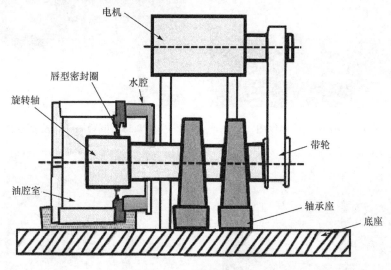

图 9.57　试验原理图

试验装置由电机、带轮传动机构、旋转轴、密封腔室(含水腔、油腔)等试验装置组成，通过电机和带轮带动轴旋转，油封装配在轴上，一侧为油腔装润滑脂、另一侧为水腔装满水，当轴转动时唇型油封起到防止润滑脂泄漏的作用。具体试验装置参数如表 9.5 所示。

表 9.5　试验装置规格参数

试验装置	参数
电机	转速 630r/min
带轮	传动比 3∶1
润滑脂	2 号通用锂基润滑脂
唇型油封	尺寸 30mm×45mm×10mm，氟橡胶
旋转轴	直径 30mm
防风电子秤	精度 0.01g

试验装置实物图如图 9.58 所示。试验中所用的润滑脂、弹簧、唇型油封及密封腔室如图 9.59 和图 9.60 所示。唇型油封装配在油腔室中的凹槽中，如图 9.61 所示。

图 9.58　试验整体实物图

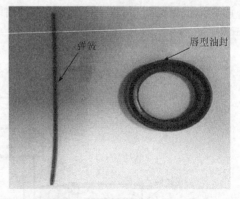

图 9.59　试验用弹簧及唇型油封

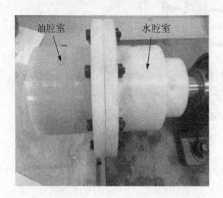

图 9.60　油腔室和水腔室

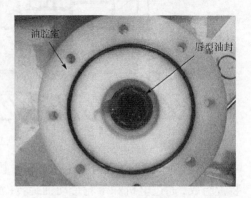

图 9.61　油腔室和唇型油封

2. 试验原理

本试验装置的试验原理为：通过在密封油腔室内装满润滑脂，在水腔室内装满水来模拟唇型油封的工作环境，通过电机和带轮来带动轴的转动，唇型油封安装在密封腔室的凹槽内并装配在轴上，通过密封腔室的凹槽来固定住唇型油封。因此，当轴旋转时，唇型油封能保持不动，由于油封主唇口与轴套的过盈配合，且有弹簧提供预紧力，油封紧紧压在轴上达到密封效果。

3. 试验步骤

(1) 首先将一定质量的润滑脂装入指定容器内，用电子秤测量包括容器在内的润滑脂质量 Q_1（图 9.62），同时测量注射器的质量 Q_2。

(2) 将一定长度的弹簧装配在唇型油封上，并将唇型油封装配到密封油腔室内，并测量整体质量 Q_3（图 9.63）。

图 9.62　润滑脂质量测量　　　　　　图 9.63　密封油腔室质量测量

（3）完成整体试验装置的组装，将密封油腔室和水腔室装到轴上，先向油腔注入润滑脂(由于唇型油封的工作特性，必须先向油腔注入润滑脂，否则由于水压大于空气压力，水腔室的水会倒灌到油腔室中去)，再向水腔室注满水。

（4）启动电机，计时，1h 后关闭电机，先将水腔中的水放掉(原因同上)，然后将油腔室中的油脂尽量倒入原指定容器中测量容器新的质量 q_1。

（5）部分润滑脂会留在注射器内部，因此测量注射器的质量 q_2，同时部分润滑脂留在油腔室内壁上，因此测量油腔室整体的质量 q_3 (图 9.64)。

图 9.64　试验后密封腔室质量测量

试验完成后唇型油封工作 1h 的泄漏率为

$$Q = (Q_1 + Q_2 + Q_3) - (q_1 + q_2 + q_3) \tag{9.45}$$

4. 试验结果及分析

采用上述试验步骤对同组试验进行多次测量，以减小人为误差。为了分析泄漏率的变化规律，每隔 0.025MPa 测量一组数据，最终试验测量弹簧预紧力为 0～0.2MPa 时唇型油封泄漏率的大小，得到不同预紧力下唇型油封泄漏率的变化规律，如图 9.65 所示。

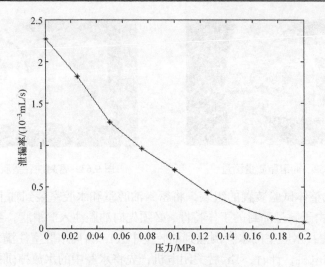

图 9.65　试验泄漏率变化规律

由图 9.65 可得泄漏率随装配预紧力的变化规律，从图中可以看出，当装配预紧力为零，即唇型油封未装配弹簧时，泄漏率很大，无法有效地进行密封，说明仅依靠唇型油封的过盈量无法达到密封效果，必须通过弹簧提供装配预紧力才能达到密封效果。随着装配预紧力的增加，泄漏率逐渐减小，并且减小趋势逐渐变缓。

将试验结果与理论分析结果进行对比，结果如图 9.66 所示。

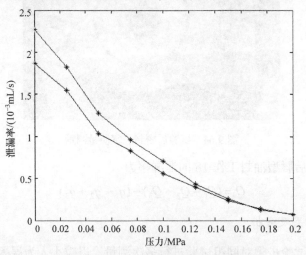

图 9.66　试验结果与理论分析结果对比

由图 9.66 可知，唇型油封在装配预紧力影响下泄漏率的理论计算结果与试验结果有一定的差距，但也在较小的范围内，并且两曲线的变化趋势有较好的吻合性。因此，通过试验验证了理论模型是可信的。试验结果与理论计算结果的误差如图 9.67 所示。

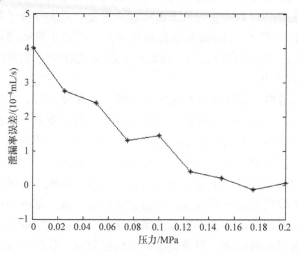

图 9.67　误差值大小

由图 9.67 可以看出，试验结果与理论分析结果的相对误差较小，并且随着装配预紧力的增大，误差进一步缩小。此试验结果验证了前文中所构建的关联模型能较好地模拟唇型油封在装配预紧力影响下的动密封性能，并且预紧力越大，模拟效果越接近真实值。因此，可将其应用于针对全回转推进器艉轴唇型油封的动密封特性研究，并为 3500kW 全回转推进器艉轴唇型油封的装配提供理论指导。

9.5　机械密封结构及温度场分析与优化

随着我国经济社会的发展和海洋开发的不断深入，为了满足国家对资源供给和储备、拓展发展战略空间等要求，高服役性能重型动力定位装备的设计与制造已成为急需解决的重大问题之一。现有的大功率全回转推进器具有优良的动力定位精度、机动性和平稳性，能够满足人类对腐蚀、风、浪、流交互作用等极端环境下海洋探索和资源开发的要求。

随着全回转推进器功率的不断提高，对其关键部位的动密封性能要求也越来越高。传统的接触式机械密封已经不能适应这种发展趋势，而非接触式机械密封，不但能适应腐蚀等恶劣环境，而且能将磨损量和泄漏率控制在合适的范围内。因此，非接触式机械密封得到了迅速的发展与应用[11]。在非接触机械密封中，密封性能直观反映密封效果，而波度、锥度与槽型等端面形貌对密封性能有显著的影响，工况变化只是诱发因素[12]。因此，研究端面波度、锥度与槽型对密封性能的影响十分重要。对此，国内外围绕该类问题开展了一系列研究。例如：楼建铭等研究了波段端面的密封流体润滑性能[13]；王晓雪等对比研究了非接触机械密封中的动压与静压效应[14]；Young 等从试验和理论角度，对比分析了带有波度机械密封中的动态动压机理[15]；Green 从端面形貌出发，研究了机械密封中的间隙控制方法，并通过试验对理论模型进行了验证[16]；Zhou 等研究了螺旋槽机械密封中的液压润滑动压效应[17]。

此外，端面温度也是影响机械密封性能的一个重要参数。非接触机械密封的动环和静环端面之间由一层极薄的液膜进行润滑，两个密封环端面的相对运动会不断产生液膜摩擦热。密封环的使用寿命取决于其耐热和传热性能。温度过高会引起密封环热裂，加速密封环材料的老化并破坏液膜的完整性。虽然非接触式机械密封中液膜的摩擦热量比接触式机械密封中由边界摩擦产生的摩擦热量小得多，但液膜的局部高温仍可能导致液膜汽化而造成密封失效。端面温度的高低直接或间接地反映出密封面间液膜相态和端面摩擦状态，所以在实际生产中，为正确选择密封及分析密封失效原因，需要正确确定机械密封工作时的端面温度。

密封性能影响因素很多，宏观层面有轴的转速、端面形态、接触面温度场等；微观层面有密封端面的表面粗糙度、波度、锥度等。研究表明，在宏观层面，机械密封的槽型能增强动压效应从而提高密封性能；在微观层面，波度、锥度等端面形貌对密封性能影响最为显著[15]；温度场的研究能很好地分析密封形式及密封失效原因。为此，本节从槽型结构，波度、锥度，以及温度场三个方面对机械密封进行研究，建立数学或者几何模型，并进行求解分析。

9.5.1　机械密封槽型结构模型

为了从根本上改善密封端面间的润滑状况，人们设想在两端面间形成具有一定正刚度的流体膜将两端面分离而成为非接触式机械密封，此时密封间的摩擦只有流体间的内摩擦，这必将极大地延长机械密封的使用寿命。人们受流体动压和静压轴承的启发，在机械密封端面上开槽等来主动利用流体动、静压性能的研究日益深入，并取得了不少突破性进展。

端面开浅槽机械密封是在密封端面上开出微米级槽，主要依靠流体动压效应在两端面间产生流体动压力来平衡闭合力，实现密封端面的非接触。用来产生流体动压力的槽型有平底台阶槽、圆叶槽、圆弧槽、T 型槽、径向直线槽、斜直线槽和螺旋槽等，其中最常用的槽型为螺旋槽或其组合。流体动压力的产生，是依靠密封面间有相对运动时槽的泵送效应和台阶效应。该类流体动压型机械密封可用于气相环境或液相环境，但其原理不尽相同，用在气相环境中即通常所说的干气密封，用在液相环境则为"上游泵送"机械密封[17]。

机械密封端面材料通常采用硬-软组对的形式,通常,硬质环端面比软质环端面光滑,同时运动时的变形及磨损少,所以,一般将硬质环简化为刚性理想光滑平面[6]。因此,将机械密封中的动环端面简化为理想光滑平面,静环端面上可开内螺旋槽、螺旋槽、直方槽三种槽型,如图 9.68 所示。

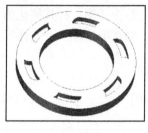 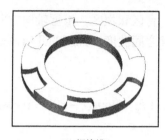 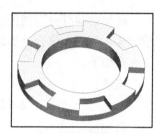

(a) 内螺旋槽　　　　　　　(b) 螺旋槽　　　　　　　(c) 直方槽

图 9.68　静环端面开槽模型

螺旋槽槽型线为对数螺旋线:$r = r_{g}e^{\theta\tan\alpha}$,其中 (r,θ) 为端面螺旋槽槽型线位置参数,r_{g} 为起始半径。对于直方槽,只需控制起始半径和槽型覆盖极角范围。此外,槽型几何参数包括槽深 h_{g}、槽台宽比 δ、槽长坝长比 γ 和槽数 m。

1) 槽深

槽深是指槽的深度,一般为 2.5～10μm。

2) 槽台宽比

槽台宽比是指同一圆周上槽的宽度与整个槽台宽度之比,它的大小反映槽宽度的大小。

3) 槽长坝长比

槽长坝长比是指槽的长度与密封面宽度之比。

4) 槽数

槽数是指端面上槽的个数,一般取 6 个或者 12 个。

9.5.2　机械密封波度与锥度结构模型

实际上机械密封的密封端面都是凸凹不平的粗糙表面,而密封面间的液膜极薄,因此表面形貌中的高波度和整体形状误差中的径向锥度都对机械密封的性能有很大的影响。因此,可以建立如图 9.69 所示的几何模型。图中,r_{i} 为密封面外径(压力入口半径),r_{o} 为密封面内径(压力出口半径),tilt 为端面等效锥面外径

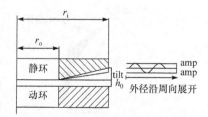

图 9.69　波度、锥度几何模型

高度，h_0 为动静环与旋转轴接触点液膜厚度，amp 为波度的半幅值。

9.5.3 机械密封结构与温度场分析

1. 密封结构分析

槽型端面可分为槽区、台区和坝区，根据轴向方向上是否开槽，将其简化为槽区和台坝区。结合动静环之间波度、锥度的几何模型，则在极坐标中液膜厚度关系式如下。

槽区：

$$h = h_0 + h_g + \text{slope}(r - r_o)[1 - \alpha\cos(n\theta)] \tag{9.46}$$

台坝区：

$$h = h_0 + \text{slope}(r - r_o)[1 - \alpha\cos(n\theta)] \tag{9.47}$$

式中，h 为任意位置的液膜厚度；h_0 为动静环与旋转轴接触点液膜厚度；h_g 为槽型端面槽的深度；slope 为锥面等效锥面锥角（$= \text{tilt} / (r_i - r_o)$），其中 tilt 为端面等效锥面外径高度；$r$ 为任意位置半径；r_i 为密封面外径(压力入口半径)；r_o 为密封面内径(压力出口半径)；α 为波幅占等效锥面外径高度的比例，简称波锥比（$= \text{amp} / \text{tilt}$），其中 amp 为波度的半幅值；$n$ 为波数；θ 为任意位置角度坐标。

假设密封间隙内的流体介质处于等黏层流状态，则端面间的液膜控制方程根据哈密顿算子简化的雷诺方程，可得稳态的二维极坐标表达式：

$$\frac{\partial}{\partial\phi}\left(h^3\frac{\partial p}{\partial\phi}\right) + r\frac{\partial}{\partial r}\left(rh^3\frac{\partial p}{\partial r}\right) = 6\mu\omega r^2\frac{\partial h}{\partial\phi} \tag{9.48}$$

式中，ω 为静环相对转速；μ 为流体黏度；(r,ϕ) 为计算单元中任意点的极坐标表示；h 为液膜厚度；p 为压力。为避免数值差异，对公式中相关参数进行无量纲化，得到无量纲参数坐标 R、φ、膜厚 H、压力 P 以及系数 K。

$$R = \frac{r}{r_o}, \quad P = \frac{p}{p_o}, \quad H = \frac{h}{h_0}, \quad K = \frac{6\omega r_o^2\mu}{h_0^2 p_o} \tag{9.49}$$

相应的无量纲 Reynolds 方程为

$$\frac{1}{R^2}\frac{\partial}{\partial\varphi}\left(H^3\frac{\partial P}{\partial\varphi}\right) + \frac{1}{R}\frac{\partial}{\partial R}\left(RH^3\frac{\partial P}{\partial R}\right) = K\frac{\partial H}{\partial\varphi} \tag{9.50}$$

如图 9.70 所示，以螺旋槽端面为例，在对密封面进行流体计算时，由于波形沿周向周期性分布，根据对等性，仅取一扇形区域进行分析。其边界条件如下：

外径处，入口压力边界 $p_i = p_H$；

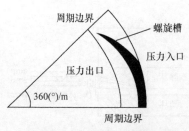

图 9.70　密封端面边界示意图

内径处，出口压力边界 $p_o = p_L$；

周期边界为 $p_\phi = p_{\phi+2\pi/m}$。

2. 温度场分析

密封在工作过程中，受力较为复杂，特别是非稳定工况下运行时，密封端面由于旋转出现了摩擦生热问题。摩擦生热导致端面温升和热变形，热变形又使端面产生局部高温和高应力的倾向，进而影响密封的使用效果、寿命和安全性。

目前，对密封端面进行温度场及耦合场分析的方法主要多种，但在现代艉轴机械密封的设计分析中，考虑到密封结构及边界调节的复杂性，有限元法成为分析艉轴机械密封的主要方法。

针对动环，温度控制方程为

$$\frac{\partial^2 T}{\partial z^2} + \frac{\partial^2 T}{\partial r^2} + \frac{1}{r}\frac{\partial T}{\partial r} + \frac{\partial^2 T}{r^2 \partial \theta^2} = \frac{w}{a}\frac{\partial T}{\partial \theta} \tag{9.51}$$

针对静环，温度控制方程为

$$\frac{\partial^2 T}{\partial z^2} + \frac{\partial^2 T}{\partial r^2} + \frac{1}{r}\frac{\partial T}{\partial r} + \frac{\partial^2 T}{r^2 \partial \theta^2} = 0 \tag{9.52}$$

为求解温度控制方程，需确定动静环的边界条件。由于部分边界考虑直接与环境接触，设环境温度为其最终表面温度；此外，考虑到温度的传导方式，此处仅有热传导、热对流。因此，建立以下边界条件：

$$\lambda^s \frac{\partial T^s}{\partial z} = \lambda^f \frac{\partial T^f}{\partial z} = q_v^s(r) \tag{9.53}$$

$$q_v^r(r) = \lambda^f \frac{\partial T^f}{\partial z} = \lambda^r \frac{\partial T^r}{\partial z} \tag{9.54}$$

$$q_v^r(r) - q_v^s(r) + \mu\left(\frac{wr}{h}\right)^2 z \bigg|_{z=h} = 0 \tag{9.55}$$

$$-\lambda \frac{\partial T}{\partial r} = \beta T \bigg|_{r=r_o} \tag{9.56}$$

式中，λ^s、λ^r 为静环和动环的热导率；T^s、T^f 和 T^r 为静环温度、气模温度和动环温度；β 为传热系数。式(9.53)和式(9.54)代表在静环与气模接触处、动环与气模接触处温度变化有相同的函数关系，处于热对流状态。式(9.55)代表液膜温度变化。式(9.56)代表动、静环外径处表面处于一般热传导状态。

3. 结构与温度场结果分析

引入机械密封相关几何参数与工程参数，如表9.6所示。

表9.6　机械密封主要参数

密封环几何参数	工况参数
r_i=350mm，r_o=400mm	p_i=1.5MPa
r_z=370mm，n=24	p_o=1.0MPa
h_0=2.5μm，h_g=1.5μm	μ=1.8×10^{-4} Pa·s

为合理控制波度的变化范围，在此引入波锥比(波度与锥度的比值)的概念。在锥角为20μrad、波锥比为1的条件下，得到内螺旋槽、螺旋槽、直方槽三种槽型液膜厚度和端面压力分布，如图9.71～图9.73所示。为了与9.3节提出的无量纲化Reynolds方程相对应，下文仿真实验中的结构尺寸参数也做无量纲化处理。

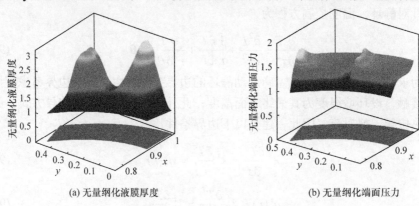

(a) 无量纲化液膜厚度　　　　　　　(b) 无量纲化端面压力

图9.71　内螺旋槽无量纲化液膜厚度和端面压力分布

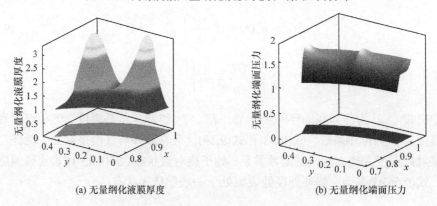

(a) 无量纲化液膜厚度　　　　　　　(b) 无量纲化端面压力

图9.72　螺旋槽无量纲化液膜厚度和端面压力分布

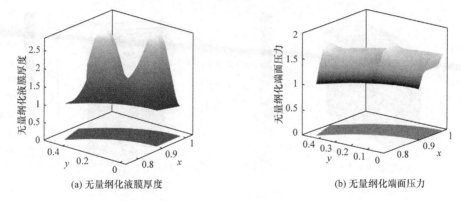

(a) 无量纲化液膜厚度　　　　　　　　(b) 无量纲化端面压力

图 9.73　直方槽无量纲化液膜厚度与端面压力分布

从图 9.71(a)、图 9.72(a)、图 9.73(a)可以观察到，无量纲化液膜厚度存在突变，同时周向和径向又存在稳定的波动。槽型的存在，使液膜厚度从台坝区到槽区的过渡呈现一定的突变，周向波度和径向锥度则分别使液膜厚度在周向和径向上呈现一定的变化。对比三个图形，不同的槽型对液膜厚度的影响效果也不同。

从图 9.71(b)、图 9.72(b)、图 9.73(b)可以观察到，无量纲化端面压力在周向和径向也存在显著性变化，很好地反映了端面波度、锥度的存在，同时可观察到槽型对端面压力的影响，最为突出的是使压力分布尤其是其波峰更趋于平缓，不同槽型影响效果不同。图形结果是在综合应用 Reynolds 方程和数值求解方法下通过 MATLAB 软件仿真得到的，为后续的针对密封性能的分析提供了很好的依据。

为很好地对比温度场、有无槽型、波度锥度的对比，导出以下温度场模型，如图 9.74～图 9.77 所示。

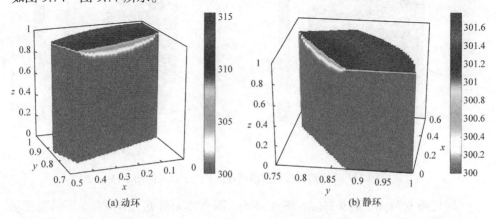

(a) 动环　　　　　　　　　　　　(b) 静环

图 9.74　无结构机械密封温度场(图中 x 为无量纲化长，y 为无量纲化宽，z 为无量纲化高)

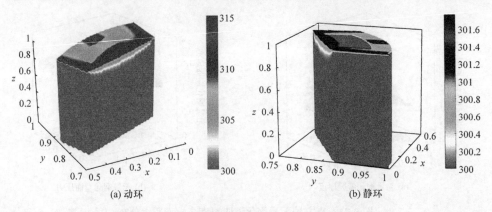

(a) 动环   (b) 静环

图 9.75　内螺旋槽机械密封温度场(x、y、z 含义同图 9.74)

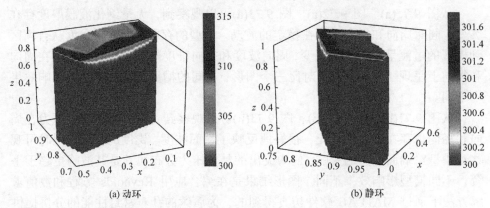

(a) 动环   (b) 静环

图 9.76　螺旋槽机械密封温度场(x、y、z 含义同图 9.74)

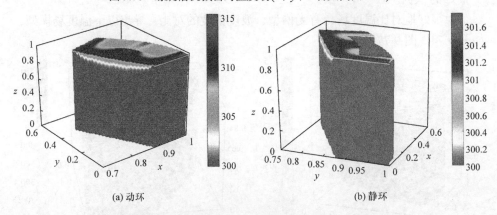

(a) 动环   (b) 静环

图 9.77　直方槽机械密封温度场(x、y、z 含义同图 9.74)

对比图 9.74(a)、图 9.75(a)、图 9.76(a)、图 9.77(a)可见，槽型对动环的温度场分布有显著影响，槽型的存在可以使动环端面(靠近静环一端)平均温度下降，从而更好地满足密封性能；动环的最高温度存在于动环外径最大处。这是由于此处的线速度相对最大，即摩擦产热最大；液膜的最小厚度是影响动环温度场的最高温度的重要因素。对比图 9.74(b)、图 9.75(b)、图 9.76(b)、图 9.77(b)可见，槽型对静环的最高温度无显著影响，但槽型有利于静环的平均温度下降，提高整体密封性能。

9.6　全回转推进器艉轴机械密封性能分析

9.6.1　机械密封极端环境下密封性能

海洋环境异常复杂，高服役性能的动力定位系统是海洋设备等确保其位置准确的核心定位装备，对探索和开发海洋资源极为重要。其中，全回转推进器是动力定位系统中的关键执行装备，而我国大功率级别的全回转推进器完全依赖进口。同时，发达国家对其设计与制造技术的长期封锁，使得大功率全回转推进器的设计与制造成为制约我国高服役性能海洋装备自主研制的瓶颈。

全回转推进器是海洋装配定位和推进的关键设备。与普通推进器不同，全回转推进器可以在水平 360°范围内维持最大推力。同时，航行中海洋恶劣的极端环境，如海水腐蚀、风浪冲击等，使全回转推进器尤其是全回转推进器艉轴部门的机械密封容易失效，为了更好地分析密封失效的原因，提高其密封性能，本节建立艉轴机械密封性能评估的数学模型。

针对极端环境如海水腐蚀，更多考虑的是防腐蚀材料的制备，当海水进入机械密封，判定已失效，机械密封本身不考虑腐蚀。针对风浪冲击等极端环境，考虑全回转推进器以最大转速工作，机械密封外部压强考虑有 10m 大浪冲击。

此外，针对全回转推进器的艉轴机械密封，建立下述具体密封性能评估函数。

1) 液膜刚度

开槽机械密封两密封端面间的液膜阻止着间隙的变化，每单位膜厚变化引起的力的变化称为刚度，其单位为 N/m。正的刚度能使密封抵制压力及其他机械扰动的变化，避免密封副的接触。液膜刚度可用来描述非接触式密封保持工作稳定的性能。流体膜的刚度有切向刚度和轴向刚度，在分析计算时，主要考虑液膜轴向刚度对密封性能的影响。

$$K = \frac{-\mathrm{d}F_{kq}}{\mathrm{d}h} \tag{9.57}$$

2) 泄漏率

泄漏率为单位时间内流体在密封端面中转移的体积。一般需控制在一定范围内，泄漏率过高时，可认为机械密封失效；泄漏率过小，密封面得不到充分的润滑和冷却，易造成温升过高。由于密封是非接触式的，所以泄漏是不可避免的。对于非接触式密封，一般用泄漏率衡量其运行性能。影响泄漏的因素有很多，如速度、压力、温度以及气体的黏度和密封结构等。在静环表面开有槽的气体密封中，泄漏量是相当小的，泄漏量近似与间隙的三次方成正比：

$$Q = \int_0^{2\pi} \frac{h^3}{12\mu} \frac{\partial p}{\partial r} r \mathrm{d}\varphi \tag{9.58}$$

3) 开启力

密封的开启力为密封端面压力的合力，保证了密封面在运转时相互分开。开启力由介质压力和旋转时产生的流体动压力组成：

$$F_{kq} = \int_0^{2\pi} \int_{r_o}^{r_i} pr \mathrm{d}r \mathrm{d}\varphi \tag{9.59}$$

为研究结构变化对全回转艉轴机械密封性能的影响，这里从波度、锥度，结合内螺旋槽、螺旋槽和直方槽三种槽型考虑分析。为合理地控制波度的变化范围，在此引入波锥比(波度与锥度的比值)的概念。

1) 波锥比对密封性能的影响

图 9.78 显示了波锥比对密封性能的影响。

随着波锥比的增大，泄漏率增加，且增加的速率变大，其中螺旋槽端面的泄漏率大于内螺旋槽端面泄漏率，内螺旋槽端面泄漏率大于直方槽端面泄漏率(图 9.78(a))。这是由于随着波锥比的增大，波幅增大，端面中波度控制的微型槽的幅度变大，流体从内径流至外径的通道变大，从而导致泄漏率呈现如图 9.78(a)所示的变化。

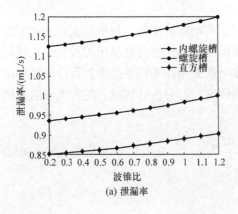

(a) 泄漏率

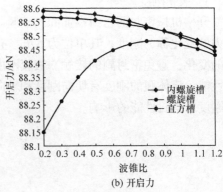

(b) 开启力

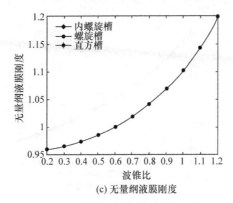

(c) 无量纲液膜刚度

图 9.78　波锥比对密封性能的影响

　　随着波锥比的增大，直方槽端面和螺旋槽端面开启力呈现逐步变小的趋势，内螺旋槽端面开启力呈现先增大后减小变化，最后三种槽型端面的开启力趋于同一值。这是由于随着波锥比的增大，产生的动压效应增强，但波幅也发生变化。直方槽端面和螺旋槽端面产生的动压效应较弱，内螺旋槽端面动压效应较强。当波幅控制在较小时，动压效应对开启力的增益效果大于波幅增大对开启力的减益效果，但当波幅较大时，会显著影响端面间隙中液膜厚度的分布，虽然动压效应依旧增长，但波幅增大造成的减益效果占主导因素，从而导致开启力呈现如图 9.78(b)所示的变化。

　　随着波锥比的增大，无量纲液膜刚度呈现增强的趋势，且增加速率变大，同时，不同槽型对无量纲液膜刚度的影响很小(图 9.78(c))。这是由于波锥比的增大，动压效应增强，导致液膜刚度变化，而槽型对无量纲液膜刚度无显著影响，如图 9.78(c)所示。

　　2) 锥度对密封性能的影响

　　取锥度为 20～40μrad 的分布，波幅一定，可以得到其对密封性能的影响。图 9.79 展示了锥度对密封性能的影响。

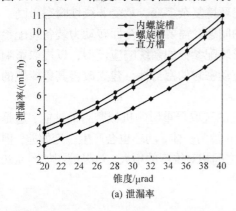

(a) 泄漏率

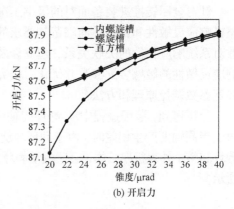

(b) 开启力

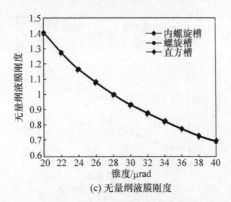

(c) 无量纲液膜刚度

图 9.79　锥度对密封性能的影响

　　随着锥度的增加，泄漏率增加，其中螺旋槽端面的泄漏率大于直方槽端面泄漏率，直方槽端面的泄漏率大于内螺旋槽端面的泄漏率(图 9.79(a))。这是由于随着锥度的增加，端面间隙增大，液膜的平均厚度增大，理论上泄漏率与液膜厚度呈现三次方的正比关系，从而导致泄漏率呈现如图 9.79(a)所示变化。

　　随着锥度的增加，开启力增大，螺旋槽端面与直方槽端面开启力趋势线基本一致，最后三种槽型端面随着锥度的继续增大开启力趋于同一水平(图 9.79(b))。这是由于端面间隙的增大，动压效应增强，导致开启力增大，且由于端面间隙增大到一定程度后，对动压的影响不再显著增强，从而使开启力呈现如图 9.79(b)所示变化。

　　随着锥度的增加，无量纲液膜刚度变小，端面的槽型对无量纲液膜刚度变化基本无影响(图 9.79(c))。这是由于随着端面间隙增大，液膜的平均厚度增大，液膜抵抗外界影响的能力变弱，同时理论上刚度对液膜厚度呈现求导的关系，而槽型对液膜刚度则无显著影响，所以刚度呈现如图 9.79(c)所示变化。

9.6.2　装配参数同轴度对机械密封性能的影响

　　针对全回转推进装备面对的极端工况环境复杂多变、承受非线性瞬态激励、整机响应灵敏性和鲁棒性面临苛刻要求的问题，需要探明全回转动力装备装配参数对系统响应特性的关联关系，建立涉及装配参数的系统响应模型，以提取影响响应灵敏性的敏感装配参数并优化，研究动密封的密封性，建立改善其鲁棒性的装配参数调控原理和方法。

　　分析得到，装配过程中动-静环同轴度的选取严重影响机械密封的性能，这是由于当同轴度产生偏差时，由于动环与旋转轴为一体，动环也会产生一定偏差，但静环和整个外表机架一体，会造成动静环之间相对锥度的增大。效果简图如图 9.80所示。

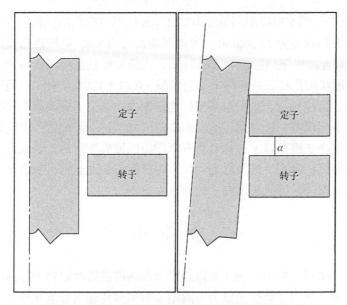

图 9.80　装配过程中同轴度误差对机械密封的影响

为此，建立同轴度与泄漏率模型，求解得到如图 9.81 所示结果。

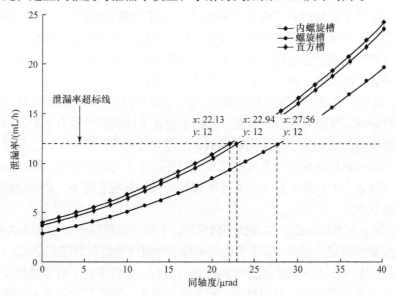

图 9.81　同轴度与泄漏率关系曲线

从图 9.81 分析了解，同轴度的误差主要影响密封面锥度，所以其关系曲线分布与锥度对泄漏率影响相似。根据《船艉轴油润滑密封装置》(GB/T 25017—2010)，海洋船舶工作温度<120℃，且泄漏量应满足表 9.4 要求。

在此标准下,螺旋槽极限同轴度为22.13μrad,直方槽极限同轴度为22.94μrad,内螺旋槽极限同轴度为27.56μrad。考虑到轴长为 2.5m,则螺旋槽极限同轴度为55.33 μm,直方槽极限同轴度为 57.35 μm,内螺旋槽轴度极限同为 68.9 μm。

参考《形状和位置公差——未注公差值》(GB/T 1184—1996)中同轴度公差标准表[18]可知,为控制在合理的泄漏率标准范围内,得到了螺旋槽端面艉轴机械密封的同轴度装配规范:针对螺旋槽端面艉轴机械密封,装配过程中应控制同轴度公差等级精度在 7 级及以上;针对直方槽端面艉轴机械密封,装配过程中应控制同轴度公差等级精度在 7 级及以上;针对内螺旋槽端面艉轴机械密封,装配过程中应控制同轴度公差等级精度在 7 级及以上。

9.7　本　章　小　结

针对唇型密封,9.2 节~9.4 节以提高全回转推进器艉轴唇型油封的动密封性能为研究目的,研究了装配预紧力对唇型油封密封性能的影响规律,为唇型油封装配预紧力的设计和优化提供了理论指导。本章通过分析装配预紧力对唇型油封变形、温度分布以及接触区域油膜压力及油膜厚度的影响,最终得到了在不同装配预紧力下唇型油封泄漏率的变化规律,并建立了预紧力对密封性能的关联模型;同时,设计了一套针对唇型油封泄漏率的测量装置,并与理论计算结果相验证;最后将构建的关联模型应用于某厂生产的 3500kW 全回转推进器中,得到了其最优装配预紧力的范围。具体研究内容和结论如下:

(1) 建立了唇型油封热力耦合模型。通过有限元分析软件 ANSYS 建立唇型油封和轴接触的二维轴对称分析模型,得出油封在不同装配预紧力下的接触宽度及最大接触压力的变化规律;采用顺序耦合法建立温度场分析模型,得到了装配预紧力对唇型油封接触面接触宽度及接触面温度场变化的影响规律。研究结果表明,随着装配预紧力的增加,接触面宽度和接触面温度都随之增加,并为后续研究提供了基础数据。

(2) 建立唇型油封线接触弹流润滑模型。本章考虑唇型油封与轴的接触情况,基于线接触弹流润滑理论,推导了适用于唇型油封润滑情况的脂润滑 Reynolds 方程。采用有限差分法求解润滑脂的 Reynolds 方程,分析得到了唇型油封在不同装配预紧力下的油膜压力、油膜厚度。研究结果表明,随着装配预紧力的增大,油膜压力先增大后减小,而油膜厚度快速减小,根据分析结果,为唇型油封密封性能的研究奠定了基础。

(3) 分析装配预紧力影响下的泄漏率,构建装配预紧力对密封性能的关联模型,建立了唇型油封泄漏率的数值计算模型,得到了不同装配预紧力下唇型油封泄漏率的大小。计算结果表明，随着装配预紧力的增大，唇型油封泄漏率快速减小。将构建的装配预紧力对密封性能的关联模型应用于武汉船用机械有限责任公司全回转推进器舵轴唇型油封动密封研究，得到了该型号唇型油封最优装配预紧力的范围，为唇型油封的装配和优化提供了指导意见。

(4) 搭建实验平台，验证理论模型的正确性。设计了一套能模拟唇型油封工作环境并测量唇型油封泄漏率的试验装置，并搭建了试验平台，测量了装配预紧力为 0～0.2MPa 时唇型油封泄漏率的大小，并与理论计算结果相验证，验证了理论模型的正确性。

针对机械密封，9.5 节和 9.6 节在等黏层流状态等假设下，基于内螺旋槽、螺旋槽和直方槽三种不同槽型端面，对非接触机械密封特性做了以下工作：

(1) 建立了基于槽型端面的波度、锥度机械密封特性模型，结果表明，模型能清楚地展示波度、锥度和槽型耦合作用下其与密封特性的关系。

(2) 运用 Reynolds 方程、温度场方程、合理的边界条件，结合具体的参数，采用数值求解方法对模型进行了求解。

(3) 对于非接触机械密封，波度与锥度对密封特性有显著性影响。分析内螺旋槽、螺旋槽和直方槽三种槽型，当锥度一定时，随着波度增大，泄漏率增加，开启力受端面槽型耦合影响，直方槽端面和螺旋槽端面开启力呈现逐步变小的趋势，内螺旋槽端面开启力呈现先增大后减小，最后三种槽型端面的开启力趋于同一值，液膜刚度呈现微幅增大变化。当波度一定时，随着锥度增大，泄漏率增加，开启力增大，液膜刚度变小。

(4) 针对全回转推进器的舵轴密封，结合密封失效判据泄漏率标准，给出了螺旋槽端面舵轴机械密封的同轴度装配规范。

参 考 文 献

[1] Gent A N. 橡胶工程——如何设计橡胶配件. 张立群, 译. 北京: 化学工业出版社, 2002.

[2] 左亮, 肖绯雄. 橡胶 Mooney-Rivlin 模型材料系数的一种确定方法. 机械制造, 2008, 46(527): 38-40.

[3] 郑明军, 王文静, 陈政南, 等. 橡胶模型力学性能常数的确定. 橡胶工业, 2003, (50): 462-465.

[4] Schnurle F, Upper G. Influence of hydrodynamics on the performance of radial lip seals. ASLE Transactions, 1973, 16: 310-315.

[5] 柳剑. 弹流润滑状态下的滚动轴承摩擦副动力学特性研究. 武汉: 华中科技大学博士学位论文, 2014.

[6] 蒋明俊, 郭小川. 润滑脂性能及应用. 北京: 化学工业出版社, 2010.

[7] 杨沛然. 流体润滑数值分析. 北京: 国防工业出版社, 1998.

[8] 于玫, 黄平. 线接触弹流脂润滑数值分析及其应用. 轴承, 2010, (7): 10-14.

[9] 彭朝林. 汽车轮毂轴承脂润滑理论与润滑失效机理研究. 广州: 华南理工大学, 2013.

[10] Muller K. Concepts of sealing mechanism of rubber lip type rotary shaft seals. Proceedings of the 11th International Conference on Fluid Sealing, 1987: 698-709.

[11] 孙见君. 机械密封泄漏预测理论及其应用. 北京: 中国电力出版社, 2011.

[12] Mayer E. 机械密封. 姚兆生, 译. 北京: 化学工业出版社, 1981.

[13] 楼建铭, 孟祥铠, 李纪云, 等. 波度端面机械密封热流体动力润滑性能分析. 润滑与密封, 2016, (2): 47-52.

[14] 王晓雪, 刘莹, 李京浩, 等. 核主泵用动静压波度机械密封机理. 机械工程学报, 2010, 46(24): 131-135.

[15] Young L A, Lebeck A O. Experimental evaluation of a mixed friction hydrostatic mechanical face seal model considering radial taper, thermal taper, and wear. Journal of Lubrication Technology, 1982, 104(4): 439-447.

[16] Green I. A transient dynamic analysis of mechanical seals including asperity contact and face deformation. Tribology Transactions, 2002, 45(3): 284-293.

[17] Zhou J, Fan H, Shao C. Experimental study on the hydrodynamic lubrication characteristics of magnet fluid film in a spiral groove mechanical seal. Tribology International, 2016, 95:192-198.

[18] 国家技术监督局. 形状和位置公差—未注公差值. GB/T 1184—1996. 北京: 中国标准出版社, 1996.

附录 某石油钻井平台作业工况下动力定位
数值仿真完整数据

(推力数据，单位：kN)

时间/s	T1	T2	T3	T4	T5	T6	T7	T8
1	204.62	204.16	201.68	202.09	204.28	204.19	201.68	202.15
2	202.866	203.142	204.006	204.274	202.799	203.08	204.418	204.073
3	205.744	205.151	202.142	202.306	205.84	205.327	202.087	202.839
4	204.945	204.792	203.874	204.091	204.856	204.716	204.023	203.791
5	204.373	204.461	204.56	204.493	204.601	204.615	204.605	204.608
6	207.497	206.649	202.064	202.978	207.431	207.098	202.142	203.464
7	205.752	205.452	206.113	206.044	205.757	205.713	206.085	205.978
8	209.187	208.542	203.917	204.777	209.864	209.053	203.907	205.403
9	207.307	207.516	208.24	208.108	207.294	207.026	208.151	208.026
10	208.881	208.284	207.367	207.267	209.078	208.791	207.641	207.873
11	207.993	207.919	207.702	207.727	207.306	207.611	207.714	207.778
12	208.869	208.521	202.227	203.747	210.128	209.091	203.143	204.296
13	204.647	204.617	204.264	204.193	204.715	204.299	204.286	204.359
14	202.544	202.733	203.345	203.507	202.536	202.399	203.741	202.534
15	204.156	203.082	200.331	201.07	204.005	203.586	200.218	200.865
16	201.528	201.721	202.516	202.439	201.552	201.67	202.601	202.453
17	201.929	202.053	202.818	202.951	201.554	201.717	203.204	202.999
18	203.545	203.441	203.156	203.024	203.593	203.521	203.119	203.145
19	203.077	203.422	205.525	205.223	202.653	203.643	205.754	205.373
20	206.18	206.162	204.438	204.75	206.315	205.788	204.182	204.619
21	204.65	204.729	206.565	206.151	204.807	205.054	206.845	206.519
22	206.118	205.92	204.844	205.107	206.039	205.58	204.249	205.012
23	201.082	202.356	206.742	205.666	201.784	202.627	207.004	206.147
24	204.308	203.912	202.012	202.376	204.21	203.391	201.945	202.317
25	199.639	200.433	204.576	203.366	199.397	200.59	204.666	203.95
26	204.462	203.755	199.972	201.029	204.372	203.843	200.298	200.994
27	204.416	203.96	201.548	201.955	204.472	203.559	201.604	201.788

时间/s	T1	T2	T3	T4	T5	T6	T7	T8
28	201.747	202.651	205.197	204.3	202.042	202.5	204.936	204.587
29	205.843	205.205	202.394	203.033	205.41	205.492	202.677	203.219
30	202.915	203.469	206.425	205.359	202.734	203.256	205.796	205.679
31	206.637	205.87	202.943	203.639	206.908	206.367	203.247	203.836
32	208.174	207.223	202.341	203.261	208.7	207.161	202.879	203.261
33	207.121	206.551	203.881	204.074	207.513	206.985	204.068	204.652
34	208.798	207.792	202.57	203.647	209.352	208.145	203.279	203.637
35	207.933	207.189	204.225	204.513	208.198	207.569	204.471	205.097
36	207.542	206.855	204.866	205.15	207.864	207.077	205.195	205.302
37	206.79	206.883	205.545	205.987	207.069	207.034	205.851	206.156
38	208.163	207.36	204.803	205.186	208.583	207.838	205.226	205.38
39	207.722	207.536	205.631	206.184	207.874	207.749	205.994	206.441
40	208.495	207.839	205.508	205.818	208.908	208.215	205.892	206.258
41	209.09	208.823	206.189	206.832	209.414	209.221	206.497	207.22
42	209.582	209.26	208.011	207.924	209.807	209.56	208.238	208.316
43	210.332	209.578	206.19	206.997	210.561	210.041	206.939	207.559
44	209.293	208.793	203.973	204.836	210.385	209.498	204.67	205.478
45	205.751	205.564	204.34	204.354	205.976	205.733	204.357	204.282
46	202.416	202.623	203.381	203.426	201.72	202.592	203.583	203.106
47	202.775	202.407	201.02	201.38	202.643	202.512	201.083	201.355
48	201.657	201.865	202.488	202.427	201.79	201.844	202.312	202.378
49	202.555	202.108	201.079	201.365	202.496	202.234	201.256	201.35
50	201.414	201.848	202.953	202.704	201.385	201.897	202.87	202.796
51	203.439	203.414	203.314	203.502	203.445	203.24	203.572	203.448
52	203.84	204.173	206.531	206.039	203.953	204.386	206.408	206.24
53	205.144	205.324	208.489	207.976	204.857	206.018	208.708	208.321
54	206.416	206.699	208.372	208.31	206.536	207.044	209.011	208.216
55	203.864	204.386	209.053	208.29	204.329	205.144	209.615	208.796
56	204.435	204.771	205.101	205.001	204.732	204.483	205.205	205.137
57	202.343	202.537	202.51	202.794	202.458	202.362	202.32	202.847
58	203.051	202.539	202.609	202.803	203.073	202.961	202.43	202.559
59	204.559	204.356	204.574	203.971	204.305	204.572	204.492	204.53
60	205.86	205.784	203.958	204.271	206.219	205.752	204.198	204.517
61	206.492	206.049	203.728	204.191	206.624	206.273	203.956	204.148

续表

时间/s	T1	T2	T3	T4	T5	T6	T7	T8
62	206.817	205.564	202.158	203.231	206.974	206.245	202.397	203.324
63	204.98	204.831	203.647	203.88	205.126	204.845	203.738	203.86
64	205.253	205.302	204.242	203.942	205.065	205.158	204.332	204.569
65	206.347	206.058	204.287	204.642	206.528	206.172	204.409	204.772
66	206.38	206.554	205.108	205.128	206.999	206.245	205.297	205.295
67	207.486	207.057	205.555	205.841	207.582	207.357	205.743	206.029
68	207.568	206.771	203.109	204.147	207.745	206.9	203.825	204.36
69	203.911	204.005	204.93	204.701	203.844	203.951	204.859	204.525
70	204.096	203.26	202.328	202.563	204.091	203.845	201.778	202.602
71	201.245	201.782	203.197	202.916	201.678	201.379	202.885	202.976
72	202.868	202.668	201.181	201.209	202.684	202.604	201.141	201.419
73	202.422	202.224	202.599	202.679	202.468	202.474	202.726	202.256
74	204.171	204.005	202.6	202.871	203.912	203.928	202.571	202.851
75	204.394	204.22	204.17	204.451	204.301	204.416	204.496	204.441
76	203.547	204.017	206.557	205.932	203.784	204.202	206.305	206.303
77	205.3	205.114	205.261	205.431	205.316	205.13	205.483	205.399
78	204.753	205.027	205.25	205.098	204.739	205.059	205.227	205.099
79	204.206	204.172	204.7	204.711	204.243	204.183	204.787	204.767
80	202.486	202.72	203.37	203.23	202.649	202.828	203.392	203.062
81	202.226	202.192	201.95	201.707	202.238	202.176	201.437	201.95
82	204.306	203.562	201.882	202.243	204.416	203.515	201.686	202.325
83	203.814	204.011	204.303	204.277	204.121	204.077	204.287	203.861
84	206.159	205.742	203.517	203.672	206.007	205.922	203.648	203.996
85	205.803	205.511	204.628	204.838	206.048	205.831	204.642	204.867
86	207.629	206.946	202.98	203.642	207.875	207.285	203.526	203.941
87	207.064	206.625	204.771	205.102	207.311	206.857	204.755	205.359
88	206.508	206.697	206.111	206.446	206.585	206.708	206.452	206.483
89	207.861	207.423	205.801	205.999	208.096	207.556	206.01	206.273
90	207.126	207.363	206.483	206.765	207.394	207.475	206.64	206.782
91	209.094	208.428	205.903	206.264	209.487	208.823	206.264	206.824
92	208.717	208.278	206.245	206.621	208.971	208.516	206.391	206.881
93	208.408	208.341	206.059	206.644	208.643	208.576	206.51	206.701
94	208.514	208.056	206.221	206.506	208.733	208.236	206.242	206.798
95	208.447	207.723	206.444	206.331	208.745	208.115	206.526	207.064

时间/s	T1	T2	T3	T4	T5	T6	T7	T8
96	209.178	208.761	205.657	206.354	209.613	209.254	206.291	206.63
97	209.261	208.48	207.191	207.267	209.581	208.988	207.255	207.841
98	210.806	210.266	206.512	207.219	211.334	210.913	207.208	207.872
99	210.434	210	207.926	208.105	210.82	210.135	208.32	208.624
100	210.53	209.869	207.696	208.11	210.991	210.506	207.83	208.552
101	208.521	208.213	206.074	206.534	208.615	208.408	206.552	206.629
102	205.164	205.171	205.126	204.828	204.937	204.665	205.185	204.916
103	204.968	204.237	201.409	201.854	205.181	204.561	201.586	202.157
104	201.819	202.16	202.564	202.515	201.875	202.143	202.59	202.508
105	203.198	202.909	200.3	201.189	203.249	202.802	200.73	200.735
106	202.478	202.316	201.213	201.366	202.299	202.341	201.2	201.425
107	202.181	202.314	201.581	202.083	202.254	202.298	201.403	202.031
108	204.15	203.845	202.184	202.36	203.948	203.823	202.146	202.459
109	204.088	204.428	205.33	205.217	204.166	204.514	205.445	205.266
110	205.3	205.202	207.121	206.824	205.457	205.784	207.267	206.42
111	205.663	206.093	208.477	207.765	206.004	206.458	208.447	208.179
112	204.081	204.576	208.149	207.494	204.4	205.158	208.551	207.888
113	203.578	203.964	204.484	204.481	203.589	204.012	204.627	204.592
114	203.545	203.226	201.285	201.347	203.317	202.36	201.213	201.654
115	204.097	203.392	201.946	202.193	204.082	203.379	201.995	201.738
116	202.682	203.019	204.694	204.758	202.518	203.035	205.011	204.663
117	207.064	206.148	201.956	202.768	207.054	206.492	202.177	202.995
118	204.797	204.513	204.493	204.573	204.815	204.604	204.355	204.441
119	206.165	205.431	202.244	202.519	206.32	205.676	202.395	202.964
120	204.353	204.266	203.456	203.79	204.199	204.31	203.648	203.794
121	205.754	205.458	202.791	203.355	206.029	205.684	202.627	203.573
122	206.265	205.835	205.142	205.293	206.302	206.087	205.242	205.215
123	208.89	208.342	205.243	205.949	208.885	208.669	205.741	206.287
124	209.858	209.358	206.648	206.735	210.146	209.8	206.691	207.679
125	210.47	209.58	206.442	207.045	211.082	210.134	207.007	207.724
126	209.943	209.274	206.539	206.675	210.288	209.652	206.532	207.447
127	209.547	209.027	206.318	206.971	209.866	209.399	206.856	207.283
128	208.789	208.426	207.225	207.139	208.981	208.495	206.914	207.631
129	208.545	208.103	205.433	206.013	208.826	208.442	205.866	206.246

续表

时间/s	T1	T2	T3	T4	T5	T6	T7	T8
130	207.31	206.419	203.723	204.106	207.597	206.745	203.995	204.582
131	203.111	203.544	202.941	203.031	203.824	203.448	202.952	202.221
132	201.519	201.975	202.396	202.411	201.831	201.866	202.519	201.749
133	202.544	202.587	202.653	202.184	202.615	202.629	202.41	202.448
134	202.43	202.57	202.612	202.632	202.515	202.6	202.606	202.58
135	203.104	203.154	202.415	201.9	203.243	203.028	202.015	202.205
136	201.836	202.321	204.39	204.041	201.97	202.415	204.519	204.129
137	203.33	203.7	204.425	204.113	203.627	203.75	204.072	203.851
138	205.636	205.247	203.645	204.234	205.506	205.174	203.862	204.12
139	204.406	204.54	205.087	204.813	204.28	204.613	205.13	204.903
140	201.975	202.727	205.144	204.516	202.358	202.788	204.892	204.81
141	203.039	202.812	201.567	201.951	202.999	202.51	201.628	201.936
142	201.44	201.752	203.352	202.569	201.119	201.725	203.405	203.098
143	206.132	205.064	200.086	201.167	206.08	205.329	199.669	201.302
144	202.905	203.156	204.703	204.706	202.774	202.939	204.889	204.588
145	205.255	204.951	202.881	203.072	205.235	205.159	203.033	203.42
146	205.016	204.85	204.51	204.623	205.045	204.79	204.401	204.548
147	204.276	204.993	205.992	205.568	204.687	204.847	205.907	205.708
148	207.177	206.645	203.936	204.444	207.32	206.865	204.215	204.449
149	205.902	206.019	206.372	206.016	205.88	205.897	206.173	206.275
150	207.582	207.099	204.821	205.443	207.921	207.519	205.199	205.685
151	208.689	208.031	204.038	204.747	208.971	208.104	204.619	205.345
152	208.252	207.863	203.875	204.118	208.859	208.157	204.209	204.96
153	204.407	204.643	206.175	205.958	204.3	204.581	205.6	205.554
154	204.459	204.571	202.708	202.993	205.017	204.477	202.781	203.166
155	201.706	201.842	203.745	203.318	201.694	201.953	203.699	202.993
156	202.035	201.86	201.824	201.849	201.657	201.992	201.831	201.789
157	201.929	202.202	203.064	203.109	201.913	201.786	203.445	203.225
158	202.823	203.043	203.541	203.397	202.882	203.056	203.429	203.463
159	204.352	203.963	203.11	203.384	204.328	204.176	203.078	203.239
160	203.366	203.679	205.188	204.875	203.498	203.671	205.3	205.022
161	204.634	204.985	205.549	205.475	204.835	205.185	205.574	205.209
162	204.7	205.028	207.081	206.809	204.907	205.301	207.259	207.014
163	205.142	205.378	207.252	206.841	205.392	205.369	207.456	207.013

时间/s	T1	T2	T3	T4	T5	T6	T7	T8
164	204.169	204.666	207.03	206.617	204.361	204.965	207.199	206.826
165	202.837	203.308	205.596	205.252	203.026	203.374	205.903	205.456
166	202.685	202.566	203.118	203.028	202.688	202.66	203.138	203.071
167	201.485	201.648	202.728	202.032	201.089	201.708	202.697	202.548
168	204.282	203.877	201.236	201.692	204.273	203.977	200.857	201.792
169	202.799	202.801	204.618	204.333	202.755	202.917	204.561	204.282
170	206.709	206.024	201.416	202.111	206.437	206.25	201.803	202.652
171	204.226	204.315	204.72	204.685	204.239	203.99	204.74	204.633
172	204.852	204.399	204.873	205.246	204.638	204.791	205.268	205.207
173	206.31	205.953	204.028	204.295	206.459	206.059	204.027	204.537
174	205.892	205.65	204.683	205.293	205.756	205.733	205.242	205.291
175	207.209	206.648	204.081	204.491	207.475	206.963	204.304	204.776
176	207.779	206.96	203.687	204.529	207.642	207.184	204.368	204.986
177	207.005	206.691	204.963	205.254	207.229	206.895	205.142	205.5
178	207.876	207.055	204.687	205.493	207.748	207.249	205.411	205.843
179	207.588	207.585	206.785	206.889	207.837	207.688	206.886	206.998
180	209.355	208.651	205.346	206.334	209.177	209.21	206.28	206.862
181	209.019	208.755	207.834	207.967	209.161	208.683	207.96	208.156
182	210.002	209.653	205.372	205.909	210.956	210.155	205.722	206.465
183	207.74	207.252	205.436	205.896	207.929	207.304	205.799	206.144
184	205.022	204.888	204.23	203.952	205.073	204.81	203.629	204.407
185	202.464	202.861	202.387	202.185	202.646	202.785	201.866	202.48
186	201.717	201.54	202.214	202.208	201.731	201.794	202.226	202.206
187	201.825	201.935	202.775	202.598	201.84	201.64	202.802	202.628
188	202.113	202.165	202.359	202.278	202.174	202.283	202.402	202.238
189	202.048	202.168	203.617	203.282	202.125	201.885	203.694	203.336
190	205.427	205.15	202.373	203.264	205.401	205.002	202.511	203.027
191	203.143	203.908	207.598	206.8	203.504	204.175	207.836	206.891
192	206.373	206.982	207.409	207.258	206.906	206.676	207.453	207.331
193	206.55	206.603	207.859	207.526	206.578	206.897	207.84	207.669
194	205.291	205.726	206.652	206.537	205.733	205.422	206.672	206.618
195	204.353	204.301	204.33	204.4	204.359	204.327	204.388	204.081
196	203.292	202.817	202.123	202.315	203.287	203.098	201.536	202.107
197	203.097	203.315	202.619	202.776	202.899	203.628	202.168	202.704

续表

时间/s	T1	T2	T3	T4	T5	T6	T7	T8
198	203.849	203.955	203.819	203.896	203.815	203.952	204.038	203.969
199	205.334	204.978	202.935	203.265	205.471	205.071	203.008	203.159
200	204.953	204.715	202.792	203.321	204.326	204.722	203.408	203.544
201	204.539	204.235	202.615	202.88	204.654	204.31	202.644	202.785
202	204.961	204.533	201.847	202.235	204.777	204.529	202.245	202.55
203	205.188	204.96	203.578	203.83	204.992	205.047	203.836	203.695
204	206.983	206.897	204.409	204.878	207.592	206.688	204.66	205.043
205	208.837	208.678	206.675	206.313	209.357	208.752	206.28	207.35
206	209.739	209.056	207.408	207.759	209.846	209.692	207.741	208.056
207	211.06	210.327	206.361	207.079	211.727	210.987	207.039	207.711
208	208.459	208.681	206.438	207.321	208.177	208.858	207.19	206.932
209	206.55	206.264	205.598	205.665	206.547	206.367	205.671	205.846
210	204.694	203.976	202.807	203.041	204.751	204.429	202.297	203.202
211	203.846	203.033	200.001	200.965	203.858	203.32	200.162	200.994
212	200.915	201.616	204.852	204.102	201.056	201.726	204.729	204.37
213	203.175	202.981	201.979	202.061	202.979	202.901	201.944	201.999
214	200.735	201.288	203.281	202.614	200.925	201.1	203.22	202.835
215	202.381	202.354	202.155	202.243	202.46	202.415	202.173	202.2
216	203.527	203.304	203.431	203.626	203.316	203.527	203.372	203.646
217	204.797	204.861	205.198	204.923	204.82	204.704	205.215	205.131
218	204.867	205.17	207.249	207.241	205.11	205.517	207.906	207.041
219	205.758	205.983	207.753	207.429	205.979	206.262	207.817	207.667
220	204.351	204.747	207.785	207.433	204.665	205.205	208.264	207.551
221	203.316	203.957	206.285	205.609	203.668	203.928	206.416	206.036
222	202.846	202.678	203.92	203.751	202.883	203.056	203.753	203.807
223	202.151	202.023	201.461	202.015	201.587	202.132	201.953	202.061
224	203.125	203.031	202.344	202.371	202.934	202.54	202.541	202.626
225	203.034	203.36	203.086	203.133	203.425	203.306	203.048	202.888
226	204.492	204.04	202.537	202.569	204.522	204.173	202.504	202.915
227	204.833	204.534	202.162	202.632	205.064	204.44	202.348	202.483
228	204.128	203.743	203.336	203.534	204.06	204.061	203.339	203.644
229	204.963	204.914	203.387	203.623	205.285	204.741	203.507	203.673
230	205.927	205.704	204.582	204.915	205.843	205.819	204.828	205.009
231	208.681	207.796	203.506	204.195	209.1	208.318	203.969	204.325

时间/s	T1	T2	T3	T4	T5	T6	T7	T8
232	207.308	207.147	207.139	207.18	207.205	207.224	207.163	207.205
233	208.656	208.262	205.611	205.999	208.986	208.589	206.048	206.469
234	206.867	206.834	206.56	206.698	206.769	206.503	206.656	206.727
235	206.538	205.91	203.804	204.141	206.74	206.274	203.822	204.363
236	204.655	204.411	202.716	203.39	204.308	204.478	203.201	203.462
237	203.486	203.261	201.854	201.613	203.249	202.623	202.1	202.304
238	202.433	202.097	201.364	201.426	202.489	202.21	201.148	201.331
239	202.464	202.524	202.252	202.29	202.568	202.508	202.219	202.3
240	201.98	202.129	203.948	203.346	201.784	201.807	204.13	203.788
241	204.169	204.021	203.391	203.546	204.095	204.029	203.401	203.503
242	204.795	204.378	204.966	204.503	204.35	204.805	204.972	204.955
243	204.251	204.716	206.895	206.497	204.46	204.838	206.869	206.69
244	206.052	205.999	205.859	206.179	205.996	206.014	206.268	206.2
245	204.666	205.035	206.708	206.118	204.838	205.083	206.864	206.366
246	204.678	204.562	204.91	205.036	204.556	204.825	205.031	205.057
247	203.865	203.902	203.852	203.871	203.906	203.682	203.826	203.839
248	200.408	201.188	204.053	203.553	200.973	201.462	203.861	203.599
249	203.794	203.451	201.358	201.503	203.861	203.47	201.231	201.173
250	203.367	202.734	203.509	203.431	202.97	203.388	203.53	203.36
251	206.291	205.581	201.856	202.434	206.389	205.71	201.618	202.753
252	203.663	204.039	206.057	205.48	203.384	203.889	205.941	205.564
253	205.88	205.491	204.021	204.655	205.943	205.899	204.493	204.781
254	207.556	206.908	203.488	204.131	207.865	207.019	203.613	204.195
255	206.513	205.935	205.219	205.439	206.488	206.483	205.441	205.642
256	208.815	208.109	204.131	204.953	209.243	208.407	204.345	205.341
257	207.188	207.181	207.163	207.356	207.132	207.171	207.385	207.223
258	208.662	208.358	206.066	206.321	209.224	208.777	206.408	206.698
259	206.651	206.875	208.001	207.741	206.561	206.77	207.208	207.397
260	207.135	206.122	203.846	204.462	207.094	206.581	204.1	204.685
261	204.196	204.135	202.218	202.595	204.713	204.323	202.321	202.467
262	202.23	202.256	201.52	201.816	202.351	202.262	201.701	201.8
263	202.181	202.143	202.498	202.249	201.685	202.173	202.535	202.481
264	203.975	203.563	201.55	202.013	203.973	203.584	201.198	201.976
265	203.25	203.217	202.772	202.582	203.236	203.202	202.909	202.837

时间/s	T1	T2	T3	T4	T5	T6	T7	T8
266	201.732	202.34	205.21	204.709	201.712	202.282	205.411	204.894
267	204.789	204.723	204.193	204.479	204.77	204.725	204.359	204.33
268	204.162	204.574	207.045	206.521	204.455	204.457	207.261	206.813
269	207.3	207.196	206.628	206.555	207.135	207.128	206.573	206.445
270	206.372	206.72	207.346	207.367	206.811	206.877	207.541	207.387
271	207.151	206.838	205.834	206.022	206.422	206.849	205.726	205.605
272	203.485	203.934	205.956	205.293	203.668	204.055	206.028	205.802
273	203.254	203.232	202.537	202.678	203.367	203.236	202.5	202.005
274	204.035	203.676	200.951	201.894	203.107	203.721	201.504	201.332
275	205.527	204.986	202.076	202.165	205.039	204.724	202.516	202.673
276	204.252	204.166	204.08	204.022	204.339	204.313	203.992	204.123
277	205.11	204.63	202.85	203.09	204.94	204.83	202.9	203.21
278	204.86	204.74	201.9	202.56	205.31	204.69	202.09	202.57
279	204.13	204.07	203.35	203.66	204.22	204	203.57	203.48
280	205.34	205.08	204.7	204.48	205.36	205.31	204.56	204.85
281	208.24	208.01	205.54	205.95	208.75	207.74	205.77	206.28
282	210.68	210.11	206.33	207.45	211.27	210.34	207.38	207.64
283	209.76	209.46	210.54	210.51	209.46	209.77	210.3	210.43
284	214.33	213.07	206.16	207.45	215.69	214.49	207.41	208.94
285	211.63	211.21	208.56	209.39	212.07	211.5	209.49	209.71
286	212.42	211.39	207.23	208.13	213.18	212.26	208.07	208.78
287	211.14	210.89	208.21	208.45	211.62	211.31	208.37	209.16
288	210.26	209.64	206.88	207.53	210.68	209.91	207.46	207.75
289	207.81	207.6	203.87	204.55	208.49	208.08	204.38	205.07
290	205.56	204.51	201.59	202.27	205.95	205.49	201.66	202.5
291	203.56	202.82	200.61	201.39	203.59	203.33	200.79	201.33
292	202.45	202.34	201.89	201.78	202.45	202.13	201.88	201.92
293	202.92	202.4	202.2	202.18	202.31	202.73	202.19	202.34
294	202.56	202.58	202.48	202.4	202.59	202.42	202.47	202.51
295	202.25	202.29	201.11	201.66	202.16	202.35	201.21	201.52
296	202.56	202.63	203.15	203.05	202.57	202.66	203.16	203.03
297	203.38	204.01	203.72	203.85	204.02	203.38	203.74	203.84
298	202.71	203.31	206.2	205.66	202.68	203.38	206.52	205.98
299	204.3	204.34	204	204.1	204.34	204.21	204.02	204.1

时间/s	T1	T2	T3	T4	T5	T6	T7	T8
300	202.98	202.91	202.98	203.17	202.96	203.02	202.95	202.78
301	203.68	203.24	201.08	201.32	203.3	203.24	201	201.35
302	203.78	203.07	203.61	203.52	203.65	203.11	203.62	203.63
303	204.93	204.64	203.85	204.33	204.97	204.67	203.94	204.31
304	205.29	205.22	204.81	204.58	205.3	205.25	204.86	204.82
305	206.74	206.35	203.09	203.83	206.95	206.55	203.49	204.13
306	206.74	206.24	204.22	204.51	206.95	206.51	204.38	204.63
307	206.51	206.3	204.7	205.06	206.76	206.42	204.9	205.24
308	207.27	206.85	204.57	204.8	207.54	207.15	204.78	205.23
309	208.32	207.62	204.48	205.11	208.51	207.94	204.93	205.53
310	207.5	207.3	205.79	206.09	207.7	207.47	206.22	206.25
311	207.06	206.73	204.85	205.12	207.22	206.86	204.68	205.33
312	205.03	204.56	203.98	204.16	205.09	204.68	203.96	204.22
313	203.47	203.22	202.14	202.9	203.48	203.25	202.78	202.16
314	201.85	202.19	201.76	201.89	201.96	202.19	201.89	201.73
315	203.75	203.49	202.25	202.39	203.76	203.29	202.11	202.46
316	204.62	204.11	202.84	203.22	204.46	204.23	202.87	203.14
317	202.95	203.42	204.89	204.59	203.02	203.54	204.97	204.67
318	203.84	203.96	204.82	204.79	203.92	203.8	205.01	204.89
319	204.91	205.03	204.74	204.64	205.05	205.04	204.66	204.68
320	204.11	204.3	206.06	205.92	204.31	204.5	206.21	206.13
321	204.83	204.77	205.33	205.29	204.85	204.72	205.33	205.36
322	203.03	203.64	205.31	204.78	203.19	203.72	205.38	204.86
323	202.44	202.54	203.12	203.18	202.48	202.61	203.14	203.22
324	202.63	202.44	201.5	201.28	201.9	202.42	201.44	201.68
325	203.37	202.95	202.15	202.39	203.2	203	202.23	202.44
326	204.25	203.99	202.54	202.81	204.28	204.02	202.42	202.89
327	203.33	203.6	204.72	204.24	203.4	203.41	204.67	204.26
328	204.75	204.61	204.11	204.29	204.71	204.68	204.23	204.32
329	205.78	205.81	204.2	204.36	206	205.97	204	204.64
330	206.03	205.56	204.52	204.72	206.14	205.91	204.64	204.79
331	207.38	207.01	203.37	204.06	207.59	207.31	203.53	204.6
332	206.86	206.53	204.94	205.23	207.02	206.71	205.11	205.37
333	206.32	206.94	205.93	205.55	206.95	207.09	205.4	206.28

续表

时间/s	T1	T2	T3	T4	T5	T6	T7	T8
334	208.72	208.15	205.05	205.64	209.07	208.44	205.42	206.01
335	208.62	208.15	206.91	206.49	208.41	208.6	207.14	207.16
336	209.69	208.9	205.52	206.18	210.18	209.48	205.93	206.64
337	207.62	207.73	206.22	206.85	207.42	207.83	206.42	206.99
338	205.96	205.78	204.8	204.93	206.04	205.84	204.92	204.92
339	204.02	204.47	202.37	202.73	204.96	204.56	201.92	202.79
340	203.97	203.89	199.98	201.3	204.42	203.86	200.47	201.29
341	200.58	201.01	203.48	202.96	200.6	200.75	203.48	203.01
342	204.23	203.77	201.3	201.39	204.11	203.69	201.08	201.6
343	202.11	202.25	204.02	203.88	202.38	202.68	204.1	203.95
344	202.14	202.6	205.06	204.59	201.93	202.61	205.21	204.39
345	205.29	205.18	202.68	203.59	205.46	205.08	203	203.46
346	202.63	203.4	207.39	206.62	202.36	203.69	207.7	206.96
347	207.54	207.38	204.66	205.17	207.71	207.18	204.41	204.43
348	204.28	205.03	209.02	208.48	204.74	205.55	209.84	208.98
349	204.11	205.05	210.1	209.18	204.3	205.25	210.85	209.93
350	204.57	205.33	209.12	208.1	204.96	205.75	209.97	209.18
351	207.98	207.37	204.08	204.7	207.73	207.11	203.1	203.75
352	200.65	201.6	205.96	205.7	201.04	201.93	207.03	206.09
353	201.36	201.51	202.49	202.13	201.42	201.66	202.73	202.54
354	204.09	203.74	201.52	201.91	204.16	203.75	201.53	201.28
355	203.59	202.93	203.86	203.82	203.52	203.63	203.37	203.58
356	205.57	205.43	202.72	203.32	205.94	205.45	202.89	203.42
357	206.37	205.8	202.95	203.49	206.59	205.85	203.15	203.62
358	204.73	204.4	206.13	205.4	204.44	204.82	205.75	205.76
359	207.11	206.69	203.96	204.5	207.46	206.96	204.26	204.57
360	206.46	206.29	205.75	205.29	206.21	206.12	205.69	205.94
361	208.29	207.53	204.65	205.28	208.7	208.12	205.01	205.6
362	210.35	209.35	204.5	205.36	210.6	209.36	205.28	206.19
363	208.44	208.42	207.79	208.23	208.5	208.42	208.15	208.2
364	209.69	209.04	204.82	205.54	210.65	209.81	205.32	206.33
365	205.96	205.96	206.07	206.18	205.87	205.98	206.04	206.21
366	205.42	204.94	202.33	203.01	205.58	205.14	202.73	202.68
367	202.01	202.69	202.59	202.7	202.5	202.69	202.66	202.18

时间/s	T1	T2	T3	T4	T5	T6	T7	T8
368	202.81	202.42	201.67	201.79	203.02	202.47	201.6	201.78
369	201.86	202.09	203.46	203.14	201.89	202.09	203.21	203.26
370	203.09	203.03	202.31	202.74	203.06	203.01	202.66	202.58
371	201.92	202.4	204.68	204.17	202.13	202.4	204.66	204.38
372	203.92	204.29	205.08	205.05	203.88	204.38	205.29	204.86
373	205.84	205.65	206.18	206.12	205.86	205.83	205.93	206.16
374	204.59	205.27	208.69	208.07	204.99	205.41	209.24	208.64
375	205.32	206.02	208.79	208.23	205.71	206.36	209.07	208.56
376	206.35	206.38	207.06	207.1	206.26	206.61	207.54	207.06
377	205.77	205.79	205.74	205.71	205.78	205.64	205.52	205.74
378	202.37	202.78	205.03	204.26	202.23	202.96	205.27	204.83
379	202.61	202.12	201.8	201.81	202.39	202.03	201.79	201.92
380	204.48	203.97	202.43	203.15	204.37	203.92	202.37	203.29
381	203.91	204.21	204.3	204.25	204.13	204.2	204.3	204.26
382	205.3	204.87	202.44	203	205.26	205	202.66	203.1
383	203.8	203.58	203.67	203.47	203.73	203.62	203.68	203.71
384	205.5	204.93	202.25	202.69	205.38	204.96	202.45	202.96
385	204.06	204.51	204.87	205.29	204.25	204.42	205.16	205.02
386	207.78	207.13	205.2	205.59	208	207.15	205.46	205.87
387	210.04	209.7	206.21	206.88	210.3	210.04	206.78	207.44
388	210	210.07	208.99	209.71	210.1	210.15	209.53	209.58
389	211.21	210.78	207.96	208.45	211.78	211.07	208.47	209.01
390	210.18	209.45	205.14	205.98	210.7	210.02	205.82	206.67
391	206.26	205.25	204.08	204.46	205.83	206.09	204.14	204.57
392	203.85	203.19	201.31	201.72	203.81	203.58	201.42	201.84
393	203.64	203.23	202.2	202.13	203.47	203.39	202.16	202.4
394	202.77	202.96	202.81	203.08	202.93	202.89	203.1	202.91
395	203.44	203.1	201.65	201.65	202.91	203.14	201.63	201.79
396	201.94	201.99	202.31	202.43	201.98	202.06	202.46	202.32
397	201.27	201.69	203.55	203.03	201.55	201.52	203.44	203.31
398	203.89	203.92	203.98	204.06	203.75	203.94	204.12	203.96
399	204.54	204.67	207.39	206.89	204.72	205.17	207.1	207.12
400	207.39	207.38	208.86	208.03	207.58	207.3	208.75	208.82
401	208.38	208.55	208.85	208.97	208.25	208.61	209.25	208.92

时间/s	T1	T2	T3	T4	T5	T6	T7	T8
402	208.37	208.45	209.29	209.09	208.56	208.56	209.4	209.26
403	206.86	207.5	210.52	210.05	207.5	207.86	211.48	210.21
404	207.22	207.75	210.43	209.79	207.61	207.98	210.89	210.36
405	207.51	208.12	211.04	210.6	208.2	208.44	212.16	210.73
406	207.85	208.32	211.18	210.62	208.38	208.89	211.6	211.12
407	207.48	208	210.25	209.92	208.25	208.6	210.03	209.52
408	205.84	206.3	208.84	208.39	206.18	206.71	209.25	208.78
409	203.43	203.29	206.53	206.09	203.81	204.3	205.85	206.24
410	201.69	201.64	204.1	203.02	201.81	201.89	203.58	203.78
411	202.18	202.32	202.06	202.15	202.11	202.32	202.09	202.12
412	203.11	203.17	202.64	202.73	203.15	203.17	202.65	202.75
413	204.09	203.86	202.72	202.72	204.13	203.44	202.85	202.97
414	203.61	203.49	203.71	203.72	203.62	203.64	203.5	203.71
415	204.46	204.02	203.48	202.93	204.01	204.38	203.3	203.71
416	205.52	205.04	202.84	203.27	205.68	205.15	202.91	203.34
417	205.5	205	204.16	204.13	205.28	205.39	204.03	204.5
418	206.23	206.08	204.83	205.14	206.4	206.19	205.03	205.07
419	206.8	206.77	207.19	206.57	206.6	206.44	207.15	207.09
420	209.18	208.82	205.31	205.88	209.79	209.17	205.85	206.52
421	209.62	208.84	205.86	206.43	210.13	209.54	206.14	206.91
422	209.07	208.8	205.25	205.96	210.11	209.37	205.53	206.01
423	207.3	206.96	205.79	206.06	207.43	207.16	205.95	206.24
424	205.64	205.05	203.54	203.89	205.86	205.51	203.29	203.87
425	203.62	203.12	201.67	201.08	203.37	203.36	201.38	201.89
426	202.66	202.67	202.17	202.11	202.71	202.66	202.23	202.33
427	201.77	202.18	203.27	203.03	202.05	202.25	203.33	202.45
428	203.23	203.08	202.38	202.33	202.66	203.09	202.38	202.56
429	203.09	203.36	202.99	202.98	203.41	203.34	202.97	202.73
430	203.89	203.82	203.74	203.86	203.64	203.69	203.86	203.94
431	204.79	204.81	204.78	204.69	204.83	204.83	204.75	204.76
432	204.1	204.18	206.62	206.32	204.36	204.63	206.39	206.57
433	204.82	205.02	205.45	205.45	204.92	204.9	205.6	205.5
434	203.17	203.62	205.46	204.81	203.27	203.78	205.41	204.87
435	202.42	202.56	203.59	203.44	202.49	202.69	203.66	203.49

续表

时间/s	T1	T2	T3	T4	T5	T6	T7	T8
436	201.98	202.36	202.11	202.13	201.74	202.35	202.11	202.16
437	202.37	202.37	202.06	202.2	202.3	202.18	202.3	202.1
438	203.01	203.05	202.73	202.74	203.1	203.04	202.73	202.79
439	204.22	204.17	202.56	202.99	203.98	204.25	202.78	202.91
440	204.2	203.96	204.08	204.09	204.18	204.18	203.97	204.07
441	205.6	205.4	203.5	203.93	205.78	205.49	203.87	203.9
442	205.99	205.74	204.33	204.56	206	205.73	204.41	204.7
443	204.77	205.34	205.51	205.79	205.2	205.17	205.79	205.59
444	208.14	207.41	203.86	204.41	208.44	207.88	204.02	204.96
445	207.39	207.07	205.03	205.74	207.58	207	205.64	205.85
446	207.99	207.69	204.95	205.32	208.54	208.13	205.26	205.79
447	209.09	208.42	204.66	205.5	209.62	208.62	205.34	205.78
448	208.39	207.86	205.91	206.21	208.79	208.45	206.11	206.65
449	208.69	208.24	205.46	206.16	209.06	208.49	206.09	206.32
450	208.53	208.46	205.23	205.96	209.36	208.54	205.69	206.15
451	209.31	208.68	204.78	205.74	209.94	209.03	205.69	205.96
452	209.23	208.7	206.34	206.66	209.55	209.24	206.6	207.21
453	209.86	209.54	207.01	207.64	210.38	209.69	207.62	208
454	210.17	209.79	208.37	208.28	210.46	210.18	208.39	208.87
455	210.52	209.92	207.47	207.96	210.65	210.5	207.89	208.37
456	209.53	209	204.83	205.77	210.29	209.41	205.57	206.28
457	205.15	205.3	206.1	205.84	205.07	205.11	205.64	205.77
458	204.56	204.5	202.74	203.03	204.45	204.61	202.76	203.18
459	202.89	202.26	202.14	202.28	202.67	202.63	202.12	202.26
460	203.8	203.04	199.92	200.93	203.73	203.21	200.26	200.68
461	201.02	201.48	204.28	203.72	201.07	201.61	204.12	203.81
462	203.05	202.74	202.92	203	202.9	202.84	202.99	202.92
463	202.3	202.74	203.92	203.54	202.57	202.81	203.98	203.71
464	201.92	202.32	205.57	205.04	201.7	202.35	205.85	205.28
465	204.68	204.78	204.67	204.78	204.77	204.78	204.72	204.78
466	204.63	204.86	207.02	206.62	204.97	204.72	207.22	206.86
467	206.28	206.37	206.83	206.57	206.34	206.37	206.66	206.58
468	206.82	207.03	206.92	207.13	207.13	207.09	207.11	207.13
469	207.11	207.09	207.12	207.04	206.92	207.05	206.94	207.11

续表

时间/s	T1	T2	T3	T4	T5	T6	T7	T8
470	205.02	205.11	208.11	207.38	205.31	205.67	208.36	207.65
471	205.45	205.48	205.44	205.48	205.14	205.47	205.48	205.51
472	204.3	204.09	203	202.8	204.1	203.45	202.95	203.02
473	200.37	201.39	203.31	202.69	201.04	201.24	202.89	202.96
474	202.7	202.82	202.78	203	202.64	202.82	202.98	202.71
475	203.54	203.49	203.3	202.83	203.35	203.5	203.36	203.3
476	206.12	205.4	201.75	202.61	206.26	205.32	202.05	202.74
477	204.44	204.51	204.61	204.66	204.42	204.49	204.63	204.53
478	204.76	204.45	205.44	205.08	204.7	204.85	205.26	205.3
479	207.25	206.68	203.44	204.04	207.36	206.86	203.75	204.24
480	206.19	206.08	206.35	205.83	206.17	206.12	206.1	206.3
481	208.24	207.58	204.52	205.18	208.61	208.01	204.95	205.3
482	207.85	207.41	205.58	205.91	207.92	207.61	205.64	206.2
483	207.05	207.31	206.65	207.08	207.39	207.34	207.07	207.04
484	208.09	207.68	206.12	206.35	208.28	207.79	206.22	206.63
485	206.94	207.42	207.25	207.64	207.27	207.37	207.61	207.46
486	209.11	208.47	205.8	206.2	209.4	208.86	206.19	206.76
487	208.84	208.22	206.04	206.28	208.95	208.52	206.31	206.74
488	209.26	208.53	205.47	205.96	209.58	208.97	206.03	206.63
489	208.66	208.73	206.39	207.01	209.51	209.12	206.72	207.08
490	210.32	209.51	206.08	206.74	210.67	210.17	206.72	207.38
491	210.18	209.95	207.49	208.11	210.78	210.32	207.84	208.47
492	210.46	210.12	208.83	208.91	210.72	210.36	209.09	209.28
493	211.62	210.25	205.73	206.39	211.93	211.28	206.46	207.37
494	207.78	207.67	206.3	206.65	208	207.85	206.6	206.5
495	207.21	206.48	201.85	201.95	207.68	206.35	202.33	203.09
496	203.43	202.95	202.85	202.57	203.42	202.89	202.86	202.87
497	200	200.71	203.99	203.66	199.98	200.53	203.74	203.62
498	201.99	201.99	202.11	202.16	201.78	202.02	202.11	202.16
499	202.67	202.51	200.74	201.13	203.17	202.5	200.61	200.92
500	201.58	201.76	202.82	202.64	201.56	201.82	202.78	202.67
501	203.59	203.3	203.24	203.33	203.75	203.26	203.21	203.03
502	204.58	204.74	205.44	205.15	204.48	204.76	205.37	205.35
503	204.36	205.15	207.35	206.93	204.96	205.44	207.23	207.19

时间/s	T1	T2	T3	T4	T5	T6	T7	T8
504	205.72	205.97	207.9	207.43	205.87	206.28	208.11	207.5
505	207.18	207.23	207.09	207.14	207.16	207.23	207.03	207.25
506	205.44	205.79	207.91	207.44	205.57	205.82	208.28	207.85
507	203.32	204.05	207.16	206.61	203.86	204.46	207.4	206.72
508	204.31	204.09	203.01	203.37	203.85	204.06	203.12	203.28
509	201.8	201.23	202.56	202.58	201.58	201.95	202.02	202.59
510	202.17	202.59	203.9	203.62	202.55	202.62	203.72	203.62
511	204.93	204.71	203.28	203.43	204.99	204.58	203.33	203.62
512	204.18	204.27	204.35	204.66	203.98	204.24	204.66	204.64
513	205.99	205.49	203.15	203.3	206.27	205.68	203.17	203.64
514	206.24	205.82	203.44	203.97	206.06	206.03	203.77	204.11
515	205.05	205.16	205.29	205.2	205.37	205.2	205.26	205.2
516	207.4	207	204.78	205.29	207.56	207.22	205.11	205.43
517	209.17	208.3	205.59	206.11	209.54	208.94	205.65	206.54
518	210.26	209.61	206.34	206.77	210.36	210.16	206.9	207.57
519	209.82	209.21	206.61	207.15	210.22	209.59	206.95	207.53
520	208.77	208.58	205.51	206.24	208.96	208.78	206.15	206.65
521	206.11	205.99	205.43	205.49	206.1	206.07	205.49	205.33
522	205.71	205.36	202.61	203.8	205.83	204.85	203.53	203.84
523	203.32	203.53	202.58	202.9	203.61	203.29	202.51	203.01
524	202.43	202.26	202.17	202.16	202.34	202.4	202.16	202.07
525	202.93	202.46	201.19	201.51	202.94	202.67	201.17	201.35
526	202.81	202.97	202.9	202.91	202.97	202.85	202.73	202.97
527	204.76	204.52	203.18	203.54	204.54	204.44	203.29	203.51
528	203.71	203.92	205.14	204.66	203.67	204.08	205.23	205
529	204.89	204.82	203.33	203.58	204.82	204.78	202.59	203.56
530	201.13	201.49	204.96	204.34	201.18	201.88	205.2	204.55
531	202.25	202.3	201.38	201.52	202.17	202.27	201.41	201.58
532	203.15	203.12	202.64	202.96	203.15	203.04	202.48	202.93
533	205.24	204.55	203.13	203.51	205.35	204.7	203.05	203.6
534	203.74	204.37	206.01	205.73	204.03	204.39	205.89	205.3
535	208.06	207.11	202.57	203.53	208.2	207.6	203.12	203.86
536	207.12	206.58	204.81	205.14	207.33	206.82	204.78	205.35
537	206.68	206.8	205.66	205.81	207.09	206.9	205.93	205.98

续表

时间/s	T1	T2	T3	T4	T5	T6	T7	T8
538	208.45	207.7	204.69	205.29	208.78	207.94	205	205.72
539	207.82	207.58	205.81	205.98	208.07	207.8	206.09	206.29
540	209.01	208.27	205.53	206.14	209.45	208.8	205.82	206.57
541	210.32	209.76	206.13	206.83	210.8	210.3	206.75	207.26
542	210.91	210.4	207.74	208.42	211.35	210.55	208.43	208.89
543	212.7	211.86	207.73	208.33	213.57	212.73	208.47	208.88
544	210.93	210.61	208.9	209.23	211.35	210.8	209.24	209.57
545	208.36	208.09	207.91	208.12	208.38	208.27	207.41	207.71
546	207.19	206.38	203.1	203.27	207	206.86	203.24	204.02
547	201.67	202.13	203.88	203.41	201.32	202.06	203.52	203.34
548	202	202.01	202.37	202.3	201.94	202.06	202.34	202.31
549	201.08	201.18	202.71	202.4	201.18	201.39	202.74	202.02
550	202.74	202.71	202.84	203.28	202.37	202.83	203.36	203.23
551	204.62	204.31	202.51	202.47	204.55	204.41	202.12	203.06
552	204.38	204.14	202.6	202.97	204.42	204.14	202.73	203.02
553	203.95	203.95	202.84	202.52	204.18	203.73	202.38	203
554	203.36	203.3	202.85	202.98	203.36	203.31	202.91	202.97
555	203.47	203.58	202.32	202.17	203.8	203.21	201.93	202.51
556	202.62	202.25	201.29	201.61	202.55	202.43	201.41	201.5
557	202.91	203.43	203.93	203.84	203.37	202.82	203.94	203.85
558	204.69	205.28	206.57	205.37	205.19	204.81	205.77	206.47
559	207.16	206.71	205.51	205.76	207.04	206.81	205.52	205.27
560	203.44	203.96	206.67	206.1	203.7	204.23	206.91	206.43
561	201.79	202.45	203.65	203.75	202.21	201.96	204.13	203.83
562	202.13	201.77	203.75	203.86	202.41	202.13	203.4	203.82
563	207.89	206.8	202.01	202.9	208.22	206.85	201.78	203.17
564	207.65	207.16	204.55	205.07	207.69	207.39	204.72	205.33
565	207	206.89	205.84	206.25	207.06	206.97	206.4	206.12
566	207.9	207.35	204.23	204.61	207.86	207.58	204.58	205.14
567	207.29	206.52	202.51	203.36	207.89	207.06	202.98	203.53
568	205.46	205.2	203.67	204.01	205.56	205.29	203.86	204.02
569	205.25	205.27	203.73	203.95	205.42	205.28	203.68	204.11
570	204.53	204.26	205.63	205.48	204.49	204.59	205.55	205.29
571	208.08	207.46	202.82	203.59	208.63	207.88	203.29	203.94

续表

时间/s	T1	T2	T3	T4	T5	T6	T7	T8
572	207.72	207.44	205.38	205.76	208.04	207.51	205.37	206.01
573	208.04	207.55	204.51	205.03	208.26	207.9	205.05	205.54
574	205.81	205.76	206.42	206.35	205.63	205.89	205.88	206.31
575	206.72	206.33	203.19	203.83	207.1	206.56	203.57	204.08
576	205	204.69	203.87	204.08	204.77	204.89	204.05	204.21
577	205.39	204.91	202.28	202.63	205.54	204.78	202.15	202.91
578	203.86	203.32	200.76	201.6	204.01	203.55	201.2	201.59
579	201.69	202.03	203.23	202.99	201.8	202.04	203.29	202.66
580	203.21	203.41	204.6	203.98	202.69	203.51	204.63	204.28
581	203.86	203.96	205.31	205.05	203.91	204.21	205.19	205.18
582	204.34	204.64	205.64	205.46	204.53	204.58	205.81	205.6
583	203.78	204.33	205.6	205.62	204.08	204.26	205.98	205.19
584	202.04	202.47	206.09	205.23	202.23	202.79	206.24	205.66
585	202.61	203	203.35	203.4	202.92	202.76	203.51	203.38
586	201.33	201.25	203.19	202.9	201.14	201.68	203.22	202.85
587	203.01	202.99	201.4	201.82	203.22	202.96	201.43	201.66
588	203.98	203.8	202.62	202.75	203.96	203.78	202.46	202.85
589	204.64	204.41	203.41	203.34	204.37	204.51	203.47	203.69
590	205.74	205.31	203.58	204.02	205.84	205.25	203.71	204.12
591	204.91	204.94	205.68	205.51	204.74	205.04	205.59	205.53
592	206.3	206.25	204.7	205.19	206.48	206.33	205.1	205.26
593	207.76	207.19	204.3	204.67	208.11	207.37	204.45	205.2
594	207.69	207.48	204.94	205.5	208.16	207.88	205.37	205.58
595	208.69	208.04	204.87	205.46	209.1	208.23	205.32	205.96
596	207.86	207.73	206.11	206.53	208.05	207.97	206.37	206.66
597	208.28	207.84	204.01	204.93	208.77	208.19	204.62	205.12
598	206.26	205.74	203.54	203.7	206.45	205.66	203.75	204.18
599	203.48	204.01	202.61	202.71	203.55	203.75	202.64	202.91
600	201.61	202.29	202.57	203.02	201.41	202.04	202.62	203.11

注：T1~T8 分别为定位平台作业工况下各台推进器编号。